# Direito de Autor

# Direito de Autor

2021 · 4ª Edição

Luís Manuel Teles de Menezes Leitão
Doutor e Agregado em Direito
Professor Catedrático da Faculdade de Direito de Lisboa
Advogado e Jurisconsulto
Bastonário da Ordem dos Advogados

ALMEDINA

**DIREITO DE AUTOR**
AUTOR
Luís Manuel Teles de Menezes Leitão
EDITOR
EDIÇÕES ALMEDINA, S.A.
Rua Fernandes Tomás, nºs 76, 78 e 80
3000-167 Coimbra
Tel.: 239 851 904 · Fax: 239 851 901
www.almedina.net · editora@almedina.net
DESIGN DE CAPA
EDIÇÕES ALMEDINA, S.A.
PRÉ-IMPRESSÃO
EDIÇÕES ALMEDINA, S.A.
IMPRESSÃO E ACABAMENTO

Março, 2021
DEPÓSITO LEGAL

ISBN: 978-972-40-9374-1



ALMEDINA | GRUPOALMEDINA

"Y no les digas más, ny yo quiero decirte más a ti, sino advertirte que consideres que esta segunda parte de *Don Quijote* que te ofresco es cortada del mesmo artífice y del mesmo paño que la primera y que en ella te doy a don Quijote dilatado, y, finalmente, muerto y sepultado, porque ninguno se atreva a levantarle nuevos testimonios, pues bastam los pasados, y basta también que un hombre honrado haya dado noticia destas discretas locuras, sin querer de novo entrarse en ellas, que la abundancia de las cosas, aunque sean buenas, hace que no se estimen, y la carestía, aun de las malas, se estima en algo".

MIGUEL DE CERVANTES, *Segunda Parte del Ingenioso Hidalgo Don Quijote de la Mancha,* Prólogo al lector.

"Deus quer, o homem sonha, a obra nasce".

FERNANDO PESSOA, *Mensagem.*

# ABREVIATURAS

| | |
|---|---|
| CB | Convenção de Berna |
| CDADC | Código do Direito de Autor e dos Direitos Conexos |
| CPI | Código da Propriedade Industrial |
| CR | Convenção Internacional de Roma para a protecção dos artistas intérpretes ou executantes, dos produtores de fonogramas e dos organismos de radiodifusão, de 1961. |
| CT | Código do Trabalho |
| DJ | Direito e Justiça |
| ICA | Instituto do Cinema e Audiovisual |
| IDA | Il Diritto di Autore |
| IGAC | Inspecção-Geral das Actividades Culturais. |
| JIPITEC | Journal of Intellectual Property, Information Technology. |
| LCCG | Lei das Cláusulas Contratuais Gerais |
| RDI | Revista de Direito Intelectual |
| RPPC | Revista Portuguesa de Ciência Criminal |
| RROLA | Regulamento do Registo de Obras Literárias e Artísticas |
| Tul. L. Rev. | Tulane Law Review |
| UrhG | Gesetz über Urheberrecht und verwandte Schutzrechte (Urheberrechtsgesetz) |

# Parte I

# O Direito de Autor como Ramo de Direito

# Capítulo I
# Introdução

## 1. O Direito de Autor e os Direitos Conexos

A expressão Direito de Autor pode ser entendida, como é tradicional, em termos objectivos ou subjectivos. Em termos objectivos, ela consiste no ramo de Direito que regula a protecção das obras intelectuais. Em termos subjectivos, ela consiste na permissão normativa de aproveitamento da obra intelectual, que o Direito normalmente reserva ao autor daquela.

Em sentido objectivo, o Direito de Autor regula a protecção das obras intelectuais, enquanto realizações culturais do espírito humano. No entanto, o Direito de Autor não regula a actividade de criação intelectual enquanto tal, mas apenas o seu resultado, ou seja a protecção das obras intelectuais, nomeadamente as obras da literatura, da ciência ou das artes. Apesar de não serem criações culturais mas antes produtos tecnológicos da sociedade da informação são ainda tutelados pelo direito de autor os programas de computador[1].

Em sentido subjectivo, o direito de autor consiste na permissão normativa de aproveitamento da obra intelectual, que a lei atribui ao titular da mesma. O direito de autor não incide assim sobre um bem corpóreo, mas antes sobre um bem de natureza imaterial, o que leva a que corresponda a um exclusivo relativo ao seu aproveitamento. Ao contrário do que sucede nos direitos reais, em que o exclusivo do aproveitamento da coisa corpórea é assegurado pelo controlo fáctico resultante da sua posse, o direito de autor vê o seu exclusivo apenas assegurado pela reserva legal do aproveitamento do bem que é conferida ao autor,

[1] Cfr. Manfred Rehbinder, *Urheberrecht*, 14ª ed., München, Beck, 2006, § 1, nº 2, p. 1.

uma vez que qualquer pessoa tem igualmente a possibilidade fáctica de aproveitar da obra intelectual, atenta a característica de ubiquidade dos bens intelectuais. Uma vez que o direito incide sobre a obra intelectual enquanto criação do espírito, não se confunde com o direito sobre o seu suporte corpóreo, o qual possui antes a natureza de um direito de propriedade. Como direito de exclusivo, o direito de autor possibilita ao seu titular permitir ou proibir que terceiros aproveitem da obra, mas esse direito é objecto de determinadas limitações, as quais têm por função a tutela do interesse colectivo[2].

Ao lado do direito de autor surgem-nos ainda os direitos conexos, que correspondem aos direitos que são atribuídos aos artistas, intérpretes e executantes da obra, produtores de fonogramas e videogramas e organismos de radiodifusão, e que em certa medida se podem considerar vizinhos do direito de autor em sentido subjectivo, integrando assim o mesmo ramo do Direito objectivo. Efectivamente, para além da titularidade do direito de autor sobre a obra intelectual – que até pode já nem existir, como nas obras caídas no domínio público – os seus artistas intérpretes ou executantes devem beneficiar de tutela em relação à sua interpretação original da execução da obra, em ordem a evitar que ela seja apropriada por terceiros. Da mesma forma, outros exploradores económicos da obra, como os produtores de fonogramas e videogramas e os organismos de radiodifusão, devem igualmente beneficiar de uma protecção legal exclusiva, sem o que não obterão a adequada remuneração do seu investimento. Estamos assim perante os direitos conexos ao direito de autor, os quais integram igualmente este ramo do Direito.

Seguindo a orientação tradicional da doutrina portuguesa, falaremos sempre em Direito de Autor em sentido amplo como abrangendo igualmente os direitos conexos.

## 2. O Direito de Autor como ramo de Direito

O lugar do Direito de Autor entre os ramos de Direito tem vindo a ser objecto de discussão, a qual começa logo por saber se este ramo de Direito deve ser incluído no âmbito do Direito Privado ou antes no âmbito do Direito Público. A posição que nos parece preferível é a de que o Direito

[2] Cfr. Ulrich Loewenheim, em ID (org.), *Handbuch des Urheberrechts*. München, Beck, 2010, § 1, nº 1, p. 1.

de Autor reveste natureza privada, ainda que possa abranger algumas matérias de Direito Público, como a relativa à tutela penal do direito de autor, ou às formas processuais de protecção da propriedade intelectual.

Sendo um ramo de Direito Privado questiona-se ainda a relação do Direito de Autor com o Direito Privado Comum, ou seja, o Direito Civil. Neste âmbito, discute-se se o Direito de Autor se insere no Direito Civil, designadamente no âmbito dos direitos de personalidade, do Direito das Obrigações, ou dos Direitos Reais, ou se deve antes ser qualificado como um ramo de Direito Privado especial.

A colocação do direito de autor entre os direitos de personalidade tem sido sustentada por vários autores, atento o reconhecimento legal do denominado direito pessoal de autor. Não parece, porém, que tal posição possa ser defendida, dado que o objecto do Direito de Autor são as obras intelectuais, não se destinando o mesmo à tutela geral da personalidade. Mesmo a tutela dos direitos morais surge centrada em relação à obra que, embora reflicta naturalmente a personalidade do autor, não deixa de ser um objecto exterior à mesma.

Da mesma forma, tem sido suscitada a eventualidade de colocação do Direito de Autor no âmbito do Direito das Obrigações, atento o facto de naquele ramo de direito se inserirem relações obrigacionais como os contratos de direito de autor. Não parece, no entanto, ser um enquadramento adequado, uma vez que o Direito das Obrigações, como ramo de direito comum, não abrange as obrigações que estejam abrangidas por algum ramo de direito institucional, como claramente o é o Direito de Autor.

Finalmente, questiona-se a inserção do Direito de Autor entre os Direitos Reais, por se considerar o direito incidente sobre a criação intelectual como uma forma de propriedade, a denominada "propriedade literária e artística" ou "propriedade intelectual". Esta forma de configuração tem grandes antecedentes históricos, uma vez que as primeiras leis que reconheceram o direito de autor o qualificaram como uma forma de propriedade. Por esse motivo, grande parte dos autores actuais mantém-se vinculado a essa posição. A inserção do Direito de Autor entre os Direitos Reais não seria, no entanto, correcta, uma vez que, nos termos do art. 1302º, os direitos reais apenas podem abranger coisas corpóreas, não sendo os direitos sobre os bens intelectuais direitos reais, mas antes direitos de exclusivo, de natureza diferente.

Por esse motivo, o Código Civil, no seu art. 1303º refere expressamente que "o direito de autor e a propriedade industrial estão sujeitos a legislação especial", acrescentando que "são, todavia, subsidiariamente aplicáveis ao direito de autor e à propriedade industrial as disposições deste código, quando se harmonizem com a natureza daqueles direitos e não contrariem o regime para eles especialmente estabelecido". Desta disposição parece resultar claramente que se atribui natureza de direito especial ao Direito de Autor em relação ao ramo de Direito Comum, que é o Direito Civil, só sendo por isso as disposições deste subsidiariamente aplicáveis.

Reconhecida a natureza de Direito Privado especial ao Direito de Autor, já se questionou se o mesmo não poderia ser inserido, ou pelo menos aproximado, a outro ramo de Direito Privado especial: o Direito do Trabalho. Esta posição foi defendida entre nós por ALMEIDA SANTOS que sustenta que "tal aproximação, além de corresponder a um certo substracto da realidade actual, pode ainda ir ao encontro de manifestos interesses dos escritores e artistas, que de bom grado se submeteriam a certas formas de tutela contidas nos estatutos do trabalho assalariado"[3]. Contra ela manifesta-se, porém, LUIZ FRANCISCO REBELLO, para quem, pese embora a tradicional qualificação da remuneração autoral, como um "salário diferido", "é evidente a diferença abissal que separa os dois ramos do Direito", uma vez que a relação entre o criador e o usuário ou explorador da obra não pressupõe uma relação de dependência[4].

Não podemos negar que existem pontos de contacto entre o Direito de Autor e o Direito do Trabalho, como resulta dos regimes da obra executada no âmbito de contrato de trabalho (arts. 14º e 174º CDADC). Poderá igualmente equacionar-se aplicação das normas previstas no art. 10º CT aos contratos autorais, sempre que o autor se encontre na dependência económica do utilizador da obra. A esmagadora maioria das normas do Direito de Autor nada tem, porém, a ver com a situação jurídica laboral, uma vez que o trabalho de criação intelectual é realizado de forma independente e a lei procede à atribuição de direitos exclusivos

[3] Cfr. ALMEIDA SANTOS, *Ensaio sobre o Direito de Autor*, Coimbra, Separata do BFD 9, 1954, p. 53.

[4] Cfr. LUIZ FRANCISCO REBELLO, *Introdução ao Direito de Autor*, I, Lisboa, Sociedade Portuguesa de Autores/Publicações Dom Quixote, 1994, p. 53.

sobre o resultado dessa criação, o que nada tem a ver com a prestação de actividade em subordinação jurídica contra retribuição, que caracteriza o Direito do Trabalho.

Uma outra aproximação possível reside na relação entre o Direito de Autor e o Direito da Propriedade Industrial. Esta situação tem justificado inclusivamente a tentativa de unificação destes dois direitos num denominado Direito da Propriedade Intelectual. A unificação não parece, no entanto, muito correcta, dada a diversidade de âmbito e de regime entre os dois direitos. O Direito de Autor abrange os direitos sobre as obras intelectuais protegidas e os direitos conexos dos artistas intérpretes ou executantes, produtores de fonogramas e videogramas e organismos de radiodifusão, fazendo parte do Direito Civil. Já o Direito da Propriedade Industrial cuida dos bens industriais, como as marcas, patentes, modelos e desenhos industriais, modelos de utilidade e logótipos, fazendo parte do Direito Comercial. A protecção desses bens obedece a um regime completamente distinto, já que enquanto a protecção autoral ocorre a partir do momento em que se verifica a exteriorização da obra intelectual, sendo assim independente do registo, que tem cariz meramente enunciativo, a protecção da propriedade industrial depende necessariamente do registo, que tem cariz obrigatório e constitutivo[5].

### 3. Problemas actuais do Direito de Autor.

O Direito de Autor visa a protecção das obras intelectuais, garantindo a titularidade e o aproveitamento das mesmas por parte dos autores, o que constitui a forma adequada de remuneração do seu trabalho criativo.

Neste aspecto, o Direito de Autor vem a ser de certo modo questionado pelo avanço da tecnologia que, ao multiplicar as formas de utilização da obra, torna cada vez mais difícil o controlo do autor sobre a exploração da mesma. A revolução digital, com a introdução da informática e especialmente as facilidades de difusão da obra através da internet contribuiram para reduzir ainda mais esse controlo.

Associada a esse fenómeno, ocorre uma extraordinária difusão da pirataria, multiplicando-se as utilizações e reproduções não autorizadas das obras intelectuais em termos que causam enorme prejuízo aos auto-

[5] Cfr. MANUELLA SANTOS, *Direito Autoral na Era Digital. Impactos, controvérsias e possíveis soluções*, São Paulo, Saraiva, 2009, pp. 3 e ss.

res. Apesar disso, a pirataria não tem sido adequadamente reprimida, sendo vista de forma complacente pelas autoridades e por largos sectores da opinião pública, surgindo inclusivamente movimentos políticos de apoio a essa actividade. Naturalmente que por essa via a protecção autoral enfraquece, o que prejudica não apenas os próprios autores, mas principalmente a difusão das obras intelectuais, uma vez que ninguém terá estímulo à criação, se souber que a mesma será impunemente usurpada por terceiros.

Uma das grandes batalhas da eterna "luta pelo Direito" de que falava JHERING, centra-se por isso hoje na tutela das obras intelectuais e na defesa dos direitos dos autores[6].

[6] Cfr. RUDOLF VON JHERING, *Der Kampf um das Recht*, disponível em http://www.koeblergerhard.de/Fontes/JheringDerKampfumsRecht.htm

# Capítulo II
# Evolução Histórica do Direito de Autor

## 1. A tutela das obras intelectuais na Antiguidade

A evolução histórica do Direito de Autor é complexa[7]. Na Ásia Menor certas famílias de nómadas reservavam determinadas canções e estórias que reproduziam nas terras que visitavam em espectáculos públicos, considerando-se em virtude de costume não escrito que essas canções e estórias estavam na posse daquelas famílias, pelo que ninguém que pertencesse a outra família as poderia reproduzir, e se o fizesse seria punido como ladrão, sendo a situação equiparada ao roubo de cavalos[8].

A poesia oral grega mais antiga assentava na mesma realidade, sendo as recitações efectuadas por companhias de artistas, considerando-se que a posse da obra residia na companhia, sendo a esta reservada essa recitação, que se fazia em determinados espectáculos públicos. A situação alterou-se, porém, com as obras de Homero, que sendo de tal forma

[7] Cfr. Visconde de Carnaxide, *Tratado da propriedade literária e artística (Direito interno, comparado e internacional)*, Porto, Renascença Portuguesa, 1918, pp. 21 e ss., Luiz da Cunha Gonçalves, *Tratado de Direito Civil em Comentário ao Código Civil Português*, IV, Coimbra, Coimbra Editora, 1931, nºs pp. 22 e ss., Oliveira Ascensão, *Direito Civil. Direito de Autor e Direitos Conexos*, Coimbra, Coimbra Editora, 1992, pp. 12 e ss., Luiz Francisco Rebello, *Introdução*, pp. 29 e ss., Alexandre Libório Dias Pereira, *Direitos de Autor e Liberdade de Informação*, Coimbra, Almedina, 2008, pp. 49 e ss., e Patrícia Akester, *Direito de Autor em Portugal, nos PALOP, na União Europeia e nos Tratados Internacionais*, Coimbra, Almedina, 2013, pp. 39 e ss.

[8] Cfr. Renate Frohne, "Wider die papierene Weisheit, oder: das Gespür für so etwas wie «geistiges Eigentum». Urheberrecht um Griechenland der Antike?", em *UFITA* 129 (1995), pp. 53-68 (53-54).

extensas que não permitiam uma recitação pública integral (o espectáculo duraria vários dias), vieram a ser difundidas ao público por escrito, considerando-se por isso existir uma posse geral do público sobre essas obras[9].

A liberdade de utilização não implicava, porém, que fosse permitido o plágio das obras, sendo este tratado entre os gregos como uma falsificação da obra, apenas sendo admitidas variações da obra, no quadro do diálogo intelectual como a citação, a mimesis ou a paráfrase[10].

A reprovação do plágio é efectivamente muito antiga. Um dos exemplos encontra-se no *Tratado de Arquitectura*, de Vitrúvio, e diz respeito a um concurso literário realizado em Alexandria, onde se descobriu que várias das obras postas a concurso eram imitações de outras obras anteriores, o que levou à punição dos seus autores por delito de furto. Fala-se ainda no facto de um discípulo de Platão, Hermodorus, ter transcrito as suas lições e vendido como suas no estrangeiro, tendo sido objecto por isso de reprovação dos seus conterrâneos[11].

Este enquadramento foi seguido no Direito Romano[12], onde surgem referências ao autor como *dominus* da obra e a qualificação como ladrão daquele que a apresenta como sua.

Neste âmbito são habitualmente referidos os epigramas do poeta romano Marcus Valerius Martial (42-104 d. C.), que qualificou como ladrão (*fur*) e mais precisamente como ladrão de escravos (*plagiarius*) um seu conhecido, Fidentinus, que apresentou os poemas de Mar-

[9] Cfr. Renate Frohne, *UFITA* 129 (1995), pp. 54 e ss.

[10] Cfr. Renate Frohne, *UFITA* 129 (1995), pp. 58 e ss.

[11] Cfr. Luiz Francisco Rebelo, *Introdução*, pp. 29-30.

[12] Cfr. Károly Visky, "Geistiges Eigentum der Verfasser im antiken Rom", em *Acta Antiqua Academia Scientiarum Hungaricae* IX, Budapest, 1961, pp. 99-120, reimpresso em UFITA 106 (1987), pp. 17-40, Renate Frohne "Sorgen mit Urheberschutz in Antike und Humanismus", em *UFITA* 106 (1987), pp. 41-49 e Astrid Eggert, "Der Rechtsschutz der Urheber in der römischen Antike", em *UFITA* 138 (1999), pp. 183-217.

TIAL como se fossem seus (*Epigrammata* I 30[13], 52[14] e 53[15]). Julga-se residir aí a origem do termo plágio, cujo antecendente em latim (*plagium*) significava o roubo de escravos ou a venda como escravos de homens livres, mas passou a ser usado figuradamente para abranger a usurpação de obras intelectuais[16]. Apesar disso, os romanistas duvidam que o conceito romano de *furtum*, expresso em D.47.2.1, apesar de ser bastante mais vasto do que o correspondente conceito moderno, pudesse abranger o plágio de obras intelectuais[17].

Num texto de SÉNECA aparece igualmente uma referência a uma propriedade incorpórea da obra, distinta daquela atribuída a quem a usa, por ter adquirido uma cópia[18].

No entanto, parece claro que os juristas romanos não estabeleciam a distinção entre a obra intelectual e o suporte da mesma, tratando sem-

[13] Cfr. MARCUS VALERIUS MARTIAL, *Epigrammata*, Lipsiae, Car. Tauchnitii, 1829, I, 30 (Ad Fidentinum), p. 19: "Fama refert nostros te, Fidentine, libellos non aliter populo, quam recitare tuos. Si mea vis dici; gratis tibi carmina mittam, Si dici tua vis; haec eme, ne mea sint".

[14] Cfr. MARTIAL *Epigrammata*, I 53 (Quinctianum facit assertorem), p. 26: "Commendo tibi, Quinctiane nostros (nostros dicere si tamen libellos possum, quos recitat tuus poeta,) si de servitio gravi queruntur, assertor venias satisque praestes et, cum se dominum vocabit ille, dicas esse meos manusque missos. Hoc si terque quaterque clamitares impones plagiario pudorem".

[15] MARTIAL, *Epigrammata* I 54 (Ad Fidentinum), p. 26: "Una est in nostris tua, Fidentine, libellis pagina, sed certa domini signata figura; quae tua traducit manifesto carmina furto. (...) indice non opus est nostris nec vindice libris, stat contra dicitque tibi tua pagina, fur es".

[16] Cfr. D.48.15. De lege Fabia de plagiariis e ASTRID EGGERT, *UFITA* 138 (1999), p. 188. Segundo refere o VISCONDE DE CARNAXIDE, *op. cit.*, p. 135, a expressão tem origem no termo latino *plaga*, que expressava a condenação a açoites (*ad plagas*) os que tinham vendido homens livres como se fossem escravos, de onde teria derivado a expressão *plagium* para qualificar o mesmo crime.

[17] Cfr. KÁROLY VISKY, *UFITA* 106 (1987), p. 25.

[18] Cfr. SENECA, *De beneficiis*, VII.6.1. em L. ANNAEI SENNECAE, *Opera*, ed. comentada por Carl Rudolph Ficker, II, Lipsiae, Weidmanniana, 1843, pp. 3-272 (243-244): "In omnibus istis quae modo retuli uterque eiusdem rei dominus est. Quomodo? Quia alter rei dominus est, alter usus. libros dicimos esse Ciceronis, eosdem Dorus librarius suos dicet, et utrumque verum est. alter illos tamquam auctor sibi, alter tamquam emptor adserit; ac recte utriusque ducuntur esse, utriusque enim sunt, at non eodem modo. sic potest T. Livius a Doro accipere aut emere libros suos".

pre a situação como uma questão da propriedade, como o demonstra a querela entre os Proculianos e os Sabinianos sobre as consequências da especificação por virtude da escrita e da pintura, a qual é tratada como uma questão relativa à propriedade[19]. No caso da escrita, tanto GAIUS, em Gai Inst. 2.77[20] e D.41.1.9.1., como PAULUS em D.6.1.23[21], reconhecem a propriedade ao dono do papiro ou pergaminho, mesmo que as letras fossem em ouro, por virtude das regras da acessão. GAIUS entendia, no entanto, que o escritor poderia opor uma *exceptio doli*, se o dono do papiro ou pergaminho quisesse reclamar a propriedade do livro sem reembolsar as despesas daquele. PAULUS e GAIUS já divergem, no entanto, relativamente ao caso da especificação feita mediante pintura. Enquanto GAIUS em D.41.1.9.2. já atribui nesse caso a propriedade ao pintor, reconhecendo ao dono da tela apenas um direito de indemnização[22], PAULUS em D.6.1.23.3. continua a atribuir essa propriedade ao dono da tela, com o argumento de que a pintura não poderia existir sobre ela[23].

Parece assim faltar uma verdadeira tutela das obras intelectuais no Direito Romano. Por esse motivo, os autores só poderiam sobreviver através do recurso a mecenas, que lhes pagavam honorários em razão do intuito de estimular a criação intelectual ou, no caso dos artistas plásticos, pela venda do suporte material das suas obras[24].

[19] Cfr. KÁROLY VISKY, *UFITA* 106 (1987), pp. 19 e ss. e ASTRID EGGERT, *UFITA* 138 (1999), p. 194.

[20] Cfr. GAIUS Inst. 2.77: "Eadem ratione probatum est, quod in chartulis sive membranis meis aliquis scripserit, licet aureis litteris, meum esse, quia litterae chartulis sive membranis cedunt. Itaque si ego eos libros easve membranas petam nec impensam scripturae solvam, per exceptionem doli mali summoveri potero". Esta doutrina reaparece no fragmento D.41.1.9.1.

[21] Cfr. D.6.1.23: "Sed et id, quod in charta mea scribitur aut in tabula pingitur, statim meum fit (...)".

[22] Cfr. D. 41.1.9.2.; "(...) ex diverso placuit tabulas picturas cedere. utique tamen conveniens est domino tabularum adversus eum qui pinxerit, si is tabulas possidebat, utilem actionem dari, qua ita efficaciter experiri poterit, si picturae impensam exsolvat".

[23] Cfr. D.6.1.23: "(...) licet de pictura quidam contra senserint propter pretium picturae: sed necesse est ei rei cedi, quod sine illa esse non potest".

[24] MANFRED REHBINDER, *Urheberrecht*, § 3, nº 12, pp. 6-7.

## 2. A tutela das obras intelectuais na Idade Média

A Idade Média não trouxe grandes modificações a esta situação, continuando sem reconhecer qualquer tutela ao criador intelectual. Efectivamente, a grande limitação das possibilidades de reprodução das obras intelectuais, apenas realizável com base no enorme trabalho dos copistas, não fazia surgir a necessidade de tutela da actividade do criador da obra para além do valor da reprodução, tutelado através da atribuição do direito de propriedade sobre o seu suporte físico[25]. O autor, na medida em que tinha que fornecer o manuscrito, tinha um controlo quase absoluto sobre a sua reprodução, podendo estabelecer com os copistas o número de exemplares que permitia. No entanto, tal não representava um direito sobre a obra intelectual, mas antes sobre o manuscrito, sendo que, a partir do momento em que este era copiado, o seu adquirente poderia estabelecer as condições para permitir novas cópias, incluindo o pagamento de uma remuneração[26]. Para além disso, o próprio acesso às obras era extremamente dificultado, em virtude de alta iliteracia existente, e do facto de os livros apenas estarem acessíveis em bibliotecas, normalmente pertencentes à Igreja, que restringia extraordinariamente o seu acesso, especialmente no caso de obras que atentassem contra os cânones dominantes[27].

## 3. O surgimento da imprensa e a atribuição de privilégios

É apenas por volta de 1440, com o surgimento da imprensa que, facilitando a actividade da reprodução, vai permitir a obtenção de lucros com a distribuição das obras, que se justificou a atribuição de direitos visando limitar essa reprodução, em ordem à tutela do valor de mercado da obra. A imprensa provocou, por outro lado, uma muito maior difusão das ideias e da cultura, o que assustou, quer a classe dos nobres, preocupada com a difusão de posições subversivas, quer a Igreja, que receou a difusão por

[25] Conforme escreve o VISCONDE DE CARNAXIDE, *op. cit.*, p. 22 "antes da invenção da imprensa, realmente, sendo os livros manuscritos, o custo das suas cópias era de tal modo elevado, que a procura, limitada a pessoas ao mesmo tempo ricas e cultoras das ciências ou letras, não podia criar um mercado, que provocasse a exploração dos contrafactores".

[26] Cfr. MARK ROSE, *Authors and owners. The invention of copyright*, Harvard, University Press, 1993, pp. 9 e ss.

[27] Recorde-se a este propósito o romance de UMBERTO ECO, *O nome da rosa* (trad.), Lisboa, Difel, 1989.

essa via de doutrinas hereges[28]. Houve assim necessidade de regular juridicamente a actividade de impressão de obras, em ordem estabelecer um certo controle sobre a difusão dos exemplares.

A actividade de impressão vem assim a ser regulada através da concessão de privilégios pelos monarcas, pelas cidades ou pelos senhores das terras, privilégios esses cuja infracção era objecto de sanção penal. Esses privilégios correspondiam a direitos de exclusivo relativos à impressão, normalmente atribuídos com base em critérios políticos, que reservavam a um impressor determinado exclusivo, evitando assim a concorrência de outros impressores[29].

Os privilégios foram conhecendo ao longo da evolução do Direito quatro diferentes modalidades: os privilégios de impressão, os privilégios de livros, os privilégios de autores e os privilégios territoriais[30].

Os *privilégios de impressão* correspondem à atribuição temporária a um impressor da exclusividade da sua actividade em determinada área como contrapartida pelo facto de ele ter trazido a sua indústria para a região. Correspondem por isso a uma forma de monopólio industrial, que tutelava a actividade de impressão e não propriamente as obras intelectuais. O primeiro privilégio deste tipo foi o concedido em 1469 pela República de Veneza ao impressor Johann aus Speyer (Giovanni da Spira) a quem foi garantida a exclusividade na actividade de impressão de obras por um período de cinco anos em virtude de ele ter escolhido Veneza como local para exercer a sua indústria. Na Alemanha, apontam-se como exemplos também os privilégios concedidos pelo Bispo de Bamberg em 1490 e pelo Senado da cidade de Nuremberga entre 1494 e 1496.

O desenvolvimento da actividade de impressão levou posteriormente ao surgimento dos *privilégios de livros*, onde já não era tutelada simplesmente a actividade de impressão, mas antes a impressão de determinadas obras ou de uma categoria de obras, independentemente da sua antiguidade. O exemplo mais conhecido é o privilégio atribuído em

[28] Cfr. Manuella Santos, *Direito autoral*, p. 30.

[29] Tem sido por isso controvertido se os privilégios correspondem à pré-história ou ao início da história do Direito de Autor. Cfr. Elmar Wadle, "Vor- oder Frühgeschichte des Urheberrechts? (Zur Diskussion über die Privilegien gegen den Nachdruck), em *UFITA* 106 (1987), pp. 95-107.

[30] Cfr. Manfred Rehbinder, *Urheberrecht*, § 3, nº 14, pp. 7 e ss., que seguiremos neste ponto

1496 por Veneza ao impressor Aldo Manutius, inventor dos caracteres itálicos, para edição das obras de Aristóteles. Estes privilégios tutelavam os direitos dos editores relativamente aos trabalhos específicos de impressão que realizavam e não propriamente os direito dos autores, tanto assim que poderiam recair sobre obras de autores falecidos há séculos.

A necessidade de tutela da posição dos autores faz nascer ainda uma outra categoria de privilégios os quais visam já não tutelar a actividade de impressão em geral ou determinadas impressões específicas, mas antes as obras de certos criadores intelectuais, correspondendo assim a *privilégios de autores*. São exemplos iniciais os privilégios concedidos por Veneza em 1486 a Marcus Antonius Sabellicus e em 1492 a Petrus Franciscus (Pier Francesco) da Ravenna. O primeiro autor, devido ao valor da sua obra sobre a história de Veneza, recebeu o direito de convencionar a sua impressão pela forma que entendesse, ninguém mais podendo imprimir a obra. O segundo autor adquiriu privilégio semelhante atribuído à sua obra Foenix, sobre a *ars memoriae*. Esses privilégios de autores foram se generalizando ao longo do séc. XVI. Em Portugal deve mencionar-se o privilégio concedido pelo Rei D. Manuel I a Valentim Fernandes em 1502 para a edição da tradução portuguesa do *Livro de Marco Polo* e o privilégio concedido por D. João III a Baltazar Dias em 1537[31]. Em França há que referir o privilégio concedido em 1507 pelo rei Luís XII a Antoine Vérard para a edição das epístolas de São Paulo. Na Alemanha, são especialmente relevantes os privilégios atribuídos em 1511 a Albrecht Dürer, em 1532 a Lutero e em 1581 a Orlando di Lasso.

A partir de meados do séc. XVI surgem os *privilégios territoriais*, que correspondem a leis gerais estabelecendo a proibição de impressão de obras em determinada região em benefício de pessoas determinadas. O primeiro privilégio deste tipo foi a postura do conselho municipal de Basileia de 28 de Outubro de 1531 que proibiu todos os impressores daquela cidade de reimprimir obras de língua alemã que tivessem sido ali publicadas nos três anos anteriores, que no entanto não visava tutelar os autores mas apenas os editores. Posteriormente uma postura muni-

[31] Cfr. "Carta de Privilégio para a Impressão de Livros" concedida por D. João III a Baltazar Dias em 1537, em ASSOCIAÇÃO PORTUGUESA DE DIREITO INTELECTUAL (org.), *Direito da Sociedade de Informação*, VIII, Coimbra, Coimbra Editora, 2009, pp. 481-482.

cipal de Nuremberga em 1561 estabelecia igualmente uma proibição de reimpressão não apenas em benefício do editor, mas também do autor.

## 4. O reconhecimento da propriedade editorial

Ao longo do séc. XVI os privilégios vieram a adquirir gradualmente cada vez mais importância, não apenas devido a serem a única forma de reconhecimento do direito do editor, mas também pelas possibilidades que ofereciam de censura dos poderes públicos sobre as obras que eram editadas.

A concessão de privilégios aos editores levou à organização dos mesmos em corporações. Assim, logo após a introdução da imprensa em Inglaterra em 1492 foi organizada uma guilda de editores e livreiros ingleses, a *Stationer's Company*, que a partir de 1542 procurou obter uma carta de privilégio e assegurar a exclusividade na publicação de cópias dos livros, a qual começou a lhe ser paulatinamente reconhecida. Em 1557 essa exclusividade adquire reconhecimento oficial, com a aprovação pelos reis Philip e Mary Tudor de um estatuto que reconhecia a essa entidade o direito exclusivo de publicar livros em Inglaterra, considerado como direito de reprodução de exemplares ou *copyright*. Em consequência desse estatuto, fora dos casos de outorga de privilégio específico pelo soberano, os editores e livreiros não inscritos na guilda não poderiam imprimir e vender livros em Inglaterra. Esse regime beneficiava tanto os editores inscritos na guilda, que beneficiavam da restrição de acesso à sua actividade, como a própria monarquia, que assegurava além do pagamento de uma remuneração pela concessão do privilégio, a censura em relação à difusão de ideias contrárias ao poder estabelecido. O sistema era, porém, muito desfavorável aos autores, que eram considerados entidades estranhas à corporação, sendo muitas vezes ignorados pelos editores, que não lhes concediam qualquer parcela dos seus lucros[32].

Nos sécs. XVII e XVIII generalizou-se a doutrina de que qualquer impressão não autorizada era ilícita, independentemente da violação do privilégio (propriedade editorial). As diversas leis publicadas sobre privilégios continuavam, no entanto, a não reconhecer quaisquer direitos

[32] Cfr. Lyman Ray Patterson, *Copyright in historical perspective*, Vanderbilt, University Press, 1968, pp. 28 e ss., e 42 e ss., e Manuella Santos, *Direito autoral*, pp. 31-32.

aos autores. Assim, na Itália em 1603 é publicado um estatuto sobre os privilégios que ignora totalmente o autor, apenas reconhecendo direitos ao editor. Da mesma forma, na Inglaterra vem a ser publicado em 1662, o *Licensing Act*, um estatuto que reforçava ainda mais o monopólio dos livreiros, assim como a censura em relação aos livros importados que propagassem doutrinas consideradas subversivas. As cópias não autorizadas de livros ou a difusão de obras censuradas implicava a queima dos respectivos exemplares na praça pública. Essa situação, considerada altamente insatisfatória, veio a terminar em 1694, com uma lei que aboliu a censura e o monopólio dos livreiros[33].

## 5. A protecção pelo direito de autor

A protecção pelo direito de autor apenas surge com a lei inglesa de 10 de Abril de 1710, a qual ficou conhecida como o Estatuto do oitavo ano da Rainha Ana, "para o encorajamento da ciência e garantia da propriedade sobre os livros impressos aos autores ou legítimos comerciantes de tais cópias pelo tempo nela mencionado". Esse estatuto passa a atribuir um direito de reprodução (*copyright*), não ao editor, mas antes ao próprio autor da obra durante um certo prazo[34], sendo ainda essa a configuração que reveste o direito de autor nos países da *common law*. Os impressores e livreiros (*stationers*) poderiam continuar a imprimir as obras, mas teriam que adquirir previamente os direitos aos seus autores por via de cessão, podendo qualquer interessado estabelecer-se como editor. O estatuto manteve ainda por mais vinte e um anos a protecção conferida à *Stationer's Company* em relação às obras já publicadas. Posteriormente em 1735 a protecção conferida aos livros foi estendida às gravuras, em ordem a combater a sua reprodução não autorizada[35].

[33] Cfr. Manuella Santos, *Direito autoral*, pp. 33-34.

[34] O direito exclusivo de reprodução atribuido ao autor vigorava por um prazo de 14 anos para os livros até então inéditos, sendo a protecção da obra condicionada ao seu registo, o qual fazia presumir a sua titularidade. O autor poderia, no entanto, renovar o prazo de protecção se ainda estivesse vivo aquando do seu termo. Trata-se de uma inovação importante, uma vez que os direitos anteriormente atrbuidos à *Stationer's Guild* eram perpétuos. Os direitos desta foram mantidos para os livros já publicados, mas apenas por um prazo de 21 anos. Cfr. Lyman Ray Patterson, *op.cit.*, p. 13, e Mark Rose, *op. cit.*, p. 4.

[35] Cfr. Luiz Francisco Rebello, *Introdução*, p. 33 e Manuella Santos, *Direito autoral*, p. 34.

A protecção das obras musicais viria a ser consagrada em Inglaterra através da aplicação jurisprudencial do Estatuto da rainha Ana a essas obras, o que ocorreu pela primeira vez em 1777, no caso *Bach v. Langman*[36]. Nesse caso, o compositor Johann Christian Bach accionou os editores de obras musicais Longman e Luckey, pela publicação não autorizada de uma sua lição e uma sua sonata, quando lhe tinha sido reconhecido o privilégio de publicação exclusiva das suas obras[37].

A consagração do direito de autor em Inglaterra faz surgir pretensões idênticas nos autores franceses. Assim, em 1725, o advogado francês Louis d'Héricourt utiliza pela primeira vez a expressão "*droit d'auteur*", num processo entre livreiros de Paris e das províncias de França, desencadeado pelo facto de o monopólio daqueles estar a arruinar a actividade destes, utilizando o direito dos autores como argumento em defesa dos seus constituintes franceses (apesar de os autores não serem interessados nessa questão). O advogado argumentou que através da criação dos livros, os autores tornavam-se proprietários absolutos das suas obras, independentemente do privilégio concedido pelo rei ao editor, que era posterior à criação intelectual. Assim, só os autores poderiam dispor da sua propriedade, podendo como qualquer proprietário vedar a intervenção de terceiros. Consequentemente, tendo os autores transmitido essa propriedade a favor dos livreiros de Paris, o monopólio destes teria que lhes ser reconhecido, advindo esse direito dos contratos celebrados com os autores e não do privilégio real. A doutrina foi, porém, considerada revolucionária para a época, levando a impressão dessas alegações a que o impressor tivesse que se esconder e os funcionários que participaram nessa impressão fossem demitidos dos seus cargos[38].

Em 1741 a Dinamarca reconheceu o direito de autor por meio de decreto, ao proibir a impressão de obras alheias sem autorização dos respectivos autores.

Em 1761 foi reconhecido às netas de La Fontaine, por direito de sucessão, um privilégio de edição das suas fábulas, após a caducidade do

[36] (1777) 98 *Eng. Rep.* 1274, 1275 (K.B.).

[37] Cfr. Olufunmilayo B. Arewa, "From J.C. Bach to Hip Hop: Musical Borrowing, Copyright and Cultural Context" em *North Carolina Law Review* 84.2 (2006), pp. 547-645 (557-558, e nota (36)), disponível em http://works.bepress.com/o_arewa/5.

[38] Cfr. Visconde de Carnaxide, *op. cit.*, p. 24.

privilégio temporário, que tinha sido concedido ao editor. Por esta via se consagrou a doutrina de que o direito sobre as obras se transmitia por successão.

Posteriormente, numa carta datada de 6 de Setembro de 1776, o Rei Luís XVI reconhece, a par dos privilégios do editor, o direito dos autores a receber o pagamento do preço dos seus trabalhos. Na sequência dessa carta, duas decisões do Conselho do Rei, funcionando como tribunal, datadas de 1777, reconheceram aos autores e seus herdeiros o direito perpétuo de editar e vender as suas obras[39].

Em 1777 o dramaturgo francês Béaumarchais incita os autores de peças de teatro a organizarem-se como reacção à usurpação dos seus direitos que era realizada pelos promotores de espectáculos.

Nos Estados Unidos, os diversos Estados Americanos logo após a sua independência, aprovaram leis estaduais relativas ao *copyright*. O art. 1º sec. 8 da Constituição Americana de 1787 atribui expressamente ao Congresso o dever de estimular as letras e as artes e introduzir normas para a sua protecção. Em consequência, em 1790 é publicada a primeira lei federal sobre Direito de Autor, o denominado *Copyright Act*, que reconhecia aos autores o *copyright* sobre as suas obras pelo prazo de 14 anos, com possibilidade de extensão por mais 14 anos. Em 1831 esse prazo viria a ser dilatado para 28 anos com possibilidade de extensão por mais 14 anos, tendo a possibilidade de extensão sido ainda aumentada em 1909 para um máximo de 56 anos.

A Revolução Francesa, com a acentuação do direito de propriedade, vem a abolir os privilégios de impressão, considerados um monopólio injustificado, contrário às regras da concorrência em que deveria assentar o liberalismo económico. Essa abolição dos privilégios ocorre logo na Assembleia Constituinte, pela lei de 4 de Agosto de 1789. Pela Lei de 13-19 Janeiro de 1791, a mesma Assembleia Constituinte reconhece aos autores dramáticos o direito exclusivo de autorizarem, formalmente e por escrito, a representação das obras teatrais em teatros públicos, sob pena de confisco das receitas do espectáculo em seu proveito. Dois anos depois, pelo Decreto de 19-24 de Julho de 1793, é criada a lei da propriedade literária e artística pela qual a protecção dos autores foi alargada a todas as categorias de obras (literárias, musicais, arquitectura, escultura,

[39] Cfr. Visconde de Carnaxide, *op. cit.*, pp. 25-26.

pintura, desenho e gravação de quadros e desenhos) e a todas as suas formas de reprodução, tendo o direito de autor a duração até 10 anos após a sua morte, prazo esse que foi alargado para 20 anos em 1810 e 50 em 1886[40].

Por influência da legislação francesa a doutrina passou a considerar o direito de autor como uma forma de propriedade da obra intelectual, a propriedade literária ou artística. Essa teorização francesa espalhou-se depois pelos restantes países europeus, criando-se assim o sistema de *droit d'auteur*, vigente nos países continentais, distinto do sistema do *copyright*, ou direito de cópia, que vigora nos países da *common law*. A diferença essencial entre os dois sistemas é que o *copyright* tutela essencialmente a faculdade de reprodução da obra, originalmente atribuída ao editor e posteriormente reconhecida ao autor. Já o sistema do *droit d'auteur* reconhece ao autor um direito sobre a obra, enquanto bem incorpóreo, que lhe permite o seu aproveitamento patrimonial, atribuindo-lhe ainda direitos morais a ela respeitantes. Destas duas concepções resultam consequências de regime, já que enquanto o sistema de *droit d'auteur*, baseado na doutrina jusnaturalista da propriedade espiritual, entende que o direito apenas pode ser atribuído originariamente ao criador intelectual, o sistema do *copyright* visa essencialmente a remuneração da actividade de produção intelectual, podendo e devendo assim o direito ser atribuído a quem suporta o risco económico dessa actividade, como os produtores, os empresários e os empregadores[41].

A globalização e principalmente a difusão da internet levou à aproximação dos dois sistemas, que actualmente funcionam com base em regras muito comuns. Mesmo o Reino Unido, através do *Copyright, Designs and Patents* Act, de 1988, acabou por integrar o direito moral de autor, incluindo no seu Chapter IV os agora denominados em língua inglesa de "*moral rights*". Apenas os Estados Unidos da América têm mantido uma oposição constante à introdução do direito moral de autor no sistema do *copyright*[42].

[40] Cfr. Visconde de Carnaxide, *op. cit.*, pp. 26-27, LUIZ Francisco Rebello, *Introdução*, I, pp. 33-34, Manfred Rehbinder, § 3 IV, nºs 22 e 23, p. 10, e Manuella Santos, *Direito Autoral*, p. 38.

[41] Cfr. Rehbinder, *Urheberrecht*, § 7, nº 87, p. 38,

[42] Cfr. Manuella Santos, *Direito Autoral*, p. 40 e Loewenheim/Dietz/Penkert, § 15, nº 11, p. 211.

## 6. A internacionalização da protecção autoral

Face à ubiquidade que caracteriza os bens intelectuais, colocou-se naturalmente o problema da protecção autoral perante as violações desse direito praticadas noutros países, uma vez que a protecção que os diversos Estados concediam estava sujeita ao princípio da territorialidade, não podendo proteger os seus autores contra as violações ocorridas no estrangeiro. Por outro lado, por razões de reciprocidade, os autores estrangeiros não beneficiavam da protecção autoral que os Estados concediam aos seus nacionais.

Essa situação só se veio a alterar ao longo do séc. XIX no âmbito de um processo complexo que conduziu à internacionalização da protecção autoral[43].

A primeira fase desse processo inicia-se com a extensão por lei interna da protecção aos autores estrangeiros sob reserva de reciprocidade. Essa fase inicia-se com a lei dinamarquesa de 1828, que estendeu a proibição de impressão de obras alheias estabelecida pela lei de 1741 às obras de autores estrangeiros, sob condição de reciprocidade conferida aos dinamarqueses, no intuito de evitar a publicação de obras dinamarquesas por editores noruegueses. Idêntica solução foi adoptada pelas leis do Hesse (1830), Prússia (1837) e Áustria (1846)[44].

A publicação deste tipo de leis internas não assegurava, no entanto, que os outros países seguissem idêntico procedimento, o que era prejudicial aos autores, pelo que começaram a surgir tratados bilaterais celebrados entre os diversos Estados a conceder a protecção autoral num Estado aos nacionais do outro Estado. A França, que além de ter uma forte produção cultural, era um importante parceiro comercial de diversos países, procurou por isso estabelecer uma rede de tratados bilaterais que protegessem os seus autores de edições no estrangeiro. A França celebrou assim tratados bilaterais com a Sardenha (1843), Portugal (1851), Hanôver (1851), Bélgica (1852), Inglaterra (1852), Holanda (1855) e Suíça (1864). No final, a França tinha celebrado 28 tratados com pelo menos 25 Estados, nos quais, embora cada país mantivesse a

[43] Cfr. BARBARA DÖLEMEYER, "Der «internationale Standard» des Urheberschutzes (Internationale Urheberrechtsverträge im 19. Jahrhundert)", em *UFITA* 123 (1993), pp. 53-67.

[44] Cfr. BARBARA DÖLEMEYER, *UFITA* 123 (1993), pp. 55-56.

sua legislação, era obrigado a conceder tratamento nacional às obras dos autores do outro país[45].

Quer as leis internas, quer os tratados bilaterais, assentavam, porém, no princípio da reciprocidade, no qual era sempre baseada a protecção dos autores estrangeiros. Um importante passo na internacionalização do direito de autor foi dado por isso também pela França quando aboliu a exigência da reciprocidade pela lei de 28/3/1852, passando a punir a contrafacção em território francês de quaisquer obras publicadas no estrangeiro. O pioneirismo da iniciativa foi demonstrado pelo facto de ter levado 30 anos a ser imitado, só tendo a Bélgica publicado uma lei semelhante em 1886[46].

A multiplicação de tratados bilaterais entre os diversos Estados relativos ao direito de autor fez surgir a necessidade para a elaboração de um tratado multilateral nessa área. O caminho tinha sido aberto pelo tratado entre a Áustria e a Sardenha de 1840 que, embora bilateral, previa a possibilidade de adesão futura de outros países, o que efectivamente aconteceu[47]. Também no tratado entre a Inglaterra e a Prússia de 1846 se permitia a adesão de outros países que com ela estivessem em união aduaneira. A adesão de terceiros Estados veio a ser igualmente prevista no tratado entre a França e o Hanôver de 1851 e no tratado entre a França e a Alemanha de 1883[48].

O caminho para o multilateralismo na área do direito de autor sofre um incremento sigificativo quando, após três conferências diplomáticas realizadas em Berna entre 1884 e 1886, em 9 de Setembro de 1886, é assinada na mesma cidade a Convenção de Berna que institui a "União Internacional das Nações Para a Protecção das Obras Literárias e Artísticas", com a participação da Alemanha, da Bélgica, da Espanha, da França, da Inglaterra, da Itália e da Suíça. A Convenção de Berna, sujeita posteriormente a sucessivas revisões, estabeleceu as bases do sistema europeu do Direito de Autor, iniciando a aprovação de tratados internacionais multilaterais na área do Direito de Autor.

[45] Cfr. Barbara Dölemeyer, *UFITA* 123 (1993), p. 57.

[46] Cfr. Barbara Dölemeyer, *UFITA* 123 (1993), p. 59.

[47] Aderiram ao tratado Modena, Lucca, os estados da Igreja, Parma, e Toscana.

[48] Cfr. Barbara Dölemeyer, *UFITA* 123 (1993), pp. 59-60.

Esse sistema não foi, no entanto, do agrado dos Estados Unidos da América, que quiseram continuar vinculados ao sistema do *copyright*. Em 1952 foi por isso celebrada em Genebra no âmbito da UNESCO a Convenção Universal do Direito de Autor, que estabeleceu um sistema menos exigente de protecção autoral para os Estados que não queriam aceitar o regime da Convenção de Berna. Com a posterior adesão em 1989 dos Estados Unidos, seguidos de outros países, à Convenção de Berna, aquela Convenção perdeu significado.

Os direitos conexos vieram da mesma forma vieram da mesma forma a ser tutelados através da Convenção de Roma, de 26 de Outubro de 1961.

A necessidade de protecção dos direitos de propriedade intelectual a nível global levou em Abril de 1994 à aprovação do Acordo TRIPS (*Trade-Related Aspects of Intellectual Property Rights*), o qual constitui o Anexo 1C ao Acordo de Marraquexe, pelo qual foi estabelecida a Organização Mundial do Comércio.

A difusão da internet e os problemas que colocou à tutela dos direitos de autor e dos direitos conexos levaram em 1996 à aprovação de dois novos tratados no quadro da Organização Mundial da Propriedade Intelectual (OMPI). Surgem assim o Tratado da OMPI sobre direito de autor, habitualmente designado por WCT (*WIPO Copyright Treaty*) e o Tratado da OMPI sobre interpretações ou execuções e fonogramas, habitualmente designado por WPPT (*WIPO Performances and Phonograms Treaty*).

Em 1 de Outubro de 2011 foi assinado o Tratado ACTA (*Anti Counterfeiting Trade Agreement*) destinado a reprimir a contrafacção e a pirataria no âmbito dos bens intelectuais. Esse Tratado não chegaria, porém, a entrar em vigor, uma vez que foi rejeitado pelo Parlamento Europeu na sua sessão plenária de 4 de Julho de 2012.

## 7. A evolução do Direito de Autor em Portugal

Em Portugal, desde o séc. XVI que a edição de obras era realizada igualmente através dos privilégios de impressão, que concediam ao autor, ao editor e a corporações, perpétua ou temporariamente, a autorização exclusiva para publicar a edição de um livro, ficando assim quaisquer outros impedidos de o reproduzir. O privilégio era renovável, uma vez esgotada a edição, mas, se caducasse, a obra entrava no domínio público, podendo qualquer pessoa depois reproduzi-la livremente[49].

À semelhança do que tinha ocorrido em França, a Revolução Liberal de 1820 determinou a extinção dos privilégios, tendo os autores em consequência começado a propugnar o reconhecimento dos seus direitos de propriedade literária e artística.

A Carta Constitucional de 1826 limitava-se a reconhecer aos inventores no art. 145º, § 24, "a propriedade das suas descobertas ou suas produções", mas não assegurava qualquer protecção à criação literária. Por isso o direito de autor apenas obtém consagração legal pela primeira vez através da Constituição de 1838, cujo art. 23º, § 4º reconhecia o "direito de propriedade dos inventores sobre as suas descobertas e dos escritores sobre os seus escritos pelo tempo e na forma que a lei determinar...".

Esta disposição era dificilmente exequível sem consagração na lei ordinária mas a tutela do direito de autor a esse nível apenas ocorreria, no entanto, 13 anos depois, já que em 1839 um projecto de ALMEIDA GARRET a consagrar a propriedade literária[50], com protecção de 30 anos após a morte do autor, embora apresentado à Câmara dos Deputados e

[49] Referia criticamente ALMEIDA GARRETT, no "Discurso de apresentação do Projecto de lei sobre a propriedade literária e artística, apresentado na Câmara dos Deputados, em sessão de 18 de Maio de 1839", em ID, *Obras de Almeida Garrett*, I, Porto, Lello e Irmão, 2ª ed., s.d., pp. 1210-1217 (1211) que "no antigo regimen davam-se por mercê de el-rei privilégios temporários ou perpétuos que ordinariamente eram expedidos por provisão do desembargo do paço a favor dos autores, dos impressores ou de corporações. Findo o privilégio, se era temporário, ou não o havendo, entendia-se que toda a obra impressa entrava no domínio público, e que, vivo ou morto o autor, com herdeiros ou sem eles, qualquer a podia reimprimir, vender, representar se era obra dramática, usar dela enfim como coisa sua, ou coisa de ninguém que tanto vale. Se o privilégio era perpétuo, ficava enfeudado o vínculo para todas as gerações em detrimento da sociedade e com injúria dos seus direitos". No mesmo sentido, cfr. ALEXANDRE HERCULANO, "Da propriedade literária e da recente convenção com França – Ao Visconde de Almeida Garrett" (1851), recolhido em ID, *Opúsculos*, II- *Questões públicas. Sociedade, economia, direito*, Lisboa, Bertrand, 1986, pp. 524-554 (536) que acrescenta criticamente que "foi debaixo desse regime do *privilégio de impressão* que um génio a quem Portugal deve em glória quanto uma nação pode dever a um homem; foi com duas edições de *Os Lusíadas* feitas dentro do mesmo ano, e defendidas pela garantia de obra grossa chamada privilégio, ou propriedade literária, que Luís de Camões foi morrer entre as angústias da miséria e do abandono na pobre enxerga de um hospital".

[50] Cfr. ALMEIDA GARRETT, em ID, *Obras*, I, pp. 1210-1217. O seu pensamento é considerado por BARBARA DÖLEMEYER, *UFITA* 123 (1993), p. 62, como visionário, uma vez que o autor

por esta aprovado em 1841, não chegaria a entrar em vigor por dificuldades políticas. É assim apenas em 1851 que o projecto volta à Câmara e é aprovado, constituindo o decreto de 8 de Julho, que institui a protecção das obras literárias, tendo sido nesse mesmo ano aprovada uma convenção sobre propriedade literária com a França, em cuja negociação interveio o próprio ALMEIDA GARRET, a qual permitiu regular o intenso fluxo de obras literárias francesas para Portugal. Dada a sua qualificação como propriedade, atribuiu-se cariz perpétuo à protecção do autor[51].

A lei e a convenção vieram a ser, porém, objecto da crítica de ALEXANDRE HERCULANO, o qual considerou incorrecta a configuração como propriedade do direito sobre a obra literária, considerando que tal cria um valor fictício para considerar existente uma falsa propriedade, que materialmente apenas poderia recair sobre os exemplares publicados, sendo que o contributo do autor já seria remunerado como trabalho pelo editor. Por outro lado, o reconhecimento da propriedade literária permitiria a tutela de qualquer obra, mesmo de valor medíocre, levando à multiplicação de livros frívolos e prejudiciais, defendendo por isso antes a atribuição de recompensas públicas aos autores[52]. ALMEIDA GARRET teria ocasião de responder, reiterando as suas posições[53].

Apesar do seu prestígio, a crítica de ALEXANDRE HERCULANO não impediu o reconhecimento do direito de autor no Código Civil de 1867, da autoria do VISCONDE DE SEABRA tendo, com a sua aprovação, ficado revogado o Decreto de 8 de Julho de 1851[54]. O Código incluía o direito de autor no título relativo ao trabalho sob a designação de "trabalho lite-

já nessa data propugnava uma "grande alliança de todos os estados civilisados" para "estabelecer um direito comum e universal nesta área".

[51] Cfr. VISCONDE DE CARNAXIDE, *op. cit.*, p. 29 e OLIVEIRA ASCENSÃO, *Direito de Autor*, p. 17. Salienta-se, porém, que em antes o art. 2º, § único, nº 2, da Lei de 12 de Dezembro de 1844 isentava do imposto de transmissão que tinha criado a propriedade literária e artística.

[52] Cfr. ALEXANDRE HERCULANO, em ID, *Opúsculos*, II, pp. 528 e ss. e 539 e ss.

[53] Cfr. ALMEIDA GARRETT, "Carta a Alexandre Herculano de 28 de Setembro de 1851", em ID, *Obras de Almeida Garrett*, I, Porto, Lello e Irmão, 2ª ed., s.d., pp. 1218-1219.

[54] De salientar que ALEXANDRE HERCULANO fez parte da comissão revisora do Projecto do Código Civil, tendo-se naturalmente manifestado contra o reconhecimento no Código da propriedade literária e artística, sem no entanto intervir na discussão pois reconhecia ser heterodoxa a sua posição. O autor viria a escrever em 1872 um apêndice à sua carta de 1851, onde reitera a sua posição. Cfr. ALEXANDRE HERCULANO, "Apêndice a Da propriedade literária e da recente convenção com França – Ao Visconde de Almeida Garrett" (1872), reco-

rário e artístico", regulando-o nos arts. 570º e ss. O Código reconhece o direito ao inédito (art. 574º), bem como o direito à propriedade da obra e o direito exclusivo de a reproduzir (art. 576º), bem como o da sua tradução (art. 577º), sendo reconhecida uma protecção até 50 anos depois da morte do autor (art. 579º) e sujeita ao regime da propriedade móvel (art. 590º), com excepção da usucapião (art. 592º). O Código regulava ainda especialmente a situação dos editores (arts. 582º e ss.), dos autores dramáticos (arts. 594º e ss.), dos autores de obras artísticas (arts. 602º), das obrigações que incidiam sobre os autores (arts. 603º e ss.) e da responsabilidade por usurpação e contrafacção (arts. 607º e ss.)[55].

O desenvolvimento do Direito de Autor na ordem jurídica portuguesa ocorre igualmente a nível internacional, uma vez que o Código Civil de 1867 veio equiparar os autores estrangeiros aos portugueses, sob condição de reciprocidade (art. 578º). Em execução dessa disposição foi celebrada em 1889 uma convenção entre Portugal e o Brasil, que equiparava o tratamento dos autores em ambos os países. Essa convenção teve, porém, o efeito perverso de proteger os autores brasileiros em Portugal, mas não os autores portugueses no Brasil, salvo a nível penal, uma vez que no Brasil ainda não era reconhecido o direito de autor, pelo que o princípio da equiparação não permitia a protecção aos autores portugueses[56].

Em 1911, Portugal adere ao Acto de Berlim da Convenção de Berna, através do Decreto com força de lei de 18 de Março de 1911, publicado no Diário do Governo do dia 23 do mesmo mês.

Posteriormente, o Direito de Autor vem a ser regulado novamente a nível interno pelo Decreto nº 13725, de 13 de Junho de 1927, conhecido como Lei Cunha Gonçalves. Destinado a regular a "propriedade literá-

lhido em ID, *Opúsculos*, II – *Questões públicas. Sociedade, economia, direito*, Lisboa, Bertrand, 1986, pp. 554-573.

[55] Sobre o regime do Código de 1867, cfr. ALBERTO SÁ E MELLO, *Manual de Direito de Autor*, 4ª ed., Coimbra, Almedina, 2020, pp. 43 e ss.

[56] Cfr. OLIVEIRA ASCENSÃO, *Direito de Autor*, p. 18. Refere MANUELLA SANTOS, *Direito Autoral*, p. 53, que Pinheiro Chagas uma vez se queixou de que no Rio de Janeiro havia um ladrão habitual de obras alheias, que teve a audácia de lhe dirigir uma carta com a seguinte declaração: "Tudo o que Vossa Excelência publica é admirável. Faço o que posso para torná-lo conhecido no Brasil, reimprimindo tudo". Nessa altura existia no Brasil o costume de reproduzir indiscriminadamente as obras estrangeiras.

ria, scientífica e artística", este diploma equiparava o direito de autor a um direito real, sendo a respectiva propriedade "considerada e regida como qualquer outra propriedade mobiliária" (art. 36º). O diploma continua, no entanto, um tratamento bastante detalhado do direito pessoal de autor, já que regulava o direito ao inédito (arts. 8º e 103º, § 1º), o direito à paternidade da obra (arts. 15º c), 74º e 97º), o direito à integridade da obra (arts. 15º c), 89º e 132º, § 4º) e o direito de retirada (art. 34º)[57]. O diploma tinha, no entanto, um defeito: voltou a instituir a perpetuidade do direito de autor (arts. 15º, proémio), que embora correspondesse à solução defendida por parte da doutrina portuguesa (Lopes Praça, Dias Ferreira e Cunha Gonçalves), se encontrava ao arrepio da tendência internacional, sendo mesmo praticamente inexequível[58].

Apesar disso, e em virtude da resistência que os interessados moviam a qualquer alteração, essa solução manteve-se vigente por muitos anos. É assim que em 1953, na Câmara Corporativa, surge um projecto relatado por José Gabriel Pinto Coelho, assessorado por Inocêncio Galvão Telles e Manuel Gomes da Silva, o qual eliminava a perpetuidade do Direito de Autor. O Projecto foi aprovado, apesar da resistência que na Câmara lhe foi movida por Júlio Dantas, mas a posterior oposição do grupo de pressão dos autores impediu a sua transformação em lei.

Entretanto Portugal viria a ratificar a Convenção Universal do Direito de Autor pela Resolução da Assembleia Nacional de 11 de Maio de 1956.

Tendo assumido entretanto a pasta do Ministério da Educação, Inocêncio Galvão Telles vem a promover em 1965 a transformação daquele projecto em lei, após uma revisão de que foi encarregado José de Oliveira Ascensão. É assim que surge o Código do Direito de Autor, aprovado pelo Decreto-Lei 46980, de 27 de Abril de 1966, o qual voltou a fixar o prazo de duração do direito de autor em 50 anos após a morte do autor e determinou, após 25 anos, a queda no domínio público das obras que tinham estado anteriormente sujeitas ao regime da perpe-

[57] Cfr. Geraldo da Cruz Almeida, "O direito pessoal de autor no Código de Direito de Autor e Direitos Conexos", em Ruy de Albuquerque/Martim de Albuquerque (org.) *Estudos em Homenagem ao Professor Doutor Manuel Gomes da Silva*, Lisboa, Faculdade de Direito da Universidade de Lisboa, 2001, pp. 1055-1128 (1068).

[58] Para uma defesa da solução consagrada legalmente, cfr. Cunha Gonçalves, *Tratado*, IV, nº 454, pp. 39 e ss.

tuidade (art. 37º, nº 2), prazo esse que foi suprimido pela Lei nº 25/79, de 6 de Setembro. O Código de 1966 reconhecia igualmente do direito pessoal de autor nos arts. 55º a 57º.

Apesar da sua recente aprovação, no entanto, a revisão da Convenção de Berna, ocorrida em Estocolmo no ano de 1967, a qual não chegou a entrar em vigor, salvo quanto às disposições administrativas, e a dupla revisão da Convenção de Berna e da Convenção Universal, levada a cabo pelo duplo Acto de Paris de 1971, tornaram imperiosa a revisão do Código do Direito de Autor, de que foi novamente encarregado José de Oliveira Ascensão, o qual elaborou um anteprojecto, que se encontrava na Câmara Corporativa em 1974, o qual, porém, nunca viria a ser convertido em lei, dada a Revolução de 25 de Abril de 1974. Portugal viria entretanto a aderir ao Acto de Paris relativo à Convenção de Berna pelo Decreto nº 73/78, de 26 de Julho, e ao Acto de Paris relativo à Convenção Universal pelo Decreto nº 140-A/79, de 26 de Dezembro.

Em 1984, é, no entanto, posto à discussão pública um Anteprojecto de Código do Direito de Autor e dos Direitos Conexos, o qual, após algumas críticas, veio a ser objecto de revisão por parte de Oliveira Ascensão, surgindo assim o Código do Direito de Autor e dos Direitos Conexos, aprovado pelo Decreto-Lei 63/85, de 14 de Março. O resultado final desencadeou, no entanto, viva polémica, levando a que ocorresse logo de seguida uma revisão do Código, efectuada pela Lei 45/85, de 17 de Setembro, que publicou o Código em anexo[59].

A esta revisão seguiram-se novas revisões, por vezes impostas por Directivas Comunitárias, as quais são, porém, imprescindíveis, devido à constante evolução tecnológica, que vai deixando sucessivas repercussões no âmbito dos Direitos de Autor. É assim que o Código foi sucessivamente alterado pela Lei 114/91, de 3 de Setembro, Decreto-Lei nº 332/97, de 27 de Novembro, Decreto-Lei nº 334/97, de 27 de Novembro, Lei nº 50/2004, de 24 de Agosto, Lei 24/2006, de 30 de Junho, e Lei 16/2008, de 1 de Abril, pela Lei 65/2012, de 20 de Dezembro, pela Lei 82/2013, de 6 de Dezembro, pela Lei 32/2015, de 24 de Abril, pela Lei 49/2015, de 5 de Junho, pela Lei 36/2017, de 2 de Junho, pelo Decreto-Lei 100/2017, de 23 de Agosto e pela Lei 92/2019, de 4 de Setembro.

[59] Cfr. Oliveira Ascensão, *Direito de Autor*, p. 20 e Luiz Francisco Rebello, *Introdução*, p. 39.

# Capítulo III
# Natureza Jurídica do Direito de Autor

## 1. Generalidades

A natureza jurídica do direito de autor foi objecto de disputa intensa, especialmente em virtude de abranger tanto faculdades de natureza patrimonial como de natureza pessoal e da sua inicial associação à propriedade[60].

Podemos apontar as seguintes teses relativas ao direito de autor:

a) o direito de autor não seria um verdadeiro direito, mas antes um simples privilégio, concedido para a tutela das artes, ciências e letras;
b) o direito de autor corresponderia a uma manifestação particular da tutela da personalidade;
c) o direito de autor corresponderia a uma forma especial de propriedade;

[60] Cfr. Ludwig Gieseke, *Die geschichtliche Entwicklung des deutschen Urhebersrechtes*, Göttigen, Schwartz, 1957, *passim*, Fritz Schönherr, "Zur Begriffsbildung im Immaterialgüterrecht" em Paul Brügger (org.), *Homo creator. Festschrift für Alois Troller*, Basel/Stuttgart, Helbing/Lichtenhahn, 1976, pp. 57-87 (72 e ss.), Eberhard Klingenberg, "Von persönlichen Recht zum Persönlichkeitsrecht. Zur Entwicklung der Urheberrechtstehorie im 19. Jahrhundert" em *SZGerm* 96 (1979), pp. 183-208, Diethelm Klippel, "Historische Wurzeln und Funktionen von Immaterialgüter- und Persönlichskeitsrechten im 19. Jahrhundert", em *ZNR* 1982, p. 132-155, Helmut Coing, *Europäisches Privatrecht*, II- *19. Jahrhundert*, München, Beck, 1989, pp. 151 e ss., Gunda Dreyer, em Gunda Dreyer/Jost Kotthoff/Astrid Meckel, *Heidelberger Kommenatr zum Urheberrecht*, Heidelberg, Müller, 2004, Einl. 2, nºs 3 e ss., pp. 4 e ss. Entre nós, cfr. Alexandre Libório Dias Pereira, *Direitos de Autor*, pp. 83 e ss.

d) o direito de autor seria um direito de exclusivo, incidente sobre um bem incorpóreo;
e) o direito de autor teria uma natureza dualista, abrangendo tanto aspectos patrimoniais, como aspectos pessoais;
f) o direito de autor teria uma natureza pluralista, sendo susceptível de abranger realidades heterogénas;
g) o direito de autor teria natureza unitária, ainda que abrangesse elementos patrimoniais e pessoais.

Examinemos sucessivamente estas teses.

## 2. A qualificação do direito de autor como um simples privilégio, concedido para a tutela das artes, ciências e letras

A rejeição da qualificação do direito de autor como um verdadeiro direito, sendo o mesmo qualificado como um simples privilégio, concedido para a tutela das artes, ciências e letras, deve-se a GERBER. Para este autor, o direito de autor representa apenas a protecção de alguém contra impressões não autorizadas, a qual se fundaria numa proibição de ordem pública, destinada à tutela das artes, ciências e letras, só reflexamente protegendo os interesses individuais[61].

Esta tese encontra-se hoje totalmente abandonada, uma vez que é evidente que o direito de autor reveste a natureza de um verdadeiro direito subjectivo, uma vez que corresponde a uma permissão normativa de aproveitamento de um bem.

## 3. A qualificação do direito de autor como uma forma especial de propriedade

A qualificação do direito de autor como um direito de propriedade tem origem na doutrina jusnaturalista do séc. XVIII que considerava o direito de autor como uma forma especial de propriedade, denominada "propriedade espiritual" . Um dos maiores expoentes dessa teoria é JOHANN STEPHAN PÜTTER, que numa dissertação intitulada *Der Büchernachdruck nach ächten Grundsätzen des Rechts* considerava que a propriedade espiritual existente sobre as obras resultava da natureza das coisas, que estabelece

[61] Cfr. GERBER "Über die Natur der Rechte des Schriftstellers und Verlegers" em *JhJb* 3 (1858), pp. 359-398 (370 e 374 e ss.)

uma claríssima distinção entre os contratos de edição e de venda, já que a compra de um livro não autorizaria o comprador a imprimir o seu conteúdo[62]. Em França esta tese tornou-se comum, especialmente em virtude de a ela ter aderido LOUIS-NAPOLÉON BONAPARTE[63], que mais tarde viria a ser o futuro Imperador Napoleão III. O seu maior expoente nesse país foi EUGÉNE POUILLET, que qualificou o direito de autor como uma "propriedade de natureza especial", que corresponderia a um "direito incorpóreo"[64].

Entre nós, também CUNHA GONÇALVES, defendia a qualificação do direito de autor como um direito de propriedade de natureza especial[65], tendo a sua tese sido seguida por PIRES DE LIMA e ANTUNES VARELA[66], e estando na base da redacção do art. 1303º do Código Civil.

À qualificação do direito de autor como uma forma especial de propriedade tem sido apontado como crítica o facto de a propriedade ser por natureza perpétua, enquanto que o direito de autor é temporário, caindo a obra no domínio público ao fim de certo prazo. Por outro lado, a qualificação como propriedade omite a componente pessoal do direito de autor, presente em grande parte do regime deste direito.

### 4. A qualificação do direito de autor como uma manifestação particular da tutela da personalidade

A qualificação do direito de autor como uma manifestação particular da tutela da personalidade tem como origem a doutrina filosófica de KANT, para quem o facto de ser proibida ao comprador de um livro a sua reimpressão significaria que ele não adquiriria um direito ilimitado sobre a

[62] Cfr. LOEHENHEIM/VOGEL, *op. cit.*, § 2 II 1, nº 7, p. 9.

[63] Cfr. LOUIS-NAPOLÉON BONAPARTE, *Lettre du 4éme Décembre 1843 à Jobard*, em JEAN-BAPTISTE-AMBROISE-MARCELLIN JOBARD, *Nouvelle économie sociale ou Monautopole industriel, artistique, commercial e litterdire,* Paris/Bruxelles, Mathias/aut., 1844 pp. 116-117: "je crois, comme vous, que l'œuvre intellectuelle est une propriété, comme une terre, comme une maison, qu'elle doit jouir des mêmes droits et ne pouvoir être aliénée que pour cause d'utilité publique".

[64] Cfr. EUGÉNE POUILLET, *Traité Théorique et pratique de la proprieté literaire et artistique et du droit de représentation,* 3ª ed., Paris, Marchall et Billard, 1908, pp. 25 e ss., nº 9

[65] Cfr. CUNHA GONÇALVES, *Tratado,* IV, nº 451, pp. 27 e ss..

[66] Cfr. PIRES DE LIMA/ANTUNES VARELA, *Código Civil Anotado,* III, 2ª ed., Coimbra, Coimbra Editora, 1987, sub art. 1303º, nº 2, pp. 86-87.

obra, uma vez que o autor permaneceria dono da sua criação intelectual, dado que o seu pensamento corresponde a uma manifestação da sua personalidade. Diferentemente dos exemplares do livro, a obra teria uma existência autonóma apenas na pessoa do autor, constituindo por isso um direito inalienável (*ius personalissimum*) que reservava ao autor o aproveitamento da obra, o qual não seria perdido com a impressão[67].

Esta teoria foi defendida na doutrina germânica por BLUNTSCHLI[68], DAHN[69], GAREIS[70] e GIERKE[71]. Para estes autores, numa concepção monista, o direito de autor seria um direito de personalidade, que protegeria as obras do espírito como componentes da esfera pessoal de uma pessoa. Efectivamente, sendo a actividade de criação intelectual uma componente essencial da natureza humana, teria que ser vista sempre como uma emanação da personalidade do seu titular. Tal teria como consequência que o direito de autor incidente sobre as criações intelectuais, seja nas faculdades pessoais, seja nas faculdades patrimoniais, correspondesse sempre a uma manifestação particular da tutela da personalidade.

A qualificação do direito de autor como correspondendo a um direito de personalidade tem o mérito de explicar o regime dos direitos morais de autor, e particularmente o direito ao inédito, que impede os credores de proceder à publicação das obras. É, no entanto, dificilmente compatível com a transmissão dos direitos patrimoniais de autor, em vida e

[67] Cfr. IMMANUEL KANT, "Von der Unrechtmäßigkeit des Büchernachdrucks", em *Berlinische Monatschrift* 5 (1785), pp. 403-417, reimpresso em *UFITA* 106 (1987), pp. 137-144. Para uma análise desta doutrina, cfr. HEINRICH HUBMANN, "Immanuel Kants Urheberrechtstheorie", em *UFITA* 106 (1987), pp. 145-154.

[68] Cfr. JOHANN CASPAR BLUNTSCHLI, *Deutsches Privatrecht*, 3ª, ed., por Felix Dahn, München, J. G. Cotta'schen, 1864, § 47, pp. 115 e ss. MANFRED REHBINDER, "Johann Caspar Bluntschlis Beitrag zur Theorie des Urheberrechts", em *UFITA* 123 (1993), pp. 29-51, considera ter sido este autor suíço o primeiro a estabelecer uma directa ligação entre o direito de autor e a tutela da personalidade.

[69] Cfr. FELIX DAHN, *Deustches Privatrecht (Mit Lehen-, Handels-, Wechsel- und See-Recht*, I, Leipzig, Breitkopf und Hartel, 1878, p. 45: "Urheberrecht ein höchst persönliches Recht, ähnlich dem Recht auf Ehre, Namen, Firma, Wappen".

[70] Cfr. CARL GAREIS, "Das juristische Wesen der Autorrechte sowie des Firmen und Markenschutzes", em *Buschs Archiv* 35 (1877), pp. 185-210.

[71] Cfr. OTTO GIERKE, *Deutsches Privatrecht*, I- *Allgemeiner Teil und Personenrecht*, Leipzig, Duncker & Humblot, 1895, pp. 762 e ss.

por morte, uma vez que os direitos de personalidade são naturalmente intransmissíveis. Por outro lado, essa concepção elide a realidade da natureza patrimonial do bem intelectual, assim como o carácter patrimonial da esmagadora maioria das faculdades que integram o direito de autor.

## 5. A qualificação do direito de autor como um direito de exclusivo, incidente sobre um bem incorpóreo

Uma outra posição é a que qualifica o direito de autor como um direito de exclusivo, incidente sobre um bem incorpóreo. Filosoficamente este tese tem origem em FICHTE que distinguiu nos livros o elemento corpóreo, relativo ao papel impresso; o elemento espiritual, relativo ao seu conteúdo, os pensamentos que representa; e a forma como esses pensamentos são expressos, ou seja o modo como são apresentados. Com a venda de um livro, o comprador adquiriria apenas a propriedade do elemento corpóreo, ficando o conteúdo livre com a publicação e permanecendo a forma como propriedade exclusiva do seu criador[72]. Também HEGEL distinguiu entre o exemplar individualmente considerado e a forma e o modo gerais da obra, considerando que com a venda de um livro se transmitia a propriedade sobre os exemplares, mas não sobre a sua forma e o seu modo gerais, o que permitia ao autor continuar a sua reprodução[73].

Entre os juristas esta tese foi defendida na Alemanha por JOSEPH KOHLER que qualificou o direito de autor como um direito sobre um bem imaterial, semelhante à propriedade, que dela se distinguiria por não incidir sobre coisas corpóreas, o que implicaria a necessidade de

[72] Cfr. JOHAN GOTTLIEB FICHTE, "Beweis der Unrechtmäßigkeit des Büchernachdrucks. Ein Räsonement und eine Parabel", em *UFITA* 106 (1987), pp. 155-172.

[73] Cfr. GEORG WILHELM FRIEDRICH HEGEL, *Grundlinien der Philosophie des Rechts* (1821), §§ 68-69, em ID, *Werke*, VII, Frankfurt a. M., 1979, pp. 11-398 (100 e ss.). No § 69 escreve: "Indem der Erwerber eines solchen Produkts an dem Exemplar als einzelnem den vollen Gebrauch und Wert desselben besitzt, so ist er vollkommener und freier Eigentümer desselben als eines einzelnen, obgleich der Verfasser der Schrift oder der Erfinder der technischen Vorrichtung Eigentümer der allgemeinen Art und Weise bleibt, dergleichen Produkte und Sachen zu vervielfältigen, als welche allgemeine Art und Weise er nicht unmittelbar veräußert hat, sondern sich dieselbe als eigentümliche Äußerung vorbehalten kann".

regras especiais para o exercício e tutela desse direito[74]. Em França esta tese foi defendida por EDMOND PICARD, que considerou existir sobre as obras intelectuais um direito de exclusivo, que corresponde a um monopólio análogo ao direito de propriedade, mas sem com ele se confundir[75].

## 6. A qualificação do direito de autor como tendo natureza dualista, abrangendo tanto aspectos patrimoniais, como aspectos pessoais

Uma outra posição é a que qualifica o direito de autor como tendo natureza dualista, abrangendo tanto aspectos pessoais como aspectos patrimoniais. Esta tese foi defendida em França por MORILLOT, o que sustentou a natureza dualista do direito de autor, abrangendo um direito de exploração patrimonial e um direito de protecção da personalidade do autor, qualificado como direito moral[76]. A posição tornou-se posteriormente dominante na doutrina francesa[77].

Na Alemanha, esta doutrina foi seguida por JOSEPH KOHLER que, embora tenha defendido que o direito de autor seria um direito sobre um bem imaterial, admitiu, numa concepção dualista, a existência, ao lado de uma componente patrimonial, de componentes de protecção da personalidade[78]. Em Portugal esta tese veio a ser defendida por

[74] Cfr. JOSEPH KOHLER, "Der Immaterialgüterrecht und seine Gegner", em *Buschs Archiv* 47 (1887), pp. 169-190 e "Die Idee des geistigen Eigentums", em *AcP* 32 (1894), pp. 141-242, reimpressos em *UFITA* 123 (1993), respectivamente a pp. 81-97 e 99-167.

[75] Cfr. EDMOND PICARD, *Le droit pur. Cours d'Encyclopédie du Droit. Les permanences juridiques abstraites*, Bruxelles/Paris, Veuve Ferdinand Lacier/Felx Alcan, 1899, p. 76.

[76] Cfr. ANDRÉ MORILLOT, "De la personalitè du droit de publication que appatient à in auteur vivant", em *Revue critique de la législation et de* jurisprudence 1872-1873, pp. 29-59, e *De la protection accordée aux ouevres d'art, aux photographies, aux dessins et modéles industriels et aux brévets d' invention dans l'Empire Allemand*, Paris, Berlin, 1878, pp. 108 e ss., obras essas a que não conseguimos ter acesso. Segundo informa LUIZ GONZAGA SILVA ADOLFO, *Obras privadas, benefícios coletivos. A dimensão pública do Direito Autoral na Sociedade de Informação*, Porto Alegre, Sergio Antonio Fabris, 2008, p. 103, foi este autor o criador da expressão "*droit moral d'auteur*".

[77] Cfr. ALAIN LE TARNEC, *Manuel de la Proprieté literaire et artistique*, 2ª ed., Paris, Dalloz, 1966, pp. 9 e ss., e HENRI DESBOIS, *Le Droit d'Auteur en France*, Paris, Dalloz, 1967, pp. 233 e ss.

[78] Cfr. JOSEPH KOHLER, *Urheberrecht an Schriftwerken und Verlagsrecht*, Stuttgart, 1907, pp. 128 e ss. e 439 e ss., e "Das Autorrecht, eine zivilistische Abhandlung zugleich ein Bei-

ALMEIDA SANTOS, que sustenta ser o direito de autor "um único direito de face dupla, ou, mais ajustadamente, um direito misto"[79], ainda que a seu ver a componente pessoal do direito de autor prevaleça sobre a sua componente patrimonial[80]. Recentemente aderiu ainda a esta concepção ALEXANDRE LIBÓRIO DIAS PEREIRA, que sustenta que "os direitos de autor são direitos "geminados", e a matriz dualista do nosso direito de autor justifica que se fale antes em direitos de autor: por um lado, direitos de propriedade, que se analisam no exclusivo de exploração económica; por outro lado, direitos de personalidade que consistem em direitos morais de protecção da honra e reputação do autor em relação às suas obras literárias ou artísticas"[81].

## 7. A qualificação do direito de autor como tendo natureza pluralista, sendo susceptível de abranger realidades heterogéneas

A concepção pluralista do direito de autor deve-se a OSCAR WÄCHTER, que considera o direito de autor como um direito subjectivo com três vertentes: a faculdade de realizar a obra, o seu interesse espiritual na sua publicação e a possibilidade de a explorar, sendo a primeira um direito pessoal à livre actividade, a segunda uma situação extra-jurídica, e a terceira um direito sobre um bem imaterial[82].

Entre nós, a concepção pluralista é claramente dominante, sendo seguida por autores como LUIZ FRANCISCO REBELLO, ALBERTO DE SÁ E MELLO e JOSÉ ALBERTO VIEIRA, que distinguem na estrutura do direito de autor o direito pessoal de autor, o direito de exploração económica da obra, o direito de sequência e o direito à compensação suplementar[83]. Com alguma variação, ela parece corresponder igualmente à tese de

trag zur Lehre vom Eigenthum, vom Miteigenthum, vom Rechtsgeschäft und vom Individualrecht" em *JhJb* 18 (1880), pp. 129-478, separata, Jena, Gustav Fischer, 1880.

79 Cfr. ALMEIDA SANTOS, *Ensaio*, pp. 64 e ss. (72).

80 Cfr. ALMEIDA SANTOS, *Ensaio*, pp. 73 e ss. (75).

81 Cfr. ALEXANDRE LIBÓRIO DIAS PEREIRA, *Direitos de Autor*, p. 165.

82 Cfr. OSCAR WÄCHTER, *Das Autorrechte nach dem gemeinen deutschen Recht*, Stuttgart, Enke, 1875, pp. 2 e ss.

83 Cfr. LUIZ FRANCISCO REBELLO, *Introdução*, p. 57, ALBERTO DE SÁ E MELLO, *O Direito Pessoal de Autor no Ordenamento Jurídico Português*, Lisboa, Sociedade Portuguesa de Autores, 1989, p. 142 e JOSÉ ALBERTO COELHO VIEIRA, *A Estrutura do Direito de Autor no Ordenamento Jurídico Português*, Lisboa, AAFDL, 1992, pp. 145 e ss.

Oliveira Ascensão, que rejeita as teses do direito real e do direito de personalidade e, embora distinga nos direitos de autor três sectores, o direito pessoal, o direito patrimonial em geral e os direitos de sequência e de revisão por lesão enorme, atribui preponderância ao direito patrimonial em geral que qualifica como um direito de monopólio, como exclusivo de exploração económica da obra[84].

## 8. A doutrina monista

Posteriormente, e essencialmente por obra de Ulmer surge a doutrina do monismo alemão, que considera o direito de autor como um direito de natureza unitária, ainda que possua tanto elementos patrimoniais como relativos à personalidade. Esses elementos não se situariam, no entanto, em independência uns dos outros, nem seriam de natureza diferente, fazendo antes parte integrante desse direito. O direito de autor não seria, em consequência, apenas a soma das competências atribuídas ao autor, mas antes um direito unitário, do qual essas competências derivariam[85]. Essa é a posição actualmente maioritária na doutrina alemã, seguida designadamente por Rehbinder[86], Püschel[87] e Wandtke[88].

A doutrina monista é defendida entre nós por Gomes Canotilho. Para este autor no direito de autor não existe um exclusivo, mas antes vários exclusivos (de publicação, de reprodução, de distribuição, de aluguer, de comunicação), existindo, no entanto, um tronco jurídico básico, um "direito de troncalidade autoral", do qual derivam várias irradiações[89]. Esse direito de troncalidade estaria centrado, não somente na obra do autor, mas subjectivamente radicado na pessoa do autor, sendo

[84] Cfr. Oliveira Ascensão, *A tipicidade dos direitos reais*, Lisboa, s.e., 1968, pp. 274 e ss., *Direito Autoral*, Lisboa, AAFDL, 1989, pp. 324 e ss. e *Direito de Autor*, pp. 646 e ss.

[85] Cfr. Eugen Ulmer, *Urheber und Verlagsrecht*, 2ª ed., Berlin/Göttinger/Heidelberg, Springer, 1960, § 19, pp. 98 e ss.

[86] Cfr. Rehbinder, *Urheberrecht*, § 8, nºs 89 e ss., pp. 38 e ss.

[87] Cfr. Heinz Püschel, *Urheberrecht: eine Einführung in das Urheberrecht mit dem TRIPS-Abkommen über handelsbezogene Aspekte der Rechte des geistigen Eigentums*, Freiburg/Berlin, 1997, 6.2., pp. 6 e ss.

[88] Cfr. Arthur-Axel Wandtke, em *ID* (org.), *Urheberrecht*, Berlin, De Gruyter, 2009, 1 B, nºs 33 e ss., pp. 11-12.

[89] Cfr. José Joaquim Gomes Canotilho, "Liberdade e exclusivo na Constituição", em Associação Portuguesa de Direito Intelectual (org.), *Direito Industrial*, IV, Coimbra, Almedina, 2005, pp. 57-71 (60 e ss.).

assim não apenas um direito de personalidade, mas também um direito fundamental[90].

## 9. Posição adoptada

Independentemente da pluralidade de direitos que são atribuídos ao autor parece-nos claro que todos esses direitos têm uma origem comum e um objecto comum: resultam da actividade de criação intelectual e têm por objecto uma obra intelectual. O facto de o regime legal implicar tanto a atribuição de exclusivos de natureza patrimonial como faculdades destinadas a tutelar a personalidade do autor não deve elidir que, em termos de enquadramento, se trata de um direito que incide sobre uma realidade unitária, a qual consiste na obra intelectual. Entendemos por isso que o direito de autor corresponde a um direito-quadro, que engloba vários direitos subjectivos específicos que se unificam num complexo unitário: a permissão normativa de aproveitamento de uma obra intelectual.

[90] Cfr. Gomes Canotilho, *op. cit.*, pp. 62 e ss.

## Capítulo IV
# As Fontes do Direito de Autor

### 1. A Constituição e o Direito de Autor

Encontra-se uma regulação do Direito de Autor no art. 42º da Constituição, cujo nº 1, dispõe que "é livre a criação intelectual, artística e científica", acrescentando o nº 2 que "esta liberdade compreende o direito à invenção, produção e divulgação da obra científica, literária ou artística, incluindo a protecção legal dos direitos de autor". Esta disposição deve ser interpretada em harmonia com a Declaração Universal dos Direitos do Homem, cujo art. 27º, nº 2, reconhece que "todos têm direito à protecção dos interesses morais e materiais ligados a qualquer produção científica, literária ou artística da sua autoria".

Para Gomes Canotilho, a protecção constitucional do Direito de Autor tem um duplo significado: "(a) o produto da criação cultural (obra de arte, investigação, invenção científica) é considerado como propriedade espiritual do autor; (b) a liberdade de criação cultural protege, mas vestes de direito de comunicação fundamental, todas as formas de mediação comunicativa (livros, figuras, discos, etc.)"[91]. O autor descobre assim uma dupla dimensão na liberdade autoral, num primeiro plano, a liberdade de criação intelectual e num segundo plano a liberdade de utilização das obras literárias, artísticas e científicas, tuteladas através da concessão de vários direitos de exclusivo, unificados num tronco jurídico básico[92].

[91] Cfr. Gomes Canotilho, *op. cit.*, p. 58.
[92] Cfr. Gomes Canotilho, *op. cit.*, pp. 59-60.

Tem sido, porém, discutida a compatibilidade entre o direito de autor e o direito à fruição dos bens culturais, reconhecido no art. 78º da Constituição e no art. 27º, nº 1, da Declaração Universal dos Direitos do Homem. Para Oliveira Ascensão, existiria um conflito entre estes dois direitos, já que "todo o direito intelectual é acompanhado da consequência negativa de coarctar a fluidez na comunicação social, fazendo surgir barreiras e multiplicando as reivindicações. A liberdade de utilização de bens culturais, mesmo que não movida por fins lucrativos, fica assim entravada porque contende com o exclusivo da exploração"[93]. Em sentido contrário, Luiz Francisco Rebello contesta a existência de conflito, considerando ser "do interesse da própria colectividade a que se destinam as obras do espírito que os interesses económicos e morais dos respectivos autores sejam acautelados". Para além disso, "o contributo dos autores para o desenvolvimento da cultura consiste no seu próprio trabalho criador – que deverá ser retribuído como qualquer outro, e não se vê que razões possam validamente opor-se a que o seja –, e que é ao Estado que compete promover a difusão dos bens culturais, começando por criar as condições necessárias para o exercício da actividade literária e artística"[94].

Parece-nos assistir razão a Luiz Francisco Rebello. Efectivamente o direito à fruição dos bens culturais não pode prejudicar os direitos atribuídos aos autores, sem o que a actividade de criação intelectual ficaria irremediavlemente comprometida. O direito à fruição dos bens culturais tem por isso que ser naturalmente compatibilizado com o direito de autor.

## 2. Fontes Internacionais do Direito de Autor

### 2.1. Generalidades

Desde o início do seu surgimento que o Direito de Autor tem suscitado problemas de cariz internacional. Efectivamente, dada a facilidade de difusão internacional das obras, se a protecção fosse limitada exclusivamente a uma ordem jurídica, os autores ver-se-iam impedidos de controlar a edição das suas obras no estrangeiro, bem como a sua tradução.

[93] Cfr. Oliveira Ascensão, *Direito de Autor*, p. 12.

[94] Cfr. Luiz Francisco Rebello, *Introdução*, p. 51.

Apesar disso, a regra geral de todos os países é a de *exclusividade de protecção* das obras pela sua ordem jurídica. Por esse motivo, entre nós, o art. 63º determina expressamente que "a ordem jurídica portuguesa é em exclusivo a competente para determinar a protecção a atribuir a uma obra, sem prejuízo das convenções internacionais ratificadas e aprovadas".

Da exclusividade da protecção resulta igualmente o princípio da *territorialidade* dessa protecção, nos termos do qual, a protecção que cada país confere às obras é limitada ao seu próprio território, não podendo extravasar do mesmo, regulando as actividades que ocorram em países estrangeiros.

A lei portuguesa obedece igualmente a um princípio de *personalidade*, que se encontra implícito no art. 64º, no sentido de que a protecção apenas é plenamente concedida em relação a cidadãos nacionais. Quanto às obras de autores estrangeiros ou que tiverem como país de origem um país estrangeiro, elas apenas beneficiam da protecção conferida na lei portuguesa em condições de reciprocidade, salvo convenção internacional em contrário, a que o Estado Português esteja vinculado (art. 64º)[95].

O que é mais comum é, porém, que os direitos de autor sejam objecto de reconhecimento internacional através de convenção, a qual permite atribuir aos autores estrangeiros protecção equivalente àquela que um Estado concede aos seus nacionais. Conforme acima se referiu, inicialmente essas convenções foram bilaterais, justificadas pelo interesse de um Estado em impedir a usurpação das obras dos seus nacionais noutro Estado. A proliferação de convencões bilaterais fez, porém, surgir a necessidade de instrumentos multilaterais, que constituem hoje o modelo dominante para a regulação internacional do Direito de Autor[96].

Examinemos os principais tratados existentes neste domínio.

## 2.2. A Convenção de Berna

O mais importante tratado internacional em matéria de Direito de Autor é a Convenção de Berna relativa à protecção das obras literárias e artísticas de 9 de Setembro de 1886, completada em Paris em 4 de Maio de 1896, revista em Berlim em 13 de Novembro de 1908, completada em Berna em

[95] Cfr. Oliveira Ascensão, *Direito de Autor*, pp. 34-35.

[96] Cfr. Oliveira Ascensão, *Direito de Autor*, p. 35.

20 de Março de 1914 e revista em Roma em 2 de Junho de 1928, em Bruxelas em 26 de Junho de 1948, em Estocolmo em 14 de Julho de 1967 e em Paris em 24 de Julho de 1971, e modificada em 2 de Outubro de 1979. Actualmente é administrada pela Organização Mundial da Propriedade Intelectual (OMPI), organismo das Nações Unidas[97].

Potugal aderiu à Convenção na versão do Acto de Berlim em 1911, tendo posteriormente aderido à versão de Paris, através do Decreto nº 73/78, de 23 de Julho. A utilidade de Convenção de Berna como instrumento multilateral foi, no entanto, durante muito tempo bastante enfraquecida, pelo facto de o Reino Unido e os Estados Unidos da América a ela não terem aderido, o que veio apenas a ocorrer respectivamente em 1988 e em 1989.

A Convenção de Berna tem como conteúdo fundamental a instituição de uma União de Estados para protecção dos autores (art. 1º), a qual é dotada de órgãos próprios, a Assembleia (art. 22º), o Comité Executivo (art. 23º) e o Secretariado Internacional da OMPI (art. 24º). O sistema instituído pela Convenção de Berna assenta essencialmente em dois princípios: o princípio da equiparação e o princípio da protecção mínima[98].

O *princípio da equiparação* implica a obrigação de os Estados-Membros concederem tratamento nacional às obras de cidadãos de outros Estados-Membros que sejam protegidas pela Convenção (art. 5º). Assim, as obras de qualquer cidadão de um Estado-Membro são tratadas nos outros Estados-Membros como se fossem obras de um seu nacional, o que em termos de regras de conflitos permite atribuir competência internacional à lei do Estado onde a protecção é reclamada, em vez da lei do país de origem da obra, o que facilita a tarefa das jurisdições nacionais que normalmente conhecem apenas a sua própria legislação.

O *princípio da protecção mínima* pretende atenuar o rigor do princípio da equiparação, caso a lei do país onde a protecção seja pedida não respeite os direitos normalmente reconhecidos aos autores. Assim, independente da diversidade de legislações existente, estabelece-se um conteúdo mínimo de protecção, que abrange a definição de obras protegidas e os critérios de protecção (arts. 2º a 4º), o reconhecimento do

[97] Sobre esta convenção, cfr. Patrícia Akester, *Direito de Autor*, pp. 381 e ss.

[98] Cfr. Desbois, *op. cit.*, pp. 374 e ss.

direito moral de autor (art. 6º *bis*), o estabelecimento da duração da protecção das obras em 50 anos (arts. 7º e 7º *bis*) e os diversos direitos atribuídos aos autores (arts. 8º a 17º). Como a Convenção se limita a estabelecer conteúdos mínimos de protecção, não impede o reconhecimento de direitos mais amplos aos autores, quer pelas legislações nacionais dos Estados-Membros (art. 19º), quer por acordos bilaterais (art. 20º). Os Estados que aderem à Convenção devem conformar a sua legislação interna em ordem a reconhecer os direitos estabelecidos pela Convenção.

## 2.3. A Convenção Universal do Direito de Autor

Outro instrumento internacional relevante em matéria do Direito de Autor é a Convenção Universal do Direito de Autor, aprovada em Genebra em 1952, e revista em Paris em 1971, conjuntamente com a Convenção de Berna. Portugal ratificou a Convenção Universal através da Resolução da Assembleia Nacional de 11 de Maio de 1956[99].

Esta Convenção é administrada pela UNESCO, tendo surgido como uma alternativa à Convenção de Berna, dado o facto de esta ser considerada como muito próxima dos sistemas jurídicos europeus, e por isso inadequada aos sistemas jurídicos da *common law*. A sua elaboração ocorreu por iniciativa dos Estados Unidos da América, que inicialmente rejeitavam a Convenção de Berna por desconsiderar as formalidades na atribuição do direito e reconhecer o direito moral de autor. Os seus impulsionadores conseguiram que a ela também aderisse a maioria dos Estados signatários da Convenção de Berna. No entanto, a posterior adesão dos Estados Unidos à Convenção de Berna em Março de 1989 levou a que a Convenção Universal do Direito de Autor perdesse um pouco o seu cariz alternativo.

A Convenção Universal do Direito de Autor baseia-se igualmente nos princípios da equiparação e da protecção mínima, ainda que o mínimo de protecção estabelecido seja consideravelmente mais restrito do que o que resulta da Convenção de Berna.

O *princípio da equiparação* implica a obrigação de os diversos Estados aderentes conferirem aos autores de outro Estado aderente tratamento

[99] Cfr., sobre esta, PATRÍCIA AKESTER, *Direito de Autor*, pp. 381 e ss.

idêntico àquele que conferem aos seus próprios nacionais, para além da protecção especial que é reconhecida pela Convenção (art. II).

O *princípio da protecção mínima* implica para os diversos Estados aderentes o dever de adoptar medidas destinadas à protecção dos autores (art. I). A Convenção estabelece um prazo de protecção dos direitos até 25 anos após a morte do seu titular (art. IV) e regula os direitos que reconhece aos autores (arts. IV bis e V).

Em ordem a evitar que a protecção atribuída fique dependente de formalidades estabelecidas pelo Estado, a Convenção estabelece que, sempre que os Estados membros exigirem certas formalidades para a protecção das obras, como o depósito, registo, menção, certificados notariais, pagamento de taxas e fabricação ou publicação no território nacional, considerarão satisfeitas essas formalidades se as obras incluídas na Convenção que reclamarem protecção, cujo autor não seja nacional e tenham sido publicadas pela primeira vez no estrangeiro, tiverem, desde a sua primeira publicação, em todos os seus exemplares publicados com a autorização do autor ou de qualquer outro titular dos seus direitos, aposto um sinal ©, acompanhado do nome do titular do direito de autor e da indicação do ano da primeira publicação (art. III)[100].

Em ordem a evitar que a adopção da Convenção Universal do Direito de Autor se sobrepusesse à Convenção de Berna e levasse ao seu abandono pelos Estados que a ela tinham aderido, estabeleceu-se que a Convenção Universal dos Direitos de Autor não afecta a Convenção de Berna; que as relações entre os Estados membros da Convenção de Berna continuariam a regular-se pela Convenção de Berna; e que, se um Estado signatário da União de Berna a abandonasse, as obras dos seus nacionais não seriam protegidas pela Convenção Universal nos países da União de Berna. Dessa regra foram apenas exceptuados os países em desenvolvimento (Art. XVII e Declaração anexa a esse artigo).

[100] Este regime afasta-se assim bastante da Convenção de Berna, já que, enquanto esta atribui protecção à obra, desde o momento em que é exteriorizada, independentemente de qualquer publicação, a Convenção Universal só reconhece protecção às obras publicadas que cumpram a formalidade mínima de indicação do símbolo ©, acompanhado do nome do titular e do ano da publicação.

### 2.4. A Convenção de Roma para Protecção dos Artistas Intérpretes ou Executantes, dos Produtores de Fonogramas e dos Organismos de Radiodifusão

Outro importante tratado multilateral é a Convenção Internacional para a Protecção dos Artistas Intérpretes ou Executantes, dos Produtores de Fonogramas e dos Organismos de Radiodifusão, assinada em Roma em 26 de Outubro de 1961[101]. Esta Convenção foi aprovada para adesão pela Resolução da Assembleia da República nº 61/99, em 16 de Abril de 1999, e ratificada com reservas por Portugal pelo Decreto do Presidente da República, nº 168/99, de 22 de Julho.

Esta Convenção constitui o mais importante instrumento internacional para tutela dos direitos conexos ao direito de autor, sendo administrada pela UNESCO e pelas actuais OMPI e OIT.

A Convenção assenta no princípio de os Estados contratantes concederem, sob certas condições, tratamento nacional aos artistas, intérpretes ou executantes (art. 4º), aos produtores de fonogramas (art. 5º) e aos organismos de radiodifusão (art. 6º) dos outros Estados contratantes. Para além disso, a Convenção impõe que a protecção inclua a atribuição de certas faculdades aos artistas, intérpretes ou executantes (arts. 7º e ss.), aos produtores de fonogramas (arts. 10º e ss.) e aos organismos de radiodifusão (arts. 13º e ss.).

A Convenção determina ainda que a protecção que concede, além de não poder conflituar com os direitos de autor sobre obras literárias e artísticas (art. 1º), não poderá prejudicar qualquer outra protecção de que já beneficiem os artistas, intérpretes ou executantes, os produtores de fonogramas e os organismos de radiodifusão (art. 21º), nem prejudica o direito de os Estados estabelecerem entre si acordos bilaterais que reconheçam um grau superior de protecção (art. 22º).

### 2.5. O Acordo TRIPS

Outro instrumento internacional de grande importância para a tutela dos direitos de autor é o Acordo TRIPS (*Trade-Related Aspects of Intellectual Property Rights:* Acordo sobre os Aspectos dos Direitos de Propriedade Intelectual relacionados com o Comércio), o qual constitui o Anexo 1C

[101] Sobre a mesma, cfr. PATRÍCIA AKESTER, *Direito de Autor*, pp. 381 e ss.

ao Acordo de Marraquexe de Abril de 1994, pelo qual foi estabelecida a Organização Mundial do Comércio[102].

Este Acordo foi criado por iniciativa dos Estados Unidos que, após terem aderido à Convenção de Berna em 1989, procuraram redefinir o regime internacional da propriedade intelectual, na intenção de assegurar uma protecção mais efectiva dos direitos dos autores. Por esse motivo, o modelo seguido foi o que constava do Acordo da NAFTA, celebrado em 1992, o qual contém um vasto capítulo dedicado a este tema. O Acordo foi, no entanto, bastante criticado por ser considerado contrário aos interesses dos países menos desenvolvidos, levando inclusivamente a grandes especulações sobre a razão pela qual teria sido aceite por estes[103].

O Acordo TRIPS foi determinado essencialmente pela globalização da economia, que entrou em choque com o sistema vigente na Convenção de Berna e na Convenção de Roma, que se baseiam no sistema do tratamento nacional, procurando que a protecção conferida aos autores e aos titulares de direitos conexos dos vários Estados-membros seja idêntica àquela que um Estado-Membro concede aos seus próprios autores. Este sistema levanta, no entanto, problemas numa economia globalizada, na medida em que permite que as empresas, embora competindo entre si num mercado global, obtenham vantagens concorrenciais através da instalação em Estados que concedam menor protecção autoral, tendo menos custos com o pagamento de direitos. O Acordo TRIPS procurou por esse motivo uniformizar o regime da propriedade intelectual à escala global, eliminando na medida do possível as diferenças existentes entre os diversos ordenamentos através da exigência de um nível mínimo de protecção[104].

[102] Sobre este acordo, no âmbito do Direito de Autor, cfr. Patrícia Akester, *Direito de Autor*, pp. 405 e ss.

[103] Cfr. Peter K. Yu, "Trips and its discontents", em *Marquette Intellectual Property Law Review* vol. 10:2 (2006), pp. 370-410 (371 e ss.) que levanta as hipóteses de a aceitação do TRIPS pelos países menos desenvolvidos ter resultado de aceitação, coerção, ignorância ou interesse próprio.

[104] Cfr. Alberto Bercovitz "Copyright and related rights", em Carlos M. Correa/Abdulqawi A. Yusuf, *Intellectual Property and International Trade: The TRIPS Agreement*, 2ª ed., The Netherlands, Kluwer Law International, 2008, pp. 127-147 (127-128).

O Acordo TRIPS não revogou, no entanto, a Convenção de Berna e da Convenção de Roma continuando a reconhecê-las como pedras angulares do regime relativo à protecção internacional do direito de autor e dos direitos conexos, procurando instituir o seu regime a partir dessas mesmas convenções, pelo que estabelece uma série de conexões com essas convenções[105]:

Assim, em primeiro lugar, o Acordo TRIPS não substitui a Convenção de Berna e a Convenção de Roma, pelo que os Estados signatários que eram parte dessas mesmas convenções não vêem as suas obrigações reduzidas em consequência da assinatura do Acordo TRIPS.

Em segundo lugar, a Convenção de Berna e a Convenção de Roma são consideradas como partes do sistema instituído no Acordo TRIPS, na parte relativa ao tratamento nacional dos titulares de direitos e aos casos em que esse tratamento nacional pode ser restringido[106]. No entanto, relativamente aos titulares de direitos conexos não é previsto tratamento nacional em todos os direitos reconhecidos pela Convenção de Roma, mas apenas em relação àqueles direitos que são reconhecidos no próprio Acordo TRIPS (art. 3º nº 1, do Acordo TRIPS).

Em terceiro lugar, apesar de não obrigar os seus signatários a serem membros da Convenção de Berna, eles têm que assumir algumas obrigações dela resultantes, vistas agora à luz do Acordo TRIPS. Assim, o seu art. 9º determinou que os Estados-membros deveriam observar o disposto nos arts. 1º a 21º da Convenção de Berna e respectivo Anexo, com excepção do art. 6º-*bis*, relativo aos direitos morais de autor. Por outro lado, o artigo 13º, referente às excepções e limitações aos direitos exclusivos dos autores adopta, sem ressalvas, a regra dos três passos.

Finalmente, em relação à Convenção de Roma, a mesma não se encontra integrada no Acordo TRIPS, que não a assume na sua totalidade, sendo-lhe apenas feita referência nalguns pontos específicos (cfr. arts. 3º, nº 1, 4º, b) e 14º, nº 6)[107]. No entanto, o Acordo TRIPS obriga os

[105] Seguimos ALBERTO BERCOVITZ, *op. cit.*, pp. 130 e ss.

[106] O art. 3º, nº 1, do Acordo TRIPS chega mesmo a prever que as possibilidades de restringir o tratamento nacional previstas no art. 6 da Convenção de Berna e no art. 16º, nº 1, b) da Convenção de Roma possam ser exercidas no âmbito do Acordo TRIPS, devendo para isso o Estado-Membro notificar o Conselho TRIPS.

[107] Segundo explica ALBERTO BERCOVITZ, *op. cit.*, p. 131, tal é devido à oposição que os operadores de radiodifusão norte-americanos colocaram em relação à aplicação do art. 12º

Estados signatários a conceder tratamento nacional aos artistas intérpretes ou executantes, produtores de fonogramas e videogramas e organismos de radiodifusão, relativamente aos direitos que lhe são reconhecidos pelo próprio Acordo TRIPS (art. 3º, nº 1).

Conforme acima se salientou, o princípio geral constante do acordo TRIPS é a obrigação de os Estados signatários respeitarem o disposto nos arts. 1º a 21º e o apêndice da Convenção de Berna, tal como resultantes do acto de 1971, salvo quanto ao art. 6º-*bis*, que contempla os direitos morais dos autores, o que se explica pela enorme divergência que existe entre os direitos continentais e o direito norte-americano no que se refere à tutela dos direitos morais. Tal não afecta que, de acordo com o art. 2º, nº 2, do TRIPS, os Estados-Membros da Convenção de Berna tenham que repeitar os direitos morais, só que os litígios a eles relativos não podem ser submetidos ao abrigo do Acordo para a resolução de litígios da Organização Mundial de Comércio.

No seu art. 4º o Acordo TRIPS vai, porém, ainda mais longe do que a tradicional exigência de tratamento nacional através do princípio do tratamento da nação mais favorecida, que visa impedir que alguns autores estrangeiros sejam prejudicados em comparação com outros. Assim se algum membro do TRIPS atribuir a alguns nacionais de um Estado com base num tratado bilateral um tratamento mais benéfico deverá, salvo no caso das excepções previstas nessa disposição, estender esse tratamento aos outros estrangeiros.

O Acordo TRIPS estabelece igualmente no seu art. 10º, nº 1, uma solução já adoptada na maioria das legislações nacionais, mas ausente da Convenção de Berna, ao atribuir aos titulares de programas de computador um protecção semelhante à das obras literárias. Já em relação às bases de dados, o acordo TRIPS respeita na sua inclusão os mesmos critérios constantes do art. 2º, nº 5, da Convenção de Berna para as compilações (art. 10º, nº 2).

da Convenção de Roma que determina que, sempre que um fonograma publicado com fins comerciais, ou uma reprodução deste, forem utilizados directamente para a radiodifusão ou para a comunicação ao público, deverá ser paga uma remuneração equitativa e única aos artistas intérpretes ou executantes ou aos produtores de fonogramas e videogramas ou a ambos, o que levou a que o art. 14º do Acordo TRIPS tivesse estabelecido uma solução em termos algo diferentes.

Resulta ainda *a contrario* da formulação art. 62º, nº 1, do Acordo TRIPS, a regra de que a aquisição e protecção do direito de autor e dos direitos conexos não dependem de qualquer procedimento ou formalidade, adoptando-se assim regra semelhante à do art. 5º, nº 2, da Convenção de Berna.

O Acordo TRIPS contém ainda medidas relativas à aplicação efectiva dos direitos de propriedade intelectual, assumindo os Estados Membros a obrigação de as consagrar nas suas legislações (art. 41º). Essas medidas incluem processos civis leais e equitativos (art. 42º), onde é possível decretar medidas relativas à obtenção de prova (art. 43º), injunções destinadas a impedir a entrada dos produtos contrafeitos do mercado (art. 44º), indemnizações adequadas (art. 45º) e mesmo a retirada do mercado dos produtos da infracção bem como dos instrumentos utilizados para a sua prática (art. 46º). Para além disso, é reconhecido ao titular um direito à informação em relação às pessoas envolvidas e à extensão dos circuitos de distribuição (art. 47º). No caso de as medidas correctivas de carácter civil poderem ser decretadas através de processos administrativos, estes deverão ser sujeitos às mesmas regras (art. 49º). Prevê-se ainda a possibilidade de serem decretadas medidas provisórias para prevenir a infracção aos direitos ou para preservar elementos de prova relativos à infracção (art. 50º). Da mesma forma atribui-se ao titular do direito a possibilidade de requerer um controlo alfandegário para evitar a importação de bens objecto de contrafacção ou pirataria (arts. 51º e ss.). Finalmente os Estados-Membros devem consagrar sanções criminais pelo menos nos casos de pirataria relativa ao direito de autor à escala comercial (art. 61º).

O acordo TRIPS foi aprovado pela União Europeia através da Decisão 94/800/CE do Conselho, de 22 de Dezembro, de 1994, relativa à celebração, em nome da Comunidade Europeia, dos acordos resultantes das negociações multilaterais do *Uruguay Round* (1986/1994), quanto às matérias da sua competência, a qual aprovou assim o Acordo que institui a Organização Mundial de Comércio e os Acordos constantes dos seus anexos 1, 2, e 3. Foi aprovado para adesão por Portugal através da Resolução da Assembleia da República nº 75-B/94, de 27 de Dezembro, e ratificado pelo Decreto do Presidente da República nº 82/94 da mesma data.

## 2.6. Os Tratados da OMPI sobre o direito de autor e sobre interpretações e execuções e fonogramas (1996)

A partir dos anos 80 do séc. XX, tornaram-se necessárias novas regulações dos direitos de autor perante a inadaptação das Convenção de Berna às novas realidades criadas pelo ambiente digital.

É assim que, em ordem a evitar nova revisão da Convenção de Berna, a OMPI organizou um comité de peritos, que em 1992 foi dividido pela Assembleia da Convenção de Berna em dois grupos distintos: um para estudar a possível elaboração de um protocolo a incluir na Convenção de Berna e outro para ponderar a criação de outro instrumento para protecção dos artistas e produtores de fonogramas.

A elaboração destes dois documentos foi discutida em diversos simpósios organizados sob a égide da OMPI entre 1993 e 1995, até que em 1996 na Conferência Diplomática da OMPI sobre certos aspectos do direito de autor dos direitos conexos foram finalmente adoptados dois tratados: o Tratado da OMPI sobre direito de autor, habitualmente designado por WCT (*WIPO Copyright Treaty*) e o Tratado da OMPI sobre interpretações ou execuções e fonogramas, habitualmente designado por WPPT (*WIPO Performances and Phonograms Treaty*)[108].

Conforme consta do seu art. 1º, nº 1, o Tratado da OMPI sobre Direito de Autor constitui um acordo especial celebrado no âmbito do artigo 20º da Convenção de Berna. Este Tratado foi assinado por 50 países logo em 1996 e aprovado pela Comunidade Europeia, no que se refere ás questões da sua competência, através da decisão 2000/278/CE, do Conselho de 16 de Março de 2000, tendo o WCT entrado em vigor em 6 de Março de 2002, e o WPPT em 20 de Maio de 2002. Em Portugal os tratados foram respectivamente aprovados pelas resoluções da Assembleia da República 53/2009 e 81/2009, ambas de 5 de Fevereiro, e ratificados pelos Decretos do Presidente da República 68/2009, de 30 de Julho, e 77/2009, de 27 de Agosto.

O Tratado da OMPI sobre o direito de autor estabelece expressamente que em nada derroga as obrigações resultantes da Convenção de Berna (art. 1º, nº 2), obrigando mesmo as partes a respeitar o disposto nos arts. 1º a 21º e no Anexo da Convenção de Berna (art. 1º, nº 4). Estabelece, no entanto, novas regulações relativas à sociedade da informa-

[108] Sobre estes veja-se PATRÍCIA AKESTER, *Direito de Autor*, pp. 413 e ss. e 421 e ss.

ção que não constam da Convenção de Berna. Por esse motivo, prevê expressamente no seu art. 4º, nº 2, a protecção dos programas de computador como obras literárias. Da mesma forma no seu art. 5º estabelece a protecção das bases de dados que constituam criações intelectuais. O Tratado da OMPI sobre o direito de autor regula ainda o direito de distribuição, reconhecendo ás partes o direito de estabelecer o seu esgotamento com a primeira venda (art. 6º), assim como o direito de comunicar e colocar à disposição do público as obras (art. 8º) e reconhece o direito de aluguer comercial aos titulares dos programas de computador, obras cinematográficas e obras incorporadas em fonogramas (art. 7º). Em relação às excepções e limitações ao direito de autor é seguida a regra dos três passos (art. 10º). Os Estados membros comprometem-se ainda a adoptar medidas adequadas contra a neutralização de dispositivos tecnológicos de protecção (art. 11º) e medidas capazes de assegurar a aplicação efectiva dos direitos de propriedade intelectual (art. 14º).

Já o Tratado da OMPI sobre interpretações ou execuções e fonogramas regula os direitos conexos dos artistas intérpretes ou executantes e dos produtores de fonogramas. O Tratado estabelece que em nada derroga a Convenção de Roma (art. 1º, nº 1) e deixa intacta a protecção do direito de autor sobre obras literárias e artísticas (art. 1º, nº 2). As partes são obrigadas a atribuir tratamento nacional aos beneficiários pertencentes a outros Estados contratantes (art. 4º).

Os artistas intérpretes e executantes beneficiam dos direitos exclusivos de autorizar a fixação, a radiodifusão e a comunicação ao público das suas interpretações e execuções não fixadas (art. 6º), a reprodução daquelas fixadas (art. 7º) e a sua distribuição, cabendo aos Estados-Membros regular o esgotamento desse direito (art. 8º). Possuem ainda o direito exclusivo de autorizar o aluguer comercial (9º) bem como a colocação à disposição do público (art. 10º) das interpretações e execuções fixadas em fonogramas. Beneficiam ainda de um direito de remuneração pela utilização directa e indirecta desses fonogramas publicados com fins comerciais pela radiodifusão ou por qualquer comunicação ao público (art. 15º). São-lhes ainda reconhecidos direitos morais relativos à sua prestação (art. 5º).

Da mesma forma, os produtores de fonogramas beneficiam dos direitos exclusivos de autorizar a reprodução dos seus fonogramas (art. 11º), a sua distribuição, cabendo aos Estados-Membros, regular o esgotamento desse direito (art. 12º), o seu aluguer comercial (art. 13º) bem como a sua colocação à disposição do público (art. 14º). Beneficiam ainda de um direito de remuneração pela utilização directa e indirecta dos fonogramas publicados com fins comerciais pela radiodifusão ou por qualquer comunicação ao público (art. 15º).

A duração da protecção é estabelecida em 50 anos após a fixação da prestação ou a publicação do fonograma (art. 17º), não ficando o gozo e o exercício dos direitos dependente de qualquer formalidade (art. 20º). Os Estados-Membros são autorizados a estabelecer o mesmo tipo de limitações e excepções vigentes para o direito de autor (art. 16º, nº 1), sendo igualmente aplicáveis em relação a estas a regra dos três passos (art. 16º, nº 2). Os Estados membros comprometem-se ainda a adoptar medidas adequadas contra a neutralização de dispositivos tecnológicos de protecção (art. 18º) e medidas capazes de assegurar a aplicação efectiva desses direitos (art. 19º).

### 2.7. O Tratado de Pequim sobre interpretações e execuções audiovisuais

Uma vez que os Tratados OMPI de 1996 tutelavam a utilização audivisual das prestações dos artistas intérpretes e executantes de forma muito limitada surgiu a necessidade de um terceiro tratado que regulasse essas questões. O Comité de Peritos da OMPI iniciou o estudo dessas questões a partir de 1997, tendo entre 7 de 20 de Dezembro de 2000 sido realizada em Genebra uma conferência diplomática para a formulação de um projecto de Tratado. O fracasso dessa conferência levou à suspensão dos trabalhos durante mais dez anos, tendo sido apenas retomados em Junho de 2011, quando o comité permanente da OMPI chegou a um acordo provisório sobre o Tratado, o que permitiu à assembleia geral da OMPI voltar a convocar uma conferência diplomática para Pequim. O novo Tratado da OMPI sobre interpretações e execuções audiovisuais viria assim a ser aprovado apenas na conferência diplomática que teve lugar em Pequim entre 20 e 26 de Junho de 2012, ficando conhecido como o Tratado de Pequim sobre Interpretações e Execuções Audiovisuais, ou na sigla inglesa BTAP[109].

[109] Sobre o mesmo, cfr. PATRÍCIA AKESTER, *Direito de Autor*, pp. 431 e ss

O Tratado de Pequim é muito semelhante aos restantes Tratados da OMPI, regulando nos mesmos termos os direitos conexos dos artistas sobre as interpretações e execuções audiovisuais. O Tratado estabelece que em nada derroga a Convenção de Roma (art. 1º, nº 1) e deixa intacta a protecção do direito de autor sobre obras literárias e artísticas (art. 1º, nº 2), assumindo ainda não ter ligação a quaisquer outros tratados para além do WPPT (art. 1º, nº 3)

São considerados beneficiários da protecção do Tratado os artistas intérpretes e executantes que sejam nacionais de outros Estados contratantes (art. 3º, nº 1), sendo a estes aquiparados aqueles que neles tenham residência habitual (art. 3º, nº 2). As partes são obrigadas a atribuir tratamento nacional aos beneficiários pertencentes a outros Estados contratantes, no que se refere aos direitos exclusivos previstos no Tratado e ao direito a uma remuneração equitativa prevista no art. 11º (art. 4º). O tratamento nacional pode ser, porém, recusado ou limitado, caso algum Estado entenda usar da reserva prevista no art. 11º, nº 4, em relação aos direitos de radiodifusão e comunicação ao público e ao direito a uma compensação equitativa.

São reconhecidos aos artistas intérpretes e executantes direitos morais relativos à sua prestação, nomeadamente o direito à invocação da sua paternidade e à defesa da sua integridade, com possibilidade de se opor a qualquer deformação, mutilação ou outra modificação das suas prestações que possa afetar a sua reputação, tendo em devida conta a natureza das fixações audiovisuais (art. 5º, nº 1). No entanto, foi acordada pelas partes uma declaração excluindo que exista violação da integridade da prestação no caso de "modificações de uma prestação efetuadas no decurso normal da sua exploração, tais como a edição, a compressão, a dobragem ou a formatação, em meios de comunicação ou formatos existentes ou novos, bem como efetuadas no decurso de uma utilização autorizada pelo artista intérprete ou executante".

Os artistas intérpretes e executantes beneficiam dos direitos exclusivos de autorizar a radiodifusão e a comunicação ao público das suas prestações não fixadas, excepto quando a prestação seja já uma prestação radiodifundida, bem como a fixação das suas prestações não fixadas (art. 6º). Têm ainda o direito exclusivo de autorizar a reprodução direta ou indireta das suas prestações objecto de fixação audiovisual, de qualquer maneira e sob qualquer forma (art. 7º). Possuem igualmente o direito exclusivo de autorizar a sua distribuição, cabendo aos Estados-Membros regular o esgotamento desse direito (art. 8º). Têm igualmente o direito exclusivo de autorizar o aluguer comercial (9º) bem como a colocação à disposição do público (art. 10º) das interpretações e execuções objecto de fixação audiovisual. Têm ainda o direito exclusivo de autorizar a radiodifusão e a comunicação ao público das suas prestações objecto de fixação audiovisual (art. 11º, nº 1), podendo os Estados, no entanto, substituir esse direito por uma remuneração equitativa (art. 11º, nº 2) ou limitar ou mesmo excluir esses direitos (art. 11º, nº 3).

As partes podem prever após a autorização de um artista intérprete ou executante para que a sua prestação seja objeto de fixação audiovisual, os direitos exclusivos de autorização previstos nos artigos 7º a 11º passem a ser detidos, exercidos ou cedidos pelo produtor dessa fixação audiovisual, salvo disposição em contrário num contrato entre o artista intérprete ou executante e o produtor da fixação audiovisual, nos termos da legislação nacional (art. 12º, nº 1), podendo ser exigida a celebração de um contrato escrito para esse efeito (art. 12º, nº 2). Independentemente da transferência dos direitos exclusivos acima referidos, as legislações nacionais ou os acordos individuais, colectivos ou outros podem conferir ao artista intérprete ou executante o direito de receber *royalties* ou uma remuneração equitativa por qualquer utilização da prestação, incluindo no que diz respeito aos artigos 10º e 11º (art. 12º, nº 3).

A duração da protecção é estabelecida em 50 anos após a fixação da prestação ou a publicação do fonograma (art. 14º), não ficando o gozo e o exercício dos direitos dependente de qualquer formalidade (art. 17º). Os Estados-Membros são autorizados a estabelecer o mesmo tipo de limitações e excepções vigentes para o direito de autor (art. 13º, nº 1), sendo igualmente aplicáveis em relação a estas a regra dos três passos (art. 13º, nº 2). Os Estados membros comprometem-se ainda a adoptar medidas adequadas contra a neutralização de dispositivos tecnológicos de protecção (art. 15º), medidas de informação paa a gestão dos direitos (art. 16º) e medidas capazes de assegurar a aplicação efectiva desses direitos (art. 20º).

### 2.8. O Tratado de Marraquexe para facilitar o acesso a obras publicadas por parte de pessoas cegas, com incapacidade visual ou com outras dificuldades para aceder a textos impressos

Em 27 de Junho de 2013 foi assinado em Marraquexe o denominado Tratado de Marraquexe para facilitar o acesso a obras publicadas por parte de pessoas cegas, com incapacidade visual ou com outras dificuldades para aceder a textos impressos. Esse Tratado visou resolver os problemas criados pela diversidade de soluções adoptadas nas diversas legislações nacionais relativamente às utilizações permitidas em benefício de pessoas cegas, que se traduzia na dificuldade de essas pessoas em determinados países terem acesso a essas obras.

O Tratado de Marraquexe não põe em causa as obrigações das Partes Contratantes resultantes de qualquer outro Tratado (art. 1º). O art. 11º faz aliás referência expressa às obrigações resultantes da Convenção de Berna, do Acordo TRIPS e do Tratado da OMPI sobre Direito de Autor, e dos acordos interpretativos dos mesmos, designadamente a regra dos três passos.

Esse Tratado impõe, no entanto, às Partes Contratantes a obrigação de proporcionar acesso às obras protegidas por parte das pessoas cegas, com incapacidade visual ou outra dificuldade de ter acesso a textos impressos, tal como são definidos no art. 3º. Essa obrigação traduz-se em impor às partes contratantes que estabeleçam na sua legislação nacional limitações ou excepções ao direito de reprodução, ao direito de distribuição e ao direito de colocação à disposição do público a favor dos beneficiários, em permitir as mudanças necessárias para tornar acessível a obra em formato alternativo (art. 4º, nº 1, a)). As Partes Contratantes podem também prever uma limitação ou excepção relativa ao direito de representação ou execução pública para facilitar o acesso às obras por parte dos beneficiários (art. 4º, nº 1, b)).

Para além disso, as Partes Contratantes são obrigadas a proceder ao intercâmbio transfronteiriço e a permitir a importação dos exemplares em formato acessível (arts. 5º e 6º), obrigando-se a cooperar para facilitar esse intercâmbio (art. 8º).

As Partes Contratantes são igualmente obrigadas a estabelecer que as disposições internas relativas às medidas de protecção de carácter tecnológico não impeçam os beneneficiários de de gozar das limitações e excepções previstas no Tratado (art. 7º).

O Tratado permite ainda às Partes Contratantes estabelecer na sua legislação nacional outras limitações e excepções, tomando em consideração a sua situação económica e as suas necessidades sociais e culturais (art. 12º).

## 2.9. O Tratado ACTA

O enorme aumento da contrafacção e da pirataria à escala global levou a que os países mais desenvolvidos começassem a constatar a ineficácia do Acordo TRIPS para reagir contra essas infracções. Surgiu por isso, essencialmente através dos Estados Unidos, a intenção de reforçar as disposições relativas à aplicação efectiva dos direitos da propriedade intelectual, no que ficou conhecido como a agenda TRIPS-Plus. Inicialmente essa agenda foi executada através de tratados comerciais bilaterais celebrados pelos Estados Unidos com outros Estados impondo um reforço da aplicação efectiva desses direitos para além do que se encontrava estabelecido no Acordo TRIPS[110]. Depois passou a ser negociado secretamente em Outubro de 2007 um novo tratado multilateral entre os Estados Unidos, a Comissão Europeia, a Suíça e o Japão, tendo a eles se juntado posteriormente a Austrália, a Coreia do Sul, a Nova Zelândia, o México, a Jordânia, Marrocos, Singapura, Emirados Árabes Unidos e Canadá. Esse tratado viria a ser denominado *Anti Counterfeiting Trade Agreement* (ACTA). O texto final do Tratado foi aprovado em 3 de Dezembro de 2010, ficando aberto para assinatura pelos participantes nas negociações ou por outros membros da Organização Mundial de Comércio aceites pelas partes entre 31 de Março de 2011 a 31 de Março de 2013, entrando em vigor com o depósito do sexto instrumento de ratificação (art. 40º do Tratado).

O ACTA distingue entre as seguintes categorias de medidas que estabelece em ordem a reagir contra a pirataria e a contrafacção:

a) Medidas civis;
b) Medidas aduaneiras;
c) Medidas penais;
d) Medidas relativas à sociedade de informação.

[110] Cfr. Peter K. Yu, *Marquette Intellectual Property Law Review* vol. 10:2 (2006), pp. 370 e ss.

No âmbito das medidas civis, o ACTA estabelece em primeiro lugar medidas inibitórias, que podem ser substituídas por uma remuneração ou compensação pecuniária (art. 8º). Para além disso, estabelece critérios específicos relativos à determinação da indemnização em consequência da violação dos direitos de propriedade industrial (art. 9º). Determina ainda que seja estabelecida a possibilidade de destruição dos produtos contrafeitos (art. 10º) e reconhece aos titulares dos direitos um direito à informação em relação à participação na actividade ilegal, extensão e consequências da mesma (art. 11º). Prevêem-se ainda medidas provisórias, as quais incluem procedimentos cautelares destinados a evitar a violação de direitos de propriedade intelectual e medidas relativas à preservação da prova (art. 12º).

As medidas aduaneiras encontram-se previstas nos arts. 13º e ss. e pretendem determinar um efectivo controlo fronteiriço em relação à circulação dos direitos de propriedade intelectual.

Em relação às medidas penais o Tratado ACTA ordena expressamente a criminalização nos casos de pirataria e contrafacção dolosas praticadas à escala comercial (art. 23º). O art. 24º determina mesmo que os Estados devem estabelecer penas de prisão e multas em grau suficiente elevado para ter efeito dissuasor da prática da infracção. Em certos casos, é mesmo previstos que os crimes devem ser públicos (art. 26º).

Quanto às medidas relativas à sociedade da informação, o ACTA preocupa-se explicitamente com a situação da violação dos direitos de propriedade intelectual no ambiente digital, sabendo-se da facilidade que existe de infracções nesta área. Assim, em primeiro lugar, determina-se que as medidas civis e penais anteriormente previstas devem ser igualmente aplicáveis no ambiente digital, criando as partes processos destinados à sua aplicação efectiva neste ambiente, incluindo meios destinados a prevenir e a dissuadir novas infracções (art. 27º, nº 1). Esses processos devem ser aplicados igualmente às infracções verificadas nas redes digitais, em ordem a evitar a difusão de infracções nessas redes, com os limites resultantes da liberdade de expressão, *fair use*, e privacidade (art. 27º, nº 2). Para esse efeito podem ser desenvolvidos esforços de cooperação com a comunidade na actividade (art. 27º, nº 3). As partes podem determinar, de acordo com as suas leis e regulamentos, que os provedores de serviços forneçam aos titulares de direitos lesados que identifiquem os subscritores cujas contas tenham sido utilizadas para a violação desses direitos (art. 27º, nº 4). As partes devem ainda assegurar uma protecção eficaz contra a neutralização das medidas de carácter tecnológico que protejam as obras e prestações dos titulares de direitos de autor e direitos conexos (art. 27º, nºs 5 e 6).

Em 4 de Julho de 2012 o Tratado ACTA veio a ser rejeitado pelo Parlamento Europeu por 478 votos contra, 39 a favor e 165 abstenções, levando a que, em 20 de Dezembro desse ano, a Comissão Europeia tenha avisado que rejeitaria em definitivo o Tratado, que assim não pode abranger os países europeus. Em consequência o Tratado ACTA acabou por não entrar em vigor.

## 3. Fontes resultantes do Direito da União Europeia

Tem sido muito intensa a intervenção da União Europeia na área do Direito de Autor[111], o que bem se compreende atendendo ao facto de a diversidade das legislações nacionais colocar em causa o livre funcionamento do mercado comum em relação aos bens culturais, tendo a diversidade de legislações colocado especiais problemas a partir do desenvolvimento da sociedade de informação[112].

Precisamente por esse motivo logo em 1974 o Parlamento Europeu aprovou uma resolução em que pediu à Comissão que tomasse a iniciativa legislativa perante o Conselho relativamente a medidas que pudessem aproximar as legislações nacionais em relação aos direitos de autor e direitos conexos.

Depois da aprovação de diversos documentos de trabalho por parte da Comissão[113], surge em 1991 a primeira Directiva do Conselho sobre direito de autor, a Directiva 91/250/CEE, relativa à protecção jurídica dos programas de computador.

[111] Sobre essa intervenção, veja-se PATRÍCIA AKESTER, *Direito de Autor*, pp. 285 e ss., e ALEXANDRE LIBÓRIO DIAS PEREIRA, "A modernização do Direito de Autor na União Europeia", na *RDI* 2017, nº 2, pp. 7-22, recolhido em ID, *Direito da Propriedade Intelectual e Novas Tecnologias. Estudos*, I, Lisboa, Gestlegal, 2019, pp. 39-57.

[112] Cfr. CHRISTIAN CZYCHOWSKI/BIRGER HAMMERSCHMIDT, "The European Union, Copyright and the Chalenges to the Information Society", em ASSOCIAÇÃO PORTUGUESA DE DIREITO INTELECTUAL (org.), *Direito da Sociedade de Informação*, VIII, Coimbra, Coimbra Editora, 2009, pp. 211-227.

[113] Sobre estes diversos documentos, cfr. LUIZ FRANCISCO REBELLO, *Introdução*, p. 47.

Seguiu-se a Directiva 92/100/CEE, de 19 de Novembro de 1992, respeitante aos direitos de aluguer e comodato, bem como a certos direitos conexos dos artistas, intérpretes e executantes, dos produtores de fonogramas e filmes e dos organismos de radiodifusão.

Depois surge a Directiva 93/83/CEE, de 27 de Setembro de 1993, relativa aos direitos relativos à radiodifusão por satélite e à retransmissão por cabo de obras protegidas pelo direito de autor.

Em seguida aparece a Directiva 93/98/CEE, de 29 de Outubro de 1993, relativa ao prazo de protecção dos direitos de autor e conexos.

Três anos depois surge a Directiva 96/9/CE, de 11 de Março de 1996, relativa à protecção jurídica das bases de dados.

Em 2001 surge a importante Directiva 2001/29/CE, de 22 de Maio de 2001, relativa à harmonização de certos aspectos do direito de autor e dos direitos conexos na sociedade de informação.

No mesmo ano, surge ainda a Directiva 2001/84/CE, de 27 de Setembro de 2001, relativa ao direito de sequência em benefício do autor de obra de arte que seja objecto de alienações sucessivas.

Três anos depois surge a importante Directiva 2004/48/CE, de 29 de Abril de 2004, relativa ao respeito dos direitos de propriedade intelectual, a qual procurou instituir medidas comuns a toda a União Europeia, destinadas a reagir contra a violação de direitos de propriedade intelectual.

Em 2006, são aprovadas a Directiva 2006/115/CE do Parlamento Europeu e do Conselho, de 12 de Dezembro de 2006, relativa ao direito de aluguer, ao direito de comodato e a certos direitos conexos ao direito de autor em matéria de propriedade intelectual e a Directiva 2006/116/CE, do Parlamento Europeu e do Conselho, de 12 de Dezembro de 2006, relativa ao prazo de protecção do direito de autor e de certos direitos conexos (versão codificada).

Em 2011 foi aprovada a Directiva 2011/77/UE do Parlamento Europeu e do Conselho, de 27 de Setembro, relativa ao prazo de proteção do direito de autor e de certos direitos conexos, que alterou a Directiva anterior em ordem a dilatar os prazos de protecção dos direitos conexos dos artistas intérpretes e executantes relativamente às suas fixações de execuções e fonogramas.

Em 2012 surge a Directiva nº 2012/28/UE, do Parlamento Europeu e do Conselho, de 25 de outubro, relativa a determinadas utilizações permitidas de obras órfãs.

Em 2015 é aprovada a Directiva nº 2014/26/UE, relativa à gestão coletiva dos direitos de autor e direitos conexos e à concessão de licenças multiterritoriais de direitos sobre obras musicais para utilização em linha no mercado interno.

Em 2017 surge a Directiva 2017/1564/UE do Parlamento Europeu e do Conselho, de 13 de Setembro de 2017, relativa às utilizações permitidas de determinadas obras e outro material protegidos por direito de autor e direitos conexos em benefício das pessoas cegas, com deficiência visual ou com outras dificuldades de acesso a textos impressos e que altera a Diretiva 2001/29/CE relativa à harmonização de certos aspetos do direito de autor e dos direitos conexos na sociedade da informação. Essa Directiva foi associada a um Regulamento, o Regulamento 2017/563/UE, do Parlamento Europeu e do Conselho, de 13 de Setembro de 2017, relativo ao intercâmbio transfronteiras, entre a União e países terceiros, de cópias de formato acessível de certas obras e outro material protegido por direitos de autor e direitos conexos em benefício de pessoas cegas, com deficiência visual ou com outras dificuldades de acesso a textos impressos.

Em 2019, e depois muita polémica, foi finalmente aprovada a Directiva 2019/790/UE, do Parlamento Europeu e do Conselho, de 17 de Abril de 2019, relativa aos direitos de autor e direitos conexos no mercado único digital e que altera as Directivas 96/9/CE e 2001/29/CE.

## 4. Fontes internas

### 4.1. As leis ordinárias

A fonte mais importante do Direito de Autor a nível interno corresponde naturalmente às leis ordinárias. Destas a mais importante é o Código do Direito de Autor e dos Direitos Conexos, aprovado pelo Decreto-Lei 63/85, de 14 de Março, com sucessivas alterações, a última das quais efectuada pela Lei 92/2019, de 4 de Setembro.

### 4.2. O costume

Conforme se sabe, o costume corresponde a uma prática social reiterada, acompanhada da convicção da sua obrigatoriedade. O costume pode ser: a) *secundum legem*, quando o seu conteúdo é idêntico ao da lei; b) *praeter legem*, quando o seu conteúdo extravasa da lei, sem entrar em contradição com ela; c) e *contra legem*, quando entra em contradição com a lei.

O CDADC não faz qualquer referência à admissibilidade do costume. No entanto, uma vez que que o costume não necessita do reconhecimento legal para produzir normas jurídicas, naturalmente que o mesmo poderá ser fonte de Direito de Autor, caso venha a ser adoptado pelas pessoas.

No âmbito do Direito de Autor tem-se vindo a verificar uma constante tensão entre as práticas sociais dominantes e a protecção legislativa dos direitos autorais, uma vez que a facilidade de difusão e reprodução das obras torna cada vez mais difícil a aplicação da lei. Têm sido por isso realizadas muitas campanhas de prevenção e consciencialização dos direitos dos autores, o que pretende precisamente evitar o desuso das leis ou mesmo a formação de um costume *contra legem*.

### 4.3. A jurisprudência

A jurisprudência dos tribunais, não sendo considerada nos sistemas romanísticos como uma fonte imediata de Direito, adquire, no entanto, uma relevância específica para a descoberta do Direito, principalmente quando surge como juriprudência constante[114]. É precisamente o que sucede no âmbito do Direito de Autor, sendo por isso importante o conhecimento da forma habitual como os tribunais vêm decidindo as questões que surgem no seu âmbito.

### 4.4. A doutrina

Por último, surge-nos a doutrina, que não sendo actualmente fonte imediata de Direito, ao contrário do que sucedia na época romana, tem, no Direito de Autor, da mesma forma do que sucede nos outros ramos de Direito um papel auxiliar na descoberta do Direito.

[114] Cfr. José de Oliveira Ascensão, *O Direito. Introdução e Teoria Geral*, 13ª ed., Coimbra, Almedina, 2005, pp. 318 e ss.

# Parte II
# O Regime Geral do Direito de Autor

# Capítulo V
# O Objecto do Direito de Autor

## 1. A obra intelectual como objecto do direito de autor

O direito de autor tem por objecto as obras intelectuais, mais precisamente as obras literárias e artísticas[115]. Efectivamente, o direito de autor incide sobre obras, as quais são definidas no artigo 1º como "as criações intelectuais do domínio literário, científico e artístico, por qualquer modo exteriorizadas que, como tais, são protegidas".

Desta noção resulta que a obra é necessariamente uma criação humana, não sendo objecto de protecção as obras que sejam criadas sem essa intervenção, mesmo que possam ser esteticamente apreciadas. Assim, as paisagens naturais, as obras realizadas por animais[116], as obras integralmente criadas por computador[117], ou os destroços causados por

[115] Cfr. Alberto de Sá e Mello, *Contrato de Direito de Autor*, Coimbra, Almedina, 2008, pp. 71 e ss. e Alexandre Libório Dias Pereira, *Direitos de Autor*, pp. 379 e ss.

[116] Causou alguma polémica judicial a reclamação de direitos de autor sobre uma *selfie* fotográfica efectuada por um macaco, a quem o fotógrafo David John Slater entregou a sua câmara, tendo a associação de defesa dos animais PETA reclamado a atribuição de direitos de autor pela fotografia em benefício daquela espécie animal (caso *Naruto v. David Slater, et al*, No. 16-15469 (9th Cir. 2018)). Quer o tribunal de primeira instância, quer o tribunal de apelação rejeitaram reconhecer direitos de autor por essa fotografia.

[117] Na Section 9 (3) do *Copyright, Designs and Patent Act* do Reino Unido admite-se, porém, que nas obras geradas por computador a autoria possa ser atribuída à pessoa por quem são tomadas as providências necessárias para a criação da obra. Na Section 12 (7) estabelece-se que nestas obras o *copyright* termina 50 anos após o último dia do ano da sua criação. Sobre esta solução, veja-se Alexandre Libório Dias Pereira, "Música e electrónica: «Sound sampling", obras de computador e direitos de autor na internet, em Associação Portuguesa de Direito Intelectual (org.), *Direito da Sociedade de Informação*, V, Coim-

atentados ou acidentes não podem ser consideradas como obras para efeitos de protecção autoral. A partir do momento em que exista uma intervenção humana, de cariz original, já é porém, possível configurar uma obra, como sucede com a fotografia de uma paisagem, um poema criado com auxílio do computador, ou uma escultura realizada a partir de destroços[118].

Conforme resulta do art. 1º, nº 2, a obra tem, porém, que corresponder a uma criação intelectual, não bastando uma mera descoberta. Efectivamente, as descobertas, por mais brilhantes que sejam, constituem sempre a revelação de algo que já existia, não constituindo consequentemente obras objecto de protecção jurisautoral[119]. Apenas as criações intelectuais, na medida em que acrescentam algo novo, se podem considerar objecto de tutela pelo direito de autor. Ninguém pode consequentemente reclamar direitos de autor por ter descoberto um novo corpo celeste, apenas o podendo fazer se criar algo novo, como um romance. Por outro lado, não é igualmente tutelável a forma de expressão da descoberta se esta não puder ser reproduzida a não ser por uma forma única, como sucede com as fórmulas da física, química ou matemática[120].

Não são igualmente objecto do Direito de Autor, ainda que correspondam a criações intelectuais, as ideias (art. 1º, nº 2). Efectivamente, as ideias, uma vez comunicadas, tornam-se património comum da humanidade, pelo que ninguém pode reclamar exclusividade no seu aproveitamento. Podem eventualmente ser objecto de aproveitamento através de

bra, Coimbra Editora, 2004, pp. 311-334 (321 e ss.), e "A protecção jurídica do software executado por robots (e obras geradas por I.A.)", em ID, *Direito da Propriedade Intelectual e Novas Tecnologias. Estudos*, I, Lisboa, Gestlegal, 2019, pp. 25-37 (34 e ss.).

118 Por exemplo, a dramática imagem dos ferros retorcidos, destroço que sobrou do *World Trade Center* após os atentados de 11 de Setembro de 2001 não é objecto de protecção autoral, mas as fotografias, pinturas ou esculturas realizadas a partir dessa imagem já o são.

119 Conforme refere Mario Are, *L'ogetto del Diritto di Autore*, Milano, Giuffrè, 1963, p. 103, o investigador que, com base no seu estudo e investigação, descobre uma nova lei física ou um novo elemento, dá ao património cultural um contributo muito maior do que o atribuído pelo autor de uma canção ou uma poesia para crianças. No entanto, ele *não cria* nem a lei física nem o novo elemento que já existiam na natureza, faltando-lhe por isso o carácter criativo que é essencial para a tutela das obras intelectuais pelo Direito de Autor.

120 Cfr. Oliveira Ascensão, *Direito de Autor*, p. 74. Não é, por exemplo, objecto de protecção autoral a formulação da teoria da relatividade E=mc2.

patentes de invenção as aplicações industriais das ideias mas, nesse caso, estar-se-á fora do Direito de Autor. As ideias podem ainda estar subjacentes a obras intelectuais, no caso de estas exteriorizarem algo novo, como sucede com os artigos científicos[121], mas as obras intelectuais não deixam de o ser, mesmo que não tenham qualquer ideia nova associada, como sucede com os compêndios escolares.

Da mesma forma que as ideias, também os processos não podem ser objecto de protecção jurisautoral. Efectivamente, um processo não constitui uma obra, mas antes um guia para a realização de determinada operação. O art. 1º, nº 2, numa enumeração descritiva refere que os processos, os sistemas, os métodos operacionais, os conceitos e os princípios não são protegidos em sede de direito de autor.

Finalmente, não são objecto do Direito de Autor os temas, por mais interessantes e originais que sejam. O facto de alguém ter tratado num filme o regresso dos dinossauros não impede que noutros filmes o mesmo tema seja objecto de tratamento repetidas vezes[122].

São assim apenas objecto de protecção jurisautoral as obras que correspondam a criações intelectuais do domínio literário, científico e artístico. O artigo 1º, nº 1, acrescenta, porém, como requisito para a sua protecção a necessidade de que sejam exteriorizadas por qualquer modo. Efectivamente, a obra que permanece no foro íntimo do autor não beneficia de protecção, apenas a adquirindo no momento em que se revela aos outros, de forma apreensível pelos sentidos. Apenas nesse momento é que surge a protecção autoral, que assim apenas pode incidir sobre criações intelectuais exteriorizadas[123].

[121] Pense-se nos artigos em que Albert Einstein escreveu a sua teoria da relatividade. Os mesmos são objecto de protecção jurisautoral, ainda que a própria teoria neles revelada não o seja, dado que pertence a toda a humanidade.

[122] Cfr. Oliveira Ascensão, *Direito de Autor*, pp. 58 e ss.

[123] Há um mito, a que faz referência a peça *Amadeus*, de Peter Shaffer, de 1979, que depois deu origem ao filme do mesmo nome de Milos Forman, de 1984, de que o célebre compositor Mozart elaborava algumas das suas obras musicais exclusivamente na sua mente, após o que as escrevia directamente em papel, motivo pelo qual não tinham rasuras. Mesmo estando a obra já elaborada na mente do autor, é manifesto que é apenas no momento da sua exteriorização que a protecção autoral é adquirida.

## 2. A distinção entre a obra intelectual e o seu suporte

Não convém, porém, confundir a obra intelectual, que é objecto da protecção jurisautoral, com a sua exteriorização, a qual constitui apenas um suporte material (*corpus mechanicum*) da obra, que com ela não se confunde. Efectivamente, o direito de autor do escritor de um romance incide sobre a obra e não sobre os exemplares do mesmo romance, pelo que o seu direito não é perdido, mesmo que todos os exemplares desapareçam. Da mesma forma um pintor não perde os seus direitos de autor, mesmo que o quadro seja furtado ou destruído, não ficando outros pintores com a possibilidade de o copiar. É, no entanto, possível que a tutela da obra seja condicionada à fixação num suporte material, o que é permitido pelo art. 2º, nº 2, da Convenção de Berna, e constitui prática habitual nos países que seguem o sistema do *copyright*, que, sendo baseados na possibilidade de reprodução da obra, exigem a fixação como condição para a sua protecção[124].

Já o ordenamento português estabelece, pelo contrário, no art. 10º do Código que "o direito de autor sobre a obra como coisa incorpórea é independente do direito de propriedade sobre as coisas materiais que sirvam de suporte à sua fixação ou comunicação" (nº 1) e que "o fabricante e o adquirente dos suportes referidos no número anterior não gozam de quaisquer poderes compreendidos no direito de autor" (nº 2). Desta norma resultam como princípios fundamentais os seguintes:

a) o direito de autor não depende da existência de suporte material;
b) o direito sobre o exemplar não outorga direitos de autor;
c) o direito de autor não outorga direitos sobre o exemplar[125].

O primeiro princípio é o de que *o direito de autor não depende da existência de suporte material*. Efectivamente, ao contrário do que sucede noutros sistemas jurídicos, no ordenamento português o direito de autor sobre a obra é independente de qualquer fixação ou materialização em determinado suporte, subsistindo independentemente deste. Há, no entanto, algumas excepções a esta regra. Assim, nos termos do art. 2º, nº 1, d), as obras coreográficas ou pantominas só são protegidas quando a sua

[124] Cfr. Oliveira Ascensão, *Direito de Autor*, pp. 61-62 e Luiz Francisco Rebello, *Introdução*, p. 25.

[125] Seguimos Oliveira Ascensão, *Direito de Autor*, p. 63.

expressão se fixa por escrito ou por qualquer outra forma, sendo assim a protecção condicionada a essa fixação. Outros casos poderão ocorrer de obras dependentes da fixação, por força da natureza das coisas, ainda que sem consagração legal expressa[126].

O segundo princípio é o de que *o direito sobre o exemplar não outorga direitos de autor*. Daqui resulta que quem adquirir um exemplar da obra não adquire qualquer direito de autor, como seja o de a traduzir, tornar a publicar ou reproduzir. Há, no entanto, excepções a este princípio, já que em certos casos a transmissão do direito de autor pode estar associada à transmissão do respectivo suporte, como sucede supletivamente em caso de alienação do negativo de obra fotográfica, que importa a transmissão do direito de autor sobre a mesma (art. 166º) e parcialmente com a alienação de obra de arte, em que supletivamente se prevê que atribua ao adquirente o direito de a expor (art. 157º, nº 2), o que constitui uma faculdade que a lei reconhece ao autor (art. 157º, nº 1)[127].

Finalmente, o último princípio é o de que *o direito de autor não outorga direitos sobre o exemplar*. Efectivamente, o exemplar é objecto de um direito de propriedade, o qual não pertence ao autor, mas a quem o adquiriu. O direito de autor não é afectado pela produção ou reprodução de exemplares, mas essa produção ou reprodução não atribui ao

[126] Sustenta Oliveira Ascensão, *Direito de Autor*, p. 63, que "para além dos casos expressos na lei, supomos que *há obras que, por natureza, estão dependentes de uma fixação*. Assim acontece com a obra cinematográfica: se se perderem todos os filmes, não há mais uma obra que possa ser utilizada. O mesmo diremos da obra fonográfica, que nasce e morre com a gravação; da obra fotográfica, embora esta não esteja dependente do negativo; da obra radiofónica; da obra televisiva e da videográfica; e ainda com a generalidade das obras de arte plástica, como as pinturas, em que não há obra sem uma primeira encarnação". A afirmação parece-nos algo exagerada. Se é verdade que nestes casos pode existir uma maior ligação da obra ao suporte, não é menos verdade que há sempre a possibilidade de reconstituir o suporte, com base na recordação que tínhamos da obra. Essa questão colocou-se a propósito do roubo do quadro de Munch, *O Grito* (entretanto recuperado) que, de tantas vezes fotografado, a sua imagem permaneceria, mesmo em caso de desaparecimento do seu suporte, podendo ser eventualmente pintadas novas cópias.

[127] Cfr. Oliveira Ascensão, *Direito de Autor*, pp. 62 e ss. e pp. 492-493 Não nos parece, por isso, que tenha qualquer razão Luiz Francisco Rebello, *Código do Direito de Autor e dos Direitos Conexos*, 3ª ed., Lisboa, Âncora, 2002, sub art. 157º, nº 2, p. 216, quando pretende que esta disposição se refere antes à alienação total do direito de autor, regulada no art. 44º.

autor quaisquer direitos sobre os exemplares da sua obra, que pertencem aos respectivos donos. Como consequência desse regime, determina o art. 46º, nº 3, que "o credor pignoratício não adquire quaisquer direitos quanto aos suportes materiais da obra". Há, porém, igualmente excepções a este princípio. Assim, por exemplo, o art. 202º admite que, em caso de violação do direito moral, o autor possa reclamar os exemplares da obra, em ordem a assegurar ou garantir a sua paternidade ou a sua integridade. Por outro lado, há casos em que o direito de autor, embora autonomizado do direito sobre o exemplar, tem uma forte ligação com este, como acontece nas obras de exemplar único, como as obras plásticas, e nos exemplares originais, como os manuscritos, onde o autor tem um direito de sequência, nos termos do art. 54º. Por outro lado, a entrega de suportes materiais da obra pode apresentar-se como essencial para o cumprimento de contratos de direitos de autor como sucede no contrato de edição (art. 89º, nºs 1 e 2).

Assim, apesar da existência de dois direitos distintos, não se pode negar que o direito de autor incidente sobre a obra intelectual vem de alguma forma condicionar o direito de propriedade sobre o exemplar corpóreo, podendo dar lugar a situações de conflito na hipótese muito frequente de a titularidade desses direitos ser atribuída a pessoas distintas[128].

Face à autonomização existente entre a obra intelectual e o seu suporte, é manifesto que a obra intelectual, enquanto objecto do direito de autor constitui uma *coisa incorpórea.* Como tal não pode ser objecto de direitos reais, nos termos do art. 1302º CC, cujo regime é aplicável apenas a título subsidiário (art. 1303º CC).

## 3. Características da obra intelectual

Examinemos agora quais as características que deve revestir a obra intelectual para ser objecto do direito de autor.

Definindo a lei (art. 1º, nº 1) a obra como uma criação intelectual, é manifesto que a obra terá que revestir *carácter criativo* para poder ser objecto de protecção jurisautoral. A criatividade em sentido lato coin-

[128] Cfr. Are, *L'oggetto*, p. 234.

cide com a novidade da obra[129]. Exige-se que a obra represente uma criação de valores que se distinga, quer do património intelectual já existente, quer da realidade concreta que pretenda representar[130]. Não são assim objecto de protecção nem as cópias de outras obras, nem as meras descrições de factos ocorridos, como as simples informações (cfr. art. 7º, nº 1, a)) ou os registos automáticos de audio e vídeo de um acontecimento, a que falte qualquer contribuição pessoal. A criatividade não se confunde, porém, com a individualidade, dado que não se exige que a obra adquira um cunho próprio que permita identificá-la como sendo de determinado autor, mas apenas que represente um mínimo de criação por parte dele. Não se exige, aliás, normalmente que a criação seja de qualidade, dado que mesmo uma obra genericamente considerada como medíocre beneficia da protecção jurisautoral[131]. Por esse motivo, em relação às obras artísticas, não se exige o requisito da qualidade estética para que as mesmas possam ser objecto de protecção[132].

Outra das características necessárias que a obra deve revestir para poder ser objecto de protecção pelo Direito de Autor é a sua *exteriorização*, exigindo-se que a obra tenha sido por qualquer forma exteriorizada, uma vez que as obras a que o autor não tenha dado qualquer forma exterior, apreensível por terceiros, não são naturalmente objecto da protecção autoral. A exteriorização não se confunde, porém, com a publicação ou a divulgação, sendo a publicação definida como a reprodução da obra com o consentimento do autor, que a ponha à disposição do público por forma que satisfaça razoavelmente as necessidades deste (art. 6º,

[129] Conforme refere DESBOIS, *op. cit.*, p. 5, "il suffit, pour qu'une oeuvre donne prise aux droits d'auteur, qu'elle soit originale, au sens *subjectif* du mot: point n'est besoin qu'elle soit nouvelle, au sens *objectif*".

[130] Cfr. MARIO ARE, *L'ogetto*, p. 50.

[131] É esta a posição comum na doutrina, seguida entre nós por OLIVEIRA ASCENSÃO, *Direito de Autor*, pp. 88 e ss. e 92 e ss., e LUIZ FRANCISCO REBELLO, *Introdução*, p. 64. Em sentido contrário, defendendo a necessidade de um juízo de valor quantitativo e qualitativo para distinguir as obras das simples prestações, cfr. MARIO ARE, *L'ogetto*, pp. 163 e ss., maxime 175 e ss. Em certos casos, no entanto, a lei exige algum mérito na criação para atribuir protecção autoral. É o que sucede nas obras de arte aplicadas e nas fotografias, onde é necessário que as mesmas constituam criação artística (art. 2º, nº 1, i) e 164º, nº 1), exigindo-se ainda a originalidade nos lemas e divisas (art. 2º, nº 1, m)) e nos títulos de obras (art. 4º, nº 1).

[132] Cfr. MARIO ARE, *L'ogetto*, pp. 15 e ss.

nº 1) e a divulgação como a colocação lícita da obra "ao conhecimento do público por quaisquer meios, como sejam a representação de obra dramático ou dramático-musical, a execução de obra musical, a recitação de obra literária, a transmissão ou a radiodifusão, a construção de obra de arquitectura ou de obra plástica nela incorporada e a exposição de qualquer obra artística" (art. 6º, nº 3). Conforme resulta do art. 1º, nº 3, a publicação e a divulgação não são requisitos exigíveis para que a obra intelectual receba a protecção jurisautoral, bastando para esse efeito a exteriorização por qualquer forma.

Também não parece ser requisito para a protecção jurisautoral a licitude da obra. O facto de a obra ser ilícita, pelo facto de violar direitos alheios (ex: retrato não autorizado de outra pessoa ou biografia violando a intimidade alheia) não impede que a mesma possua a característica de obra intelectual para efeitos do direito de autor, ainda que a reacção da ordem jurídica, entre outras sanções, possa ser a de negar a protecção da obra[133]. É o que, por exemplo, resulta do art. 201º, ao determinar a apreensão e perda dos exemplares ou cópias das obras usurpadas ou contrafeitas.

Ficamos assim com duas características que as obras intelectuais têm que revestir para poder ser objecto do direito de autor: a criatividade e a exteriorização.

## 4. Classificações de obras intelectuais

### 4.1. Quanto à forma de expressão

Tradicionalmente as obras intelectuais classificam-se em obras literárias ou artísticas, consoante sejam objecto de expressão linguística ou outra qualquer forma de expressão. O art. 2º, nº, 1, CDADC, refere-se antes a criações intelectuais do domínio literário, científico e artístico, parecendo acrescentar a obra científica às obras literária e artística. Esta posição não se pode, no entanto, considerar correcta. Conforme escreve Luiz Francisco Rebello, "o Direito de Autor não protege a criação científica, mas sim a forma literária em que esta se exprime. Um Tratado em que se descrevem importantes descobertas científicas é protegido pelo Direito de Autor enquanto obra literária e não por via dessas descobertas. Aquilo a que se tem chamado "obra científica" é, pois, ao fim e ao cabo, uma moda-

[133] Neste sentido, Oliveira Ascensão, *Direito de Autor*, p. 88.

lidade de obra literária: aquela que tem por conteúdo um temário relativo às ciências"[134].

ARE apresenta, no entanto, uma classificação relativamente diferente. Para este autor, deve distinguir-se consoante a obra é comunicada por símbolos ou por outra forma de comunicação. *As obras comunicadas por meios simbólicos* corresponderiam a obras literárias, as quais se poderiam subdvidir em obras literárias artísticas e obras literárias científicas. Já *nas obras que não são comunicadas por meios simbólicos* distinguir-se-ia entre *obras musicais* (cuja execução resulta de sons e não de símbolos, pois as notas musicais, embora sendo símbolos, servem apenas para a transcrição da obra) e *obras figurativas*. Estas últimas ainda poderiam ser de carácter artístico (como a pintura, escultura ou arquitectura) ou de carácter científico (como as tábuas anatómicas, os desenhos ilustrativos de fenómenos, ou as cartas geográficas). Haveria ainda uma terceira categoria correspondente a *obras mistas* em que utilizariam simultaneamente elementos simbólicos como a palavra e elementos não simbólicos como as imagens e a música (obra cinematográfica)[135].

Já OLIVEIRA ASCENSÃO apresenta uma classificação quadripartida, distinguindo entre obras linguísticas, musicais, plásticas e cinéticas, correspondendo o primeiro termo às obras literárias e os últimos três termos a uma subdivisão do conceito tradicional de obra artística. No entender do autor, a obra musical seria aquela que se exprime por essa via, enquanto que a obra plástica seria aquela que adopta uma posição especial fixa dos seus elementos, a duas ou três dimensões. Finalmente, as obras cinéticas são aquelas que se baseiam no movimento, o qual pode ter expressão corpórea, como na dança ou na pantomina, ou ser baseada na captação de imagens em movimento, como nas obras cinematográficas, videográficas e televisivas. O autor reconhece, porém, que a classificação não é estanque, permitindo figuras mistas, pois a dança combina obra musical e cinética e a obra cinematográfica pode incorporar todas as outras categorias[136].

[134] Cfr. LUIZ FRANCISCO REBELLO, *Introdução*, p. 63.

[135] Cfr. ARE, *L'oggetto*, p. 315.

[136] Cfr. OLIVEIRA ASCENSÃO, *Direito de Autor*, pp. 85 e ss.

### 4.2. Quanto ao grau de criatividade

Outra importante classificação é a que reparte as obras intelectuais em função do grau de criatividade que possuem, distinguindo-se entre obras originais e obras derivadas[137]. São obras originais as que não pressupõem uma obra anterior, possuindo assim uma originalidade absoluta. Pelo contrário, são obras derivadas as que pressupõem uma obra anterior, da qual derivam, como sucede com as traduções, arranjos, dramatizações e compilações. Em ambos os casos, terá naturalmente que se estar presente uma criação intelectual para que a obra possa ser objecto do direito de autor, pelo que qualquer das obras terá que possuir originalidade, estando assim em causa nesta classificação especialmente o grau de criatividade.

O art. 2º contempla uma enumeração exemplificativa de obras originais, enquanto que no art. 3º, nº 1, se referem as obras derivadas, que são por lei equiparadas a originais.

## 5. Tipos de obras intelectuais objecto de protecção

### 5.1. Generalidades

Nos termos do art. 2º, nº 1, CDADC, norma inspirada no art. 2º da Convenção de Berna, as obras intelectuais do domínio literário, científico e artístico, quaisquer que sejam o género, a forma de expressão, o mérito, o modo de comunicação e o objectivo compreendem, nomeadamente:

a) Livros, folhetos, revistas, jornais e outros escritos;
b) Conferências, lições, alocuções e sermões;
c) Obras dramáticas e dramático-musicais e a sua encenação;
d) Obras coreográficas e pantominas, cuja expressão se fixa por escrito ou por qualquer outra forma;
e) Composições musicais, com ou sem palavras;
f) Obras cinematográficas, televisivas, fonográficas, videográficas e radiofónicas;
g) Obras de desenho, tapeçaria, pintura, escultura, cerâmica, azulejo, gravura, litografia e arquitectura;
h) Obras fotográficas ou produzidas por quaisquer processos análogos aos da fotografia;

[137] LUIZ FRANCISCO REBELLO, *Introdução*, p. 67.

i) Obras de artes aplicadas, desenhos ou modelos industriais e obras de *design* que constituam criação artística, independentemente da protecção relativa à propriedade industrial;
j) Ilustrações e cartas geográficas;
l) Projectos, esboços e obras plásticas respeitantes à arquitectura, ao urbanismo, à geografia ou às outras ciências;
m) Lemas ou divisas, ainda que de carácter publicitário, se se revestirem de originalidade;
n) Paródias e outras composições literárias ou musicais, ainda que inspiradas num tema ou motivo de outra obra.

Esta enumeração exemplificativa de obras originais é estendida pelo art. 3º a certas categorias de obras derivadas, que se consideram como equiparadas a originais, compreendendo:

a) As traduções, arranjos, instrumentações, dramatizações, cinematizações e outras transformações de qualquer obra, ainda que esta não seja objecto de protecção;
b) Os sumários e compilações de obras protegidas ou não, tais como selectas, enciclopédias, e antologias, que, pela escolha ou disposição das matérias, constituam criações intelectuais;
c) As compilações sistemáticas ou anotadas de textos de convenções, de leis, de regulamentos ou de relatórios ou de decisões administrativas, judiciais ou de quaisquer órgãos ou autoridades do Estado ou da Administração.

A estas obras, haverá que acrescentar os programas de computador, por força do D.L. 252/94, de 20 de Outubro, devendo igualmente fazer-se referência aos direitos que assistem ao titular de bases de dados.

Iremos examinar sucessivamente estas categorias de obras.

## 5.2. Obras originais

### 5.2.1. Livros, folhetos, revistas e outros escritos (obras literárias)

A primeira obra que nos aparece referida no art. 2º, nº 1, a), respeita aos livros, folhetos, revistas, jornais e outros escritos. A indicação não é a mais correcta, uma vez que os livros, folhetos, revistas e jornais não são obras intelectuais, mas antes suportes de obras neles incorporadas[138]. Poderá aliás haver nos livros, folhetos, revistas e jornais obras artísticas como as fotografias, desenhos ou ilustrações.

As obras literárias correspondem a todas as obras que utilizam como meio de comunicação a linguagem escrita, independentemente de terem conteúdo artístico, científico, filosófico ou outro. O art. 2º, nº 1 a) refere-se assim em princípio às obras literárias, as quais são objecto de protecção desde que possuam originalidade, em ordem a constituirem uma criação do espírito. A doutrina tem entendido que a protecção existe mesmo em relação a obras banais, consideradas como "pequenas moedas" (*kleine Münze*) no Direito de Autor, como os livros de cozinha, os almanaques, as explicações de jogos de cartas e de sociedade, os catálogos, listas de preços, e outras produções modestas[139].

### 5.2.2. Conferências, lições, alocuções e sermões

São também objecto de protecção, nos termos do art. 2º, nº 1, b) as conferências, lições, alocuções e sermões, excluindo-se, no entanto, dessa protecção os discursos proferidos perante quaisquer assembleias ou em debates públicos e os discursos políticos (art. 7º, nº 1, c) e d)). Normalmente, as conferências, lições, alocuções, e sermões constituem obras intelectuais que são expressas inicialmente apenas por forma oral, a um público restrito. O seu autor mantém, porém, plenamente o direito sobre essa obra intelectual, não podendo o teor da conferência ser utilizado por terceiros, nem a mesma ser objecto de fixação (como na hipótese de gravação) sem o consentimento do autor.

O art. 75º, nº 2, b) considera, porém, lícita a reprodução e a colocação à disposição do público, pelos meios de comunicação social, para fins

[138] Neste sentido, cfr. Luiz Francisco Rebello, *Introdução*, p. 66.

[139] Neste sentido, cfr. Are, *L'oggetto*, pp. 348-349, Rehbinder, *Urheberrecht*, § 6, nº 61, p. 28, e Loewenheim, *op. cit.*, § 6, nº 17, p. 59. No Ac. STJ 23/3/2000 (Roger Lopes), publicado na *CJ-ASTJ* 8 (2000), I, pp. 143-145, perante um caso de reprodução numa revista portuguesa de artigos de uma revista espanhola sobre bronzeamento solar, considerou-se que mesmo num simples artigo de jornal ou revista existe uma criação do espírito, já que o autor aprofunda uma ideia que a transmite, através de um escrito, ao público interessado, o que veda a reprodução desses artigos, sem autorização do autor, cujos direitos são reconhecidos em Portugal por força do art. 5º da Convenção de Berna.

de informação, de discursos, alocuções e conferências pronunciadas em público, por extracto ou em forma de resumo.

### 5.2.3. Obras dramáticas e dramático-musicais e a sua encenação

São igualmente objecto de protecção as obras dramáticas e dramático-musicais e a sua encenação. Em relação às obras dramáticas e dramático-musicais, estas constituem textos que podem ser objecto de representação cénica, sendo como tais objecto de protecção pelo direito de autor.

Já em relação à encenação, esta consiste na forma de representação cénica das obras dramáticas e dramático-musicais, determinada pela director ou realizador teatral. Alguma doutrina, a que entre nós adere Oliveira Ascensão, considera que a encenação não pode ser objecto de protecção pelo direito de autor, uma vez que não constitui uma nova obra dramática diferente da que está a ser representada, mas apenas a execução dessa mesma obra, propugnando por isso a sua integração nos direitos conexos com base no art. 181º, nº 2[140]. Pelo contrário, Luiz Francisco Rebello entende que a evolução estética da arte dramática atribui ao encenador uma função criativa, ao efectuar a conversão do texto dramático em acção dramática, defendendo consequentemente a sua integração no âmbito do direito de autor[141].

Preferimos esta última posição. É manifesto que o encenador efectua um contributo original em relação à forma de apresentação da obra dramática e dramático-musical, dado que a representação dessas obras constitui habitualmente uma realidade diferente do texto representado, o qual normalmente deixa inúmero espaço para a actividade criativa do encenador. Não se vê consequentemente razão para que a encenação, na medida em que represente um contributo original, não seja, enquanto obra intelectual, protegida pelo direito de autor.

### 5.2.4. Obras coreográficas e pantominas, cuja expressão se fixa por escrito ou por qualquer outra forma

São também objecto de protecção, nos termos do art. 2º, nº 1, d) as obras coreográficas e pantominas, exigindo a lei no entanto uma fixação específica da obra, por escrito ou por qualquer outra forma. As obras coreográ-

[140] Cfr. Oliveira Ascensão, *Direito de Autor*, pp. 79-80.

[141] Cfr. Luiz Francisco Rebello, *Introdução*, p. 68.

ficas correspondem à notação dos passos e figuras da dança, enquanto que as pantominas correspondem a peças de expressão mímica. Em ambos os casos trata-se de manifestações de expressão corporal, a qual é normalmente transitória, pelo que, para serem protegidas, terão que ser objecto da fixação em determinado suporte mais duradouro.

Inicialmente a expressão corporal na dança correspondia a uma decisão do próprio bailarino, tendo sido apenas desenvolvida como forma artística a partir das danças de corte da época barroca que exigiam um prévio trabalho de elaboração, que obrigava à separação entre o autor e os bailarinos. Na primeira metade do séc. XVIII com o desenvolvimento do *ballet*, a dança passou a ser uma composição complexa associada à música e à representação, constituindo uma forma de expressão de pensamento e sentimentos através do movimento corporal. Tal levou a que passasse a ser protegida pelo direito de autor a partir do fim do séc. XIX[142].

### 5.2.5. Composições musicais, com ou sem palavras

O art. 2º, nº 1, e) inclui ainda como objecto de protecção autoral as composições musicais, com ou sem palavras. Efectivamente, as composições musicais correspondem a importantes criações do espírito humano, beneficiando consequentemente da protecção autoral.

A composição musical consiste na reunião orgânica de três elementos: a *melodia*, que se baseia numa sucessão de sons; a *harmonia*, que resulta da fusão desses sons; e o *ritmo*, que corresponde aos intervalos com que os sons se sucedem[143].

A *melodia* corresponde a uma sucessão complexa de sons, combinados segundo regras de composição. Como tal, a melodia distingue-se do *motivo*, que corresponde igualmente a uma sucessão de sons, mas de ordem menor e com cariz elementar, assim como do *tema*, que constitui uma sequência recorrente de sons e tempos, podendo ter natureza melódica ou rítmica. Por vezes, as expressões *tema* e *motivo* são usadas de forma indiferenciada para expressar a *ideia musical* que caracteriza a obra[144]. De harmonia com a exclusão da protecção das ideias (art. 1º, nº

[142] Cfr. Loewenheim/Schlatter, *op. cit.*, § 9, nºs 83 e 84, p. 115.

[143] Cfr. Are, *L'oggetto*, p. 377, Le Tarnec, *op. cit.*, p. 206, e Desbois, *op. cit.*, p. 118.

[144] Cfr. Are, *L'oggetto*, pp. 377-378 .

2), os temas e motivos não são objecto de protecção, podendo servir de inspiração a outras obras musicais, conforme resulta do art. 2º, nº 1, m). Pelo contrário, a melodia é claramente tutelável, enquanto elemento básico da obra musical[145].

Já a *harmonia* corresponde a uma sucessão de acordes, ou seja de sons produzidos simultaneamente com base na melodia que corresponde a uma sucessão de sons simples. A harmonia assume assim uma forma polifónica enquanto que a melodia corresponde a uma forma monódica. Da mesma forma que a melodia, a harmonia obedece a regras de composição típicas da criação artística, permitindo desenvolver através dos acordes a tonalidade dos sons e dos incisos que compõem a melodia, aumentando assim a eficácia do discurso melódico[146]. Efectivamente, o acompanhamento enriquece a melodia, podendo inclusivamente desenvolver várias melodias em paralelo, expressas quer pelo mesmo instrumentos, quer por vários instrumentos em conjunto[147].

Já o *ritmo* corresponde à duração e aos intervalos de tempo em que se encadeia a sucessão de sons e acordes. É possível através da ordenação temporal de incisos e períodos conferir à composição uma cariz particular, sublinhando certas passagens, separando as figuras sonoras e dando ao conjunto um vida e um relevo próprio. Mas apesar da função susbstancial do ritmo na obra musical, tem-se considerado que enquanto simples método ou regra de expressão não pode ser objecto de protecção (cfr. art. 1º, nº 2)[148].

### 5.2.6. Obras cinematográficas, televisivas, fonográficas, videográficas e radiofónicas

O art. 2º, nº 1, f) faz ainda incluir no objecto de protecção pelo direito de autor as obras cinematográficas, televisivas, fonográficas, videográficas e radiofónicas. Nesta situação estão essencialmente em causa obras audiovisuais ou meramente audio, funcionando a enumeração legal como uma forma de referência aos meios de comunicação utilizados para a difusão das obras, os quais têm reflexos na determinação da sua autoria. É, no

[145] Cfr. Desbois, *op. cit.*, pp. 119-120.

[146] Cfr. Are, *L'oggetto*, pp. 384-385.

[147] Cfr. Desbois, *op. cit.*, p. 120.

[148] Cfr. Are, *L'oggetto*, pp. 385-386 e Desbois, *op. cit.*, p. 121.

entanto, manifesto que a difusão cinematográfica, a radiodifusão ou a fixação videográfica e fonográfica não constituem obras novas mas antes formas de reprodução de uma obra pré-existente[149], ainda que os veículos utilizados para a sua difusão tenham influência no respectivo regime.

As obras cinematográficas aparecem definidas no art. 2º a) da Lei 42/2004, de 18 de Agosto (Lei da Arte Cinematográfica e do Audiovisual) como "as criações intelectuais expressas por um conjunto de combinações de palavras, música, sons, textos escritos e imagens em movimento, fixadas em qualquer suporte, destinadas prioritariamente à distribuição e exibição em salas de cinema, bem como a sua comunicação pública por qualquer meio ou forma, por fio ou sem fio".

Em relação às obras cinematográficas, tem-se verificado uma distinção entre o modelo americano, que considera como autor da obra cinematográfica o respectivo produtor, e o modelo europeu, que atribui antes a autoria ao realizador e aos autores das diversas contribuições para o filme. Em consequência, a Convenção de Berna prevê no seu art. 14-*bis*, 2 a), que "a determinação dos titulares do direito de autor sobre a obra cinematográfica fica reservada à legislação do país em que a protecção é reclamada". A lei portuguesa, seguindo o modelo europeu, considera como co-autores dessa obra o realizador e o autor do argumento, dos diálogos, se for pessoa diferente, e o da banda musical (art. 22º, nº 1), sendo que, quando se trate de adaptação de obra não composta expressamente para o cinema são também considerados co-autores os autores da adaptação e dos diálogos (art. 22º, nº 2), sendo que os outros criadores que não sejam considerados co-autores mantêm os seus direitos sobre a parte da obra que seja incorporada com a sua autorização (arts. 23º e 20º). A obra cinematográfica é assim legalmente considerada como uma obra feita em colaboração (arts. 17º e ss.)[150].

A lei não define obras televisivas, mas delas pode ser aproximada a definição de obras audiovisuais, constante do art. 2º b) da Lei 42/2004,

[149] Neste sentido, Oliveira Ascensão, *Direito de Autor*, p. 82.

[150] Esta solução legal suscita a crítica de Oliveira Ascensão, *Direito de Autor*, pp. 513 e ss., para quem a obra cinematográfica poderia ter sido qualificada como uma obra singular, uma obra colectiva ou uma obra compósita, mas que nunca constitui uma obra feita em colaboração, atenta a primazia da contribuição do realizador sobre as restantes, que a ela se subordinam. O autor sustenta, por isso, que em abstracto a obra cinematográfica constitui uma obra nova, distinta da soma das contribuições, cuja autoria singular é do realizador.

que as define como "as criações intelectuais expressas por um conjunto de combinações de palavras, música, sons, textos escritos e imagens em movimento, fixadas em qualquer suporte, destinadas prioritariamente à teledifusão, bem como a sua comunicação pública por qualquer meio ou forma, por fio ou sem fio".

Às obras televisivas - que se destinam à exibição em televisão - contrapõem-se as obras radiofónicas - que são as que se destinam a passar na rádio. Em termos de regime, no entanto, surge-nos uma única categoria, a obra radiodifundida, definida como "a que foi criada segundo as condições especiais da utilização pela radiodifusão sonora ou visual e, bem assim, as adaptações a esses meios de comunicação de obras originariamente criadas para outra forma de utilização" (art. 21º, nº 1). A obra radiodifundida é, em princípio, sujeita ao mesmo regime da obra cinematográfica (art. 21º, nº 3), considerando a lei como co-autores de obra feita em colaboração "os autores do texto, da música e da respectiva realização, bem como da adaptação se não se tratar de obra inicialmente produzida para a comunicação audiovisual (art. 21º, nº 2).

Finalmente são obras fonográficas e videográficas aquelas que são difundidas respectivamente em fonogramas ou em videogramas. A lei define fonograma como "o registo resultante da fixação, em suporte material, de sons provenientes de uma prestação ou de outros sons, ou de uma representação de sons" (art. 176º, nº 4) e videograma como "o registo resultante da fixação, em suporte material, de imagens, acompanhadas ou não de sons, bem como a cópia de obras cinematográficas ou audiovisuais" (art. 176º, nº 5, e art. 1º, nº 1, do D.L. 39/88, de 6 de Fevereiro, alterado pelo D.L. 23/2014, de 14 de Fevereiro[151]). O art. 24º estabelece que são considerados "autores de obra fonográfica ou videográfica os autores do texto ou da música fixada e ainda, no segundo caso, o realizador", sendo ainda reconhecidos aos produtores dos fonogramas

[151] Este diploma procedeu, no entanto, a uma extensão do conceito de videograma, uma vez que passou a considerar como tal, "independentemente do suporte material, forma de fixação ou interactividade, os videojogos ou jogos de computador" (art. 1º, nº 2). Para além disso, o conceito de suporte material é muito amplo em relação aos videogramas, dado que abrange "o suporte analógico ou digital, no qual está incorporado o videograma, através de cujo acesso é permitida a visualização da obra, designadamente *cartridges, disquettes, videocassettes,* CD em todas as suas especificações, DVD em todas as suas especificações, chips e outras formas de fixação que possam vir a ser determinadas pela inovação tecnológica".

e dos videogramas direitos conexos ao direito de autor (arts. 176º, nº 1 e 184º-185º), os quais não afectam a protecção dos autores sobre a obra utilizada (art. 177º).

### 5.2.7. Obras de desenho, tapeçaria, pintura, escultura, cerâmica, azulejo, gravura, litografia e arquitectura

O art. 2º, nº 1, g) inclui igualmente na protecção do direito de autor as obras de desenho, tapeçaria, pintura, escultura, cerâmica, azulejo, gravura, litografia e arquitectura. Trata-se neste caso das obras de artes plásticas e figurativas, que são objecto de regulação especial nos arts. 157º e ss. Esta categoria de obras é, aliás, objecto de uma extensão no art. 163º, por forma a abranger expressamente as "maquetas de cenários, figurinos, cartões para tapeçarias, maquetas para painéis cerâmicos, azulejos, vitrais, mosaicos, relevos rurais, cartazes e desenhos publicitários, capas de livros e, eventualmente, à criação gráfica que estes comportam, que sejam criação artística".

Não existe, no entanto, protecção semelhante para as obras de engenharia. Efectivamente, a generalidade das legislações não tutela as obras de engenharia, e assim faz também a legislação portuguesa[152].

As obras de arte plásticas e figurativas possuem uma característica especial para efeitos de protecção autoral, que consiste no facto de serem habitualmente obras de exemplar único, o que leva a uma menor relevância da faculdade de reprodução, habitualmente considerada o núcleo essencial do direito patrimonial de autor. Efectivamente, um quadro, uma estátua ou um edifício poderão ser reproduzidos, mas as suas reproduções têm sempre um valor muito inferior em relação à obra original, o que leva a uma menor frequência da concessão de direitos de reprodução[153]. Por esse motivo, tende a haver uma coincidência de objectos entre o *corpus mechanicum* e o *corpus mysticum*, o que leva a que o autor perca algum controlo sobre a sua obra aquando da alienação, uma vez que o adquirente adquire a propriedade plena do seu suporte único,

[152] Neste sentido, Oliveira Ascensão, *Direito de Autor*, p. 72.

[153] Conforme escreve Oliveira Ascensão, *Direito de Autor*, p. 491: "Todos sabem o afã com que se procuram os originais de uma pintura ou de uma escultura, e a diminuição que recai sobre as cópias".

o que lhe atribui algumas faculdades relativas ao direito de autor, como a faculdade de exposição[154].

### 5.2.8. Obras fotográficas ou produzidas por quaisquer processos análogos aos da fotografia

Entre nós, são igualmente de protecção jurisautoral as obras fotográficas ou produzidas por quaisquer processos análogos ao da fotografia (art. 2º, nº 1 h)). A produção por processo análogo à fotografia corresponde à filmagem, incluindo as transmissões televisivas em directo[155]. São ainda considerados como fotografias os fotogramas de películas cinematográficas (art. 164º, nº 3). A fotografia é protegida mesmo que exista qualquer modificação posterior da imagem capturada por parte do seu autor, como sucede nas montagens fotográficas ou na alteração digital das fotografias.

A obra fotográfica é objecto de regulação específica nos arts. 164º e ss, estabelecendo o art. 164º, nº 1, a exigência de que, para que ocorra a protecção, a fotografia deva corresponder a uma criação artística pessoal do seu autor, quer pela escolha do seu objecto, quer pelas condições da sua execução. Efectivamente, não se pode considerar toda e qualquer captura de imagem como uma obra intelectual, exigindo-se que a fotografia corresponda a uma criação artística pessoal do seu autor para poder ser objecto de protecção. Não são por isso objecto de protecção as fotografias realizadas mecanicamente como as tiradas para colocação em documentos de identificação, ou as fotografias de ruas tiradas a intervalos regulares ou ainda as fotografias enviadas por satélites, nem as fotografias meramente técnicas, como as reproduções de documentos[156]. Já serão, porém, protegidas fotografias que, embora com objectivos instru-

[154] Cfr. Alberto Pojaghi, "Le controversie relative alla vendita e all'acquisto delle opere d'arte: tutela giudiziaria e sua derogabilità", em *IDA* 81 (2010), nº 2, pp. 171-183 (175-176).

[155] Neste sentido, Oliveira Ascensão, *Direito de Autor*, p. 503, sustentando ser essa a interpretação que tem sido feita da expressão "obras expressas por um processo análogo ao da fotografia", constante do art. 2º, nº 1, CB. O autor reconhece, porém, que enquanto a Convenção de Berna se refere à análoga *expressão* das obras, a lei portuguesa fala antes num processo análogo para a sua *produção*, o que constitui uma realidade diferente.

[156] Cfr. Oliveira Ascensão, *Direito de Autor*, p. 501.

mentais, correspondam a uma verdadeira criação artística do fotógrafo, como as realizadas no âmbito da actividade jornalística[157].

### 5.2.9. Obras de artes aplicadas, desenhos ou modelos industriais e obras de *design* que constituam criação artística, independentemente da protecção relativa à propriedade industrial

São igualmente objecto de protecção pelo direito de autor as obras de arte aplicadas, desenhos ou modelos industriais e as obras de *design* que constituam criação artística, independentemente da protecção relativa à propriedade industrial (art. 2º, nº 1, i)). O art. 163º especifica que essa protecção se estende às "maquetas de cenários, figurinos, cartões para tapeçarias, maquetas para painéis cerâmicos, azulejos, vitrais, mosaicos, relevos rurais, cartazes e desenhos publicitários, capas de livros e, eventualmente, à criação gráfica que estes comportem, que sejam criação artística".

Tanto as obras de arte aplicadas como os desenhos e modelos industriais possuem valor económico, mas este só possui autonomia nas primeiras, já que nos segundos o seu valor económico é incindível do produto servindo apenas para incrementar a venda do mesmo[158].

Existe neste caso uma sobreposição com a tutela dada pela propriedade industrial. Em consequência, algumas legislações excluíam a protecção autoral a este tipo de obras, dado o facto de se encontrarem abrangidas pela protecção conferida pela propriedade industrial. Por esse motivo, o art. 2º, nº 7, da Convenção de Berna reserva aos países da União a regulamentação do campo de aplicação das leis relativas às obras de arte aplicadas e aos desenhos e modelos industriais, assim como as condições de protecção dessas obras, desenhos e modelos. Estabelece-se ainda um princípio de reciprocidade, já que esta mesma estabelece que "para as obras protegidas unicamente como desenhos e modelos no país de origem, só pode ser reclamada num outro país da União a protecção especial concedida nesse país aos desenhos e mode-

[157] Não podemos, por isso, concordar com Oliveira Ascensão, *Direito de Autor*, p. 503, quando parece excluir da protecção autoral todas as fotografias com valor documentário de acontecimentos. Efectivamente, não parece que esse valor documentário exclua a actividade de criação por parte do fotógrafo, ainda que realizada de modo subitâneo.

[158] Neste sentido, Are, *L'oggetto*, p. 210.

los; todavia, se uma protecção especial não for concedida nesse país, essas obras serão protegidas como obras artísticas".

Divergindo desta orientação, a lei portuguesa sempre admitiu, para além da protecção relativa à propriedade industrial (art. 173º e ss. CPI), uma protecção cumulativa no âmbito do direito de autor (cfr. art. 200º CPI). Exige, no entanto, como requisito específico a existência de uma criação artística, sem o que não existirá protecção jurisautoral[159]. Essa mesma solução viria a ser adoptada a nível comunitário através da Directiva 98/71/CE do Parlamento Europeu e do Conselho de 13 de Outubro de 1998 relativa à protecção legal de desenhos e modelos, cujo art. 17º estabelece que "qualquer desenho ou modelo protegido por um registo num Estado-membro de acordo com a presente directiva beneficia igualmente da protecção conferida pelo direito de autor desse Estado a partir da data em que o desenho ou modelo foi criado ou definido sob qualquer forma". Compete, no entanto, a cada Estado-membro determinar "o âmbito dessa protecção e as condições em que é conferida, incluindo o grau de originalidade exigido". Encontra-se assim fixado o princípio do cúmulo de protecção por parte do Direito de Autor e do Direito Industrial, embora seja conferida aos Estados Membros a faculdade de determinar a extensão da protecção e as condições em que esta é concedida, incluindo o grau de originalidade que o desenho ou o modelo deve possuir.

A criação artística exigida para a protecção do modelo ou desenho industrial não tem que ser cindível, no sentido de ser considerada autonomamente da aplicação industrial ou funcional do bem. Deverá, no entanto, exigir-se uma criação artística qualificada, no sentido de que o desenho ou modelo suscite, para além da sua aplicação funcional, uma apreciação de mérito em termos estéticos, que seja objecto de reconhecimento externo[160].

### 5.2.10. Ilustrações e cartas geográficas

O art. 2º, nº 1, j) inclui igualmente na protecção jurisautoral as ilustrações e cartas geográficas. Estas são consideradas como obras artísticas, apesar da sua aplicação prática. Efectivamente, trata-se de obras figurativas de

[159] Cfr. Oliveira Ascensão, *Direito de Autor*, pp. 69-70.

[160] Cfr. Alberto Pojaghi, *IDA* 81 (2010), nº 2, p. 178.

carácter científico ou didáctico. No entanto, quando a obra cartográfica constitua uma mera reprodução de um dado geográfico, a mesma não é tutelada pelo Direito de Autor por ausência de carácter criativo. É o que sucede com os dados obtidos por via fotográfica através de aerofotogramas, os quais só poderão ser protegidos como obras fotográficas no caso de terem carácter criativo[161]. Por esse motivo, não nos parece que as imagens aéreas da Google beneficiem de protecção autoral.

### 5.2.11. Projectos, esboços e obras plásticas respeitantes à arquitectura, ao urbanismo, à geografia ou às outras ciências

Outra categoria de obras intelectuais objecto de protecção pelo direito de autor respeita aos projectos, esboços e obras plásticas respeitantes à arquitectura, ao urbanismo, à geografia ou às outras ciências (art. 2º, nº 1, l)).

Em relação aos projectos e esboços, cabe, porém, esclarecer que não é todo e qualquer projecto que pode ser objecto de protecção pelo direito de autor, uma vez que o projecto representa normalmente apenas um esboço de uma obra futura, e o direito de autor apenas tutela as criações do espírito já exteriorizadas e não obras futuras a realizar. Assim, os projectos só beneficiarão de protecção quando representem por si obras, devido à sua valia estética (projecto de arquitectura) ou literária (livro de instruções) ou quando sejam o estádio inicial de uma obra inacabada (fragmentos de um romance ou o esboço inicial de uma pintura)[162]. A lei refere-se neste caso genericamente aos projectos, esboços e obras plásticas relativas à arquitectura ao urbanismo, à geografia, e a outras ciências, o que parece poder abranger uma enorme variedade

[161] Assim, Are, *L'oggetto*, pp. 498-499.

[162] Neste sentido, Oliveira Ascensão, *Direito de Autor*, pp. 73-74 e 499. Em sentido contrário, Luiz Francisco Rebello, *Introdução*, p. 86, considera que "a protecção é independente do mérito da obra, pelo que não haverá que entrar em conta, para a diluição do problema, com a valia estética". É manifesto, no entanto, que o simples projecto representa apenas uma ideia, pelo que se não tiver uma concretização mínima, que lhe dê valor como obra não poderá ser protegido, sob pena de se começar a proteger obras futuras, antes da sua criação. Neste sentido, veja-se a sentença do 12º juízo cível de Lisboa (Cura Mariano), em *CJ* 18 (1993), 3, pp. 313-318, onde se considerou não beneciar da tutela autoral um projecto de programa televisivo que se reconduzia a uma mera ordenação de ideias para um programa de televisão. A mesma solução foi adoptada em Itália no acórdão da *Cassazione* de 17/2/2010, em *IDA* 81 (2010), nº 3, pp. 283-287.

de situações, exigindo-se apenas a valia autónoma do projecto ou esboço como obra intelectual, ainda que inacabada, conforme se referiu.

A lei regula ainda especialmente a protecção autoral dos projectos de arquitectura e urbanismo, obrigando à menção do nome do seu autor junto ao estaleiro de construção da obra de arquitectura e nesta, depois de construída (art. 161º, nº 1), estabelecendo ainda que é reservado ao autor autorizar a construção da obra segundo o projecto (art. 68º, nº 2, l)) e que a repetição de construção de obra de arquitectura sob o mesmo projecto só pode fazer-se mediante autorização do autor (art. 161º, nº 2).

Parece, porém, que não poderão ser objecto de tutela nesta alínea os projectos e esboços relativos a criações que não constituam obra protegida no âmbito do direito de autor. Assim, por exemplo, não sendo protegidas entre nós as obras de engenharia, naturalmente que os projectos de engenharia também não poderão obter protecção neste âmbito[163].

Já em relação às obras plásticas respeitantes à arquitectura, ao urbanismo, à geografia ou às outras ciências, estas constituem obras com finalidade técnica, as quais não parecem genericamente ser objecto de protecção pelo Direito de Autor, dado que nesse caso ele acabaria por vir extravasar do seu domínio que é a tutela da criação formal. Parece, assim, que não é toda e qualquer obra plástica de destinação prática que é objecto de protecção nesta alínea, mas apenas as obras que revistam um carácter artístico próprio, que extravase da mera execução de um projecto[164].

### 5.2.12. Lemas ou divisas, ainda que de carácter publicitário, se se revestirem de originalidade

A lei admite ainda a protecção dos lemas ou divisas, ainda que de carácter publicitário, desde que se revistam de originalidade. Este requisito especial corresponde à exigência de que o lema ou divisa possua um valor criativo próprio, dado que os lemas ou divisas absolutamente banais não merecem protecção jurisautoral. Assim, por exemplo, o *slogan* "o leão mos-

[163] Cfr. Oliveira Ascensão, *Direito de Autor*, p. 72. Recusando considerar o projecto de engenharia como obra protegida pelo Direito de Autor, cfr. Ac. RL 29/9/2009 (Rui Torres Vouga), em *CJ* 34 (2009), 4, pp. 95-98.

[164] Cfr. Oliveira Ascensão, *Direito de Autor*, p. 97.

tra a sua raça" pode beneficiar de protecção jurisautoral, mas seguramente que as expressões "o mais barato" ou "0% de juros" já não beneficiarão.

A originalidade não se confunde, porém, com a exigência de novidade ou carácter distintivo, uma vez que, independentemente da sua confundibilidade com outros sinais, o lema ou divisa que tenha uma valia específica como criação intelectual é objecto de protecção jurisautoral.

### 5.2.13. Paródias e outras composições literárias ou musicais, ainda que inspiradas num tema ou motivo de outra obra

São igualmente objecto de protecção jurisautoral as paródias e outras composições literárias ou musicais, ainda que inspiradas num tema ou motivo de outra obra (art. 2º, nº 1, n)). Estão aqui em causa consequentemente as paródias e as paráfrases.

As paródias constituem obras inspiradas em obras anteriores, normalmente realizadas com fins humorísticos. Podem ser, por exemplo, textos literários que parodiem o estilo de um grande escritor, filmes cómicos que ridicularizem humoristicamente um sucesso cinematográfico, programas televisivos de comédia que reproduzam outros programas, ou canções ligeiras que imitem comicamente obras musicais de referência. Sendo lícita a paródia, naturalmente que o autor da obra parodiada não tem que consentir na paródia, nem poderá reclamar qualquer remuneração ou indemnização pelo aproveitamento da sua obra para esse fim[165].

[165] No direito norte-americano suscitou-se no caso *Campbell v. Acuff-Rose Music, Inc.*, 510 U.S. 569 (1994), disponível em http://supreme.justia.com/us/510/569/case.html, a questão da licitude da paródia no caso da paródia realizada pelos Two Live Crew em relação à canção Pretty Woman de Roy Orbison, a qual foi parodiada quase integralmente em linguagem obscena. O Supreme Court americano considerou que esta forma de paródia constitui *fair use* e que a paródia tem que reproduzir em grande parte a obra parodiada, sem o que os espectadores não se aperceberão da mesma. Da mesma forma, no caso *SunTrust Bank v. Houghton Mifflin Co.*, 136 F. Supp.2d 1357 (N.D.Ga. 2001), vacated, 252 F.3d 1165 (11th Cir. 2001), reversed, 268 F.3d 1257 (11th Cir. 2001), disponível em http://ftp.resource.org/courts.gov/c/F3/268/268.F3d.1257.-1.-.01-00701-.01-12200.html a escritora Alice Randall escreveu a obra *The Wind Done Gone*, em contraponto ao clássico norte-americano *Gone with the Wind* de Margareth Mitchell, em que as personagens desta eram utilizadas para retratar situações de homosexualidade e relações interraciais, que foram consideradas pelos administradores da herança de Margareth Mitchell como contrárias à sua política de

Há, porém, que esclarecer que só existe paródia se existir uma criação original, que extravase da mera reprodução ou transformação da obra, uma vez que, se se verificarem apenas estas situações, haverá necessidade de autorização do autor para a utilização ou transformação da sua obra, sendo esta ilícita no caso contrário. A paródia exige assim o que se denomina "o tratamento antitético do tema", no sentido de que o tratamento do mesmo tema na paródia tem que representar uma antítese da forma como ele foi tratado na obra parodiada[166].

São igualmente lícitas as paráfrases, que correspondem a desenvolvimentos de um texto ou música, que funciona como tema para uma obra posterior. Pode, por exemplo, ser utilizada uma música como mote de uma outra música, ou ser efectuado um comentário a um texto alheio por razões de discussão ou crítica. Um exemplo extremo de paráfrases musicais é o do *hip-hop*, um género musical surgido na cultura afro-americana urbana dos anos 70, que agrega excertos de composições musicais pré-existentes com rimas faladas (*rap*)[167]

A paráfrase é, no entanto, algo limitada já que o art. 77º, nº 1, estabelece que "não é permitida a reprodução de obra alheia sem autorização do autor sob pretexto de a comentar ou anotar, sendo, porém, lícito publicar em separata comentários ou anotações próprias com simples referências a capítulos, parágrafos ou páginas de obra alheia", acrescentando, porém, o nº 2, que "o autor que reproduzir em livro ou opúsculo os seus artigos, cartas ou outros textos de polémica publicados em jornais ou revistas poderá reproduzir também os textos adversos, assistindo ao adversário ou adversários igual direito, mesmo após a publicação feita por aquele".

Esta proibição é compreensível, uma vez que poderia ocorrer a apropriação de uma obra de terceiro, com o mero acrescento de algo insignificante, como umas anotações. Justifica-se por isso proibir a introdução dos textos de obra alheia, salvo quando tal seja absolutamente necessário para a compreensão do debate, como no caso de polémicas

agendamento de obras derivadas. Tendo obtido uma *injunction* no District Court contrária à publicação desta obra, a decisão deste Tribunal veio a ser revertida pelo Federal Court of Appeals que a qualificou como uma paródia, constituindo assim *fair use*.

166 Cfr. Oliveira Ascensão, *Direito de Autor*, p. 103.

167 Cfr. Arewa, *North Carolina Law Review* 84.2 (2006), pp. 558 e ss., que chama a atenção para as dificuldades suscitadas por este género musical em face do Direito de Autor.

entre autores. Há, porém, casos em que a paráfrase não poderá deixar de introduzir trechos de obra alheia, como no caso da poesia que serve de mote a outra poesia[168].

A admissibilidade das paródias e das paráfrases resulta do facto de estas representarem um contributo novo, ainda que inspirado num tema de outra obra, o que é perfeitamente admissível face à liberdade dos temas. Não pode, porém, esta permissão funcionar como pretexto para a fraudulenta apropriação de obras alheias, a qual não é manifestamente permitida.

### 5.3. Obras derivadas

#### 5.3.1. Traduções, arranjos, instrumentações, dramatizações, cinematizações e outras transformações de qualquer obra, protegida ou não

O art. 3º, nº 1, a) equipara a originais as traduções, arranjos, instrumentações, dramatizações, cinematizações e outras transformações de qualquer obra, ainda que esta não seja objecto de protecção.

Merecem referência especial as edições críticas, previstas no art. 78º. Esta disposição estabelece no seu nº 1 que "aqueles que publicarem manuscritos existentes em bibliotecas ou em arquivos públicos não podem opor-se a que os mesmos sejam novamente publicados por outrem, salvo se essa publicação for reprodução de lição anterior", acrescentando o nº 2 que "podem igualmente opor-se a que seja reproduzida a sua lição divulgada de obra não protegida aqueles que tiverem procedido a uma fixação ou a um estabelecimento ou restabelecimento do texto, susceptíveis de alterar substancialmente a respectiva tradição corrente". Dado que está em causa uma obra não protegida, a protecção resume-se à lição da mesma, que pode representar uma criação original do autor, não sendo assim susceptível de reprodução sem o consentimento deste. Há, porém, um certo exagero nos direitos conferidos pelo nº 2 ao editor crítico, no caso de alteração da tradição corrente, uma vez que no fundo vem limitar reproduções posteriores em sentido contrário ao da tradição, praticando reservando ao editor crítico o monopólio da descoberta que fez[169].

[168] Cfr. Oliveira Ascensão, *Direito de Autor*, pp. 103-104.

[169] Bastante crítico em relação a esta solução se apresenta Oliveira Ascensão, *Direito de Autor*, p. 85. Efectivamente, não parece concebível que em casos como o da edição crítica

### 5.3.2. Sumários e compilações de quaisquer obras, protegidas ou não

São ainda tuteladas pelo direito de autor "os sumários e as compilações de obras protegidas ou não, tais como selectas, enciclopédias e antologias que, pela escolha ou disposição das matérias, constituam criações intelectuais" (art. 3º, nº 1, b)). Está neste caso em causa uma recolha de textos alheios, cuja equiparação a obras originais se deve ao facto de existir uma criação intelectual pela escolha e disposição das matérias[170]. Efectivamente, apenas no caso de existir uma inovação criativa, através de uma selecção e ordenação própria das matérias, se pode considerar que existe uma obra protegida para efeitos do direito de autor, faltando naturalmente esse requisito no caso de faltar qualquer ordenação (como na disposição aleatória dos textos) ou essa ordenação não se revista de originalidade própria (como na hipótese de ser adoptada a ordem alfabética ou cronológica).

### 5.3.3. Compilações de textos relativos a convenções internacionais, normas legais e regulamentares e decisões judiciais ou administrativas

O art. 3º, nº 1, c) equipara ainda a obras originais "as compilações sistemáticas ou anotadas de textos de convenções, de leis, de regulamentos e de relatórios ou de decisões administrativas, judiciais ou de quaisquer órgãos ou autoridades do Estado ou da Administração". Esta situação é autonomizada em relação à hipótese anterior pelo facto de os textos legais, regulares, administrativos ou judiciais, bem como as suas traduções oficiais, não beneficiarem de protecção autoral (art. 8º, nº 1), pelo que neste caso a protecção pelo Direito de Autor fica limitada à própria compilação,

das obras de José Maria de Eça de Queiroz que, como se sabe, levaram à descoberta que os seus textos foram em grande parte adulterados pelo seu filho, apenas o editor crítico adquira direitos sobre o texto original redescoberto do escritor, ficando todos os outros editores obrigados a publicar uma versão, que embora tradicional, se sabe não ser a autêntica.

170 Conforme escreve o Visconde de Carnaxide, *op. cit.*, pp. 162-163, "as compilações, dicionários, guias, catálogos e almanaques, consideram-se uma propriedade protegida pela lei, pois, posto que não sejam produtos do génio, sendo trabalhos da inteligência, não deixam de ter predicados de obras literárias. Para isso tem sido entendido, e bem, que tais publicações não se apresentem constituídas apenas com elementos de simples cópias, colhidos no domínio público ou forrageados em quaisquer escritos, mas que pela sua selecção, ordem, método, discernimento e gosto, venham a assumir uma forma e carácter novos ou duma obra, que anteriormente não existia".

que será protegida no caso de apresentar uma ordenação original desses textos.

### 5.4. Programas de computador

É bastante controversa a questão da tutela dos programas de computador pelo Direito de Autor, matéria actualmente regulada pelo D.L. 252/94, de 20 de Outubro, que transpõe a Directiva 91/250/CEE do Conselho, de 14 de Maio, relativa à protecção jurídica dos programas de computador. Face à opção legislativa expressamente constante do art. 1º, nº 2, desse diploma, os mesmos têm, no entanto, que se considerar obras protegidas, nos mesmos termos que as obras literárias.

### 5.5. Bases de dados

É também conferida alguma protecção jurisautoral à base de dados. Esta vem a ser definida no art. 1º, nº 2, do D.L. 122/2000, como toda a colectânea de obras, dados ou outros elementos independentes, dispostos por modo sistemático ou metódico e susceptíveis de acesso individual por meios electrónicos ou outros. A lei atribui-lhe uma protecção específica, que pode ser conferida pelo direito de autor ou através da atribuição de um direito *sui generis* ao fabricante de base de dados (art. 1º, nº 3, D.L. 122/2000). No primeiro caso, a base de dados vem assim a constituir um obra protegida, sendo nessa medida abrangida pelo direito de autor.

## 6. Situações excluídas da protecção autoral

### 6.1. Generalidades

Há diversas categorias de obras que se encontram excluídas da protecção autoral, ou porque nunca foram protegidas ou porque já caíram no domínio público, ou porque se encontram fora do âmbito de protecção da lei portuguesa, ou ainda por estarem abrangidas em determinadas excepções legais, em relação às quais a lei portuguesa não confere protecção.

Examinemos sucessivamente estas situações.

### 6.2. Obras nunca protegidas

A protecção pelo Direito de Autor é relativamente recente no âmbito da evolução do direito, enquanto que a criação literária e artística é uma constante na história da humanidade. Ora é manifesto que a protecção autoral não se estende às obras criadas antes de a mesma ter sido concedida. Assim, as obras criadas antes de ter surgido a protecção autoral, como as de autores clássicos tais como Platão, Aristóteles, Júlio César, ou Cícero não são naturalmente objecto de protecção pelo Direito de Autor.

### 6.3. Obras caídas no domínio público

Outra categoria de obras não protegidas respeita às que cairam no domínio público. Nos termos do art. 38º, nº 1, a obra cai no domínio público quando tiverem decorrido os prazos de protecção previstos na lei, os quais constam dos arts. 31º e ss., sendo que, por regra, o direito de autor caduca 70 anos após a morte do criador intelectual, mesmo que a obra só tenha sido publicada ou divulgada postumamente. Em consequência, após o decurso desse prazo, a obra entra no domínio público, perdendo a protecção do direito de autor.

### 6.4. Obras excluídas do âmbito de protecção da lei portuguesa

Conforme acima se referiu, a lei portuguesa confere a protecção jurisautoral baseada na reciprocidade, pelo que uma obra que seja publicada por autor estrangeiro em país estrangeiro que não seja membro de nenhuma convenção internacional e não proteja da mesma forma as obras portuguesas pode ser livremente utilizada entre nós[171].

### 6.5. Notícias do dia e relatos de acontecimentos diversos com carácter de simples informações

O art. 7º, nº 1, a) CDADC exclui da protecção autoral "as notícias do dia e os relatos de acontecimentos diversos com carácter de simples informações, de qualquer modo divulgados". Esta disposição encontra-se em harmonia com a Convenção de Berna, cujo art. 2º, nº 8, determina que "a protecção da presente Convenção não se aplica às notícias do dia e aos relatos de acontecimentos diversos (*faits divers*) que tenham o carácter de simples informações de imprensa". Efectivamente, as notícias e os relatos de acontecimentos diversos podem ser novamente divulgados, no quadro do fluir normal da informação, não sendo consequentemente objecto de protecção pelo Direito de Autor.

O art. 7º, nº 3, estabelece, no entanto, que a utilização por terceiro destas obras deve limitar-se ao exigido pelo fim a atingir com a sua

[171] Assim, Oliveira Ascensão, *Direito de Autor*, p. 113.

divulgação[172]. Desta disposição resulta que a exclusão da protecção autoral se destina a permitir a divulgação das notícias e acontecimentos diversos, mas não qualquer outro fim. Em consequência, o seu aproveitamento para fins diferentes é ilícito, e embora essas obras não sejam objecto de protecção autoral, a sua utilização por terceiro poderá ser reprimida com base no abuso do direito (art. 334º CC).

### 6.6. Requerimentos, alegações, queixas e outros textos apresentados perante autoridades ou serviços públicos

O art. 2º *bis* 1) da Convenção de Berna permite aos Estados-Membros excluir do âmbito da protecção os discursos pronunciados nos debates judiciários. Em consequência, o art. 7º, nº 1, b) CDADC exclui ainda da protecção autoral os "requerimentos, queixas e outros textos apresentados por escrito ou oralmente perante autoridades ou serviços públicos". Assim, esses requerimentos, queixas ou textos podem ser reproduzidos por terceiros, quando tencionarem apresentar pretensão semelhante a essas autoridades ou serviços públicos.

O art. 7º, nº 4, proíbe, porém, a comunicação desses textos quando os mesmos forem por natureza confidenciais ou dela possa resultar prejuízo para a honra ou reputação do autor ou de qualquer outra pessoa, salvo decisão judicial em contrário proferida em face da prova da existência de interesse legítimo superior ao subjacente à proibição. Nesta situação, já não estará, no entanto, em causa a tutela do direito de autor, mas antes a protecção de direitos de personalidade.

### 6.7. Propostas ou discursos apresentados sobre assuntos de interesse comum e discursos políticos

O art. 2º *bis*, da Convenção de Berna reserva às legislações dos países da União a faculdade de excluir parcial ou totalmente da protecção jurisautoral os discursos políticos (art. 2º *bis*, nº 1, CB), bem como estabelecer em que termos as conferências, alocuções e outras obras da mesma natureza, pronunciadas em público, poderão ser reproduzidas pela imprensa, radio-

[172] Luiz Francisco Rebello, *Introdução*, p. 99, interpreta esta disposição como referente a todas as alíneas do nº 1. Parece-nos, porém, que o confronto com os nºs 2 e 4 levam a considerar que o legislador se quis apenas referir às obras mencionadas na alínea a) daquele número.

difundidas, transmitidas ou comunicadas ao público, quando tal utilização for justificada pelo fim de informação a atingir (art. 2º *bis*, nº 2, CB). É reconhecido, porém, ao autor o direito exclusivo de reunir em compilação as obras dessa natureza (art. 2º *bis*, nº 3, CB).

Executando essa disposição da Convenção de Berna, o art. 7º, nº 1, c) d), CDADC determina que não constituem objecto de protecção nem "os textos propostos e os discursos proferidos perante assembleias ou outros órgãos colegiais, políticos e administrativos, de âmbito nacional, regional ou local, ou em debates públicos sobre assuntos de interesse comum", nem "os discursos políticos". Determina, porém, o art. 7º, nº 2, CDADC que a reprodução integral, em separata, em colectânea ou noutra utilização conjunta de discursos, peças oratórias e demais textos só pode ser feita pelo autor ou com o seu consentimento.

### 6.8. Textos oficiais de carácter legislativo, administrativo ou judiciário

O art. 2º, nº 4, da Convenção de Berna prevê que "fica reservada às legislações dos países da União a determinação da protecção a conceder aos textos oficiais de carácter legislativo, administrativo ou judiciário, bem como às traduções oficiais destes textos". Não se impõe assim que estas obras sejam protegidas, podendo as legislações dos Estados-Membros determinar a exclusão da sua protecção.

Aproveitando esta permissão, o art. 8º, nº 1, CDADC estabelece que "os textos compilados ou anotados a que se refere a alínea c) do nº 1 do artigo 3º, bem como as suas traduções oficiais, não beneficiam de protecção". Nesta exclusão, estão em causa apenas os próprios textos oficiais e não as compilações sistemáticas, as quais são equiparadas a originais, e portanto protegidas[173]. Os textos oficiais de carácter legislativo, administrativo ou judiciário, bem como as suas traduções são assim excluídos de qualquer protecção pela legislação portuguesa, que não atribui qualquer direito de autor sobre eles, quer pessoal, quer patrimonial.

Essa exclusão de protecção estende-se inclusivamente às obras protegidas incorporadas nesses textos, as quais podem ser reproduzidas sem o consentimento do autor, e sem que tal lhe confira qualquer direito no âmbito da actividade do serviço público de que se trate (art. 8º, nº 2). Pense-se, por exemplo, num relatório científico de entidades estranhas

[173] Neste sentido, Oliveira Ascensão, *Direito de Autor*, p. 114.

que é incorporado na obra oficial. Neste caso, essa incorporação faz com o que o relatório, na parte em que foi incorporado, sofra da mesma falta de protecção de que padece a obra oficial, podendo ser da mesma forma utilizado por terceiros. Mas o autor não perde a possibilidade de exploração da obra, no que não for incompatível com a utilização na obra oficial, nem é despojado dos seus direitos morais[174].

## 6.9. As modificações da obra

O art. 2º, nº 2, vem-nos esclarecer que "as sucessivas edições de uma obra, ainda que corrigidas, aumentadas, refundidas ou com mudança de título ou de formato, não são obras distintas da obra original, nem o são as reproduções de obra de arte, embora com diversas dimensões". Desta disposição resulta que não é reconhecida protecção jurisautoral, quer às modificações da obra, quer às reproduções de obras de arte, ainda que estas alterem as dimensões ou a apresentação da obra original. Efectivamente, a protecção jurisautoral é conferida exclusivamente à obra original, não adquirindo protecção autónoma as suas sucessivas modificações ou reproduções, uma vez que não representam uma actividade criadora nova, distinta da já existente[175].

## 6.10. A obra ilícita

Coloca-se ainda outro problema relativamente às obras contrárias à lei, à ordem pública ou aos bons costumes[176].

Em relação às obras contrárias à lei, salienta-se em primeiro lugar as obras que importem violação de direito de autor alheio (obra usurpada ou contrafeita). Em princípio, não parece que a lei reconheça uma protecção autonóma a essas obras que se autonomize da protecção que é conferida à própria obra. Pode, porém, quando a obra represente um contributo original (por exemplo, a tradução de um autor estrangeiro sem autorização) admitir-se uma protecção jurisautoral, cujo exercício

[174] Neste sentido, Oliveira Ascensão, *Direito de Autor*, p. 116.

[175] Assim, por exemplo, as três versões de *O crime do Padre Amaro*, publicadas por Eça de Queiroz, em 1875, 1876, e 1880 não são consideradas obras distintas, apesar das inúmeras diferenças que existem entre elas, quer quanto às características das personagens, quer quanto ao próprio enredo.

[176] Cfr. Oliveira Ascensão, *Direito de Autor*, pp. 120 e ss.

estará, no entanto, dependente da autorização do titular da obra traduzida.

Diferente é o caso das obras contrárias à ordem pública e aos bons costumes. A Convenção de Berna, no seu art. 17º, reconhece aos Estados o direito de permitir, vigiar ou proibir a circulação, representação ou exposição de qualquer obra ou produção. Pense-se, por exemplo, nas obras que incitam ao ódio racial ou religioso. As ordens jurídicas poderão tomar medidas em ordem a impedir a difusão dessas obras. Parece, porém, que tal não afectará a atribuição de direitos de autor, apenas impedirá o seu concreto exercício[177].

## 7. A protecção do título das obras

A protecção da obra intelectual é extensiva ao respectivo título, nos termos do art. 4º, não dependendo essa protecção de qualquer registo. Exige-se, no entanto, que o título seja original e não possa confundir-se com qualquer obra do mesmo género de outro autor, anteriormente divulgada ou publicada. Exigem-se assim requisitos especiais para que o título beneficie da protecção autoral, como a originalidade, no sentido de que o título deve representar um contributo inovador e o carácter distintivo, no sentido de que o título não pode confundir-se com o de outra obra do mesmo género que tenha sido objecto de publicação ou divulgação anterior[178].

O legislador esclarece que não são originais nem possuem carácter distintivo os títulos consistentes em designação genérica, necessária ou

[177] Neste sentido, cfr. CONSTANTINOS TH. ASPROGERAKAS-GRIVAS, *Die Mängel und die Mängelhaftung bei den Urheberrechtsverträgen*, Diss. München, 1960, pp. 34-35, que salienta que a protecção jurisautoral não é dada ao conteúdo da obra, mas antes à sua forma, nada tendo por isso a ver com o facto de aquele infringir as leis ou os bons costumes. Por outro lado, a recusa da protecção jurisautoral ainda contribuiria para uma maior difusão da obra ilegal, ao tornar livre a sua utilização por terceiros. Em sentido contrário, veja-se, porém, REHBINDER, *op. cit.*, § 5º, nº 52, p. 25.

[178] O carácter distintivo apenas é exigido relativamente a obras do mesmo género, o que implica que obras de género diferente podem possuir títulos idênticos. Essa situação pode, no entanto, levar a consequências inaceitáveis como o facto de um filme totalmente original reproduzir o título de um livro publicado, no intuito de atrair espectadores que leram esse livro, convencidos de estar perante uma sua adaptação. LUIZ FRANCISCO REBELLO, *Introdução*, p. 97, defende a aplicação nesses casos do instituto da concorrência desleal, para onde remete o art. 212º do Código.

usual do tema ou objecto de obras de certo género (art. 4º, nº 2 a)[179]) e ainda os títulos exclusivamente constituídos por nomes de personagens históricas, histórico-dramáticas, literárias, mitológicas ou por nomes de personalidades vivas (art. 4º, nº 2, b))[180].

O art. 4º, nº 3, dispõe ainda que "o título de obra não divulgada ou não publicada é protegido se satisfazendo os requisitos deste artigo tiver sido registado juntamente com a obra". Neste caso, a protecção do título depende do seu registo, nos termos do art. 214º a), pelo que, se o mesmo não for efectuado, a prioridade será dada a outra obra entretanto divulgada ou publicada[181].

Existe ainda um regime especial, previsto no art. 5º, em relação aos títulos de jornais ou de quaisquer outras publicações periódicas, a que adiante faremos referência.

[179] Assim, por exemplo, o título *Direito das Obrigações* poderá ser usado por qualquer autor que pretenda abordar este ramo do Direito, não existindo assim exclusividade neste âmbito. Mas já poderá haver essa exclusividade se um título comum a obras de um género for usado noutro género, como sucede com o romance de José Saramago, *Manual de Pintura e Caligrafia*.

[180] Assim, por exemplo, o título *D. Afonso Henriques* pode ser utilizado por qualquer autor que se queira referir ao primeiro Rei de Portugal.

[181] Salienta, com razão, SÁ E MELLO, *Manual*, p. 116, que, neste caso, "a protecção do título da obra não depende da divulgação da obra, mas depende da *existência* desta. Ou seja, não se protegem títulos sem obra, antes da obra correspondente ser criada; seriam títulos de... coisa nenhuma!".

# Capítulo VI
# A Atribuição do Direito de Autor

## 1. A noção jurídica de autor

A titularidade do direito de autor está intimamente ligada à determinação da noção jurídica de autor[182]. Pode dizer-se que o autor é normalmente aquele que criou e é consequentemente titular de um direito sobre um bem específico: a obra literária ou artística[183]. No entanto, pode suceder que o titular do direito de autor por vezes não seja ou tenha deixado de ser o criador da obra[184]. Efectivamente, e conforme refere OLIVEIRA ASCENSÃO em sentido jurídico o autor poderá ser:

a) o criador intelectual da obra;
b) o titular originário desta;
c) o titular actual[185].

O art. 11º, que estabelece a regra geral sobre a atribuição do direito de autor, determina que este "pertence ao criador intelectual da obra,

[182] Sobre a autoria e a titularidade do direito de autor, cfr. OLIVEIRA ASCENSÃO, *Direito de Autor*, pp. 105 e ss., e ALEXANDRE LIBÓRIO DIAS PEREIRA, *Direitos de Autor*, pp. 435 e ss.

[183] Cfr. MARK ROSE, *op. cit.*, p. 1.

[184] Pelo contrário no Direito Alemão o § 7 UrhG estabelece o princípio do criador (*Schöpferprinzip*), segundo o qual a autoria da obra, apenas pode ser atribuída ao criador dela, o que exclui a possibilidade de a autoria ser atribuída a pessoas colectivas, aos empregadores ou a comitentes, podendo estes apenas adquirir direitos de utilização. Cfr. GUNDA DREYER, em GUNDA DREYER/JOST KOTTHOFF/ASTRID MECKEL, *Heidelberger Kommenatr zum Urheberrecht*, Heidelberg, Müller, 2004, § 7, nº 1, p. 144, e LOEWENHEIM/HÖREN. *op. cit.*, § 10, nºs 1 e 2, pp. 178-179.

[185] Cfr. OLIVEIRA ASCENSÃO, *Direito de Autor*, p. 105.

salvo disposição expressa em contrário", disposição essa desnecessariamente repetida no art. 27º, nº 1, que nos refere que "salvo disposição em contrário, autor é o criador intelectual da obra". Também o art. 8º do Regulamento do Registo de Obras Literárias e Artísticas, aprovado pelo D.L. 143/2014, de 26 de Setembro, estabelece que "salvo disposição em contrário, o autor é o criador intelectual da obra, assim se considerando por uma das seguintes modalidades:a) aquele cujo nome, próprio ou pseudónimo, tiver sido indicado como tal na obra; b) aquele cujo nome tiver sido anunciado ou comunicado ao público". Assim, em princípio os três sentidos coincidirão[186].

Pode, porém, acontecer que o criador intelectual não seja o titular originário dos direitos sobre a obra, uma vez que estes podem por convenção ser atribuídos ao financiador, no caso de obra subsidiada (art. 13º) ou ao comitente ou empregador, no caso de obra feita por encomenda ou por conta de outrem, caso assim se tenha convencionado (art. 14º).

Finalmente pode ocorrer que o criador intelectual da obra ou o seu titular originário já não seja o titular actual do direito de autor, como sucede nos casos de sucessão por morte ou transmissão por acto *inter vivos*. O art. 27º, nº 3, esclarece a este propósito que "salvo disposição em contrário, a referência ao autor abrange o sucessor e o transmissário dos respectivos direitos".

Desta disposição parece resultar que a noção jurídica de autor corresponde em princípio à do titular actual da obra intelectual, sendo manifestamente este o sentido quando se fala na violação do direito de autor (arts. 195º e ss.). A lei admite, no entanto, excepções a essa regra, que se concretizam nas disposições do Código que apenas podem ser utilizadas pelo titular originário do direito – como a identificação do autor, a que se refere o art. 28º, que manifestamente não pode ser utilizada pelo adquirente do direito – ou pelo criador intelectual – como o direito de retirada, previsto no art. 62º, que se funda em razões morais, que só podem dizer respeito ao criador intelectual[187].

[186] Geraldo da Cruz Almeida, *Estudos Gomes da Silva*, p. 1059 fala a este propósito num "*princípio de verdade intelectual* no estabelecimento da paternidade sobre a obra".
[187] Cfr. Oliveira Ascensão, *Direito de Autor*, p. 106.

Dado que na esmagadora maioria dos casos, o direito de autor é atribuído ao criador intelectual da obra, será desse paradigma que normalmente partiremos.

## 2. A atribuição do direito de autor

### 2.1. Critério geral

Sendo em princípio reconhecida a titularidade da obra ao criador intelectual (arts. 11º, e 27º, nº 1) é o acto de criação da obra intelectual que implica a atribuição dos direitos sobre a mesma. O mesmo é um acto jurídico porque corresponde a um acto voluntário mas, dado que não existe liberdade de estipulação, não corresponde a um negócio jurídico, devendo por isso qualificar-se como acto jurídico simples.

O art. 27º, nº 2, estabelece, no entanto, duas presunções relativa à determinação do autor as quais convém examinar:

A primeira presunção determina que se presume como autor aquele que tiver sido indicado como tal na obra, conforme o uso consagrado. É semelhante a regra instituída no art. 15º, nº 1, da Convenção de Berna, que estabelece que "para que os autores das obras literárias e artísticas protegidas pela presente Convenção sejam, salvo prova em contrário, considerados como tais e, em consequência, admitidos perante os tribunais dos países da União a proceder judicialmente contra os infractores, é suficiente que o nome esteja indicado na obra na forma habitual". A indicação do nome do autor na obra pela forma habitual – que corresponde à aposição do nome na capa do livro ou à assinatura de um quadro – funciona assim como presunção de que aquele é o seu criador intelectual a quem fica consequentemente a pertencer o direito de autor. Curiosamente, no caso de o nome do criador da obra não vir mencionado nesta ou não figurar no local destinado para o efeito segundo o uso universal, institui-se uma presunção de sinal contrário, que é o de que o direito fica a pertencer à entidade por conta de quem a obra é feita (art. 14º, nº 3).

A segunda presunção resulta da indicação do autor em qualquer forma de utilização ou de comunicação ao público (art. 27º, nº 2, *in fine*). Esta presunção é especialmente relevante em caso de obras não publicadas, mas que são, prévia ou independentemente da publicação, utilizadas ou comunicadas ao público. Quem é anunciado ao público como titular de uma obra é assim presumido como sendo o autor dela.

## 2.2. Obra derivada

A obra derivada é a que resulta da transformação de uma obra pré-existente, como sucede com as traduções, arranjos, instrumentações, dramatizações e cinematizações (art. 3º, nº 1 a)). Neste caso, a criação faz-se sobre uma outra obra, a qual pode ser ou não uma obra protegida, tendo em qualquer caso um grau de criatividade inferior ao da obra original.

O grau de criatividade não se confunde, porém, com a qualidade da obra. Há casos de obras derivadas com qualidade muito superior à do original como as cinematizações realizadas por Francis Ford Copolla da obra *The Godfather*, de Mario Puzo, ou as cinematizações de Stanley Kubrick sobre as obras *2001. A Space Odissey*, de Arthur C. Clarke, ou *A Clockwork Orange* de Anthony Burgess. Apesar da sua extraordinária qualidade, essas obras não são, no entanto, consideradas como originais, sendo antes obras derivadas. As obras derivadas beneficiam enquanto tais da protecção jurisautoral.

No entanto, como a protecção conferida às obras derivadas não prejudica os direitos reconhecidos aos autores da correspondente obra original (art. 3º, nº 2), exige-se naturalmente para a criação da obra derivada a autorização do autor da obra preexistente. Efectivamente, entre as faculdades atribuídas ao autor da obra, encontra-se naturalmente a de permitir a criação de obras derivadas a partir desta. Tal é expressamente reconhecido para várias categorias de obras derivadas no art. 169º, e especificamente para as obras cinematográficas no art. 124º. Essa autorização só não será exigida quando a obra preexistente não beneficie de protecção, como sucede com os textos legais, relatórios oficiais e decisões judiciais e administrativas, nos termos do art. 8º, o que leva a que as obras derivadas sobre os mesmos, referidas no art. 3º, nº 1, c) possam ser efectuadas sem necessidade de qualquer autorização.

O autor da obra preexistente pode ainda exercer perante o autor da obra derivada os direitos morais de reivindicar a paternidade da obra preexistente e assegurar a sua genuinidade e integridade (art. 56º). Assim, o art. 169º, nº 3, estabelece o dever de o beneficiário da autorização respeitar o sentido da obra original, acrescentando o nº 4, que só podem ser introduzidas modificações que não desvirtuem a obra. No caso da tradução, o editor poderá exigir mesmo do tradutor da obra as modificações necessárias para assegurar o respeito pela obra original (art. 172º, nº 3). Apenas nas colectâneas de textos destinadas ao ensino se facilita essa modificação, considerando-se a autorização concedida, caso o autor a ela não se opuser, após notificado para o efeito por carta registada com aviso de recepção (art. 59º, nºs 2 e 3)[188].

Tratando-se de obra protegida, o art. 3º, nº 2, esclarece que os direitos concedidos sobre a obra derivada em nada prejudicam os direitos reconhecidos aos autores da correspondente obra original. Efectivamente, os direitos existentes sobre a obra anterior apenas são afectados na medida da autorização concedida para a criação da obra derivada, podendo o autor daquela continuar a fazer livre utilização da obra preexistente para outros fins.

### 2.3. Obra subsidiada

A obra subsidiada é-nos referida no art. 13º, o qual nega a atribuição de qualquer dos poderes incluídos no direito de autor a quem subsidie ou financie a obra. Efectivamente, o financiador é apenas titular de um crédito sobre o autor relativo ao financiamento o qual não lhe permite obter qualquer dos poderes que integram o direito de autor.

A lei admite, no entanto, convenção em contrário, permitindo assim que a entidade subsidiante reserve para si algum dos poderes do direito de autor, como, por exemplo, a faculdade de editar a obra.

### 2.4. Obra feita sob encomenda ou por conta doutrem

#### 2.4.1. Critérios de atribuição do direito de autor

Os arts. 14º e 15º regulam especificamente a situação da obra feita sob encomenda ou por conta de outrem, quer em cumprimento de dever funcional, quer de contrato de trabalho. Está-se assim perante situações em que alguém é contratado especificamente para a produção de obras intelectuais, como o funcionário, que é encarregado de elaborar estudos técnicos, ou o arquitecto, que é contratado por um gabinete de arquitectura, para desenhar projectos. Há, no entanto, alguns regimes especiais, expressamente previstos na lei como a realização de trabalhos jornalísticos por conta de outrem (art. 174º), fotografias efectuadas em execução de um contrato de trabalho ou por encomenda (art. 165º, nº 2) ou as criações publicitárias (art. 29º, nº 2, do Código da Publicidade).

[188] Cfr. Luiz Francisco Rebello, *Introdução*, p. 73.

A regra geral prevista no art. 14º, nº 1, sobre a atribuição do direito de autor em caso de obras feitas sob encomenda ou por conta doutrem, é que esta se determina de acordo com o que tiver sido convencionado. As partes são assim livres, ao abrigo da sua autonomia privada, de estabelecerem a atribuição do direito de autor, quer ao criador intelectual, quer ao empregador ou comitente. É extremamente comum, no entanto, que, em virtude do seu maior poder económico, o empregador ou o comitente exijam ao criador intelectual que lhes atribua os correspondentes direitos de autor, constando muitas vezes essa atribuição de cláusulas contratuais gerais presentes nos contratos de trabalho ou de encomenda de obra intelectual. Essas cláusulas são lícitas, uma vez que não se encontram abrangidas pelas proibições previstas nos arts. 17º e ss. e 20º e ss. da LCCG, estendidas aos contratos de trabalho pelo art. 105º CT. Por outro lado, é manifesto que a atribuição originária do direito de autor não está sujeita à exigência de forma do art. 44º[189].

Na falta de convenção, a lei presume que a titularidade do direito de autor relativo à obra realizada sob encomenda ou por conta doutrem pertence ao seu criador intelectual (art. 14º, nº 2). Tal implica que, se as partes quiserem atribuir essa titularidade ao empregador ou comitente, terão que o convencionar, sendo em consequência essa presunção *iuris et de iure*[190]. No caso, porém, de o nome do criador da obra não vir mencionado nesta ou não figurar no local mencionado para o efeito segundo o uso universal, passa a vigorar uma presunção de sinal contrário, de que o direito de autor pertence à entidade por conta de quem a obra é feita (art. 14º, nº 3). Neste caso, se as partes quiserem atribuir esse direito ao criador intelectual, terão que o convencionar e elidir a presunção (art. 350º, nº 2, CC).

### 2.4.2. Efeitos da atribuição do direito de autor ao criador intelectual

Se o direito de autor for atribuído ao criador intelectual, o comitente apenas adquire o direito de utilização da obra para os fins convencionados, pertencendo todas as restantes faculdades de utilização ao criador intelectual. Efectivamente, dispõe o art. 15º, nº 1, que "quando o direito de autor pertença ao criador intelectual, a obra apenas pode ser utilizada para

[189] Neste sentido, Oliveira Ascensão, *Direito de Autor*, p. 429.

[190] Cfr. Luiz Francisco Rebello, *Introdução*, p. 105.

os fins previstos na respectiva convenção". É assim o fim que presidiu ao contrato de encomenda da obra publicitária que estabelece os limites de utilização por parte do comitente, cabendo ao criador intelectual a utilização da obra para quaisquer outros fins, já que apenas lhe está vedado "fazer utilização da obra que prejudique a obtenção dos fins para que foi produzida" (art. 15º, nº 3).

Nesse caso, "a faculdade de introduzir modificações na obra depende do acordo expresso do seu criador e só pode exercer-se nos termos convencionados" (art. 15º, nº 2).

### 2.4.3. Efeitos da atribuição do direito de autor ao comitente

Sendo atribuídos os direitos de autor sobre a obra intelectual ao comitente, pode o mesmo explorar economicamente a obra, exercer todas as faculdades de utilização relativas à mesma e permitir a sua utilização por terceiros. Não há nesse caso quaisquer limites à utilização da obra pelo comitente, uma vez que o criador intelectual não tem poderes individuais de utilização[191]. Da mesma forma, o comitente pode livremente introduzir modificações na obra, sem que o criador intelectual a tal se possa opor[192].

O art. 14º, nº 4, estabelece, porém, que "ainda quando a titularidade do conteúdo patrimonial do direito de autor pertença àquele para quem a obra é realizada, o seu criador intelectual pode exigir, para além da remuneração ajustada e independentemente do próprio facto da divulgação ou publicação, uma remuneração especial:

a) Quando a criação intelectual exceda claramente o desempenho, ainda que zeloso, da função ou tarefa que lhe estava confiada;
b) Quando da obra vierem a fazer-se utilizações ou a retirar-se vantagens não incluídas nem previstas na fixação da remuneração ajustada".

Nestes dois casos, ocorre assim o reconhecimento ao autor de uma remuneração especial, para além da que foi inicialmente acordada no

[191] Cfr. Oliveira Ascensão, *Direito de Autor*, p. 145.

[192] Em sentido contrário, Luiz Francisco Rebello, *Introdução*, p. 107, invocando a disposição do art. 15º, nº 2. É manifesto, no entanto, que, conforme resulta da sua inserção sistemática, essa disposição é apenas aplicável aos casos em que o direito de autor pertença ao criador intelectual.

contrato de trabalho ou de encomenda de obra intelectual, em virtude do desempenho extraordinário do autor, ou das utilizações e vantagens que resultam para o comitente da criação da obra.

### 2.5. Obra feita em colaboração

A obra feita em colaboração constitui uma modalidade especial de obra realizada por uma pluralidade de pessoas, a qual se contrapõe à obra colectiva[193]. O art. 16º, nº 1, a) define como obra feita em colaboração aquela que seja "divulgada ou publicada em nome dos colaboradores ou de alguns deles, quer possam discriminar-se quer não os contributos individuais". Exige-se, no entanto, uma efectiva colaboração na criação, uma vez que "não se consideram colaboradores e não participam, portanto dos direitos de autor sobre a obra aqueles que tiverem simplesmente auxiliado o autor na produção e divulgação ou publicação desta, seja qual for o modo por que o tiverem feito" (art. 17º, nº 4).

Assim, a obra feita em colaboração é a que resulta de vários actos de criação de diversos autores, os quais, no entanto, se conjugam para formar uma única obra. Um caso particular de obra feita em colaboração, referido no art. 16º, nº 2, é a "obra de arte aleatória em que a contribuição criativa do ou dos intérpretes se ache originariamente prevista". Efectivamente, se o autor de uma peça de teatro ou de uma composição musical deixar na mesma espaço para a improvisação dos actores ou dos músicos, os mesmos não são meramente considerados como titulares de direitos conexos, mas antes como verdadeiros autores, uma vez que não se limitam a executar uma obra preexistente, antes colaboram com o autor na obra final, ainda que em termos aleatórios, resultante da sua improvisação.

A obra feita em colaboração atribui o direito de autor, na sua unidade, a todos os que nela tiverem colaborado, aplicando-se ao exercício em comum desse direito as regras da compropriedade (art. 17º, nº 1). Aplicam-se assim as disposições dos arts. 1403º e ss. CC, das quais resulta que em princípio os litígios entre os titulares devem ser resolvidos pela maioria das quotas (art. 1407º, nº 1), podendo, no entanto, recorrer-se a tribunal quando não seja possível formar a maioria legal, o qual decidirá segundo juízos de equidade (art. 1407º, nº 2).

[193] Cfr. Sá e Mello, *Contrato*, pp. 159 e ss.

Presume-se, salvo declaração escrita em contrário, que são de valor igual as partes indivisas dos autores na obra efeita em colaboração (art. 17º, nº 2). No entanto, "se a obra feita em colaboração for divulgada ou publicada apenas em nome de algum ou alguns dos colaboradores, presume-se, na falta de designação explícita dos demais em qualquer parte da obra, que os não designados cederam os seus direitos àquele ou àqueles em nome de quem a divulgação ou publicação é feita" (art. 17º, nº 3). Temos aqui uma presunção de cessão dos direitos de autor[194], a qual pode, no entanto, ser naturalmente elidida por prova em contrário (art. 350º, nº 2, CC)[195].

Qualquer dos autores pode solicitar a divulgação, a publicação, a exploração ou a modificação de obra feita em colaboração, sendo, em caso de divergência, a questão resolvida segundo as regras da boa fé (art. 18º, nº 1)[196]. Da mesma forma, "qualquer dos autores pode, sem prejuízo da exploração em comum de obra feita em colaboração, exercer individualmente os direitos relativos à sua contribuição pessoal, quando

[194] Em sentido diferente, LUIZ FRANCISCO REBELLO, *Código*, sub art. 17º, nº 3, p. 61, entende não existir aqui uma presunção de cessão, mas apenas uma mera regra sobre o exercício efectivo, da qual não resulta qualquer mudança de titularidade. O autor seria assim representado por quem publica ou divulga mas, à semelhança do que sucede no art. 30º, poderia a todo o tempo revelar a sua identidade. Já OLIVEIRA ASCENSÃO, *Direito de Autor*, p. 130, entende que, presumindo a cessão, a lei toma posição favorável à possibilidade de cessão em condições diferentes das cessões normais, para resolver o conflito de sobreposição de direitos de autor.

[195] Refere LUIZ FRANCISCO REBELLO, *Introdução*, p. 113, que o carácter *iuris tantum* da presunção é indubitável em virtude de o direito de reivindicar a paternidade da obra ser irrenunciável (art. 56º, nº 2), e de o autor de obra publicada ou divulgada anonimamente poder, a todo o tempo, revelar a sua identidade (art. 30º, nº 2).

[196] Esta disposição contradiz o disposto no art. 17º, nº 1, que, ao remeter para as regras da compropriedade, determinaria antes que a decisão resultasse da maioria das quotas. Daí que a doutrina discuta qual o regime a seguir. Para OLIVEIRA ASCENSÃO, *Direito de Autor*, pp. 132 e ss., deverá distinguir-se entre obra feita em colaboração e mera conexão de obras, aplicando àquela o regime da compropriedade e a esta as regras da boa fé. Para LUIZ FRANCISCO REBELLO, *Introdução*, p. 113, deverão ser aplicadas as regras da compropriedade, só tendo justificação o recurso à equidade em caso de divergência sobre o exercício do direito moral. Por nosso lado, entendemos que esta norma se destina a permitir que qualquer dos autores possa exigir a divulgação, publicação ou exploração da obra, uma vez que a deliberação da maioria não pode privar os outros do seu direito, havendo em caso de discordância que resolver a questão segundo as regras da boa fé.

esta possa discriminar-se" (art. 18º, nº 2). Deve entender-se assim que o exercício individual dos direitos pelos autores se encontra subordinado à exploração comum, não podendo aquele prejudicar esta.

Complexa é, no entanto, a questão de saber se, em caso de violação do direito de autor, se exige a interposição conjunta da respectiva acção de responsabilidade por todos os titulares da obra, em litisconsórcio necessário, ou se cada um dos autores da obra feita em colaboração pode reclamar individualmente os danos causados à exploração da obra comum. Parece preferível a solução de que o co-autor pode reclamar isoladamente a sua quota nessa indemnização (art. 1405º, nº 1, *in fine*, CC), o que se harmoniza com a solução que atribui ao comproprietário a reivindicação da coisa comum, sem que a outra parte possa opor-lhe que ela não lhe pertence por inteiro[197].

A obra feita em colaboração tem ainda um regime especial em relação à caducidade do direito de autor. Efectivamente, neste caso o direito de autor apenas vem a caducar passados 70 anos após a morte do colaborador que falecer em último lugar (art. 7º-*bis* da Convenção de Berna e art. 32º, nº 1), o que implica que os herdeiros dos outros autores anteriormente falecidos beneficiem de um prazo mais longo de protecção. Para além disso, no caso de a herança de um dos autores ser declarada vaga para o Estado, acresce o seu direito ao dos restantes autores (art. 51º, nº 3).

### 2.6. Obra colectiva

Nos termos do art. 16º, nº 1, b) é obra colectiva aquela que seja "organizada por inciativa de entidade singular ou colectiva e divulgada ou publicada em seu nome"[198]. Com mais precisão se pode dizer que a obra colectiva é aquela que é realizada no âmbito de uma empresa, cabendo assim o direito de autor ao respectivo empresário, seja ele uma entidade individual ou colectiva. Como exemplo, temos os jornais e outras publicações periódicas, como as revistas[199], que se presumem obras colectivas, cabendo às

[197] Neste sentido, cfr., na jurisprudência, Ac. RL 7/2/2008 (Carlos Valverde), em *CJ* 33 (2008), 1, pp. 94-98.

[198] Cfr. sobre esta Sá e Mello, *Contrato*, pp. 203 e ss., e *Manual*, pp. 83 e ss.

[199] Cfr. a este propósito, o Ac. STJ 10/7/2008 (João Moreira Camilo), em *CJ-ASTJ* 16 (2008), 2, pp. 167-170.

respectivas empresas o direito de autor sobre as mesmas (art. 19º, nº 3), situação regulada especificamente nos arts. 173º e 174º.

Efectivamente, resulta do art. 19º, nº 1, que nas obras colectivas o respectivo direito de autor "é atribuído à entidade singular ou colectiva que tiver organizado e dirigido a sua criação e em nome de quem tiver sido divulgada ou publicada". No entanto, se "no conjunto da obra colectiva for possível discriminar a produção pessoal de algum ou alguns colaboradores, aplicar-se-á relativamente aos direitos sobre essa produção pessoal, o preceituado quanto à obra feita em colaboração" (art. 19º, nº 2).

Daqui resulta que nas obras colectivas, a empresa surge como titular originário do direito de autor, apenas sendo atribuídos direitos de autor autónomos sobre certos componentes da obra se, em relação a eles, for possível discriminar as contribuições individuais de pessoas determinadas. Admite-se, no entanto, da mesma forma que na obra em colaboração o exercício individual dos direitos por parte dos participantes, desde que esse exercício não possa prejudicar a exploração da obra colectiva.

### 2.7. Obra compósita

A obra compósita vem a ser definida no art. 20º, nº 1, como "aquela em que se incorpora, no todo ou em parte, uma obra preexistente, com autorização, mas sem a colaboração do autor desta". A obra compósita distingue-se da obra derivada, porque nesta há uma efectiva transformação da obra original, enquanto que na obra compósita ocorre apenas a incorporação de uma outra obra, sem que a original seja de algum modo transformada. É exemplo de obra compósita um livro que incorpore fotografias da autoria de outrem, ou uma antologia de textos de diversos autores. Naturalmente que a incorporação só será permitida, em relação a obras protegidas, se existir autorização do autor da obra a incorporar.

Ocorrendo a incorporação nos termos legais, determina o art. 20º, nº 2, que "ao autor da obra compósita pertencem exclusivamente os direitos relativos à mesma, sem prejuízo dos direitos do autor da obra preexistente". Assim, a incorporação não prejudica os direitos de autor sobre a obra preexistente, que subsistem, adquirindo, porém, o autor da obra compósita em exclusividade os direitos sobre a nova obra.

### 2.8. Aplicação dos conceitos às obras fonográficas e videográficas, radiodifundidas e cinematográficas

#### 2.8.1. Apreciação geral

Os arts. 21º a 24º pretendem aplicar os conceitos acima referidos às obras fonográficas e videográficas, radiodifundidas e cinematográficas, as quais são consideradas obras em co-autoria. Seguindo OLIVEIRA ASCENSÃO, poderemos apresentar o seguinte esquema de indicação legal de co-autores[200]:

1) Obra fonográfica
   - autores do texto ou da música;

2) Obra videográfica
   - autores do texto ou da música
   - realizador

3) Obra radiodifundida
   - autores do texto ou da música
   - realizador
   - autor da adaptação (se houver)

4) Obra cinematográfica
   - realizador
   - autor do argumento
   - autor dos diálogos (se for pessoa diferente)
   - autor da banda musical
   - autor da adaptação (se houver)
   - autor dos diálogos (se houver adaptação).

O art. 26º prevê ainda a situação dos colaboradores técnicos, esclarecendo que, "sem prejuízo dos direitos conexos de que possam ser titulares, as pessoas singulares ou colectivas intervenientes a título de colaboradores, agentes técnicos, desenhadores, construtores ou outro semelhante na produção e divulgação das obras a que se referem os

[200] Cfr. OLIVEIRA ASCENSÃO, *Direito de Autor*, pp. 136-137.

arts. 21º e seguintes não podem invocar relativamente a estas quaisquer poderes incluídos no direito de autor".

### 2.8.2. O caso particular da obra cinematográfica

A atribuição da autoria sobre a obra cinematográfica foi deixada em aberto pela Convenção de Berna, cujo art. 14º-bis, alínea 2-a) deixa ao critério dos Estados-Membros a determinação da sua autoria. Já o art. 1º, nº 5, da Directiva 93/83/CEE do Conselho, de 27 de Setembro de 1993, relativa à coordenação de determinadas disposições em matéria de direito de autor e direitos conexos aplicáveis à radiodifusão por satélite e à retransmissão por cabo (art. 1º, nº 5), e o art. 2º, nº 1, da Directiva 93/98/CEE do Conselho, de 29 de Outubro de 1993, relativa à harmonização do prazo de protecção dos direitos de autor e de certos direitos conexos, exigem apenas que seja a atribuída a autoria ou co-autoria da obra cinematográfica ao realizador principal, permitindo assim aos Estados-Membros designar ainda outros co-autores, como os autores do argumento, dos diálogos e o compositor da música. Esta atribuição de co-autoria na obra cinematográfica efectuada pela legislação portuguesa corresponde assim à tradição europeia, mas afasta-se da tradição americana que considera antes autor da obra cinematográfica o seu produtor[201].

Há de notar, no entanto, que a obra cinematográfica constitui muitas vezes uma obra derivada, uma vez que é extremamente frequente a cinematização de outras categorias de obras como os romances, as biografias, as obras de banda desenhada, as peças de teatro, as óperas, e os jogos de computador. Pode até acontecer que a obra cinematográfica derive de outra obra cinematográfica, como sucede com as *sequels* (continuação de um filme), *prequels* (estória anterior ao filme), *spin-offs* (desenvolvimento de personagens acessórias ou de certas partes específicas de um filme), ou *reboot* (refilmagem do mesmo filme)[202]. Neste caso, naturalmente que os direitos que são atribuídos sobre a obra cinematográfica não prejudicam os direitos existentes sobre a obra original.

[201] Cfr. Luiz Francisco Rebello, *Introdução*, p. 115. Para Sá e Mello, *Contrato*, pp. 181 e ss. existe aqui uma ficção legal de co-autoria.

[202] Cfr. Loewenheim/Shwarz/Reber, *op. cit.*, § 12, nºs 4 e ss., pp. 186 e ss.

### 2.9. As obras de arquitectura, urbanismo e *design*

Já em relação às obras de arquitectura, de urbanismo ou de *design*, é considerado como autor o criador da sua concepção global e respectivo projecto (art. 25º).

Aplica-se igualmente a estas obras o acima referido quanto aos colaboradores técnicos (art. 26º).

## 3. A atribuição do direito pessoal de autor

O art. 56º regula o direito pessoal de autor, estabelecendo o seu nº 1 que "independentemente dos direitos de carácter patrimonial e ainda que os tenha alienado ou onerado, o autor goza durante toda a vida do direito de reivindicar a paternidade da obra e de assegurar a genuinidade e integridade desta, opondo-se à sua destruição, a toda e qualquer mutilação, deformação ou outra modificação da mesma e, de um modo geral, a todo e qualquer acto que a desvirtue e possa afectar a honra e reputação do autor". O nº 2 acrescenta que "este direito é inalienável, irrenunciável e imprescritível, perpetuando-se, após a morte do autor, nos termos do artigo seguinte". Importa, por isso, neste momento determinar a quem pode ser atribuída a titularidade do direito pessoal de autor.

É manifesto que o criador intelectual da obra, a quem seja atribuído o direito de autor, adquire tanto os direitos de conteúdo patrimonial como o direito pessoal de autor. Questiona-se, no entanto, se esse direito lhe é igualmente atribuído no caso de obra feita por encomenda ou por conta de outrem, em que o direito de autor sobre a mesma seja atribuído ao comitente, nos termos do art. 14º, nº 1.

A resposta parece dever ser negativa, dado que neste caso a lei recusa expressamente que o criador intelectual possa reivindicar a paternidade da obra, uma vez que se admite que o seu nome não conste dela (art. 14º, nº 3). Para além disso, o criador intelectual não tem o direito a defender a integridade da obra, uma vez que apenas o comitente pode decidir a sua configuração final. Também não se admite que o criador intelectual possa exercer nessa situação os direitos ao inédito, de retirada ou de modificação, apenas se podendo assim concluir que o mesmo não se torna titular do direito pessoal de autor[203].

[203] Neste sentido, cfr. OLIVEIRA ASCENSÃO, *Direito de Autor*, p. 195. Em sentido contrário, ANTÓNIO DE MACEDO VITORINO, *A eficácia dos contratos de direito de autor*, Coimbra, Alme-

Mas será neste caso o direito pessoal de autor atribuído ao comitente? Oliveira Ascensão dá resposta negativa, considerando que o comitente não tem o direito à integridade, uma vez que a sua honra ou reputação não estão em causa, nem o direito de retirada. Pode exercer os direitos correspondentes ao direito ao inédito, de modificação, à menção do nome e à reivindicação da paternidade, mas nesse caso tratar-se-ia de meros poderes patrimoniais, que não revesteriam natureza pessoal. O autor acaba assim por concluir que, no caso de encomenda de obra intelectual em que o direito de autor fosse atribuído ao comitente, ninguém seria titular do direito pessoal de autor[204].

Pensamos, porém, ser essa conclusão insustentável. É manifesto que, sendo o direito pessoal de autor irrenunciável, não podem existir situações em que o mesmo não seja atribuído. Ora, cabendo ao comitente legalmente o exercício das faculdades a ele respeitantes, como o direito ao inédito, de modificação, à menção do nome e à reivindicação da paternidade da obra, tal implica a atribuição do direito pessoal de autor. Por outro lado, é manifesto que o comitente possui o direito a defender a integridade da obra, uma vez que a sua reputação enquanto comitente pode ser igualmente afectada. Também não se vê por isso razão para excluir o direito de retirada.

Concluímos assim que sempre que, no contrato de encomenda de obra intelectual, o direito de autor seja atribuído ao comitente considera-se este como titular do direito pessoal de autor.

Uma vez atribuído o direito pessoal de autor, ele é inalienável, nos termos dos art. 56º, nº 2, não sendo sequer admitida a alienação de qualquer dos poderes que o integram (art. 42º). Em consequência, em caso de alienação por acto entre vivos do direito de autor, o adquirente não se torna titular do direito pessoal de autor.

Em caso de morte do autor, enquanto a obra não cair no domínio público, o exercício do direito pessoal de autor incumbe aos seus sucessores (art. 57º, nº 1). Tal não significa, porém, que estes se tornem titulares do direito pessoal de autor, mas apenas que esse direito continua a

dina, 1995, p. 87, interpretando o art. 14º, nº 1, como uma forma de alienação do direito, considera que o criador intelectual permanece como titular desses direitos.

[204] Cfr. Oliveira Ascensão, *Direito de Autor*, pp. 195-196.

beneficiar de protecção após a morte do titular, passando o seu exercício a caber aos herdeiros.

## 4. A identificação do autor

Sendo atribuído o direito de autor sobre a obra ao criador intelectual, coloca-se, no entanto, igualmente um problema relativo à identificação do autor. Determina o art. 28º que o autor tanto pode identificar-se pelo nome próprio, completo ou abreviado, as iniciais deste, um pseudónimo, ou qualquer sinal convencional. Pode, por exemplo, um autor ser identificado apenas pela sua fotografia[205] ou por um desenho. Diferentemente, o art. 15º, nº 1, da Convenção de Berna, apenas faz referência à identificação pelo nome ou pseudónimo.

Faltando a identificação do autor, ou sendo a obra publicada sob nome que não revele a identidade deste, estar-se-á perante uma obra de autor anónimo, a que se refere o art. 30º, nº 1, o qual determina que aquele que divulgar ou publicar nestas condições uma obra alheia, considera-se representante do autor, incumbindo-lhe defender perante terceiros os respectivos direitos, salvo manifestação de vontade em contrário por parte do autor. A lei admite, neste caso, que o autor revele a todo o tempo a sua identidade e a autoria da obra, cessando a partir desse momento os seus poderes de representação (art. 30º, nº 2)[206].

Apesar de a lei não o referir expressamente, parece-nos que o mesmo regime será aplicável à situação do *ghostwriter*, em que alguém apresenta como própria uma obra alheia, com autorização do respectivo autor.

## 5. A protecção do nome literário, artístico ou científico

Entre os direitos morais de autor encontra-se o direito de reivindicar a paternidade da obra (art. 56º, nº 1), o qual é atribuído naturalmente ao seu criador intelectual (art. 27º, nº 1). Conforme acima se referiu, o autor necessita para esse efeito de se identificar pelo nome próprio, completo

[205] Cfr. Oliveira Ascensão, *Direito de Autor*, p. 108.

[206] É, aliás, do interesse do autor proceder a essa revelação, pois no caso contrário os direitos de autor sobre a obra anónima extinguir-se-ão 70 anos após a sua publicação ou divulgação (art. 33º, nº 1), enquanto que, com a divulgação, esse prazo só se inicia com a morte do autor.

ou abreviado, as iniciais deste, um pseudónimo ou qualquer sinal convencional (art. 28º).

Quer o nome, quer o pseudónimo, quando goze de notoriedade, integram o núcleo dos direitos de personalidade, sendo por isso reconhecidos a toda e qualquer pessoa, independentemente de esta ter ou não procedido a um acto de criação intelectual (arts. 72º, e 74º CC). A criação intelectual assegura, porém, uma protecção específica do nome literário, artístico ou científico, a que se refere o art. 29º.

O nome literário, artístico, ou científico é caracterizado por ser um direito exclusivo do autor, que não pode assim ser utilizado por outrem, nem sequer com autorização deste (art. 29º, nº 3), nem pode ser susceptível de ser confundido com outro anteriormente usado em obra divulgada ou publicada, ainda que de género diverso, nem com nome de personagem célebre da história das letras, das artes ou das ciências (art. 29º, nº 1). Em caso de nomes semelhantes, o novo autor deverá procurar-se apresentar-se de forma a ser distinguido do anterior. No caso de o autor ser parente ou afim de outro anteriormente conhecido por nome idêntico, poderá a distinção fazer-se juntando ao nome civil aditamento indicativo do parentesco ou afinidade (art. 29º, nº 2).

Em caso de utilização do mesmo nome ou de nome semelhante por outro autor, o lesado pelo uso desse nome pode requerer as medidas judiciais adequadas a evitar a confusão do público sobre o verdadeiro autor, incluindo a cessação de tal uso (art. 29º, nº 4). Essas medidas poderão implicar o recurso às providências para tutela do nome (arts. 1474º-1475º CPC). A utilização de nome literário ou artístico alheio é ainda susceptível de gerar responsabilidade civil, nos termos gerais.

A lei portuguesa não admite a cedência do nome literário ou artístico a outrem (art. 29º, nº 3), pelo que serão considerados nulos os negócios pelo qual alguém ceda a outrem o nome literário, artístico e científico. Efectivamente, considera-se que existe um interesse público no reconhecimento da autoria das obras, que não é compatível com a livre negociação do nome dos autores. E, apesar de a lei se referir a "outro autor", é manifestamente irrelevante para efeitos de aplicação do preceito que a cedência seja efectuada por alguém que já é um autor conhecido, ocorrendo a mesma proibição relativamente à cedência do nome de autor desconhecido ou mesmo de alguém que ainda não seja autor[207].

O nome literário ou artístico está sujeito a registo, nos termos do art. 215º, nº 1, b), só sendo, no entanto, registável em benefício do criador de obra anteriormente registada (art. 216º, nº 1). O registo é, no entanto, meramente enunciativo, não tendo qualquer outro efeito além da publicitação do uso (art. 216º, nº 2).

[207] Neste sentido, Sá e Mello, *Manual*, pp. 107-108.

# Capítulo VII
# O Conteúdo do Direito de Autor

## 1. Generalidades

Conforme nos refere o art. 9º, nº 1, "o direito de autor abrange direitos de natureza patrimonial e direitos de natureza pessoal, denominados direitos morais". A expressão "direitos morais" não é, porém, a mais feliz, uma vez que indicia a natureza extrajurídica desses direitos, o que não é o caso, sendo preferível utilizar, por isso, a expressão "direitos pessoais". Deve, porém, esclarecer-se que estes não se confundem com os direitos de personalidade, uma vez que estão ligados a um acto de criação intelectual e não genericamente à personalidade do autor.

O conteúdo do direito de autor pode assim ser expresso através da enumeração de vários direitos parcelares[208], sejam eles de cariz patrimonial ou de cariz pessoal. Os direitos patrimoniais destinam-se a garantir a exploração económica da obra, enquanto que os direitos pessoais se destinam a proteger os aspectos pessoais nela vertidos ou a tutelar a ligação pessoal da obra ao seu autor. Os direitos patrimoniais caracterizam-se consequentemente pela *alienabilidade, renunciabilidade e prescritibilidade*, enquanto que os direitos pessoais revestem as características da *inalienabilidade, irrenunciabilidade e imprescritibilidade*[209].

Examinemos assim sucessivamente os diversos direitos parcelares em que se decompõe o conteúdo do direito de autor.

[208] A expressão é de António Maria Pereira, "Direito de Autor", na *Polis. Enciclopédia Verbo da Sociedade e do Estado*, II, 2ª ed., Lisboa/São Paulo, Verbo, 1998, cc. 339-343 (340).

[209] Cfr. Geraldo da Cruz Almeida, *Estudos Gomes da Silva*, p. 1069.

## 2. Os direitos patrimoniais

### 2.1. Generalidades

O art. 67º, nº 1, refere-nos que "o autor tem o direito exclusivo de fruir e utilizar a obra, no todo ou em parte, no que se compreendem, nomeadamente, as faculdades de a divulgar, publicar e explorar economicamente por qualquer forma, directa ou indirectamente, nos limites da lei", acrescentando o nº 2 que "a garantia das vantagens patrimoniais resultantes dessa exploração constitui, do ponto de vista económico, o objecto fundamental da protecção legal".

Os direitos patrimoniais de autor têm assim um núcleo principal, que é constituído pelo exclusivo de exploração económica da obra, fora do âmbito em que a lei prevê a sua utilização livre por terceiros. A lei refere ainda explicitamente os direitos de publicação e divulgação da obra.

Em alguns casos, a lei vem, no entanto, sem conceder o exclusivo ao autor, permitir que ele beneficie economicamente da utilização livre por terceiros ou da ocorrência de certas vicissitudes da obra. Nesse caso, o direito de autor perde a natureza de exclusivo da exploração económica da obra, convertendo-se num mero direito de participação financeira. É o que sucede no art. 76º, nº 1, b) em que a reprodução da obra ou a sua comunicação ao público envolve a atribuição de uma remuneração equitativa ao autor. Nos casos do direito de sequência, do direito a compensação suplementar, e na compensação devida pela reprodução ou gravação de obras, existe mesmo uma participação financeira, independentemente da exploração da obra por terceiros[210].

### 2.2. O direito de exploração económica da obra

#### 2.2.1. Generalidades

O art. 67º, nº 1, atribui ao autor o direito exclusivo de utilizar a obra, mas essa utilização não constitui uma faculdade restrita do autor, dado que o uso privado da obra pode ser feito por qualquer pessoa, sendo mesmo estranho ao direito de autor. O que é garantido ao autor é o exclusivo da utilização pública da obra e a sua exploração económica.

A atribuição em exclusivo da exploração económica da obra ao autor impede que a mesma seja utilizada publicamente por terceiros, independentemente de estes actuarem ou não com intuito lucrativo. Como

[210] Cfr. Oliveira Ascensão, *Direito de Autor*, p. 198.

expressão desse regime, o art. 108º, nº 1, faz depender da autorização do autor a representação cénica da obra, independentemente de esta se realizar ou não com fins lucrativos, designadamente com ou sem entradas pagas. Efectivamente, mesmo que as intervenções de terceiros sejam realizadas com fins não lucrativos, a verdade é que qualquer utilização pública da obra atinge a exploração económica dela e afecta consequentemente o direito de autor. Em certos casos há, no entanto, uma permissão da utilização pública da obra, desde que realizada com fins não lucrativos. É o que se prevê no art. 82º-B, nº 1, relativamente às utilizações de uma obra ou outro material, sem intuito lucrativo, em benefício de pessoas pessoas cegas, com deficiência visual ou com outras dificuldades de acesso a textos impressos.

São múltiplas as formas pelas quais o autor pode proceder à exploração económica da obra, podendo designadamente esta ser feita por si próprio (exploração directa) ou por intermédio de um terceiro (exploração indirecta). O art. 68º, nº 2, refere-se à atribuição ao autor do direito exclusivo de fazer ou autorizar, por si ou pelos seus representantes, as várias formas de exploração da obra. Assim, por exemplo, a edição das obras tanto pode ser efectuada pessoalmente pelo autor, como atribuída a uma editora.

O art. 68º, nº 2, do Código refere-se sem qualquer critério às seguintes formas de utilização pública da obra:

a) A publicação pela imprensa ou por qualquer outro meio de reprodução gráfica;
b) A representação, recitação, execução, exibição ou exposição em público;
c) A reprodução, adaptação, representação, execução, distribuição e exibição cinematográfica;
d) A gravação ou adaptação a qualquer aparelho destinado à reprodução mecânica, eléctrica, electrónica ou química e à execução pública, transmissão ou retransmissão por esses meios;
e) A difusão pela fotografia, telefotografia, televisão, radiofonia ou por qualquer outro processo de reprodução de sinais, sons e imagens e a comunicação pública por altifalantes ou instrumentos análogos, por fios ou sem fios, nomeadamente por ondas hertzianas, fibras ópticas, cabo ou satélite, quando essa comunicação for feita por outro organismo que não o de origem;

f) Qualquer forma de distribuição do original ou cópias da obra, tal como venda, aluguer ou comodato;
g) A reprodução total ou parcial, qualquer que seja o modo por que for feita;
h) Qualquer utilização em obra diferente;
i) A reprodução directa ou indirecta, temporária ou permanente, por quaisquer meios e sob qualquer forma, no todo ou em parte;
j) A colocação da obra à disposição do público, por fio ou sem fio, por forma a torná-la acessível a qualquer pessoa a partir do local e no momento por ela escolhido;
l) A construção de obra de arquitectura segundo o projecto, quer haja ou não repetições.

O art. 68º, nº 3, determina que pertence em exclusivo ao titular do direito de autor a faculdade de escolher livremente os processos e as condições de utilização e exploração da obra.

Deve referir-se, no entanto, que as faculdades compreendidas no direito patrimonial de autor não são taxativas, conforme refere o art. 68º, nº 2, ao mencionar "entre outros". Por outro lado, o art. 68º, nº 1, refere que a exploração da obra pode fazer-se "por qualquer dos modos actualmente conhecidos ou que de futuro o venham a ser". Configura-se assim o direito de exploração económica da obra como um tipo aberto, cujo conteúdo pode ser complementado através do surgimento de novas formas de aproveitamento da obra, designadamente em consequência do desenvolvimento tecnológico.

As diversas formas de utilização da obra são, no entanto, autónomas entre si, referindo o art. 68º, nº 4, que a adopção de qualquer delas pelo autor ou pessoa habilitada não prejudica a adopção das restantes pelo autor e terceiros. Nada impede que se ceda uma faculdade a uma pessoa e outra a pessoa diferente, nem que se preveja o exercício das diversas faculdades que compõem o direito de autor por pessoas diferentes. Assim, por exemplo, se o autor concedeu a determinada entidade a autorização para editar a obra, pode naturalmente contratar com outra entidade a sua adaptação cinematográfica.

Há, no entanto, casos em que a lei impõe uma conexão entre as faculdades de utilização. Assim, por exemplo, o art. 71º refere-nos que "a faculdade legal de utilização de uma obra sem prévio consentimento do autor implica a faculdade de a traduzir ou transformar por qualquer modo, na medida necessária para essa utilização". Esta solução compreende-se pois não faria sentido, por exemplo, que um autor japonês permitisse a utilização da uma obra sua em Portugal, mas que essa permissão significasse que a obra só poderia ser utilizada em língua japonesa[211]. Também no caso de o próprio autor ser contratado para executar publicamente as suas obras, é óbvio que essa contratação como intérprete implica a concessão por este de autorização para executar as suas próprias obras, não fazendo sentido que este solicitasse uma remuneração autónoma por esse direito[212].

### 2.2.2. Modalidades típicas incluídas no direito de exploração económica

#### 2.2.2.1. O direito de publicação e divulgação

A primeira componente do direito de exploração económica da obra diz respeito à sua publicação ou divulgação (cfr. art. 68º, nº 2 a)). Este direito tem mesmo tutela constitucional no art. 42º, nº 2, da Constituição, que garante a todos o direito a divulgarem as suas obras.

Conforme resulta do art. 3º, nº 3, da Convenção de Berna e do art. 6º do CDADC, a publicação constitui uma forma de divulgação, que se caracteriza por permitir a reprodução da obra em exemplares que sejam "efectivamente postos à disposição do público em termos que satisfaçam razoavelmente as necessidades deste, tendo em consideração a natureza da obra" (art. 6º, nº 1). A divulgação é consequentemente um conceito mais amplo, que abrange, não apenas a publicação, mas também outros meios lícitos de comunicação da obra ao público, "como sejam a representação da obra dramática ou dramático-musical, a exibição de obra cinematográfica, a execução de obra musical, a recitação de obra literária, a transmissão ou a radiodifusão, a construção de obra de arquitectura ou de obra plástica nela incorporada e a exposição de qualquer obra artística" (art. 6º, nº 3).

[211] Cfr. Oliveira Ascensão, *Direito de Autor*, p. 217.

[212] Neste sentido, cfr. Ac. STJ 1/7/2008 (Sebastião Póvoas), em *CJ-ASTJ* 16 (2008), 2, pp. 146-152. Em sentido contrário, cfr. porém, o Ac. STJ 2/7/1998 (Pereira da Graça), em *CJ-ASTJ* 6 (1998), 2, p. 169-171, e Ac. STJ 15/12/1998 (Ribeiro Coelho), em *CJ-ASTJ* 6 (1998), 3, pp. 148-150.

Tem-se sido discutido na doutrina se a publicação e divulgação se integram no direito pessoal de autor (tese de Luiz Francisco Rebello)[213] ou antes no seu direito patrimonial (tese de Oliveira Ascensão)[214]. Parece preferível considerar que a publicação integra o conteúdo patrimonial do direito de autor, dado que é alienável, ao contrário do que sucede com os direitos pessoais (cfr. art. 56º, nº 2). A divulgação ou publicação funciona aliás como o primeiro pressuposto para se poder admitir a exploração e utilização comercial da obra, sendo reconhecida como integrando a componente patrimonial do direito de autor (cfr. art. 68º, nº 1 a) e e)). No âmbito pessoal, integra-se antes o direito ao inédito, correspondente à faculdade de manter inédita a obra, que constitui no fundo uma componente negativa do direito de publicação ou divulgação.

#### 2.2.2.2. Os direitos de representação, recitação, execução, exibição ou exposição em público

Constituem igualmente direitos reservados ao autor, nos termos do art. 68º, nº 2, b), as formas de exploração económica da obra através da representação, recitação, execução, exibição ou exposição em público. A regulação contratual destas formas de exploração da obra encontra-se prevista nos arts. 107º e ss. para a representação cénica, nos arts. 121º e ss. para a recitação e execução, e nos arts. 157º e ss. para a exposição.

#### 2.2.2.3. Os direitos de reprodução, adaptação, representação, execução, distribuição e exibição cinematográficas

O art. 68º, nº 1, c) inclui igualmente no âmbito do direito de exploração económica da obra os direitos de reprodução, adaptação, representação, execução, distribuição e exibição cinematográficas. Trata-se neste caso das modalidades de utilização das obras no âmbito da actividade de produção cinematográfica, a que a lei faz referência específica nos arts. 124º e ss.

[213] Cfr. Luiz Francisco Rebello, *Introdução*, pp. 158 e ss.

[214] Cfr. Oliveira Ascensão, *Direito de Autor*, pp. 157 e ss.

### 2.2.2.4. Os direitos de fixação ou adaptação a qualquer aparelho destinado à reprodução mecânica, eléctrica, electrónica ou química e a execução pública, transmissão ou retransmissão por esses meios

O art. 68º, nº 1, d) faz incluir igualmente no direito de exploração económica a fixação ou adaptação a qualquer aparelho destinado à reprodução mecânica, eléctrica, electrónica ou química e a execução pública, transmissão ou retransmissão por esses meios. O contrato de fixação fonográfica e videográfica da obra encontra-se regulado especificamente nos arts. 141º e ss.

### 2.2.2.5. Os direitos de difusão e comunicação pública da obra

O art. 68º, nº 1, 1, e) inclui ainda no direito de exploração económica as diversas formas de difusão e comunicação pública da obra, como seja "a difusão pela fotografia, telefotografia, televisão, radiofonia ou por qualquer outro processo de reprodução de sinais, sons ou imagens e a comunicação pública por altifalantes ou instrumentos análogos, por fios ou sem fios, nomeadamente por ondas hertzianas, fibras ópticas, cabo ou satélite, quando essa comunicação for feita por outro organismo que não o de origem"[215]. Tem-se entendido que aqui se compreende a solicitação de vídeos *on-demand* (*streaming*) através de redes de cabo[216], e a disponibilização de televisão ou rádios em quartos de hotel[217].

A inclusão no direito exclusivo de autorizar a difusão e comunicação pública da obra das formas de radiodifusão por satélite e de retransmissão por cabo encontra-se especificamente prevista no D.L. 333/97, de

[215] Sobre o direito de radiodifusão, veja-se Pedro Cordeiro, *Direito de Autor e Radiodifusão. Um estudo sobre o direito de radiodifusão desde os primórdios até à tecnologia digital*, Coimbra, Almedina, 2004, passim.

[216] *Tribunale di Milano* de 14/2010, em *IDA* 81 (2010), nº 3, pp. 292-297.

[217] No Ac. TJCE de 7/12/2006, *SGAE v. Rafael Hoteles*, processo C-306/05, disponível em http://eur-lex.europa.eu/LexUriServ/LexUriServ.do?uri=CELEX:62005J0306:PT:HTML considerou-se que o conceito de comunicação ao público, previsto no art. 3º da Directiva 2001/29/CE, abrange a distribuição do sinal a aparelhos de televisão em quartos de hotel, sendo irrelevante o carácter privado dos quartos de hotel. Esta solução foi igualmente adoptada no Direito italiano através das decisões do *Tribunale di Torino* de 9/11/2009, em *IDA* 81 (2010), nº 1, pp. 87-90, com anotação favorável de Valeria Bellani, "Apparechi televisivi in camere di albergo e diritto di autore", *ibid*, a pp. 90-92, e da *Corte di Apello di Genova* de 23/3/2010, em *IDA* 81 (2010), nº 3, pp. 287-290, com anotação favorável de Mario Fabiani, "La musica radiodiffusa nelle camere di albergo", *ibid*, pp. 290-292.

27 de Novembro, que transpõe a Directiva 93/83/CEE, do Conselho, de 27 de Novembro de 1993 (art. 2º). Nos termos do art. 6º, nº 1, do mesmo diploma a autorização para a comunicação por satélite pode ser obtida por contrato individual ou por acordo colectivo, a negociar com uma entidade gestora. Já a autorização para a retransmissão por cabo é necessariamente exercida através de uma entidade de gestão colectiva (art. 7º do D.L. 333/97).

**2.2.2.6. O direito de distribuição da obra**

É igualmente reservada ao autor qualquer forma de distribuição do original ou cópias da obra, designadamente a venda (art. 68º, nº 1, f)), direito que se encontra igualmente previsto quanto aos programas de computador no art. 8º, nº 1, do D.L. 252/94. Efectivamente, a faculdade de oferecer ao público o original ou exemplares da obra protegida é naturalmente reservada pela lei ao autor, que possui assim o direito de distribuir ou pôr em circulação a obra.

Em relação à interpretação do conceito de distribuição ao público, deve considerar-se que o mesmo envolve necessariamente a transferência da propriedade dos bens, pelo que não existirá distribuição ao público se alguém se limitar a exibir ao público exemplares da obra, sem que os mesmos possam ser adquiridos ou sequer utilizados por alguém do público[218].

O direito de distribuição pode ser, no entanto, objecto de concessão a terceiros, podendo essa concessão resultar implicitamente de certos contratos. Assim, o art. 83º prevê expressamente que do contrato de edição resulte para o editor uma obrigação de distribuir e vender os exemplares da obra. Da mesma forma, dispõe o art. 141º, nº 2, que, nos contratos de fixação fonográfica ou videográfica, a autorização a outra entidade para fixar a obra habilita-a a reproduzir e a vender os exemplares produ-

[218] Assim, no Ac. TJCE de 17/4/2008, emitido no processo C-456/06 (*Peek & Cloppenburg KG c. Cassina SpA*) disponível em http://eur-lex.europa.eu/LexUriServ/LexUriServ.do?uri=CELEX:62006J0456:PT:HTML, o Réu tinha exposto numa loja sua com fins decorativos peças de mobiliário contrafeitas, correspondentes a cópias de peças desenhadas por Le Corbusier. O TJCE considerou, no entanto, não se poder considerar a situação como de distribuição ao público para efeitos do art. 4º, nº 1, da Directiva 2001/29/CE, uma vez que os clientes não eram autorizados a utilizar as obras, o que impedia que se pudesse considerar existir transferência da propriedade, como exigiria o conceito de distribuição ao público.

zidos. Essa concessão corresponde, no entanto, a uma mera autorização para o exercício do direito de distribuição, não implicando a sua transmissão para outrem, pelo que o mesmo permanece na esfera do autor.

O direito de distribuição não é, no entanto, conservado indefinidamente, já que o art. 68º, nº 5, prevê que "os actos de disposição lícitos, mediante a primeira venda ou por outro meio de transferência de propriedade, esgotam o direito de distribuição do original ou de cópias, enquanto exemplares tangíveis de uma obra na União Europeia[219], solução que ocorre igualmente para os programas de computador (art. 8º, nº 2, D.L. 252/94). Efectivamente, a partir do momento em que o autor dá autorização para a comercialização dos exemplares, o seu direito de distribuição esgota-se logo com a alienação do primeiro exemplar, não lhe sendo lícito controlar a distribuição posterior da obra, nem participar nos resultados da sua exploração, e muito menos controlar futuras alienações dos exemplares[220]. Fala-se, por isso, neste caso, em *esgotamento* do direito de distribuição.

### 2.2.2.7. O direito de aluguer da obra

A atribuição ao autor da faculdade de autorizar o aluguer das suas obras foi reconhecida a nível comunitário pela Directiva 92/100/CEE, do Conselho, de 19 de Novembro de 1992, depois substituída pela Directiva 2006/115/CE do Parlamento Europeu e do Conselho, de 12 de Dezembro de 2006. Em consequência, a legislação portuguesa determina que o aluguer de exemplares da obra protegida é uma faculdade reservada ao autor (art. 68º, nº 1, f)), prevendo expressamente o art. 141º, nº 4, que a compra de um fonograma ou videograma não atribui ao comprador o direito de o utilizar

[219] No Ac. TJCE de 12/8/2006 (*Laserdisken, ApS, vs. Kulturministeriet*), disponível em http://eur-lex.europa.eu/LexUriServ/LexUriServ.do?uri=CELEX:62004J0479:PT:HTML considerou-se que o art. 4º, nº 2, da Directiva 2001/29/CE opõe-se a que os Estados-Membros estabeleçam o esgotamento do direito de distribuição relativamente ao original ou às cópias de uma obra comercializada fora da Comunidade Europeia pelo titular do direito ou com o seu consentimento, entendendo que esse esgotamento só ocorre com a primeira comercialização no território da Comunidade.

[220] Em consequência os adquirentes dos exemplares da obra, podem livremente oferecê-los, vendê-los em segunda mão, incluindo através de leilão, não podendo o autor controlar essas futuras disposições dos exemplares. Exceptuam-se, porém, o aluguer e o comodato público, que continuam a ser reservados ao autor nos termos a seguir examinados.

para aluguer com fins comerciais, permanecendo por isso essa faculdade no autor. Também em relação aos programas de computador reconhece o art. 8º, nº 1, do D.L. 252/94 o direito de locação dos exemplares ao autor.

O aluguer vem a ser definido no art. 3º b) D.L. 332/97, de 27 de Novembro, como "o acto de colocar à disposição do público, para utilização, o original ou cópias da obra, durante um período de tempo limitado e com benefícios comerciais directos ou indirectos". O art. 4º, nº 1, estabelece que este direito não se esgota com a venda ou qualquer outro acto de distribuição do original ou de cópias da obra, sendo esta solução igualmente reiterada em relação aos programas de computador no art. 8º, nº 2, D.L. 252/94. Não existe, porém, direito de aluguer em relação às obras de arquitectura e obras de arte aplicadas (art. 4º, nº 2, do Decreto-Lei 332/97).

O titular do direito de aluguer é naturalmente o autor da obra. O art. 7º, nº 1, do D.L. 332/97 vem, porém, efectuar uma extensão do direito de aluguer a certos titulares de direitos conexos.

Em caso de transmissão ou cedência do direito de aluguer relativo a fonogramas, videogramas ou ao original ou cópia de um filme a um produtor de fonogramas ou de filmes é-lhe reconhecido um direito irrenunciável à remuneração equitativa pelo aluguer (art. 5º, nº 1, D.L. 332/97), sendo responsável pelo pagamento dessa remuneração o produtor, sendo que, na falta de acordo, a mesma será fixada por via arbitral nos termos da lei (art. 5º, nº 2, D.L. 332/97).

### 2.2.2.8. O direito de comodato público

Constitui igualmente uma faculdade reservada ao autor, nos termos do art. 68º, nº 1, f) o comodato público das obras. Através desta disposição visa-se conferir aos autores a possibilidade de controlar o empréstimo público das suas obras, o que constitui objecto do seu direito de comodato público. A atribuição ao autor da faculdade de autorizar o comodato público das suas obras foi reconhecida a nível comunitário pela Directiva 92/100/CEE, do Conselho, de 19 de Novembro de 1992, depois substituída pela Directiva 2006/115/CE do Parlamento Europeu e do Conselho, de 12 de Dezembro de 2006. Esta Directiva impôs aos Estados- Membros o reconhecimento do direito de comodato público (art. 1º da Directiva 2006/115/CE), sem prejuízo de lhes ser dada a faculdade de derrogarem o direito exclusivo de comodato público, substituindo-o por um direito de remuneração, podendo determinar livremente essa remuneração e até isentar certos estabelecimentos do seu pagamento (art. 6º da Directiva 2006/115/CE). Em Portugal, a Directiva 92/100/CEE foi transposta pelo D.L. 332/97, de 27 de Novembro, tendo este diploma sido alterado pela Lei 24/2006, de 30 de Junho, e pela Lei 16/2008, de 1 de Abril.

O comodato é definido no art. 1129º do Código Civil, como o contrato pelo qual alguém entrega a outrem certa coisa, móvel ou imóvel, para que sirva dela, com a obrigação de a restituir mas a sua definição para efeitos do art. 68º, nº 2 f) é mais restritiva do que esta, uma vez que o art. 3º do D.L. 332/97, de 27 de Novembro, define antes comodato, como "o acto de colocar à disposição do público, para utilização, o original ou cópias da obra durante um período de tempo limitado e sem benefícios económicos ou comerciais directos ou indirectos, quando efectuado através de estabelecimento acessível ao público". Na doutrina sustentou-se inicialmente que o conceito de comodato parte do correspondente conceito civilístico, pelo que pressuporá a entrega de coisas corpóreas, não podendo ser qualificada como comodato a transmissão de obras em rede[221]. No entanto, no Acórdão VOB, o Tribunal de Justiça da União Europeia considerou que o regime do comodato público pode igualmente ser aplicável ao comodato de *e-books*, desde que os mesmos tenham sido obtidos de forma lícita[222].

Também não poderão ser consideradas como comodato a entrega dessas obras quando ela for instrumental ao exercício de outra faculdade reservada ao autor, pelo que que não é comodato a disponibilização de filmes ou fonogramas para fins de exibição ou difusão públicas nem a entrega de quadros para realização de exposições (neste sentido, vide o considerando (10) da Directiva 2006/115/CE).

Tem sido discutido na doutrina se pode ser qualificada como comodato a situação das bibliotecas presenciais, sendo que uma posição nega essa qualificação, mesmo que a obra seja expressamente requisitada para consulta num lugar específico, afirmando que em momento algum a obra deixa de estar na posse do bibliotecário para passar para a

[221] Cfr. Gerhard Schricker/Ulrich Loewenheim, *Urheberrecht Kommentar*, 2ª ed., München, Beck, 1999, An. § 27, nº 16, p. 492.

[222] Cfr. Ac. TJUE 10/11/2016, emitido no prcesso C-174/15 (*Vereniging Openbare Bibliotheken v Stichting Leenrecht*).

posse do utilizador, como pressupõe o conceito de comodato[223]. Já outra posição sustenta que a situação se integra no conceito de comodato, uma vez que é proporcionado o gozo da obra, ainda que este ocorra dentro de um espaço delimitado[224]. No considerando (10) da Directiva 2006/115/CE vem-se, porém, expressamente referir que se deve excluir do conceito de comodato "a colocação à disposição para consulta no local".

Também o empréstimo entre bibliotecas não parece poder ser qualificado como comodato público[225], uma vez que apenas se pode considerar que o mesmo ocorre quando a obra é emprestada a um utilizador individual, mesmo que seja obtida através de uma biblioteca diferente. Esta solução é igualmente sustentada expressamente no considerando (10) da Directiva 2006/115/CE, que exclui do conceito de comodato público "a colocação à disposição entre instituições acessíveis ao público".

Da mesma forma, a definição pressupõe que ocorra a concessão do gozo da coisa por um período de tempo limitado, o que exclui situações de transmissão definitiva, como a doação. Por último, não basta que o comodato, como é inerente à sua definição, seja gratuito, exigindo-se ainda que não possa gerar benefícios comerciais directos ou indirectos. Esta última fórmula tem sido interpretada como fazendo referência a que a concessão temporária de gozo não pode ter por fim provocar uma futura aquisição pelo concedente, embora se considere que o comodato não é excluído quando o utilizador paga apenas custos de financiamento da instituição (cfr. o considerando (11) da Directiva 2006/115/CE), como no caso de taxas devidas pela concessão de um cartão da biblioteca. Já não serão, porém, comodato, uma vez que visam indirectamente um benefício comercial, o fornecimento de jornais e revistas nos consultórios de médicos, advogados ou em cabeleireiros.

Finalmente, a definição pressupõe que a oferta seja efectuada por estabelecimento acessível ao público, o que implica que não integra-

223 Cfr. Schricker/Loewenheim, *op. cit.*, An. § 27, nº 16, p. 492.

224 Cfr. Friedrich Karl Fromm/Wilhelm Nordemann, *Urheberrecht Komentar*, 9ª ed., Kohlhammer, 1998, An. § 27, nº 4, pp. 227-228 e Manfred Rehbinder, *Urheberrecht*, 13ª ed., München, Beck, 2004, p. 212.

225 Neste sentido, Silke Von Lewinski, "Die Umsetzung der Richtlinie zum Vermiet- und Verleihrecht", em *ZUM* 1995, pp. 442-450 (448).

rão a previsão os estabelecimentos reservados a círculos específicos de destinatários. Todo e qualquer estabelecimento acessível ao público em geral é, no entanto, abrangido mesmo que destine apenas primordialmente a certas categorias específicas de utilizadores. São assim incluídos neste conceito, não apenas os arquivos, bibliotecas e videotecas públicas, mas também as as pertencentes a entidades eclesiáticas, universitárias, ou ordens profissionais, desde que acessíveis ao público em geral. Já as bibliotecas de acesso reservado a certas categorias de investigadores estarão naturalmente excluídas deste conceito.

O conteúdo do direito de comodato aparece regulado no art. 6º do D.L. 332/97, que estabelece o direito de remuneração nos casos de comodato público do original ou de cópias da obra, estabelecendo-se que a obrigação de pagamento dessa remuneração incumbe sobre o proprietário do estabelecimento que coloca à disposição do público o original ou as cópias da obra, a qual, na falta de acordo, será fixada por via arbitral, nos termos da lei. Uma vez que o D.L. 332/97 reconheceu ao autor o direito exclusivo de proibir ou autorizar o comodato, não parece que este artigo possa ser interpretado como uma substituição do direito exclusivo de comodato público por um direito à remuneração.

Em relação ao titular do direito de comodato, este é naturalmente atribuído ao autor da obra (art. 6º). O art. 7º, nº 1, do D.L. 332/97 vem, porém, efectuar uma extensão do direito de comodato a certos titulares de direitos conexos. À semelhança do que prevê a Directiva, o art. 4º do D.L. 332/97, estabelece que os direitos de aluguer e de comodato não se esgotam com a venda ou qualquer outro acto de distribuição do original ou de cópias da obra e igualmente estabelece que as obras de arquitectura e de arte aplicadas não são objecto dos direitos de aluguer e comodato.

Interpretando de forma extensiva a derrogação permitida pelo art. 5º, nº 3, da Directiva, o art. 6º, nº 3, do D.L. 332/97, na sua versão original veio, no entanto, estabelecer uma isenção amplíssima ao referir que "o disposto neste artigo não se aplica às bibliotecas públicas, escolares, universitárias, museus, arquivos públicos, fundações públicas e instituições privadas sem fins lucrativos". O legislador português deixou assim de fora praticamente todas as entidades que efectuam comodato público de obras, uma vez que apenas fez abranger as instituições privadas com fins lucrativos. Mas cabe perguntar a que propósito é que estas entidades iriam efectuar comodatos públicos. Foi, por isso, manifesto que o Estado Português se encontrava a incumprir a Directiva 92/100/CEE já que, apesar de o seu art. 5º, nº 3, efectivamente prever que "os Estados membros poderão isentar determinadas categorias de estabelecimento do pagamento da remuneração referida", a Comissão sempre defendeu que esta faculdade não poderia abranger a maioria dos estabelecimentos susceptíveis de ser objecto da aplicação do direito de comodato público. Relativamente às bibliotecas universitárias e dos estabelecimentos de ensino, tem-se aceite a possibilidade da sua isenção, com o argumento de que têm uma importância marginal comparada à das bibliotecas públicas tradicionais, especialmente nos Estados membros que possuem um bom sistema de bibliotecas públicas. Mas já em relação às bibliotecas públicas tradicionais, a Comissão sempre sustentou que a sua exclusão do direito de comodato público implica derrogar a intenção do legislador comunitário em estabelecer o direito de comodato público.

Seria portanto natural que a legislação portuguesa desencadeasse um processo de incumprimento comunitário, na medida em que era manifesto que esta colidia com o direito de comodato público, ao isentar todas as entidades que estariam vinculadas ao respectivo pagamento. É assim que surge o Acórdão do Tribunal de Justiça (Terceira Secção), 6 de Julho de 2006, processo C-53/05, que declara desconforme com o Direito Comunitário a exclusão efectuada pelo art. 6º, nº 3, do D.L. 332/97, de 27 de Novembro. A argumentação do Tribunal de Justiça e sólida e devemos dizer que nos pareceram muito pouco consistentes os argumentos que foram invocados pelo Estado Português em sua defesa[226]. O Estado foi assim obrigado a alterar o diploma de transposição da Directiva e limitar a exclusão estabelecida. Foi o que fez através da Lei 16/2008, de 1 de Abril, que alterou o art. 6º, nº 3, do Decreto-Lei 332/97, passando a excluir agora "as bibliotecas públicas da Administração Central, Regional e Local, escolares e universitárias". Devemos, porém, dizer que esta exclusão, na parte em que abrange todas as bibliotecas públicas do Estado, Regiões Autónomas, e Autarquias Locais, nos

[226] Cfr. o que escrevemos em Menezes Leitão, "A incorrecta transposição da Directiva 92/110/CEE do Conselho, de 19.11.1992, relativamente ao direito de comodato público: Acórdão do Tribunal de Justiça (Terceira Secção) de 6.7.2006, Proc. C-53/05" em *CDP* nº 16 (Outubro-Dezembro 2006), pp. 3-14.

continua a parecer excessiva, pois abrange a esmagadora maioria das instituições que realizam o comodato público. Não estranharíamos, por isso, que viesse a surgir novo processo contra o Estado Português, agora por incumprimento do art. 6º, nº 3, da Directiva 2006/115/CE.

Ao direito de comodato público são igualmente aplicáveis, com as necessárias adaptações, as utilizações permitidas em benefício de pessoas cegas, com deficiência visual ou com outras dificuldades de acesso a textos impressos, previstas no artigo 82º-B CDADC (art. 6º, nº 4, do Decreto-Lei 332/97, na redacção da Lei 92/2019, de 4 de Setembro).

**2.2.2.9. O direito de autorizar a tradução, adaptação, arranjo, instrumentação ou qualquer outra transformação da obra**

Uma outra faculdade reservada ao autor, nos termos do art. 68º, nº 1, g) é a transformação da obra, considerando a lei como tais a tradução, a adaptação, o arranjo e a instrumentação. No art. 169º, nº 1, acrescenta-se a estas modalidades a dramatização e a cinematização, esclarecendo-se que qualquer destas modalidades de transformação da obra só podem ser efectuadas ou autorizadas pelo autor da obra original, sendo esta protegida nos termos do nº 2 do art. 3º. Na verdade, a transformação implica a criação de obras derivadas, cuja protecção em nada afecta os direitos atribuídos ao autor da obra original, pelo que é sempre necessária a sua autorização para a criação de qualquer obra derivada.

**2.2.2.10. O direito de autorizar a utilização em obra diferente**

Uma outra faculdade reservada ao autor, nos termos do 68º, nº 1, h) é a utilização da obra em obra diferente. Ao contrário do que se prevê no ponto anterior, neste caso já não estamos perante a criação de uma obra derivada, mas perante uma mera utilização de uma obra em obra diferente. No entanto, a utilização para esse efeito é igualmente reservada ao autor.

**2.2.2.11. O direito de autorizar a reprodução directa ou indirecta, temporária ou permanente, por quaisquer meios e sob qualquer forma, no todo ou em parte**

É ainda reservada ao autor, nos termos do art. 68º, nº 1, i) a reprodução directa ou indirecta da obra, temporária ou permanente, por quaisquer meios e sob qualquer forma, no todo ou em parte. Efectivamente, apresenta-se como essencial ao autor o controlo sobre as reproduções da sua obra, e daí que a lei lhe reserve essa faculdade independentemente das formas e meios pelos quais a reprodução se opera. Não é relevante o facto de a reprodução ser realizada directamente a partir da obra original ou indirectamente, através da reprodução de outra obra, que já reproduzia obra anterior. Da mesma forma, é irrelevante o facto de a reprodução ser apenas temporária ou permanente e ser integral ou apenas relativa a partes da obra.

### 2.2.2.12. O direito de colocar à disposição do público, por fio ou sem fio, da obra por forma a torná-la acessível a qualquer pessoa a partir do local e no momento por ela escolhido

O art. 68º, nº 2, j) faz igualmente incluir no âmbito das faculdades reservadas ao autor a colocação à disposição do público, por fio ou sem fio, da obra por forma a torná-la acessível a qualquer pessoa a partir do local e no momento por ela escolhido. Trata-se de uma nova faculdade que surgiu em consequência do aparecimento da internet, a qual colocou problemas uma vez que instituiu novas formas de utilização da obra, que até então eram desconhecidas.

Efectivamente a colocação da obra na internet não constitui uma forma de publicação gráfica da obra, e a obtenção de cópias da mesma por esta efectuada pelos próprios utilizadores, através do processo de *download*, é abrangida pela permissão da cópia privada. Da mesma forma, a colocação de ficheiros audio na *web* não se apresenta como uma processo de radiodifusão por ondas hertzianas, cabo ou fibras ópticas nem o utilizador se torna ouvinte, ocorrendo apenas a transferência de um ficheiro informático sonoro de um computador para outro. Houve, por isso, dificuldade em considerar essas situações abrangidas nas faculdades reservadas ao autor, ainda que parecesse óbvio o seu enquadramento no art. 11º-*bis* da Convenção de Berna.

Nos Estados Unidos a colocação das obras na internet foi inicialmente encarada como uma violação do direito de distribuição atribuído aos titulares do *copyright*. Essa solução foi adoptada pelo *U.S. District Court of Florida* no caso *Playboy versus Frena*, de 9 de Dezembro de 1993[227], em que várias fotografias retiradas da revista *Playboy* foram, com

[227] Cfr. *Playboy Enterprises Inc. v. George Frena, d/b/a Techs Warehouse BBS Systems and Consulting, and Mark Dyess*, 839 F.Supp. 1552, No. 93-489-Civ-J-20, transcrito em http://www.loundy.com/CASES/Playboy_v_Frena.html

referência à fonte, introduzidas num boletim fornecido contra retribuição aos seus subscritores via *internet*, sendo permitido a estes efectuar o *download* das fotografias. O Tribunal considerou ter existido violação do *copyright* da empresa *Playboy* sobre as fotografias, considerando que a publicação na internet extravasa do uso normal que é concedido ao utilizador de uma obra, não tendo aceite a defesa de que não teria sido a Ré a efectuar as cópias das fotografias. A mesma solução é adoptada posteriormente em 28 de Março de 1994 pelo *U.S. District Court of California* no caso *Sega Enterprises versus Maphia*, relativa a um caso de distribuição de jogos *Sega* num boletim internet[228]. Mas é manifesta a inadequação deste enquadramento, uma vez que a distribuição habitualmente sempre foi referida a exemplares corpóreos da obra.

Em 1997, com a entrada em vigor do Tratado da OMPI sobre Direito de Autor, de 20 de Dezembro de 1996, foi criado um enquadramento diferente, passando a ser integrada esta faculdade no âmbito do direito de comunicação ao público das obras. Efectivamente, o art. 8º do Tratado dispõe no sentido de que a comunicação ao público das obras inclui a colocação à disposição do público destas, de maneira a que membros do público possam ter acesso a estas desde um lugar e num momento que individualmente escolherem, sendo essa autorização um direito exclusivo dos autores[229].

[228] Cfr. *Sega Enterprises, Ltd. and Sega of America, Inc., Plaintiffs, v. Maphia*, 857 F.Supp. 679, disponível em http://www.nyls.edu/user_files/1/3/4/30/84/85/114/135/sega.pdf

[229] É o seguinte o seu texto: "Sem prejuízo das disposições do artigos 11 1) (ii), 11 bis 1) (I) e (ii), 11 *ter* 1) (ii) e 14 *bis* 1) da Convenção de Berna, os autores de obras literárias e artísticas gozam do direito exclusivo de autorizar qualquer comunicação ao público das suas obras, por fio ou sem fio, incluindo a colocação àq disposição do público das obras, de maneira que membros do público possam ter acesso a estes obras desde um lugar e num momento que individualmente escolherem". Oliveira Ascensão, "O direito de autor no ciberespaço", em AAVV, *Portugal-Brasil Ano 2000*, Coimbra, Universidade de Coimbra/Coimbra Editora, 2000, pp. 83-103 (87 e ss.), considera incorrecta a menção do artigo, já que a colocação da obra à disposição do público é independente de qualquer utilização, pelo que não constitui necessariamente uma forma de comunicação pública da obra, sendo antes uma faculdade autónoma incluída no direito de autor. Cfr., ainda sobre esta questão, Oliveira Ascensão, "E agora? Pesquisa do futuro próximo" em Associação Portuguesa de Direito Intelectual (org.), *Sociedade da Informação. Estudos Jurídicos*, Coimbra, Almedina, 1999, pp. 9-30 (28), e "A Sociedade da Informação", em Associação Portuguesa de Direito Intelectual (org.), *Direito da Sociedade da Informação*, I, Coimbra, Coimbra Editora, 1999

Em consequência, a Directiva sobre a harmonização de certos aspectos do direito de autor e dos direitos conexos na sociedade da informação (Directiva 29/2001, de 8 de Junho), prevê no seu art. 3º, nº 1, expressamente a mesma orientação, dispondo no seu art. 3º, nº 1, que "os Estados-Membros devem prever a favor dos autores o direito de exclusivo de autorizar ou proibir qualquer comunicação ao público das suas obras, por fio ou sem fio, incluindo a sua colocação à disposição do público por forma a torná-las acessíveis a qualquer pessoa, a partir do local e no momento por ela escolhido". É na sua transposição, realizada pela Lei 50/2004, de 24 de Agosto, que surge assim esta disposição do art. 68º, nº 2, j).

#### 2.2.2.13. O direito de autorizar a construção de obra de arquitectura segundo o projecto, quer haja ou não repetições

Outra faculdade reservada ao autor, nos termos do art. 68º, nº 2, l), é a construção de obra de arquitectura segundo o projecto, quer haja ou não repetições. Efectivamente, constituindo o projecto de arquitectura uma obra protegida, nos termos do art. 2º, nº 1, l), vem a ser naturalmente reservada ao seu titular a possibilidade de autorizar a respectiva construção, conservando o autor essa faculdade independentemente do número de vezes que tenha concedido essa autorização. Por esse motivo, o art. 161º, nº 2, reitera que a repetição da construção de obra de arquitectura, segundo o mesmo projecto, só pode fazer-se com o acordo do autor.

### 2.3. O direito à compensação suplementar

#### 2.3.1. Generalidades

Para além do direito geral de exploração económica, que compreende as modalidades típicas acima referidas, há outro direito patrimonial reconhecido ao autor pelo art. 49º, que é a chamada compensação suplementar, anteriormente denominada compensação por lesão enorme. Constitui esta uma modalidade particular da alteração das circunstâncias prevista no art. 437º CC, visando, à semelhança do direito de sequência, proteger o

pp. 163-184 (169 e ss.) e ALEXANDRE LIBÓRIO DIAS PEREIRA, "Internet, Direito de autor e acesso reservado", em AAVV, *As telecomunicações e o direito na sociedade da informação*, Coimbra, Instituto Jurídico da Comunicação, 1999, pp. 263-273.

autor contra disposições que se venham a revelar ruinosas, permitindo-lhe neste caso continuar a beneficiar dos ganhos gerados pela obra.

O direito à compensação suplementar encontra-se genericamente previsto no art. 49º, sendo ainda objecto de disposições específicas no art. 14º, nº 4, e no art. 170º.

Examinemos primeiro o regime geral, para depois examinarmos os casos especiais.

### 2.3.2. O regime geral do direito à compensação suplementar

Nos termos do art. 49º, nº 1, o criador intelectual ou os seus sucessores podem reclamar uma compensação suplementar, que incidirá sobre os resultados da exploração, sempre que "tendo transmitido ou onerado o seu direito de exploração a título oneroso, sofrerem grave lesão patrimonial por manifesta desproporção entre os seus proventos e os lucros auferidos pelo beneficiário daqueles actos".

Desta disposição resulta que a atribuição do direito à compensação suplementar depende dos seguintes pressupostos:

a) transmissão ou oneração do direito de exploração da obra, a título oneroso;
b) realizada pelo criador intelectual ou seus sucessores;
c) verificação de grave lesão patrimonial por manifesta desproporção entre os proventos auferidos pelo disponente e os lucros auferidos pelo beneficiário.

Exige-se assim, em primeiro lugar, que tenha ocorrido uma *transmissão ou oneração do direito de exploração da obra, a título oneroso.* A lei não distingue quais as modalidades de transmissão ou oneração, pelo que poderão ser quaisquer umas, indo desde uma simples licença até à transmissão integral do direito de autor[230].

Em segundo lugar, exige-se que essa *transmissão ou oneração seja realizada pelo criador intelectual ou pelos seus sucessores.* Efectivamente, o direito à compensação suplementar é apenas atribuído ao criador intelectual ou aos seus sucessores. Assim, o titular originário do direito de autor

[230] Oliveira Ascensão, *Direito de Autor*, p. 614, entende que a licença não se encontra directamente prevista no art. 49º, mas que lhe é aplicável por analogia.

que não seja criador intelectual não beneficia desse direito[231]. E muito menos beneficia desse direito o adquirente do direito de autor por acto *inter vivos*. Já os sucessores *mortis causa* beneficiam igualmente do direito à compensação suplementar, independentemente de a alienação ser realizada pelo autor em vida ou pelos próprios sucessores[232]. Tem sido, porém, questionado se o criador intelectual, que não venha a ser titular originário do direito de autor, poderá reclamar igualmente a compensação suplementar. A nosso ver, o art. 49º já não se aplicará a essa situação, pois não existe aí uma transmissão ou oneração do direito, mas a compensação suplementar poderá ser devida ao abrigo do art. 14º, nº 4, b)[233].

Finalmente, exige-se uma *grave lesão patrimonial em virtude de uma manifesta desproporção entre os proventos do disponente e os lucros auferidos pelo beneficiário*. Efectivamente, é pressuposto da atribuição do direito à compensação suplementar que a disposição ou oneração do direito de exploração se venha a revelar altamente lesiva para o disponente, em virtude de os lucros gerados pela obra não terem correspondência com os proventos obtidos pelo disponente. A compensação suplementar funciona assim como um elemento corrector de disposições do direito de autor que se revelaram ruinosas para o disponente e susceptíveis de enriquecer o beneficiário. Precisamente por esse motivo, o art. 49º, nº 3, exclui em princípio a atribuição da compensação suplementar se a remuneração do autor tiver sido fixada por percentagem (cfr. art. 91º, nº 1, e 110º, nº 1), salvo quando a percentagem for manifestamente inferior à correntemente praticada. Efectivamente, em princípio a remuneração por percentagem permite ao autor evitar a lesão que resulta do facto de a obra produzir lucros inesperados sem correspondência com a remuneração

[231] Neste sentido, Oliveira Ascensão, *Direito de Autor*, p. 609.

[232] Em sentido contrário, Oliveira Ascensão, *Direito de Autor*, pp. 615-616, entende efectuar uma interpretação restritiva do art. 49º, aplicando-a apenas a disposições efectuadas em vida pelo criador intelectual, e restringindo aos herdeiros a possibilidade de reclamar essa compensação. Não vemos, no entanto, qual justificação para efectuar essa restrição.

[233] Em sentido contrário, Oliveira Ascensão, *Direito de Autor*, p. 610, e Sá e Mello, *Manual*, pp. 318-319, entendem que a aplicação do art. 14º, nº 4, b) não esgota o campo de aplicação do art. 49º, pelo que este permanecerá aplicável. É manifesto, no entanto, que existe uma clara relação de especialidade entre as duas normas, sendo o art. 14º, nº 4, b) mais vasto do que o art. 49º.

acordada. Tal só se verificará em caso de percentagens muito inferiores às habitualmente estipuladas.

O valor da compensação suplementar é fixado por acordo ou, na sua falta, com base nos resultados normais da exploração do conjunto das obras congéneres do autor (art. 49º, nº 2). Não está assim em causa, nem o valor actual da obra, nem o potencial de resultados que a mesma pode atingir, mas sim os resultados normais da exploração do conjunto das obras congéneres do autor. Tal significa que se pretende reagir contra uma disposição do direito de exploração que não permite ao autor auferir os resultados normais de exploração do conjunto das suas obras, sendo a lesão eliminada quando se atinge esse resultado.

O direito à compensação suplementar caduca, no entanto, se não for exercido no prazo de dois anos a contar do conhecimento da grave lesão patrimonial sofrida (art. 49º, nº 4). O prazo de caducidade inicia-se assim apenas com o conhecimento da lesão patrimonial, sendo irrelevante a data da disposição ou a data da verificação efectiva da lesão, se a mesma não foi logo conhecida. O conhecimento tem que se verificar em relação ao titular do direito, podendo este ser o autor, se ele tiver conhecimento em vida, ou os seus sucessores, no caso de o conhecimento se verificar após a morte do autor. Parece, porém, não existir obstáculo a que o direito à compensação suplementar seja exercido mais de uma vez, no caso de ocorrerem subsequentes lesões patrimoniais[234].

### 2.3.3. Casos especiais de compensação suplementar

O Código prevê ainda dois casos especiais de compensação suplementar no art. 14º, nº 4, e no art. 170º.

O art. 14º, nº 4, relativo à encomenda de obra intelectual, atribui ao criador intelectual, que não seja titular do direito de autor, o direito a uma remuneração especial quando a criação intelectual exceda claramente o desempenho, ainda que zeloso, da função ou tarefa que lhe estava confiada, ou quando da obra vierem a fazer-se utilizações ou a retirar-se vantagens não incluídas nem previstas na fixação da remuneração ajustada

O art. 170º, relativo ao contrato de tradução, reconhece ao tradutor o direito a uma compensação suplementar sempre que o editor, o empre-

[234] Neste sentido, Oliveira Ascensão, *Direito de Autor*, p. 612.

sário, o produtor ou qualquer outra entidade utilizar a tradução para além dos limites convencionados ou legalmente estabelecidos. Neste caso, a compensação suplementar não resulta de as vantagens obtidas pela obra estarem em manifesta desproporção convencionada, ao contrário do que ocorre no art. 49º, mas antes do facto de haver desrespeito em relação aos limites de utilização da obra.

### 2.4. O direito de sequência

Um aspecto importante no regime do direito de autor respeita ao direito de sequência, regulado no art. 54º do Código. O direito de sequência foi introduzido na Convenção de Berna através do Acto de Bruxelas de 1948, que aditou o art. 14º-*ter* a essa Convenção, cujo nº 1 estabelece que "no que respeita a obras de arte originais e manuscritos originais dos escritores e compositores, o autor – ou, após a sua morte, as pessoas ou instituições que a legislação nacional considera legítimas - goza de um direito inalienável de beneficiar das operações de venda de que a obra é objecto após a primeira cessão praticada pelo autor". O nº 2 acrescenta que essa protecção "só é exigível em cada país da União se a legislação nacional do autor admitir essa protecção e na medida em que o permita a legislação do país em que essa protecção é reclamada", referindo ainda o nº 3 que "as modalidades e as taxas de percepção são determinadas por cada legislação nacional".

O direito de sequência viria depois a ser objecto de uniformização comunitária através da Directiva 2001/84/CE, do Parlamento Europeu e do Conselho, de 27 de Setembro, relativa ao direito de sequência em benefício do autor de uma obra de arte original que seja objecto de alienações sucessivas no mercado de arte, após a sua alienação inicial pelo seu autor. Essa Directiva foi transposta pela Lei nº 24/2006, de 30 de Junho, que alterou em conformidade o art. 54º do Código.

O direito de sequência é consequentemente concedido ao autor de uma obra de arte original que não seja de arquitectura nem de arte aplicada, e consiste na atribuição de "uma participação sobre o preço obtido, livre de impostos, pela venda dessa obra, realizada mediante a intervenção de qualquer agente que actue profissional e estavelmente no mercado de arte, após a sua alienação por aquele" (art. 54º, nº 1).

*O direito de sequência apenas existe em relação a obra de arte original que não seja de arquitectura nem de arte aplicada.* É considerada como obra de arte original para este efeito "qualquer obra de arte gráfica ou plástica, tal como quadros, colagens, pinturas, desenhos, serigrafias, gravuras, estampas, litografias, esculturas, tapeçarias, cerâmicas, vidros e fotografias, na medida em que seja executada pelo autor ou se trate de cópias consideradas como obras de arte originais, devendo estas ser numeradas, assinadas ou por qualquer modo por ele autorizadas" (art. 54º, nº 2). Todas as outras obras estarão por isso excluídas do direito de sequência.

*O direito de sequência é atribuído ao autor dessa obra.* É, no entanto, questionável o que se deve entender por autor para efeitos dessa disposição. Efectivamente, o art. 27º, nº 3, estabelece que "salvo disposição em contrário, a referência ao autor abrange o sucessor e o transmissário dos respectivos direitos". Em relação aos sucessores do autor, os mesmos deverão beneficiar do direito de sequência, conforme expressamente refere o art. 14º-*ter*, nº 1, da Convenção de Berna e o art. 6º, nº 1, da Directiva 2001/84/CE. Deve-se, porém, salientar que, nos termos do art. 2030º, nº 1, CC, tanto podem ser sucessores os herderios como os legatários, mas o art. 54º, nº 10, apenas faz referência aos herdeiros, o que parece excluir os legatários do direito de sequência[235]. Já em relação ao transmissário dos respectivos direitos, não parece que este possa ser contemplado com um direito de sequência, atento o facto de esse direito ser inalienável[236]. No caso, porém, de o direito de autor ser atribuído originariamente ao empregador ou comitente, nos termos do art. 14º, já nos parece que os mesmos deverão beneficiar do direito de sequência, uma vez que são os titulares originários do direito de autor[237]. O exercício do direito de sequência por parte destes legitimará, porém, o criador intelectual a reclamar uma remuneração especial, ao abrigo do art. 14º, nº 4, b).

[235] Em França, perante solução semelhante foi questionada a conformidade desta exclusão dos legatários com o art. 6º, nº 1, da Directiva 2001/84/CE, que se refere a "legítimos sucessores". No Ac. TJUE 15/4/2010, emitido no processo C-518/08, em *CJ-ASTJ* 18 (2010), 2, pp. 5-8, considerou-se que essa restrição não implicava a violação da Directiva. Sobre esta decisão, cfr. a anotação de VALERIA BELLANI, "Diritto di seguito per vendita di opera d'arte all'estero", em *IDA* 81 (2010), nº 3, pp. 317-321.

[236] Neste sentido, LUIZ FRANCISCO REBELLO, *Introdução*, p. 144.

[237] Em sentido contrário, restringindo a atribuição deste direito ao criador intelectual, veja-se SÁ E MELLO, *Manual*, p. 320, nota (468).

*O direito de sequência consiste numa percentagem sobre o preço obtido pelas posteriores vendas da obra.* O art. 14º-*ter* da Convenção de Berna apenas exige que os autores beneficiem das sucessivas transacções da obra, deixando às legislações nacionais as modalidades pelas quais se estabelece a sua participação. Em abstracto tem sido admitido que o direito de sequência possa funcionar, quer como uma participação na mais-valia gerada pelas sucessivas transacções, quer como uma percentagem sobre o respectivo preço. O Código de 1966 e o Código actual, na versão original aprovada pelo Decreto-Lei 63/85 (art. 58º), optaram inicialmente pela configuração do direito de sequência como uma percentagem sobre a mais-valia gerada pelas sucessivas alienações. Essa posição veio a ser abandonada pela alteração ao Código pela Lei 45/85, passando o novo art. 54º a configurar o direito de sequência como uma percentagem sobre o preço das sucessivas alienações[238]. Actualmente, o art. 1º, nº 1, da Directiva 2001/84/CE impõe claramente a adopção desta última solução, que se encontra expressamente consagrada na actual redacção do art. 54º do Código.

A participação é sujeita a um limite máximo de € 12.500 (art. 54º, nº 5), sendo fixada sucessivamente em: a) 4%, para obras cujo preço de venda varie entre € 3000 e € 50.000; b) 3% para obras cujo preço de venda varie entre € 50.000,01 e € 200.000; c) 1% para obras cujo preço de venda varie entre € 200.000,01 e € 350.000; d) 0,5% para obras cujo preço de venda varie entre € 350.000,01 e € 500.000; e) 0,25% para obras cujo preço de venda seja superior a € 500.000,01 (art. 54º, nº 4).

O pagamento da participação constitui encargo do vendedor da obra de arte original, podendo o pagamento ser subsidiariamente exigido da entidade actuante no mercado de arte através da qual se operou a transacção (art. 54º, nº 7). É, no entanto, isenta do pagamento "toda e qualquer transacção de obra de arte original que se destine a integrar o património de um museu sem fins lucrativos e aberto ao público" (art. 54º, nº 6).

[238] Oliveira Ascensão, *Direito de Autor*, pp. 320-322, sustentava, porém, com base nos nºs 2 e 4 do art. 54º, na versão da Lei 45/85, que o direito de sequência deveria continuar a incidir sobre o acréscimo. Em sentido contrário, considerando a manutenção da expressão "acréscimo de preço" no nº 2, como um lapso legislativo, cfr. Luiz Francisco Rebello, *Introdução*, pp. 141-142.

Em ordem a garantir o cumprimento do seu direito de participação é reconhecida ao autor ou a mandatário seu o direito de "reclamar a qualquer interveniente na transacção da obra de arte original as informações estritamente úteis ao referido efeito, usando, se necessários, os meios administrativos e judiciais adequados" (art. 54º, nº 8), prescrevendo este direito no prazo de três anos a contar do conhecimento de cada transacção (art. 54º, nº 9).

O direito de sequência, embora, sendo de conteúdo patrimonial, possui algumas das características típicas dos direitos pessoais, na medida em que é inalienável e irrenunciável (art. 54º, nº 3)[239], podendo ser exercido após a morte do autor pelos seus herdeiros até à caducidade do direito de autor (art. 54º, nº 10). No caso, porém, de se tratar de autores nacionais de países não comunitários, a sua atribuição é sujeita ao princípio da reciprocidade (art. 54º, nº 11).

### 2.5. O direito de remuneração pela cópia privada

Um outro direito dos autores é a remuneração pela cópia privada[240]. Efectivamente, face à multiplicação de cópias das obras no âmbito do uso privado das mesmas, surgiu a necessidade de atribuir aos autores uma compensação equitativa pela cópia privada. Essa solução já tinha sido há muito instituída nos diversos Estados europeus, levando a que a Directiva 2001/29/CE viesse a estabelecer essa mesma compensação nos seus art. 5º, nº 2, a) e b).

[239] Neste sentido, Luiz Francisco Rebello, *Introdução*, p. 134. É de notar que o art. 14º-*ter*, nº 1, da Convenção de Berna apenas tinha estabelecido a inalienabilidade desse direito, tendo a sua irrenunciabilidade sido logo consagrada entre nós pela Lei 45/85. Actualmente a irrenunciabilidade deste direito resulta expressamente do art. 1º, nº 1, da Directiva 2001/84/CE.

[240] Cfr. sobre esta, José de Oliveira Ascensão, "A «compensação» em contrapartida de utilizações reprográficas indiscriminadas de obras protegidas", na *RFDUL* 31 (1990), pp. 211-238, Dário Moura Vicente, "Cópia privada e sociedade da informação", em AAVV, *Estudos Jurídico e Económicos em Homenagem ao Prof. Doutor António de Sousa Franco*, I, Faculdade de Direito da Universidade de Lisboa/Coimbra Editora, 2006, pp. 709-722 (pp. 715 e ss.), e Alexandre Libório Dias Pereira, "A compensação equitativa pela cópia privada no Direito de Autor português e da União Europeia", na *RDI* 2016, nº 2, pp. 7-57, recolhido em ID, "Compensação equitativa pela reprodução para uso privado no Direito de Autor português e da União Europeia (*Copyright Levies*)", em *Direito da Propriedade Intelectual e Novas Tecnologias. Estudos*, I, Lisboa, Gestlegal, 2019, pp. 181-248.

Em Portugal, a compensação equitativa pela cópia privada foi instituída em 1985 no art. 82º do CDADC, através da revisão do Código efectuada pela Lei 45/85, de 17 de Setembro, tendo posteriormente esta disposição sido revista pela Lei 114/91, de 3 de Setembro (que incluiu os editores no leque dos beneficiários), pela Lei 50/2004, de 24 de Agosto e pela Lei 49/2015, de 5 de Junho.

Esta disposição só viria, no entanto, a ser objecto de regulamentação em 1998, através da Lei 62/98, de 1 de Setembro. Esta lei veio a prever a inclusão de uma quantia no preço de venda ao público de aparelhos e suportes virgens de fixações e reproduções, a fixar por despacho ministerial (art. 3º, nº 1), sendo que, no caso de outros suportes a fixação do respectivo montante dependeria de um acordo, a celebrar entre uma pessoa colectiva a criar pelos representantes dos titulares de direitos e as entidades públicas ou privadas que utilizassem esses aparelhos (art. 3º, nº 2).

A natureza desta imposição veio a ser objecto de discussão na doutrina. Para Oliveira Ascensão, tratar-se-ia substancialmente de um imposto, em benefício de uma série de entidades[241]. Já Luiz Francisco Rebello negou a sua natureza fiscal, considerando antes que se trataria de uma espécie de licença obrigatória, sujeita como noutros casos ao pagamento de remuneração[242]. Numa decisão controversa, o Tribunal Constitucional, através do seu Acórdão 616/2003[243] veio, porém, a considerar a quantia fixada como um tributo com carácter unilateral, sujeito por isso ao princípio da legalidade dos impostos fixado no art. 103º, nº 2, da Constituição. Por esse motivo declarou inconstitucionais as normas dos arts. 3º, nºs 1 e 2 da Lei 62/98, na medida em que permitiam a fixação da quantia em causa por despacho ministerial e por acordo, consoante os casos.

Esta decisão do Tribunal Constitucional levou a que a Lei 62/98 viesse a ser objecto de alteração pela Lei 50/2004, em ordem a estabelecer directamente a quantia a incluir no preço de venda ao público dos

[241] Cfr. Oliveira Ascensão, *Direito de Autor*, p. 248.

[242] Cfr. Luiz Francisco Rebello, *Introdução*, p. 150.

[243] Cfr. Ac Tribunal Constitucional 616/2003, de 16 de Dezembro de 2003 (Paulo Mota Pinto, vencidos Mário Torres e Pamplona de Oliveira), publicado no D.R., I Série-A, nº 62, de 13 de Março de 2004.

aparelhos e suportes. Posteriormente essa lei viria ainda a ser alterada pela Lei 49/2015 de 5 de Junho, que estendeu o seu regime aos equipamentos de fixação e reprodução digitais, bem como pelo D.L. 100/2017, de 23 de Agosto, que alterou a tabela de compensação equitativa.

Assim, o art. 2º e 3º, nº 1 e 2 da Lei 62/98, na sua redacção actual, prevê que relativamente a todos e quaisquer aparelhos que permitam a fixação de obras, bem como quanto a suportes materiais virgens com excepção do papel se inclui uma quantia com a natureza de compensação equitativa, visando compensar os titulares de direitos dos danos patrimoniais sofridos com a prática da cópia privada. Sempre que a utilização seja habitual e para servir o público mediante a prática de actos de comércio, o preço de venda ao público das fotocópias de obras, electrocópias e demais suportes inclui uma compensação equitativa correspondente a 3% do valor do preço de venda, antes da aplicação do IVA, montante que é gerido por uma entidade gestora, com a qual as entidades públicas e privadas que utilizem esses aparelhos (art. 3º, nºs 2 e 3, da Lei 62/98). Para além disso, no preço da primeira venda ou disponibilização em território nacional e antes da aplicação do IVA em cada um dos aparelhos, dispositivos e suportes analógicos e digitais que permitem a reprodução e armazenagem de obras, é incluído um valor compensatório nos termos da tabela anexa à lei (art. 3º, nº 4 da Lei 62/98).

Determina o art. 4º, nº 1, da Lei 62/98, que estas remunerações são, no entanto, excluídas nos seguintes casos: a) Quando a sua atividade tenha por objeto a comunicação audiovisual ou produção de fonogramas e de videogramas, exclusivamente para as suas próprias produções; b) Quando a sua atividade tenha por objeto o apoio a pessoas com deficiência; c) Quando a sua atividade principal tenha por objeto a salvaguarda do património cultural móvel; d) Quando os suportes sejam especialmente destinados a fixação de imagens ou outro tipo de obras para uso exclusivo no âmbito da atividade profissional do respetivo autor, designadamente na atividade de fotógrafo, designer, arquiteto ou engenheiro, assim como profissões artísticas devidamente enquadradas pelo código de atividade económica; e) Quando os aparelhos, dispositivos ou suportes sejam destinados exclusivamente para fins clínicos, para as missões públicas da defesa, da justiça, das áreas da segurança interna e de investigação científica, bem como dos utilizados para garantia da acessibilidade por pessoas com deficiência.

Os montantes da remuneração são geridos uma pessoa colectiva criada em 21 de Dezembro de 1998, pelas entidades de gestão colectiva, a AGECOP – Associação para a Gestão da Cópia Privada, a quem compete gerir essas receitas (art. 6º da Lei 62/98), devendo afectá-las nos termos do art. 7º da Lei 62/98. No entanto, quando as receitas obtidas em cada ano excedam os 15 milhões de euros, o remanescente passa a constituir receita do Fundo de Fomento Cultural, a quem deve ser entregue (art. 5º-A da Lei 62/98).

## 3. Os direitos pessoais

### 3.1. Generalidades

Outra importante componente do direito de autor são os direitos pessoais que ao autor são atribuídos. Os direitos pessoais são inalienáveis, irrenunciáveis e imprescritíveis (art. 56º, nº 2), não podendo consequentemente ser objecto de qualquer transmissão ou oneração (art. 42º), ainda que, após a morte do autor, esses direitos sejam exercidos pelos seus sucessores, enquanto a obra não cair no domínio público (art. 57º, nº 2), passando a defesa da genuinidade e integridade da obra a ser exercida pelo Estado após essa data (art. 57º, nº 2 e D.L. 150/82, de 29 de Abril).

Os direitos pessoais compreendem os seguintes:

a) Direito ao inédito;
b) Direito de retirada;
c) Direito à menção do nome na obra;
d) Direito de reivindicar a paternidade da obra;
e) Direito de assegurar a genuinidade e integridade da obra;
f) Direito de efectuar modificações na obra;
g) Direito de acesso à obra.

Examinemos sucessivamente estes direitos.

### 3.2. Direito ao inédito

O inédito constitui o primeiro dos direitos pessoais de autor, que surge com o acto de criação intelectual, consistindo no direito de dar ou não a conhecer a terceiros a existência da obra. Efectivamente, embora o acto de criação intelectual seja um acto jurídico simples, determinando a atribuição do direito de autor sobre a obra, independentemente de tal ser ou não o objectivo do criador intelectual, a verdade é que ninguém é obrigado a comunicar aos outros a existência da obra. O escritor pode pretender escrever os romances para a gaveta, sem alguma vez os publicar, mesmo que sejam obras de grande qualidade, assim como o pintor pode destruir os seus quadros, por não gostar deles.

O direito ao inédito encontra-se pressuposto no art. 6º ao estabelecer o requisito de a publicação da obra ter que ser realizada com o consentimento do autor e a sua divulgação ser efectuada licitamente. É em consequência do direito ao inédito que a lei pune como crime de usurpação a divulgação ou publicação abusiva das obras ainda não divulgadas nem publicadas pelo seu autor ou não destinadas a divulgação ou publicação, mesmo que as apresente como sendo do respectivo autor (art. 195º, nº 2 a)), determinando-se a apreensão das obras usurpadas (art. 200º, nº 1).

Também como consequência do direito ao inédito, o art. 50º isenta da penhora ou arresto, salvo com o oferecimento ou consentimento do autor, os manuscritos inéditos, esboços, desenhos, telas ou esculturas, tenham ou não assinatura, só podendo o credor obter essa penhora ou arresto quando o autor tiver revelado por actos inequívocos o seu propósito de divulgar ou publicar os trabalhos referidos.

O titular do direito ao inédito é naturalmente o criador intelectual, mas pode esse direito ser atribuído a outros titulares do direito de autor[244]. Assim, no caso de obra realizada sob encomenda ou por conta doutrem, em que o direito de autor seja atribuído ao comitente (art. 14º) será naturalmente ele o titular do direito ao inédito, podendo decidir se e quando deve quebrar o inédito. Da mesma forma, se o criador intelectual proceder à alienação do seu direito de autor sobre a obra (art. 44º), naturalmente que o direito ao inédito passa a competir ao adquirente. Finalmente, após a morte do criador intelectual, o direito ao inédito passará a competir aos seus sucessores, que poderão livremente decidir efectuar ou não a publicação da obra (art. 70º, nº 1)[245].

244 Em sentido contrário, OLIVEIRA ASCENSÃO, *Direito de Autor*, pp. 170-171, sustenta que, no caso de atribuição do direito de publicação a outras entidades, não existirá direito ao inédito, por este ser um direito moral que compete exclusivamente ao criador intelectual. No sentido defendido, veja-se LUIZ FRANCISCO REBELLO, *Introdução*, pp. 160-161.

245 Sustenta, porém, LUIZ FRANCISCO REBELLO, *Introdução*, p. 160, que não será lícito aos sucessores proceder à publicação ou divulgação de obra que o próprio autor tenha pretendido manter inédita. Não nos parece que tenha razão. Com a morte do autor, o direito ao

### 3.3. Direito de retirada

O direito de retirada encontra-se previsto no art. 62º, o qual nos refere que "o autor de obra divulgada ou publicada poderá retirá-la a todo o tempo da circulação e fazer cessar a respectiva utilização, sejam quais forem as modalidades desta, contanto que tenha razões morais atendíveis, mas deverá indemnizar os interessados pelos prejuízos que a retirada lhes causar".

Trata-se de um direito cujo exercício é especialmente lesivo para os interessados na obra, pelo que se compreende que implique a atribuição de uma indemnização a estes no quadro geral da responsabilidade civil pelo sacrifício, mas é compreensível e justificável que determinadas razões pessoais possam levar o autor a tentar proceder a essa retirada.

Assim, por exemplo, o defensor de ideias políticas radicais na juventude pode, após ter mudado de ideologia, pretender que deixem de estar disponíveis obras em que já não se revê minimamente, assim como o autor pode, por razões de recuperação da sua privacidade, pretender cessar a divulgação de obras em que a expôs desnecessariamente.

Há, no entanto, alguns casos de obras, em que o exercício do direito de retirada parece dever ser excluído, como sucede com as obras de arquitectura ou com as obras de arte plásticas de exemplar único. Efectivamente, em relação às obras de arquitectura, não faria naturalmente qualquer sentido que o arquitecto de um edifício pudesse impor ao seu actual proprietário a obrigação de o destruir ou de não o vender com o argumento de que já não se revê no estilo que então utilizou. Da mesma forma, não parece admissível que quem alienou para outrem uma estátua ou um quadro seus, tivesse para toda a vida o direito de resolver essa venda em ordem a poder destruir a estátua ou o quadro. Na verdade, o exercício do direito de retirada implica a eliminação e a cessação da comercialização de exemplares, mas não pode afectar os negócios de alienação de uma obra de exemplar único[246].

inédito passa a competir aos seus sucessores, a quem cabe tomar essa decisão, independentemente de qual tivesse sido o posicionamento do autor. Imagine-se a perda que teria sido se a obra *O Processo*, de Franz Kafka tivesse sido destruída após a sua morte, como o próprio Kafka pediu em 1922 a Max Brod.

[246] Neste sentido, cfr. ALBERTO POJAGHI, *IDA* 81 (2010), nº 2, p. 173.

Questiona-se se o direito de retirada é restrito ao criador intelectual ou se abrangerá também o comitente na obra sob encomenda e os sucessores ou transmissários do respectivo direito. Uma vez que o direito de retirada se funda em razões morais atendíveis, pensamos que as mesmas podem igualmente ocorrer em relação ao comitente e aos sucessores, como por exemplo no caso de a obra afectar gravemente a reputação da empresa ou a honra da família[247].

O exercício do direito de retirada obriga, no entanto, naturalmente a indemnizar os interessados na continuação da exploração da obra. Efectivamente, estes têm um legítimo direito nessa exploração, pelo que o seu exercício implica sempre a indemnização, a qual abrange naturalmente o interesse contratual positivo.

Há, porém, um caso particular de retirada que não envolve qualquer indemnização, o qual se encontra previsto no art. 114º, respeitante à situação de, por decisão judicial, ser imposta a supressão de algum passo da obra que comprometa ou desvirtue o seu sentido. Nesse caso, poderá o autor retirá-la e resolver o contrato, sem por esse facto incorrer em qualquer responsabilidade, o que se compreende, dado que a razão para a retirada não é, em última instância, imputável ao autor.

Pergunta-se, no entanto, o que sucede no caso de, após o exercício da retirada, o autor voltar a publicar a obra por intermédio de terceiro. Nessa situação, parece existir abuso de direito (art. 334º CC), o que constitui um novo fundamento indemnizatório.

### 3.4. Direito à menção do nome na obra

Outro direito pessoal do autor é o direito à menção do seu nome na obra que constitui a forma habitual de dar a conhecer aos outros a respectiva autoria. Não se confunde naturalmente com a protecção do nome do autor, referida nos arts. 28º e 29º, e a que já fizemos referência.

A referência à indicação da nome do autor na obra encontra-se expressamente prevista no art. 76º, nº 1, a), que obriga à indicação, sem-

[247] Em sentido contrário, LUIZ FRANCISCO REBELLO, *Introdução*, p. 162 e *Código*, sub art. 62º, p. 108, com fundamento no carácter estrito pessoal deste direito que justificaria a sua atribuição apenas ao criador intelectual. O autor abre, porém, uma excepção em relação ao direito de retirada previsto no art. 114º, considerando que o mesmo poderá também ser exercido pelos sucessores, por estar em causa a integridade da obra.

pre que possível, do nome do autor. Essa obrigatoriedade é reiterada em outras disposições como as referentes à edição da obra (art. 97º), à sua representação cénica (art. 115º, nº 4), à sua recitação e execução (art. 122º, nº 1), à projecção dos filmes (art. 134º), à fixação fonográfica ou videográfica (art. 142º), à radiodifusão audiovisual (art. 154º), à reprodução de criações de artes plásticas, gráficas e aplicadas e *design* (art. 160º, nº 3), aos estudos e projectos de arquitectura e urbanismo (art. 161º, nº 1), à obra fotográfica (art. 167º, nº 1, a)) e à tradução (art. 171º). No caso específico da tradução, a lei é especialmente exigente em relação à menção do nome do tradutor, estabelecendo o art. 171º que este "deverá sempre figurar nos exemplares da obra traduzida, nos anúncios de teatro, nas comunicações que acompanhem as emissões de rádio e de televisão, na ficha artística dos filmes e em qualquer material de promoção".

O art. 76º, nº 1, a), admite, porém, a possibilidade de o nome do autor não ser mencionado, quando tal não se mostre viável. Efectivamente, a menção do nome do autor na obra é muito habitual nas obras literárias e plásticas, mas já menos comum em outras obras, como as radiofónicas. Em relação a estas, o art. 154º refere expressamente que "as estações emissoras devem anunciar o nome ou pseudónimo do autor juntamente com o título da obra radiodifundida, ressalvando-se os casos, consagrados pelo uso corrente, em que as circunstâncias e necessidades da transmissão levem a omitir as indicações referidas". Efectivamente, não seria de exigir que as estações de rádio, cada vez que passassem uma música, referissem constantemente os autores da letra e da música. Igualmente, no caso de execução ou recitação de obra literária, musical, ou literário-musical, a menção do nome da obra apenas tem que constar "na medida do possível" (art. 122º).

O direito à menção do nome pode ser igualmente exercido em termos negativos, podendo o autor recusar que o seu nome conste da obra, quando ela tenha sido licitamente modificada por terceiros, em termos que a desvirtuem. Essa situação encontra-se expressamente prevista no art. 60º, nº 3, em relação à obra arquitectónica.

A menção do nome do autor pode funcionar como elemento probatório em relação à própria atribuição do direito de autor. Assim, no caso de obra feita sob encomenda, o facto de o nome do criador da obra não aparecer mencionado nesta constitui presunção de que o direito de autor é atribuído ao comitente (art. 14º, nº 3). No caso de obra feita em colaboração, o facto de ela ser publicada apenas em nome de algum ou alguns dos colaboradores constitui presunção de que os outros lhes cederam os respectivos direitos (art. 17º, nº 3). No caso de trabalhos jornalísticos independentes produzidos por conta de outrem, o direito de autor é atribuído ao criador intelectual, quando exista identificação da autoria (art. 174º, nº 1) e à empresa jornalística, no caso contrário (art. 174º, nº 4).

Finalmente, a menção do nome do autor pode funcionar como condição para a concessão de protecção contra a ilegítima reprodução da obra. Efectivamente, em relação à obra fotográfica, o art. 167º, nº 2, estabelece que só pode ser reprimida como abusiva a reprodução irregular das fotografias em que figure a menção do nome do fotógrafo, não podendo este, na falta desta indicação, exigir as retribuições legalmente devidas, salvo se provar a má-fé de quem fez a reprodução.

### 3.5. Direito de reivindicar a paternidade da obra

Outra componente importante dos direitos pessoais de autor é o direito de reivindicar a paternidade da obra, a que se referem os arts. 9º, nº 3, e 56º, nº 1. É um direito que compete a quem seja titular do direito de autor, que pode ser ou não o criador intelectual. Em consequência, no caso de obra feita sob encomenda ou por conta de outrem, em que o direito de autor seja atribuído ao comitente (art. 14º, nº 3), ou no caso de obra feita em colaboração, em que o direito de autor seja atribuído apenas a alguns dos colaboradores (art. 17º, nº 3), o criador intelectual não terá direito a reivindicar a paternidade da obra, em desconformidade com o que foi convencionado, uma vez que os direitos de autor sobre a mesma não lhe foram atribuídos[248].

[248] Em sentido contrário, cfr. Luiz Francisco Rebello, *Introdução*, p. 163. Hesitando em relação à questão, Oliveira Ascensão, *Direito de Autor*, p. 111-112, acaba por se pronunciar no sentido de não poder o criador intelectual despojar-se originariamente do seu direito em benefício de um não criador intelectual, uma vez que tal violaria o interesse público no conhecimento da autoria da obra. É, porém, manifesto que o teor dos arts. 14º, nº 3, e 17º, nº 3, ao presumirem que o facto de não constar o nome do criador intelectual na obra implica a atribuição do direito de autor a outrem é incompatível com a manutenção no criador intelectual do direito a reivindicar a sua paternidade, uma vez que tal destruiria a atribuição originária do direito de autor que foi convencionada.

Este direito é exercido perante situações em que a autoria não é conhecida, ou é contestada ou se encontra a ser abusivamente invocada por outrem. Nessas situações, tem naturalmente o autor direito a que a autoria lhe seja reconhecida, cessando concomitantemente a contestação ou invocação abusiva de terceiro.

As situações em que a autoria do autor é desconhecida ocorrem, por exemplo, no caso de o autor publicar a obra anominamente ou sob pseudónimo (art. 30º, nº 1) ou através de um *ghostwriter*. Neste caso, dá-se sempre ao autor a possibilidade de a todo o tempo revelar a sua identidade e a autoria da obra (art. 30º, nº 2).

A reivindicação do direito à paternidade da obra tem, porém, uma componente negativa, que é a faculdade de repudiar a autoria de obras, que sejam indevidamente atribuídas ao autor. A lei prevê expressamente esta possibilidade, em relação a obras de arquitectura que tenham sido modificadas sem o consentimento dos autores (art. 60º, nº 3).

A violação do direito à paternidade da obra constitui crime de contrafacção (art. 196º). A lei prevê ainda que, em caso de reivindicação da paternidade da obra, pode o tribunal, a requerimento do autor, "mandar entregar àquele os exemplares apreendidos, desde que se mostre possível, mediante adição ou substituição das indicações referentes à sua autoria, assegurar ou garantir aquela paternidade" (art. 202º, nº 1).

### 3.6. Direito de assegurar a genuinidade e integridade da obra

Integra igualmente o conjunto dos direitos pessoais de autor o direito de assegurar a genuinidade e integridade da obra, a que se referem os arts. 9º, nº 3, e 56º, nº 1. Nesta última disposição incluem-se exemplificativamente entre as faculdades que compõem este direito a oposição "à sua destruição, a toda e qualquer mutilação, deformação ou outra modificação da mesma e, de uma modo geral, a todo e qualquer acto que a desvirtue e possa afectar a honra e reputação do autor". Esta disposição é inspirada pelo art. 6-*bis* da Convenção de Berna.

O direito de assegurar a genuinidade e integridade da obra visa assim em primeiro lugar evitar a destruição da obra. Esta possibilidade é, no entanto, de verificação rara, dado que a obra constitui uma coisa incorpórea, só podendo a destruição normalmente abranger os suportes individualmente considerados. Ora, em relação aos suportes, é manifesto que eles se encontram na propriedade daquele que os adquiriu, não podendo o autor impedir a sua destruição se o seu proprietário a pretender, como na hipótese de rasgar os seus jornais e revistas, deitar fora os seus livros para ter mais espaço em casa, ou apagar as gravações que constavam dos fonogramas e videogramas.

Há, no entanto, algumas particularidades no caso das obras de exemplar único, uma vez que a destruição impede naturalmente a subsistência da obra enquanto tal. Assim, aquele que adquire um manuscrito ou um quadro relativo a uma obra de determinado autor, não parece que possa proceder à sua destruição sem o consentimento do autor, devendo considerar-se a situação como uma hipótese de violação do direito moral, prevista no art. 198º b), sempre que o acto de destruição possa afectar a honra ou reputação do autor[249]. Já em relação às obras de arquitectura, não parece que seja proibida a destruição dos edifícios por parte do seu proprietário, uma vez que tem que se reconhecer ao proprietário o direito de a todo o tempo decidir utilizar o seu terreno de forma distinta e mais rentável[250].

O direito de assegurar a genuinidade e integridade da obra pretende evitar ainda que esta possa ser mutilada, transformada ou genericamente modificada por terceiro, mesmo que a modificação seja de ordem a melhorar o original ou permitir o seu melhor aproveitamento comercial. Assim, por exemplo, um organismo de radiodifusão não pode reformular a música de um compositor no intuito de a melhorar e um editor não pode suprimir as fórmulas matemáticas de uma obra de divulgação científica, a fim de assegurar que esta seja mais facilmente acessível a leigos. O art. 59º, nº 1, refere expressamente por isso que "não são admitidas modificações da obra sem o consentimento do autor, mesmo naqueles casos em que, sem esse consentimento, a utilização da obra seja lícita".

Em certos casos, no entanto, a lei presume o consentimento do autor para a modificação, como sucede com as colectâneas destinadas ao

[249] Neste sentido, já ALMEIDA SANTOS, *Ensaio*, pp. 199 e ss. OLIVEIRA ASCENSÃO, *Direito de Autor*, p. 185 pretende limitar esta solução às obras de elevado mérito artístico, mas não vemos que haja base para estabelecer essa restrição. O direito de autor protege as obras independentemente da sua qualidade.

[250] Cfr. ALBERTO POJAGHI, *IDA* 81 (2010), nº 2, p. 180.

ensino, se o autor, notificado para se opor à modificação, não se pronunciar em sentido negativo no prazo de um mês (art. 59º, nºs 2 e 3).

Há, finalmente, modificações lícitas sem o consentimento do autor, como a actualização ortográfica do texto em harmonia com as regras oficiais vigentes, que só é vedada se tiver constituído opção de carácter estético do autor (art. 93º).

A regra geral é, no entanto, a de qualquer modificação da obra necessita do acordo do seu autor. Este regime encontra-se pressuposto no arts. 15º, nº 2, relativo às obras subsidiadas ou realizadas por encomenda ou por conta doutrem, o qual faz depender a faculdade de introduzir modificações na obra do acordo expresso do seu criador (quando lhe caiba o direito de autor), estabelecendo-se que ela só pode exercer-se nos termos convencionados. Também em relação às obras derivadas, refere o art. 169º, nº 1, que "a tradução, arranjo, instrumentação, dramatização, cinematização e, em geral, qualquer transformação da obra só podem ser feitos ou autorizados pelo autor da obra original, sendo esta protegida".

É manifesto, no entanto, que há casos em que o consentimento do autor se encontra implicitamente prestado, o que sucede em relação às adaptações consideradas necessárias pelo fim de utilização da obra, conforme refere o art. 169º, nº 4, o qual apenas exige que essas modificações não desvirtuem a obra. Assim, se alguém autoriza a adaptação de um romance seu ao cinema, naturalmente que não pode pretender que não ocorram alterações resultantes da diferente natureza das duas artes, resultando mesmo do princípio da boa fé o dever de permitir essas adaptações. No caso específico da tradução de obras, o art. 172º, nº 3, prevê que "o editor pode exigir do tradutor as modificações necessárias para assegurar o respeito pela obra original e, quando esta implicar determinada disposição gráfica, a conformidade do mesmo com ela", podendo o editor promover por si essas modificações, caso o tradutor o não faça no prazo máximo de 30 dias.

Já relativamente ao caso especial das modificações do projecto arquitectónico, as mesmas são reguladas pelo art. 60º. Este artigo reconhece ao arquitecto o direito de fiscalizar a construção e execução da obra de arquitectura, em ordem a assegurar a exacta conformidade com o projecto, não podendo o dono da obra efectuar modificações sem consulta prévia ao arquitecto, sob pena de indemnização por perdas e danos, mas não permite ao arquitecto opor-se a essas modificações. Efectivamente, não faria sentido que o arquitecto pudesse opor-se às modificações de um edifício, uma vez que naturalmente, em caso de conflito entre o direito do proprietário do edifício e o direito de autor sobre o projecto arquitectónico, deverá prevalecer aquele, que é consideravelmente mais importante. Basta, para resolver o conflito, permitir-se ao autor repudiar a concepção do edifício após a modificação do projecto, caso em que o proprietário deixa de poder invocar em seu benefício o nome do autor do projecto original (art. 60º, nº 3). Nesse caso naturalmente que o arquitecto não adquire direito a indemnização[251].

### 3.7. Direito de efectuar modificações na obra

Como consequência do direito de assegurar a integridade da obra, surge-nos também entre os direitos pessoais do autor o direito de efectuar modificações na obra. Efectivamente, o art. 59º, nº 1, estabelece que "não são admitidas modificações da obra sem o consentimento do autor, mesmo naqueles casos em que, sem esse consentimento, a utilização da obra seja lícita", o que implica ser reservada ao autor a faculdade de realizar modificações da obra, alterando a sua configuração original.

A modificação não altera a versão primitiva que continua a subsistir, apenas lhe acrescentando uma nova versão da mesma obra. É o que acontece com as sucessivas edições de uma obra ou com as várias versões de um filme. Embora normalmente se prefira a última edição ou versão, por representar a mais recente configuração do autor, a verdade é que as edições ou versões anteriores subsistem e continuam a poder ser utilizadas. Mesmo que se altere o suporte único da obra (alteração da pintura de um quadro), não deixa a anterior configuração desta de subsistir como obra incorpórea, que não é dessa forma apagada.

[251] Em sentido contrário, Luiz Francisco Rebello, *Código*, sub art. 60º, nº 3, entende que o arquitecto tem sempre direito de reclamar indemnização por perdas e danos, caso, após ter sido consultado e rejeitar as modificações, a obra seja efectivamente modificada sem a sua intervenção. Mas, como refere Oliveira Ascensão, *Direito de Autor*, p. 187, essa indemnização tem apenas por causa a falta de consulta prévia ao autor do projecto e não o facto de a construção não se realizar segundo o mesmo. Consequentemente, é uma indemnização por violação do direito pessoal de autor e não pelos lucros cessantes resultantes de não ter sido encarregado do projecto, dado que nada impede o dono da obra, após consulta, decidir realizar a obra com outro arquitecto.

Há, no entanto, um caso em que o autor pode impedir a utilização de versões anteriores da obra. Efectivamente, de acordo com o art. 58º "quando o autor tiver revisto toda a sua obra, ou parte dela, e efectuado ou autorizado a respectiva divulgação ou publicação *ne varietur*, não poderá a mesma ser reproduzida pelos seus sucessores ou por terceiros em qualquer das versões anteriores".

A faculdade de efectuar modificações na obra compete ao autor, seja este ou não o criador intelectual. Efectivamente, no caso da obra realizada sob encomenda ou por conta doutrem, se os direitos sobre a mesma forem atribuídos ao empregador ou comitente, será este que naturalmente lhe poderá efectuar modificações[252]. A lei prevê expressamente essa possibilidade de o autor efectuar modificações na obra em situações particulares. Assim, o art. 94º, nº 4, permite ao autor introduzir correcções de tipografia, para o que lhe devem ser enviadas provas, sendo que esse direito de revisão de provas se mantém, mesmo em caso de penhora (art. 61º). Também o art. 113º, nº 1, a) estabelece que o contrato de representação atribui ao autor o direito de introduzir na obra as alterações que julgue necessárias.

Apesar da proclamada incedibilidade dos direitos pessoais (art. 56º, nº 2), parece, porém, que nada impede o autor de autorizar a modificação da obra por terceiros[253]. Esta situação encontra-se expressamente prevista no art. 45º, nº 2, que permite ao usufrutuário efectuar modificações na obra, uma vez obtido o consentimento do autor; no art. 101º, nº 3, que estabelece que a obra incompleta só pode ser completada por outrem, que não o autor com o consentimento deste; e no art. 115º, nº 3, que permite a modificação da obra teatral pelo seu empresário com o consentimento do autor.

Nalgumas situações, o consentimento do autor para a realização de modificações na obra considera-se implicitamente prestado, em resultado de outras autorizações. Assim, o autor que dê autorização para a

[252] Em sentido contrário, invocando o art. 15º, nº 2, sustenta Luiz Francisco Rebello, *Introdução*, p. 168, e *Código*, sub art. 15º, nº 2, p. 58, que é ao sempre ao criador intelectual que compete autorizar as modificações da obra, mesmo quando o direito de autor não lhe seja atribuído. É manifesto, no entanto, que o art. 15º se refere apenas aos casos em que o direito de autor é atribuído ao criador intelectual, pelo que, sendo o titular o comitente, caberá a ele decidir em relação às modificações na obra.

[253] Neste sentido, Oliveira Ascensão, *Direito de Autor*, p. 190.

tradução, arranjo, instrumentação, dramatização, cinematização ou, em geral, para qualquer transformação da obra (art. 169º, nº 1), permite simultaneamente ao beneficiário proceder a modificações que não desvirtuem a obra (art. 169º, nº 4).

Em certos casos, a lei dispensa mesmo o consentimento do autor em relação às modificações na obra. Assim, a menos que haja opção ortográfica de carácter estético do autor, o editor pode proceder livremente à actualização ortográfica do texto, em conformidade com as regras oficiais vigentes (art. 93º). Da mesma forma, após a morte do autor, o editor de dicionários, enciclopédias ou obras didácticas pode actualizá-las ou completá-las mediante notas, adendas, notas de pé de página ou pequenas alterações de texto (art. 95º, nº 1), as quais, no entanto, devem ser devidamente assinaladas sempre que os textos respectivos sejam assinados ou contenham matéria doutrinal (art. 95º, nº 2). Já no caso dos projectos de aquitectura, dispensa-se o consentimento para as modificações na obra, mas exige-se a consulta prévia ao autor, em ordem a que, na falta de acordo este possa repudiar a sua paternidade (art. 60º, nºs 2 e 3).

Sendo exigido o consentimento do autor para a modificação da obra, a realização desta modificação sem a competente autorização implica responsabilidade perante o autor.

### 3.8. Direito de acesso à obra

Certas legislações estrangeiras reconhecem, no âmbito dos direitos pessoais, o direito de acesso do autor ao original ou cópias da obra. Já a legislação portuguesa não prevê genericamente esse direito, que aliás apenas aparece implícito no art. 159º, nº 1.

Parece, no entanto, face ao carácter exemplificativo da referência aos direitos pessoais de autor, que se deverá admitir efectivamente a existência de um direito de acesso à obra, o qual é fundamental no âmbito das obras de exemplar único ou raro. Efectivamente, no caso de obras de arte plásticas, como a pintura e a escultura, o autor pode ter necessidade de aceder à obra para efectuar reproduções, que, de outro modo, não seriam possíveis.

# Capítulo VIII
# Os Limites ao Direito de Autor

## 1. Generalidades. A regra dos três passos

O direito de autor não é, no entanto, ilimitado, admitindo-se restrições a esse direito, que possibilitam a utilização ou a reprodução da obra por terceiros, em certos casos. A técnica do estabelecimento de excepções e limites ao direito de autor varia consoante estejam em causa os sistemas continentais ou da *Common Law*. No sistema da *Common Law* esses limites resultam de cláusulas gerais, como os conceitos de *fair use* nos EUA e do *fair dealing* na Inglaterra[254]. Já nos sistemas continentais, utiliza-se uma enumeração de utilizações permitidas, constantes da lei.

A nível internacional, tem-se vindo a estabelecer um padrão para aferir da admissibilidade de excepções e limites aos direitos de autor, que é conhecido como *a regra dos três passos.*

De acordo com essa regra, há que tomar em consideração os seguintes três pressupostos, para se poder estabelecer excepções ou limitações aos direitos de autor:

1) As excepções e limitações são admitidas apenas em casos especiais.
2) Não podem prejudicar a exploração normal da obra.
3) Não podem causar prejuízo injustificado aos legítimos interesses do autor.

[254] Cfr. sobre estes, Luís Gonzaga Silva Adolfo, *Obras privadas*, pp. 140 e ss.

A origem da regra dos três passos encontra-se na disposição do art. 9º, nº 2, da Convenção de Berna, introduzida pela revisão de Estocolmo de 1967. Esta revisão, ao atribuir aos autores o direito de reprodução da obra, suscitou controvérsia em relação aos limites a que o direito de reprodução deveria ficar submetido. Assim, por proposta do Reino Unido foi decidido adoptar essa regra, oriunda da *Common Law*, que permitiu evitar o estabelecimento de uma enunciado taxativo de limites, sobre os quais não existia consenso[255].

A partir da Convenção de Berna, a regra dos três passos irradiou para o art. 13º do ADPIC/TRIPS e para os arts. 10º, nº 2, do Tratado da OMPI sobre o Direito de Autor e 16º, nº 2, do Tratado da OMPI sobre interpretações ou execuções e fonogramas, deixando, porém, de estar limitada ao direito de reprodução, para ser generalizada como critério geral para a admissibilidade do estabelecimento de excepções ou limites ao direito de autor.

A partir daqui a regra dos três passos, vem a ser igualmente consagrada no art. 5º, nº 5, da Directiva 2001/29/CE, mas agora com uma configuração diferente. Enquanto que nos tratados referidos a regra dos três passos funciona como um critério indicativo do estabelecimento de quaisquer excepções ou limites ao direito de autor, a Directiva indica no seus art. 5º, nº 1, 2, 3 e 4, de uma forma taxativa quais são os limites que os Estados-Membros podem estabelecer em relação ao direito de reprodução e de comunicação da obra ao público, ainda que não obrigue os Estados-Membros a consagrar todos esses limites, funcionando a regra dos três passos como critério limitativo da decisão dos Estados em relação às excepções e limites que pretendem consagrar. Foi essa também a solução adoptada no art. 75º, nº 4, do CDADC, que transpôs a Directiva.

A actual configuração da regra dos três passos tem vindo a suscitar a crítica dos especialistas, que consideram que a mesma está a ter um entendimento demasiado amplo, que impede os Estados de compatibilizar a protecção autoral com outros direitos e interesses igualmente merecedores de protecção. Surgiu por isso em 2010 uma Declaração

[255] Cfr. José de Oliveira Ascensão, "A função social do Direito Autoral e as limitações legais", em Luís Gonzaga Silva Adolfo/Marcos Wachowicz (org.), *Direito da Propriedade Intelectual. Estudos em Homenagem ao Pe. Bruno Jorge Hammes*, Curitiba, Juruá, 2006, pp. 85-- 111 (91).

internacional assinada por vários professores europeus a apelar a uma interpretação mais equilibrada da regra[256].

Nas páginas seguintes, examinaremos as excepções e limites aos direitos de autor que se encontram legalmente consagrados na legislação portuguesa, distinguindo-se consoante estejam em causa as situações de utilização livre ou de licenças legais e obrigatórias.

## 2. A utilização livre no direito de autor

### 2.1. O uso privado da obra

A primeira utilização livre no direito de autor respeita à utilização privada da obra. Efectivamente, o autor apenas tem o exclusivo da sua exploração económica, o que só abrange as utilizações públicas da obra, sendo em consequência absolutamente livre o seu uso privado. Este é um princípio geral em sede de direito de autor, o que implica que qualquer utilização da obra seja livre, se o for para uso privado. Assim, por exemplo, embora a tradução da obra necessite de autorização do autor, naturalmente que nada impede que qualquer pessoa que não consiga ler uma obra na língua original solicite a sua tradução para uso privado, o que em nada afecta o direito do autor.

A reprodução para uso privado tem colocado alguns problemas no ambiente digital, devido à multiplicidade de utilizações possíveis. A Directiva 2001/29, continua, no entanto, no a reconhecer aos Estados-Membros o direito a prever excepções ou limitações ao direito de reprodução em relação "às reproduções em qualquer meio efectuadas por uma pessoa singular para uso privado e sem fins comerciais directos ou indirectos, desde que os titulares dos direitos obtenham uma compensação equitativa que tome em conta a aplicação ou a não aplicação de medidas de carácter tecnológico, referidas no artigo 6º, à obra ou outro material em causa" (art. 5º, nº 2, b) da Directiva 29/2001). O art. 5º, nº 7, da mesma Directiva acrescenta que tal excepção só se aplicará

[256] Cfr. Chistophe Geiger/Reto Hilty/Jonathan Griffiths/Uma Suthersanen, "Declaration A Balanced Interpretation Of The "Three-Step Test" In Copyright Law", em *Jipitec*, Vol. 1, Iss. 2 (2010), disponível em http://www.jipitec.eu/issues/jipitec-1-2-2010/2621 . Encontra-se uma tradução em língua portuguesa sob o título "Declaração sobre o "teste dos três passos" do Direito de Autor", em Associação Portuguesa de Direito Intelectual (org.), *Direito da Sociedade da Informação*, VIII, Coimbra, Coimbra Editora, 2011, pp. 471-480.

"em certos casos especiais que não entrem em conflito com uma exploração normal da obra ou outro material e não prejudiquem irrazoavelmente os legítimos interesses do titular do direito".

Como consequência, o art. 75º, nº 2, a) permite "a reprodução da obra, para fins exclusivamente privados, em papel ou suporte similar, realizada através de qualquer tipo de técnica fotográfica ou processo com resultados semelhantes, com excepção das partituras, bem como a reprodução por qualquer meio realizada por pessoa singular para uso privado e sem fins comerciais directos ou indirectos". Numa repetição desnecessária[257], o art. 81º, b) consente igualmente a reprodução da obra para uso exlusivamente privado, "desde que não atinja a exploração normal da obra e não cause prejuízo injustificado dos interesses legítimos do autor, não podendo ser utilizada para quaisquer fins de comunicação pública ou comercialização"[258]. A cópia privada deve assim ser harmonizada com a regra dos três passos[259].

[257] Como salienta Alexandre Libório Dias Pereira, "A reprodução para uso privado no ambiente analógico e no ambiente digital", em Associação Portuguesa de Direito Intelectual (org.), *Direito da Sociedade de Informação*, VII, Coimbra, Coimbra Editora, 2008, pp. 329-361 (344), a introdução do art. 75º, nº 2, a) e nº 4, esvaziou o art. 81º b) de conteúdo útil.

[258] A aplicação do direito de cópia privada no âmbito da sociedade de informação, pela difusão que implica, suscita problemas especiais, entre os quais a admissibilidade do recurso a dispositivos tecnológicos de protecção (arts. 217º e ss. CDADC), de que falaremos *infra*. Cfr. Dário Moura Vicente, *Estudos Sousa Franco*, I, pp. 709 e ss., e "Direito de autor e medidas tecnológicas de protecção", em Associação Portuguesa de Direito Intelectual (org.), *Direito da Sociedade de Informação*, VII, Coimbra, Coimbra Editora, 2008, pp. 499-523.

[259] Em sentido contrário, defendendo uma interpretação ab-rogante do art. 75º, nº 4, para o que a nosso ver não existe qualquer fundamento, cfr. José Alberto Vieira, "*Download* de obra protegida pelo Direito de Autor e uso privado", em Associação Portuguesa de Direito Intelectual (org.), *Direito da Sociedade de Informação*, vol. VIII, Coimbra, Coimbra Editora, 2009, pp. 421-467 (456 e ss.). Um caso de fronteira surgiu nos EUA entre a *American Geophysical Union* v. *Texaco, Inc.* 60 F.3d 913 ("nd. Cir 1994), disponível em http://www.law.cornell.edu/copyright/cases/60_F3d_913.htm. Neste caso, os editores de várias revistas científicas instauraram uma acção judicial contra a Texaco considerando que o facto de esta copiar artigos de revista e os distribuir aos seus mais de 400 investigadores implicaria violação do *copyright*. Tendo a Texaco se defendido com base no *fair use*, o Tribunal considerou que não se estaria perante um caso por este abrangido. Não pelo facto de os fins da Texaco serem comerciais, uma vez que o uso das obras estava a ser destinado à pesquisa,

Da mesma forma, o art. 108º, nº 2, admite, independentemente da autorização do autor, a representação da obra que tiver sido por alguma forma divulgada, desde que a mesma "se realize sem fim lucrativo e em privado, num meio familiar", sendo este princípio aplicável igualmente a toda a comunicação.

### 2.2. A reprodução temporária no âmbito de processos meramente tecnológicos de transmissão

Refere-nos o art. 75º, nº 1, que "são excluídos do direito de reprodução os actos de reprodução temporária que sejam transitórios, episódicos ou acessórios, que constituam parte integrante e essencial de um processo tecnológico e cujo único objectivo seja permitir uma transmissão numa rede entre terceiros por parte de um intermediário, ou uma utilização legítima de uma obra protegida e que não tenha, em si, significado económico, incluindo, na medida em que cumpram as condições expostas, os actos que possibilitam a navegação em redes e a armazenagem temporária, bem como os que permitem o funcionamento eficaz dos sistemas de transmissão, desde que o intermediário não altere o conteúdo da transmissão e não interfira com a legítima utilização da tecnologia conforme os bons usos reconhecidos pelo mercado, para obter dados sobre a utilização da informação, e em geral os processos meramente tecnológicos de transmissão". A lei refere-se aqui expressamente a uma forma de reprodução da obra no ambiente digital, a qual será analisada infra.

### 2.3. A reprodução, comunicação ao público ou colocação à disposição do público para fins de informação

Dada a liberdade de informação, existe uma faculdade de utilização livre da obra pelos meios de comunicação social em ordem a permitir a adequada transmissão da informação. Assim, relativamente aos discursos, alocuções e conferências, mesmo que estes não se incluam nas categorias previstas no art. 7º, e sejam consequentemente obras protegidas, a comu-

sendo ainda legítima a pretensão de guardar esses artigos em arquivo. O problema é que, ao ser realizada uma cópia integral dos artigos, e ao fazer uma difusão tão ampla a exploração da obra era afectada, pois os utilizadores deixavam de assinar essas revistas. O Tribunal decidiu assim contra a Texaco e, embora esta tivesse apelado ao *Supreme Court*, acabou por aceitar uma transacção no litígio, pagando uma indemnização e aceitando celebrar um contrato de licenciamento. Cfr. SILVA ADOLFO, *Obras privadas*, p. 151.

nicação social tem a faculdade de os reproduzir e colocar à disposição do público sob a forma de extracto ou resumo (art. 75º, nº 2, b)).

Também o art. 75º, nº 2, c), à semelhança do art. 10º, nº 1, da Convenção de Berna admite "a selecção regular de artigos da imprensa periódica, sob forma de revista de imprensa".

Na sequência do art. 10º *bis*, nº 2, da Convenção de Berna, vem igualmente o art. 75º, nº 2, d) admitir "a fixação, reprodução e comunicação pública, por quaisquer meios, de fragmentos de obras literárias e artísticas, quando a sua inclusão em relatos de acontecimentos de actualidade for justificada pelo fim de informação prosseguido"[260].

Finalmente, o art. 75º, nº 2, m) permite "a reprodução, comunicação ao público, ou colocação à disposição do público, de artigos de actualidade, de artigos de actualidade, de discussão económica, política ou religiosa, de obras radiodifundidas ou de outros materiais da mesma natureza, se não tiver sido expressamente reservada".

### 2.4. A utilização ou reprodução de obras alheias com fins de documentação, arquivo, investigação científica, ensino e educação

No art. 75º, nº 2, e) e f) admite-se que certas utilizações da obra sejam permitidas a terceiro se estiverem em causa fins de documentação, arquivo, investigação científica, ensino e educação. Exige-se, no entanto, que essas utilizações se destinem às necessidades próprias das referidas instituições e não tenham por objectivo a obtenção de uma vantagem económica ou comercial, directa ou indirecta. Trata-se, neste caso, de um uso privado por entes colectivos para os seus próprios fins, o que apenas lhes é permitido no caso de se dedicarem à documentação, arquivo, investigação, científica, ensino e educação.

É ainda permitida, nos termos do art. 75º, nº 2, h), a inclusão de peças curtas ou fragmentos de obras alheias em obras próprias destinadas ao ensino.

É também permitida, nos termos do art. 75º, nº 2, o) a comunicação ou colocação à disposição do público, para efeitos de investigação ou estudos pessoais, a membros individuais do público por terminais des-

[260] É de notar que no Ac. RL 9/3/2006 (Neto Neves, vencido Américo Marcelino), na *CJ* 31 (2006), 2, pp. 62-65 não se considerou lícita com base nesta disposição a revelação do final de um livro.

tinados para o efeito nas instalações de bibliotecas, museus, arquivos públicos e escolas, de obras protegidas não sujeitas a condições de compra ou licenciamento, e que integrem as suas colecções ou acervos de bens.

Finalmente, no art. 81º a), consente-se a reprodução, "em exemplar único, para fins de interesse exclusivamente científico ou humanitário, de obras ainda não disponíveis no comércio ou de obtenção impossível, pelo tempo necessário à sua utilização".

Nas situações previstas no art. 75º, nº 2, e), f) e h), a lei estabelece a proibição de confusão com a obra de quem a utilize, assim como as reproduções ou citações tão extensas que prejudiquem o interesse por aquelas obras (art. 76º, nº 2).

No caso previsto na alínea e) do nº 2 do art. 75º, prevê-se que essa utilização obrigue ao pagamento de uma remuneração equitativa ao autor e, no âmbito analógico, ao editor pela entidade que tiver procedido à reprodução (art. 76º, nº 1, b)). No caso previsto na alínea h) a remuneração equitativa é sempre atribuída ao autor e ao editor (art. 76º, nº 1, c)).

### 2.5. A utilização, reprodução, comunicação pública e colocação à disposição do público de obras a favor de pessoas com deficiência

O art. 75º, nº 2, i) permite a reprodução, a comunicação pública e a colocação à disposição do público a favor de pessoas com deficiência de obra que esteja directamente relacionada e na medida estritamente exigida por essas específicas deficiências e desde que não tenham, directa ou indirectamente, fins lucrativos, sem prejuízo do disposto nos artigos 82º-A, 82º-B e 82º-C.

Estas últimas disposições foram introduzidas pela Lei 92/2019, de 4 de Setembro, que estabelece as utilizações permitidas de obras em benefício de pessoas cegas, transpondo a Directiva (UE) 2017/1564, do Parlamento Europeu e do Conselho, de 13 de Setembro, a existindo para estas pessoas um regime específico mais permissivo de utilização livre de obras intelectuais.

As pessoas beneficiárias desta específica utilização livre encontram-se definidas no art. 82º-A, b), abrangendo "independentemente de qualquer outra deficiência, uma pessoa cega ou uma pessoa com deficiência visual que não possa ser minorada de modo a proporcionar uma função visual substancialmente equivalente à de uma pessoa não afetada por essa deficiência, e que, nessa medida, seja incapaz de ler obras impressas na mesma medida que uma pessoa não afetada por essa deficiência; ou uma pessoa que tenha uma dificuldade em termos de perceção ou leitura e que, consequentemente, seja incapaz de ler obras impressas na mesma medida que uma pessoa não afetada por tal dificuldade; ou uma pessoa que seja incapaz, devido a uma deficiência física, de segurar ou manusear um livro ou de fixar ou deslocar os olhos de uma forma que permita a leitura". Nos termos do art. 82º-B, nº 1, são lícitas, sem o consentimento do titular do direito de autor e direito conexo, as utilizações de uma obra ou outro material, sem intuito lucrativo, em benefício dessas pessoas, sendo nula a cláusula contratual que vise eliminar ou impedir o exercício normal, pela pessoa beneficiária, das utilizações (art. 82º-B, nº 5).

Nos termos do art. 82º-B, nº 2, essas utilizações abrangem os actos de reprodução, radiodifusão, comunicação ao público, incluindo a sua colocação à disposição do público, distribuição, comodato, bem como as faculdades respeitantes ao direito de autor do titular de bases de dados e o direito especial do seu fabricante, e direitos de reprodução, transformação e colocação em circulação de programas de computador, desde que sejam necessários para que: a) uma pessoa beneficiária ou uma pessoa que actue em seu nome faça uma cópia em formato acessível de uma obra ou de outro material a que tenha acesso legal para a utilização exclusiva da mesma; b) uma entidade autorizada faça uma cópia em formato acessível de uma obra ou outro material a que tenha um acesso legal ou que comunique, coloque à disposição, distribua ou disponibilize em comodato, sem fins lucrativos, uma cópia em formato acessível à pessoa beneficiária ou outra entidade autorizada para efeitos de utilização exclusiva daquela.

A lei exige ainda que cada cópia em formato acessível respeite a integridade da obra ou outro material, tendo em consideração as alterações necessárias para disponibilizar a obra ou outro material em formato alternativo (art. 82º-B, nº 3), sendo ainda aplicável a regra dos três passos (art. 82º-B, nº 4).

A lei impõe ainda regras específicas às entidades autorizadas a prestar às pessoas beneficiárias serviços sem fins lucrativos em matéria de educação, formação pedagógica, leitura adaptada ou acesso à informação, quando procedam às cópias em formato acessível (art. 82º-C).

### 2.6. A utilização, reprodução, comunicação pública e colocação à disposição do público de obras com fins sociais, patrióticos ou religiosos, ou no âmbito da justiça e segurança

Outras utilizações livres que funcionam como limites ao direito de autor respeitam à utilização e reprodução das obras com fins sociais, patrióticos e religiosos, ou no âmbito da justiça e segurança.

Assim, em relação aos fins sociais, o art. 75º, nº 2, p) admite a reprodução da obra efectuada por instituições sociais sem fins lucrativos, tais como hospitais e prisões, quando a mesma seja transmitida por radiodifusão.

Em relação aos fins patrióticos ou religiosos, o art. 75º, nº 2, j) permite a execução e a comunicação públicas de hinos ou de cantos patrióticos oficialmente adoptados e de obras de carácter exclusivamente religioso durante os actos de culto ou as práticas religiosas.

Finalmente, em relação aos fins de segurança e justiça, o art. 75º, nº 2, n) autoriza a utilização da obra para fins de segurança pública ou para assegurar o bom desenrolar ou o relato de processos administrativos, parlamentares ou judiciais.

### 2.7. A reprodução e a colocação à disposição do público das obras órfãs

Transpondo a Directiva 2012/28/UE[261], o art. 75º, nº 2, u), na redacção da Lei 32/2015, de 24 de Abril, considera também lícitas "a reprodução e a colocação à disposição do público de obras órfãs, para fins de digitalização, indexação, catalogação, preservação ou restauro e ainda os atos funcionalmente conexos com as referidas faculdades, por parte de bibliotecas, estabelecimentos de ensino, museus, arquivos, instituições responsáveis pelo património cinematográfico ou sonoro e organismos de radiodifusão de serviço público, no âmbito dos seus objetivos de interesse público, nomeadamente o direito de acesso à informação, à educação e à cultura, incluindo a fruição de bens intelectuais".

[261] Sobre o regime desta Directiva, cfr. ALEXANDRE LIBÓRIO DIAS PEREIRA, "*Google books*, bibliotecas digitais e direito de autor", na *RDI* 2014, nº 1, pp. 163-185 (177 e ss.), recolhido em ID, *Direito da Propriedade Intelectual e Novas Tecnologias. Estudos*, I, Lisboa, Gestlegal, 2019, pp. 335-365 (353 e ss.), "O novo regime das obras órfãs", na *RDI* 2016, nº 1, pp. 21-49 (39 e ss.), "As obras órfãs no direito autoral europeu e português", na *Revista da ABPI* 147 (2017), pp. 3-16, recolhido em ID, *Direito da Propriedade Intelectual e Novas Tecnologias. Estudos*, I, Lisboa, Gestlegal, 2019, pp. 145-180.

As obras órfãs são definidas no art. 26º-A, nº 1, como "as obras intelectuais protegidas em que nenhum dos seus titulares de direitos estiver identificado ou se, apesar de identificado, nenhum deles tiver sido localizado". Trata-se, assim, de obras que necessitariam em princípio do consentimento dos respectivos titulares para se efectuar a respectiva reprodução ou colocação à disposição do público, mas se torna inviável obter esse consentimento por desconhecimento da autoria ou não localização do autor.

Nos termos do art. 26º-A, nº 2 essas obras correspondem, nomeadamente, às seguintes obras intelectuais objecto de publicação e distribuição no Estados membros da União Europeia:

a) obras publicadas sob a forma de livros, folhetos, jornais, revistas ou outros escritos, existentes nas coleções de bibliotecas, arquivos, estabelecimentos de ensino ou museus acessíveis ao público e das instituições responsáveis pelo património cinematográfico ou sonoro;
b) obras cinematográficas ou audiovisuais ou fixadas em fonogramas existentes em coleções das entidades referidas na alínea anterior;
c) obras cinematográficas ou audiovisuais ou fixadas em fonogramas produzidos por organismos de radiodifusão de serviço público até 31 de dezembro de 2002 e existentes nos seus arquivos;
d) obras e fonogramas nunca publicados ou distribuídos mas colocados à disposição do público pelas entidades referidas nas alíneas anteriores, com o consentimento dos titulares de direitos, desde que seja razoável presumir que estes não se oporiam às utilizações dos bens intelectuais feitas pelas entidades na prossecução dos seus objetivos de interesse público;
e) obras e qualquer outro material protegido inserido ou incorporado nas obras ou fonogramas referidos nas alíneas anteriores.

A reprodução e colocação à disposição do público das obras órfãs, para além de restrita às entidades referidas no art. 75º, nº 2, u), no âmbito dos seus objectivos de interesse público, porém, dependente da realização pelas mesmas de "uma pesquisa diligente e de boa fé" (art. 26º-A, nº 3), para que podem ser utilizadas nomeadamente as fontes e bases de dados referidas no art. 26º-A, nº 4.

O estatuto de obra órfã pode, porém, terminar o que ocorre mediante reclamação do autor da obra. Efectivamente, o art. 26º-B, nº 1, reconhece aos titulares de direitos anteriormente não identificados ou não localizados anteriormente a faculdade de a todo o tempo reclamar os seus direitos sobre a obra ou outro material protegido, fazendo cessar o estatuto de obra órfã, sem prejuízo da possibilidade de se manter a utilização daqueles bens, caso se verifique a autorização do titular do direito. Nese caso, os titulares de direitos que ponham termo ao estatuto de obra órfã, têm direito a receber uma compensação equitativa pela utilização que foi feita das suas obras ou do material protegido, por parte das entidades que a utilizaram (art. 26º-B, nº 2). A lei estabelece que na fixação dessa compensação equitativa, deverá ter-se em conta a natureza não comercial da utilização feita, a eventual gratuitidade do ato, os objetivos de interesse público envolvidos, designadamente o acesso à informação, à educação e à cultura, bem como os eventuais danos patrimoniais injustificados sofridos pelos titulares de direitos (art. 26º-B, nº 3).

### 2.8. A faculdade de citação

O art. 75º, nº 2, g) prevê igualmente a licitude da "inserção de citações ou resumos de obras alheias, quaisquer que sejam o seu género e natureza, em apoio das próprias doutrinas e com fins de crítica, discussão ou ensino, e na medida justificada pelo objectivo a atingir". Solução semelhante consta do art. 10º, nº 1, da Convenção de Berna, que prevê que "são lícitas as citações tiradas de uma obra já licitamente tornada acessível ao público, na condição de serem conformes aos bons costumes e na medida justificada para o fim a atingir, incluindo as citações de artigos de jornal e compilações periódicas sob a forma de revistas de imprensa".

A lei admite tanto que a obra seja parcialmente transcrita (citação), como que seja resumida (resumo). Imprescindível é, no entanto, que a citação ou resumo sejam justificados pelo fim a atingir, como seja o apoio das próprias doutrinas, o ensino da posição alheia, e a sua discussão ou crítica. Efectivamente, o debate intelectual implica a referência e discussão das posições alheias, não envolvendo essa situação qualquer violação dos direitos de autor.

A faculdade de citação não se restringe a obras literárias, abrangendo obras de qualquer natureza. Assim, a obra musical pode citar um trecho de outra obra. Da mesma forma, uma obra cinematográfica pode incluir citações de outras obras cinematográficas, o que é extremamente comum nas obras de certos realizadores.

A lei proíbe, no entanto, que a citação seja tão extensa que prejudique o interesse pela obra citada (art. 76º, nº 2), o que bem se compreende, dado que o debate intelectual não pode ir ao extremo de impedir que o autor veja lesada a exploração da sua obra, o que pode acontecer se esta for objecto de citações demasiado extensas[262]. Em bom rigor, trata-se nesse caso de pseudo-citações, em que a citação surge apenas como um pretexto para a apropriação da obra alheia[263].

O art. 76º, nº 1, a) determina que a citação deve ser acompanhada, sempre que possível, da indicação do nome do autor e do editor, do título da obra e demais circunstâncias que os identifiquem. Também o art. 10º, nº 3, da Convenção de Berna prevê que as citações devem "fazer menção da fonte e do nome do autor, se esse nome figurar na fonte". Não basta, por isso, nas obras literárias, para que seja correctamente exercido o direito de citação, que o trecho citado se encontre aspas, havendo que fazer referência ao nome do autor e à obra utilizada. Essa obrigação é, no entanto, de cumprimento impossível fora das obras literárias. Efectivamente, não faria qualquer sentido que um trecho musical ou um filme fossem interrompidos para menção do autor e da obra que citam.

## 3. As licenças legais e obrigatórias

### 3.1. Generalidades

Uma outra limitação ao direito de autor consiste nas licenças legais e obrigatórias. Em ambos os casos, o autor está obrigado a permitir a utilização da obra por terceiros, adquirindo, no entanto, direito a remuneração. Nas licenças legais, é a própria lei a permitir essa utilização por terceiro, enquanto que nas licenças obrigatórias se admite a possibilidade de o consentimento do autor vir a ser objecto de suprimento judicial ou administrativo.

[262] Por esse motivo, no Ac. STJ 17/11/2011 (Granja da Fonseca), em *CJ-ASTJ* 19 (2011), 3, pp. 119-123, não se considerou admissível, com base na faculdade de citação, a inclusão de 40 caricaturas de um autor numa obra dedicada à história da caricatura.

[263] Cfr. Oliveira Ascensão, *Direito de Autor*, p. 218.

### 3.2. As licenças legais

As licenças legais correspondem a situações em que a utilização da obra pode fazer-se livremente, sem necessidade de consentimento do autor, mas o utilizador é obrigado a pagar uma remuneração. É designadamente o que ocorre no âmbito do art. 144º, nº 1, onde se prevê que "a obra musical e o respectivo texto que foram objecto de fixação fonográfica comercial sem oposição do autor podem voltar a ser fixados", dispondo no entanto o nº 2 que "o autor tem sempre direito a retribuição equitativa, cabendo ao Ministério da Cultura, na falta de acordo das partes, determinar o justo montante". Outra situação de licença legal é a prevista no art. 70º, nº 3, relativamente às obras póstumas, onde se prevê que, se os sucessores não utilizarem a obra dentro de vinte e cinco anos, a contar da morte do autor, salvo em caso de impossibilidade ou de demora de divulgação ou publicação por ponderosos motivos de ordem moral, que poderão ser apreciados judicialmente, não podem opor-se à divulgação e publicação da obra, sem prejuízo da manutenção dos seus direitos de autor sobre a mesma. Finalmente, constitui ainda uma situação de licença legal a prevista no art. 71º, onde se estabelece que "a faculdade legal de utilização de uma obra sem prévio consentimento do titular implica a faculdade de a traduzir ou transformar por qualquer modo, na medida necessária para essa utilização".

### 3.3. As licenças obrigatórias

Já as licenças obrigatórias correspondem a situações em que continua a ser exigida a autorização do autor para a utilização da obra, mas que esta pode ser objecto de suprimento por órgão administrativo ou judicial. A lei prevê essa situação nos arts. 52º e 53º, relativos à reedição de obra esgotada, em que o titular se recusa a efectuar essa reedição (art. 52º, nº 1), sendo esse regime aplicável "com as necessárias adaptações, a todas as formas de reprodução se o transmissário do direito sobre qualquer obra já divulgada ou publicada não assegurar a satisfação das necessidades razoáveis do público" (art. 52º, nº 4). Nesse caso, admite-se que o tribunal dê autorização para a realização da nova edição (ou de outras formas de reprodução), em substituição do autor, "se houver interesse público na reedição da obra e a recusa se não fundar em razão moral ou material atendível, excluídas as de ordem financeira" (art. 52º, nº 2).

Nos termos do art. 53º, a autorização judicial deve ser solicitada através do processo de suprimento do consentimento, regulado hoje pelos arts. 1000º e ss. do CPC, devendo o autor indicar o número de exemplares a editar, e cabendo recurso, com efeito suspensivo para a Relação, que decidirá em definitivo.

A decisão que determine a concessão da licença obrigatória não tem, no entanto, por efeito a privação do autor em relação ao seu direito de edição, dado que a autorização do tribunal só vale para uma edição, podendo o autor fazer ou autorizar futuras edições da obra (art. 52º, nº 4).

# Capítulo IX
# O Exercício do Direito de Autor

## 1. O exercício pessoal ou por intermédio de representante

O art. 72º estabelece que "os poderes relativos à gestão do direito de autor podem ser exercidos pelo seu titular ou por intermédio de representante deste devidamente habilitado". Admite-se assim, o exercício geral da representação para o direito de autor, nos termos dos arts. 258º e ss. CC. Em princípio a atribuição dos poderes representativos resultará da procuração, nos termos gerais do art. 262º CC, a qual tanto pode dar poderes para exercer os direitos patrimoniais como os direitos morais de autor[264]. No caso das entidades de gestão colectiva não é, porém, necessária a procuração, resultando a representação da simples qualidade de sócio ou aderente ou de beneficiário dos respectivos serviços (art. 73º, nº 1).

## 2. A gestão colectiva dos direitos

Conforme se referiu, o autor tem a faculdade de exercer os seus direitos por si próprio ou por outrem (art. 72º). Não é, no entanto, salvo casos excepcionais, como o do escritor, escultor, e arquitecto, o exercício individual dos seus direitos por parte dos autores. Efectivamente, nas obras musicais, teatrais e cinematográficas, o controlo das utilizações possíveis escapa aos meios individuais, o que foi altamente reforçado com os meios de comunicação de massas e as novas tecnologias de comunicação. Ora, não podendo, nestes casos, os autores assegurar individualmente a gestão

[264] Efectivamente, o carácter inalienável destes direitos, nos termos do art. 56º, nº 2, não obstam a que estes possam ser exercidos por representante, nos termos gerais.

das suas próprias obras, podem, no entanto, associar-se com outros autores, criando organismos especializados que realizem essa gestão[265].

Daí o surgimento dos organismos de gestão colectiva, a quem é atribuída a qualidade de representantes do autor nos arts. 73º e 74º, que prevêem assim uma forma de representação colectiva. Estes organismos permitem explorar em larga escala o direito de autor, controlando a utilização maciça das obras protegidas, e distribuir depois as remunerações obtidas pelos respectivos titulares, com base na utilização efectiva que foi feita das suas obras[266].

A constituição, organização, funcionamento e atribuições das entidades de gestão colectiva encontra-se harmonizada a nível do Direito da União Europeia, através da Directiva 2014/26/UE do Parlamento Europeu e do Conselho, de 26 de fevereiro de 2014 , relativa à gestão coletiva dos direitos de autor e direitos conexos e à concessão de licenças multiterritoriais de direitos sobre obras musicais para utilização em linha no mercado interno. Em Portugal essa matéria é regulada pela Lei 26/2015, de 14 de Abril, alterada pelo D.L. 100/2017, de 23 de Agosto, e pelo Decreto-Lei 89/2019, de 4 de Julho. Nos termos do art. 2º d) dessa lei a entidades de gestão colectiva é "autorizada por lei, por transmissão, licença ou qualquer outra disposição contratual a gerir direitos de autor ou direitos conexos em nome de mais do que um titular de direitos, para benefício coletivo desses titulares de direitos como finalidade única ou principal, e que é detida ou controlada pelos seus membros e/ ou não tem fins lucrativos". Essas entidades têm natureza privada, não constituindo associações públicas[267]. Adquirem, no entanto, "por mero efeito do registo, a natureza de pessoas coletivas de utilidade pública, com dispensa das obrigações previstas no Decreto-Lei nº 460/77, de

[265] Cfr. ALEXANDRE LIBÓRIO DIAS PEREIRA, "Gestão individual e colectiva do direito de autor e dos direitos conexos na sociedade de informação", em ASSOCIAÇÃO PORTUGUESA DE DIREITO INTELECTUAL (org.), *Direito da Sociedade de Informação*, IV, Coimbra, Coimbra Editora, 2003, pp. 433-453.

[266] Para uma crítica a este sistema, veja-se OLIVEIRA ASCENSÃO, "Representatividade e legitimidade das entidades de gestão colectiva de direitos autorais", na *ROA* 73 (2013), I, pp. 149-183.

[267] Cfr. JORGE MIRANDA, "A Constituição e o direito de autor", em *DJ* 8 (1994), 1, pp. 47-56 (54 e ss.).

7 de novembro, alterado pela Lei nº 40/2007, de 24 de agosto, e pelo Decreto-Lei nº 391/2007, de 13 de dezembro" (art. 15º da Lei 26/2015).

O art. 3º deste diploma prevê que as entidades de gestão coletiva têm por objeto tanto a gestão dos direitos patrimoniais que lhes sejam confiados, como as actividades de natureza social e cultural que beneficiem coletivamente os titulares de direitos por elas representados, bem como a defesa, promoção, estudo e divulgação do direito de autor e dos direitos conexos e da respetiva gestão coletiva. Quando os seus estatutos assim o prevejam as entidades de gestão colectiva podem exercer e defender os direitos morais dos seus representados desde que estes o solicitem.

A lei prevê várias situações de gestão colectiva dos direitos, a qual pode ser voluntária ou obrigatória. No caso de gestão colectiva voluntária, a mesma pode resultar da celebração de um contrato de gestão e representação, da inscrição como beneficiários dos serviços na entidade de gestão colectiva, ou mesmo da representação de todos os titulares daqueles direitos, ainda que não inscritos como beneficiários nessa entidade. Já a gestão colectiva obrigatória envolve necessariamente todos os titulares dos direitos a exercer, independentemente de se encontrarem ou não inscritos naquela entidade. Em qualquer dos casos, no exercício da sua atividade de representação, as entidades de gestão coletiva dispõem dos direitos, benefícios ou faculdades legalmente atribuídos aos seus representados (art. 32º, nº 4, da Lei 26/2015).

A representação por parte da entidade de gestão colectiva em resultado da celebração de um contrato de gestão e representação com os titulares dos direitos encontra-se prevista no art. 32º, nºs 1 e 2 da Lei 26/2015. A lei estabelece que esse contrato não pode ter uma duração superior a cinco anos, renováveis automaticamente, por iguais períodos, na falta de oposição. Esse contrato deve estabelecer expressamente as condições de oposição à sua renovação, sendo proibida a previsão da obrigação de gestão de todas as modalidades de exploração das obras e prestações protegidas.

A representação em resultado da inscrição dos titulares como beneficiários dos serviços da entidade de gestão colectiva encontra-se prevista no art. 32º, nº 3, da Lei 26/2015. Nos termos dessa disposição, no caso de cooperadores, associados ou beneficiários da entidade de gestão coletiva, a representação dos titulares de direitos pode resultar da simples inscrição como beneficiário dos serviços, conforme estabelecido nos estatutos e regulamentos dessa entidade. No entanto, à semelhança do estabelecido para o contrato de gestão e representação, esses estatutos e regulamentos têm igualmente que estabelecer um prazo máximo de cinco anos, renovável, para essa representação, e não podem estabelecer obrigação de gestão de todas as modalidades de exploração das obras e prestações protegidas. Esta forma de gestão colectiva voluntária, em que a representação é limitada aos titulares incritos naquela entidade de gestão, resultando da sua inscrição como beneficiários, corresponde à hipótese mais comum.

A gestão colectiva voluntária com a representação extensiva aos titulares de direitos não inscritos encontra-se prevista no art. 6º do D.L. 333/97, relativamente à radiodifusão por satélite. Efectivamente, a autorização para esse efeito pode ser concedida tanto por contrato individual como por acordo colectivo (art. 6º, nº 1 do D.L. 333/97). Os acordos celebrados entre uma entidade de gestão do direito de autor e um organismo de televisão, relativa a obras musicais, com ou sem palavras, são extensivos aos titulares de direitos sobre essas obras não representados por essa entidade, desde que a comunicação se verifique em simultâneo com uma emissão terrestre pelo mesmo radiodifusor e esses titulares possam excluir a extensão do acordo às suas obras e exercer os seus direitos, individual ou colectivamente (art. 6º, nº 2, do D.L. 333/97). Desse regime são, porém, excluídas as obras cinematográficas ou produzidas por um processo semelhante ao destas (art. 6º, nº 3, do D.L. 333/97).

Já a gestão colectiva obrigatória encontra-se prevista no art. 7º, nº 1, do D.L. 333/97, relativo à retransmissão por cabo, o qual dispõe que "o direito de autorizar ou proibir a retransmissão por cabo só pode ser exercido através de uma entidade de gestão colectiva do direito de autor, que se considera mandatada para gerir os direitos de todos os titulares, incluindo os que nela não estejam inscritos, sem prejuízo do disposto no artigo 8º quanto às emissões próprias dos organismos de radiodifusão". Na falta de acordo, encontra-se prevista a necessidade de recurso a arbitragem (art. 7º, nº 3, D.L. 333/97).

## 3. A representação presumida

### 3.1. Generalidades

A lei estabelece ainda certos casos de representação presumida. Assim, na obra anónima ou pseudónima, o art. 30º, nº 1, estabelece que aquele que a divulgar ou publicar é considerado representante do autor, salvo manifestação em contrário por parte do mesmo. Da mesma forma, na obra cinematográfica, o produtor é considerado como representante dos autores desta, se eles não assegurarem por outra forma a defesa dos seus direitos (art. 126º, nº 3).

Examinemos sucessivamente estas situações.

### 3.2. A representação na obra anónima ou pseudónima

Dispõe o art. 30º, nº 1, que "aquele que divulgar ou publicar uma obra com o consentimento do autor, sob nome que não revele a identidade deste ou anonimamente, considera-se representante do autor, incumbindo-lhe o dever de defender perante terceiros os respectivos direitos, salvo manifestação de vontade em contrário por parte do autor". Esta disposição está em linha com o que se dispõe na Convenção de Berna, cujo art. 15º 3) dispõe que "quanto às obras anónimas e às obras pseudónimas que não sejam aquelas de que se faz menção na alínea 1) supra, o editor cujo nome é indicado na obra é, sem outra prova, reputado representar o autor; nessa qualidade tem legitimidade para salvaguardar e fazer valer os direitos deste". O editor tem assim legitimidade para representar os autores das obras por si publicadas anonimamente ou sob pseudónimo, sem que lhe possa ser exigida qualquer prova de que esses autores estão de acordo com essa representação.

Esta solução não se aplica, no entanto, conforme resulta claramente do art. 15º 1) da Convenção de Berna, aos casos em que o pseudónimo não deixe nenhuma dúvida sobre a identidade do autor[268]. Nestes casos, naturalmente que compete ao autor exercer pessoalmente os seus direitos, não presumindo a lei qualquer representação por parte do editor[269].

[268] É por exemplo o caso do pseudónimo Miguel Torga, que todos sabiam pertencer ao médico Adolfo Rocha.

[269] Neste sentido, Luiz Francisco Rebello, *Introdução*, p. 124.

### 3.3. A representação na obra cinematográfica

Outro caso de representação presumida é a que ocorre na obra cinematográfica, em relação à qual dispõe o art. 126º, nº 3, que "durante o período de exploração, o produtor, se o titular ou titulares do direito de autor não assegurarem de outro modo a defesa dos seus direitos sobre a obra cinematográfica, considera-se como representante daqueles para esse efeito, devendo dar-lhes conta do modo como se desempenhou do mandato". Efectivamente, o produtor, enquanto "empresário do filme", "organiza a feitura da obra cinematográfica, assegura os meios necessários e assume as responsabilidades técnicas e financeiras inerentes" (art. 126º, nº 1), sendo por isso natural que a lei presuma que durante o período de exploração da obra lhe esteja atribuída a representação de todos os titulares do direito de autor que não tenham assegurado por qualquer outra via a defesa dos seus direitos.

A representação parece, porém, limitar-se à exibição do filme em salas públicas de cinema e exploração económica por esse meio (art. 127º, nº 2). Não estão assim abrangidos nos poderes do produtor determinar "a radiodifusão sonora ou visual da película, do filme-anúncio e das bandas ou discos em que se reproduzam trechos da película, a sua comunicação ao público, por fios ou sem fios, nomeadamente por ondas hertzianas, fibras ópticas, cabo ou satélite, e a sua reprodução, exploração ou exibição sob a forma de videograma", (art. 127º, nº 3), nem "a transmissão radiofónica da banda sonora ou de fonograma em que se reproduzam trechos de obra cinematográfica" (art. 127º, nº 4), as quais necessitam de nova autorização específica dos autores para que o produtor as possa realizar[270]. Apenas no caso de o produtor ser um organismo de radiodifusão sonora ou visual se dispensa o consentimento dos autores, reconhecendo-se àquele o direito de transmitir e comunicar ao público as obras através dos seus próprios canais transmissores (art. 127º, nº 5).

## 4. O exercício do direito de autor quando este se integra na comunhão conjugal

Cabe agora examinar a questão do exercício do direito de autor no caso de este fazer parte da comunhão conjugal. Dado que o direito de autor não é qualificado como bem incomunicável na comunhão geral (cfr. art. 1733º CC), nem é exceptuado da comunhão, no caso da comunhão de adquiri-

[270] Neste sentido, LUIZ FRANCISCO REBELLO, *Introdução*, p. 125.

dos (arts. 1722º e 1724º CC), naturalmente que o direito de autor terá que se considerar como bem comum, sempre que os cônjuges sejam casados nalgum destes regimes de bens[271]. A situação de comunhão no direito de autor não representa, no entanto, a atribuição da co-autoria ao outro cônjuge, nem lhe permite exercer qualquer direito pessoal de autor, sendo apenas uma comunhão nos direitos patrimoniais. Em qualquer caso, a administração dos direitos de autor pertence em exclusividade ao cônjuge autor, nos termos do art. 1678º, nº 2, b) CC.

## 5. O exercício do direito de autor em caso de incapacidade do autor

Sendo o acto de criação de obra intelectual um acto jurídico simples, naturalmente que o mesmo pode ser realizado por incapazes como os menores ou maiores sujeitos a medida de acompanhamento, os quais adquirem naturalmente os direitos de autor correspondentes. Uma vez que, no entanto, não têm capacidade para exercer pessoal e livremente as faculdades correspondentes ao direito de autor, naturalmente que as mesmas terão que ser exercidas pelo seu representante legal, no caso dos menores (art. 124º CC) ou pelo acompanhante no caso de maiores sujeitos a medida de acompanhamento (arts. 138º e 145º CC)[272]. Pode, no entanto, o incapaz ser autorizado a exercer a actividade literária e artística, caso em que se consideram excepcionalmente válidos os actos que pratique no exercício dessa actividade (arts. 127º, nº 1, c)). Em caso de ausência de autorização, esses actos terão que ser praticados pelos pais ou tutor.

O exercício dos direitos de autor por parte dos pais ou tutor sofre, no entanto, alguma limitação quando estejam em causa os direitos morais de autor. Em relação a estes, o art. 69º CDADC estabelece que "o criador intelectual incapaz pode exercer os direitos morais desde que tenha para tanto entendimento natural". Não se exige assim, para o exercício dos direitos morais, a capacidade jurídica mas apenas o entendimento natural, pelo que, sempre que este exista, o seu exercício compete exclusivamente ao autor. A lei, reconhece assim aos menores a legitimidade para requerer o domínio das suas obras, sem necessidade de suprimento da capacidade, ou autorização paternal ou tutelar.

[271] Neste sentido, Oliveira Ascensão, *Direito de Autor*, pp. 149-150 e Luiz Francisco Rebello, *Introdução*, pp. 121-122.

[272] Cfr. Visconde de Carnaxide, *op. cit.*, pp. 210 e ss.

## 6. O exercício do direito de autor em caso de ausência do autor

A ausência é, como se sabe, suprida pela curadoria provisória (arts. 89º e ss. CC) ou pela curadoria definitiva (arts. 99º e ss. CC), podendo ainda ser declarada a morte presumida (arts. 114º e ss. CC). Cabe agora averiguar como se pode exercer nestas situações os correspondentes direitos de autor.

Durante a curadoria provisória, o curador provisório apenas pode praticar actos de administração relativamente aos bens do ausente (arts. 89º e 94º CC), pelo que não poderá exercer direitos de conteúdo pessoal, como a publicação de uma obra inédita ou a realização de uma nova edição. Pelo contrário, os curadores definitivos, que correspondem aos herdeiros que sucederiam ao ausente em caso de falecimento (art. 104º CC) podem naturalmente exercer os direitos pessoais de autor, nos mesmos termos em que esses direitos podem ser exercidos pelos seus herdeiros (art. 57º, nº 1)[273]. A mesma situação ocorre em caso de morte presumida, a qual produz os mesmos efeitos da morte, com excepção da dissolução do casamento (art. 115º CC).

## 7. O exercício do direito de autor em caso de insolvência do autor

O direito de autor possui uma componente patrimonial, que pode naturalmente ser objecto de execução. Assim, uma vez declarada a insolvência, embora o insolvente conserve todos os seus direitos exclusivamente pessoais ou estranhos à insolvência, no caso de ele possuir direitos de autor, naturalmente que os mesmos são objecto de apreensão pelo administrador da insolvência (arts. 149º e ss. CIRE), perdendo o autor os poderes relativos à sua administração e disposição (art. 81º, nº 1, CIRE), que passam a competir ao administrador da insolvência (art. 81º, nº 4, CIRE). O autor conserva, porém, os seus direitos pessoais, pelo que pode querer manter inéditas as suas obras e decidir reagir judicialmente contra a sua usurpação ou contrafacção[274].

[273] Cfr. Visconde de Carnaxide, *op. cit.*, p. 216.

[274] Cfr. Visconde de Carnaxide, *op. cit.*, p. 215. O direito ao inédito extingue-se, porém, no caso de o autor ter revelado por actos inequívocos o propósito de divulgar ou publicar os trabalhos referidos, conforme resulta do art. 50º, nº 2.

# Capítulo X
# Vicissitudes do Direito de Autor

## 1. A aquisição do direito de autor

O direito de autor adquire-se com a exteriorização da obra, não sendo relevante qualquer acto de comunicação da mesma, como a "divulgação, publicação, utilização ou exploração" (art. 1º, nº 3), e sendo reconhecido independentemente de registo, depósito ou qualquer outra formalidade (art. 12º). A mesma regra é expressa no art. 5º, nº 2, da Convenção de Berna, onde se estabelece que "o gozo e o exercício [dos direitos atribuídos aos autores] não estão subordinados a qualquer formalidade".

Assim, mesmo que outrem tenha registado previamente uma obra intelectual como sua, tal não vai alterar a prioridade na atribuição do direito de autor, que é conferida pela sua exteriorização (cfr. art. 213º). A lei apenas prevê a existência de registo constitutivo em relação ao título de obra não publicada e aos títulos de jornais e outras publicações periódicas (art. 214º).

Um problema que pode surgir – embora seja de verificação rara – na atribuição de direito de autor respeita à questão das coincidências fortuitas na criação, como na hipótese de vários autores criarem simultaneamente a mesma obra, sem que um conheça o trabalho do outro[275].

[275] Oliveira Ascensão, *Direito de Autor*, pp. 100 e ss., nega que esta situação possa ocorrer, dado que, ou representa uma imitação de obra alheia, previamente conhecida, ou se restringiria a obras sem originalidade, e portanto que não mereceriam protecção autoral. Embora seja efectivamente rara, não nos parece, porém, que a hipótese de coincidência em relação a obras originais esteja em absoluto excluída. Neste sentido, cfr. Mario Are, *L'ogetto*, pp. 52 e ss., que salienta com razão que a lei exige a novidade objectiva para pro-

Nessa hipótese, caso as obras não tenham autonomia suficiente para se considerar existir dois actos de criação distintos relativos ao mesmo tema[276], haverá naturalmente que atribuir prioridade àquele que exteriorizou em primeiro lugar a obra, perdendo o segundo quaisquer direitos sobre a sua criação, dado que esta não tem originalidade em relação a outra, cujo direito de autor já se encontra atribuído.

O direito de autor não pode ser adquirido por usucapião (art. 55º). É, aliás, de considerar que o direito de autor nem sequer é susceptível de posse, dado que sobre a obra intelectual não se podem exercer facticamente poderes correspondentes ao exercício do direito e o seu eventual exercício sobre o suporte não envolve a atribuição do direito de autor[277].

## 2. A publicação e a divulgação da obra

Embora não tenham relevância para efeitos de atribuição do direito de autor, a publicação e a divulgação da obra relevam para efeitos de determinação do momento em que se inicia o prazo de protecção das obras (cfr. arts. 31º e ss.), bem como do local de origem da obra (art. 3º da Convenção de Berna).

Resulta do art. 6º, nº 1, CDADC, assim como do art. 3º, nº 3, da Convenção de Berna, que a publicação corresponde à reprodução da obra em exemplares, com o consentimento do respectivo autor, desde que os exemplares sejam efectivamente postos à disposição do público em termos que satisfaçam razoavelmente as necessidades deste, tendo em consideração a natureza da obra. A publicação pressupõe assim a materialização em exemplares e a sua colocação em número suficiente à disposição do público, não sendo considerada publicação a utilização ou divulgação de uma obra que não comporte a sua publicação nesses termos (art. 6º, nº 2). O art. 3º, nº 3, da Convenção de Berna refere explicitamente que "não constituem publicação a representação de uma obra

teger a obra não sendo suficiente uma novidade subjectiva, pelo que a segunda obra já não beneficiaria da protecção jurisautoral.

[276] Pense-se na criação quase simultânea de *O crime do Padre Amaro*, de Eça de Queiroz, com a *Faute de l'Abbé Mouret*, de Émile Zola, os quais, no entanto, embora sujeitos ao mesmo tema, são romances muito diferentes.

[277] No sentido de que o direito de autor não é susceptível de posse, cfr. Pires de Lima/Antunes Varela, *op. cit.*, III, sub art. 1251º, nº 2, pp. 2-3, Oliveira Ascensão, *Direito de Autor*, pp. 164-165, e Luiz Francisco Rebello, *Introdução*, p. 147.

dramática, dramático-musical ou cinematográfica, a execução de uma obra musical, a recitação pública de uma obra literária, a transmissão ou radiodifusão de obras literárias ou artísticas e a exposição de uma obra de arquitectura".

Diferente da publicação da obra é a sua divulgação. O art. 6º, nº 3, define a obra divulgada como a "que foi licitamente trazida ao conhecimento do público por quaisquer meios, como sejam a representação de obra dramática ou dramático-musical, a exibição cinematográfica, a execução de obra musical, a recitação de obra literária, a transmissão ou a radiodifusão, a construção de obra de arquitectura ou de obra plástica nela incorporada e a exposição de qualquer obra artística". Em consequência da divulgação, a obra deixa de ser inédita.

## 3. A disposição do conteúdo patrimonial do direito de autor

### 3.1. Generalidades

O autor pode utilizar e explorar directamente a obra por sua conta e risco, mas não é normalmente isso o que sucede, sendo antes mais comum o autor atribuir essas faculdades a terceiro através de actos de disposição do conteúdo patrimonial do seu direito de autor.

A disponibilidade dos poderes patrimoniais que integram o direito de autor é reconhecida no art. 40º, onde se prevê que "o titular originário, bem como os seus sucessores ou transmissários podem:

a) Autorizar a utilização da obra por terceiro;
b) Transmitir ou onerar, no todo ou em parte, o conteúdo patrimonial do direito de autor sobre a obra".

Já, pelo contrário, dispõe o art. 42º, "não podem ser objecto de transmissão nem oneração, voluntárias ou forçadas, os poderes conferidos para tutela dos direitos morais nem quaisquer outros excluídos por lei", sendo esta solução reiterada nos arts. 9º, nº 3, e 56º, nº 1.

### 3.2. Autorização para divulgar, publicar, utilizar ou explorar a obra

A modalidade mais comum de concessão a outrem das faculdades que integram o conteúdo patrimonial do direito de autor é a autorização concedida a terceiro para divulgar, publicar, utilizar ou explorar a obra por qualquer processo, esclarecendo a lei que esta "não implica transmissão do direito de autor sobre ela" (art. 41º, nº 1).

A autorização apenas permite a utilização ou exploração da obra dentro dos estritos limites em que é concedida, já que se a parte a utilizar fora desses limites, comete o crime de usurpação (art. 195º, nº 2, c)), para além da responsabilidade civil inerente[278]. Em consequência, não são normalmente associadas à autorização outras faculdades nela não contempladas. Assim, por exemplo, o contrato de edição não implica transmissão do direito de publicação (art. 88º, nº 1), nem confere ao editor o direito de traduzir a obra, de a transformar ou adaptar a outros géneros ou formas de utilização (art. 88º, nº 2). A regra geral é assim a de que a autorização tem que ser expressa. Em certos casos, no entanto, a lei prevê outras modalidades de autorização como a autorização tácita, presumida ou ficta.

A autorização tácita corresponde a casos em que a atribuição das faculdades relativas ao direito de autor não é expressa, mas pode deduzir-se de factos que com toda a probabilidade a revelam. O art. 125º, nº 2, prevê uma autorização implícita para a exibição da obra cinematográfica.

Já a autorização presumida corresponde às situações em que a própria lei presume a atribuição de faculdades relativas ao direito de autor em resultado de outros actos, presunção que admite, no entanto, estipulação em contrário. É o que sucede no art. 17º, nº 3, em que a divulgação ou publicação de obra feita em colaboração em nome de um dos autores implica presunção de que os outros lhe cederam os seus direitos; no art. 127º, nº 2, onde se prevê que autorização para a produção cinematográfica implica, salvo estipulação especial, autorização para a distribuição e exibição do filme em salas públicas de cinema, bem como para a sua exploração económica por este meio; no art. 157º, nº 2, onde se presume que a alienação de obra de arte envolve, salvo estipulação em contrário, a atribuição do direito de a expor; e no art. 166º, segundo o qual a alienação do negativo de uma obra fotográfica envolve, salvo convenção em contrário, a alienação dos respectivos direitos de autor.

Finalmente, a autorização ficta ocorre, quando a lei atribui automaticamente faculdades relativas ao direito de autor, em resultado de outros actos, não admitindo estipulação em contrário, o que corresponde a uma

[278] No Ac. RL 16/7/2009 (Rui Torres Vouga), em *CJ* 34 (2009), 3, pp. 129-134 considerou-se envolver responsabilidade civil delitual a difusão de obra musical para além do período de tempo para o qual foi autorizada.

licença legal. Esta situação ocorre na obra cinematográfica, onde o art. 125º, nº 2, dispõe que "se o autor tiver autorizado, expressa ou implicitamente, a exibição, o exercício dos direitos de exploração económica da obra cinematográfica compete ao produtor", e na obra fonográfica ou videográfica, onde o art. 141º, nº 2, estabelece que a autorização para a fixação implica o direito de "reproduzir e vender os exemplares produzidos".

A autorização para utilizar a obra tem carácter pessoal pelo que não pode ser objecto de cessão gratuita ou onerosa a outrem por parte do usuário. Esta solução encontra-se expressamente consagrada no art. 100º, nº 1, em relação ao contrato de edição, no art. 118º em relação ao contrato de representação, e no art. 145º, relativamente à fixação fonográfica e videográfica. Exceptuam-se apenas o caso de trespasse do estabelecimento do editor e do produtor, em que os arts. 100º e 145º mantêm no trespassário o direito de continuar a utilizar a obra, e o regime da obra cinematográfica em que o art. 133º reconhece ao produtor o direito de "transferir a todo o tempo para terceiros, no todo ou em parte, direitos emergentes do contrato, ficando, todavia, responsável para com os autores pelo cumprimento pontual do mesmo". Nos casos em que a lei não permite que a autorização seja cedida a terceiro, o facto de essa cessão ser realizada implica a prática do crime de usurpação (art. 195º, nº 1), sem prejuízo da responsabilidade civil correspondente.

Em termos de forma, a lei esclarece-nos que a autorização "só pode ser concedida por escrito, presumindo-se a sua onerosidade e carácter não exclusivo" (art. 41º, nº 2), devendo constar obrigatória e especificadamente da autorização escrita a forma autorizada de divulgação, publicação e utilização, bem como as respectivas condições de tempo, lugar e preço (art. 41º, nº 3). A lei reitera a exigência de forma escrita nas diversas modalidades de utilização como a edição (art. 87º, nº 1), a representação (art. 109º, nº 2), a tradução e outras transformações (arts. 129º, nº 1, e 169º, nº 2), a fixação fonográfica e videográfica (art. 141º, nº 2) e a reprodução de artes plásticas (art. 159º, nº 2). A doutrina e a jurisprudência têm, no entanto, defendido não ser nula a autorização que não revista essa forma, dado que a exigência de forma escrita não constitui uma exigência *ad substantiam*, mas meramente *ad probationem*[279].

[279] Neste sentido, cfr. MACEDO VITORINO, *op. cit.*, p. 28, e LUIZ FRANCISCO REBELLO, *Introdução*, p. 136, e *Código*, sub art. 41º, nº 2, pp. 85-86. Na jurisprudência, cfr. Ac. STJ 2/7/1998

A autorização presume-se onerosa, conforme resulta do art. 41º, nº 2, sendo, no entanto, esta presunção ilidível por prova em contrário, nos termos do art. 350º, nº 2, CC. No caso de concessão do direito de representar a favor de amadores, a presunção passa no entanto a ser de sinal contrário (art. 108º, nº 3).

A autorização presume-se igualmente como não tendo carácter exclusivo (art 41º, nº 2), pelo que o facto de um autor conceder a utilização da obra a uma entidade não o impede de voltar a conceder autorização na mesma modalidade de utilização a outra entidade: assim, por exemplo, o facto de alguém utilizar a representação da sua peça por um empresário teatral não o proíbe de tornar a permitir essa representação por outro empresário (art. 109º, nº 2) ou quando alguém permite a radiodifusão das suas obras musicais a uma estação de rádio, naturalmente que a pode voltar a permitir a outras estações. Há, porém, algumas excepções. Assim, o contrato de edição, em princípio, "inibe o autor de fazer ou autorizar nova edição da mesma obra na mesma língua, no país ou no estrangeiro, enquanto não estiver esgotada a edição anterior ou não tiver decorrido o prazo estipulado, excepto se sobrevierem circunstâncias tais que prejudiquem o interesse da edição e tornem necessária a remodelação ou actualização da obra" (art. 88º, nº 3). Também o art. 128º, nº 1, prevê que "a autorização dada pelos autores para a produção cinematográfica de uma obra, quer composta especialmente para esta forma de expressão, quer adaptada, implica a concessão de exclusivo, salvo convenção em contrário", acrescentando o nº 2 que "no silêncio das partes, o exclusivo concedido para a produção cinematográfica caduca decorridos vinte e cinco anos sobre a celebração do contrato respectivo". Quer a presunção de não exlusivo, quer a presunção contrária, são naturalmente ilídiveis por prova em contrário (art. 350º, nº 2, CC).

### 3.3. Transmissão do direito

Diferente da autorização, que não implica transmissão do direito de autor, é a transmissão do conteúdo patrimonial do direito de autor, a qual a lei

(Pereira da Graça), em *CJ-ASTJ* 6 (1998), 2, p. 169-171, Ac. STJ 15/12/1998 (Ribeiro Coelho), em *CJ-ASTJ* 6 (1998), 3, pp. 148-150 e Ac. STJ 1/7/2008 (Sebastião Póvoas), em *CJ-ASTJ* 16 (2008), 2, pp. 146-152. Questionando este entendimento, cfr., no entanto, Alexandre Libório Dias Pereira, *Direitos de Autor*, p. 449.

admite que possa ser parcial e temporária ou total e definitiva. Já em relação aos direitos morais, os poderes concedidos para a sua tutela não podem ser objecto de transmissão ou oneração, voluntárias ou forçadas (art. 42º).

A transmissão parcial deve constar de documento escrito com reconhecimento notarial das assinaturas (art. 43º, nº 2), o qual é actualmente substituído pela referência ao bilhete de identidade ou cartão de cidadão.

Já a transmissão total e definitiva do direito obedece a uma forma particularmente solene, a escritura pública (art. 44º), o que tem sido justificado pela natureza do acto, que implica a perda definitiva do direito de exploração futura da obra, bem como pela necessidade de evitar as pretensões hegemónicas de certos utilizadores[280].

Pode perguntar-se, porém, qual a forma aplicável em caso de alienação total mas temporária ou parcial mas definitiva. Para LUIZ FRANCISCO REBELLO, será a da escritura pública, em virtude a situação estar mais próxima do art. 44º, que do art. 43º[281].

O título de autorização deve especificar "as faculdades que são objecto de disposição e as condições de exercício, designadamente quanto ao tempo e quanto ao lugar e, se o negócio for oneroso, quanto ao preço" (art. 43º, nº 3).

Em relação à duração da transmissão, estabelece, no entanto, o art. 43º, nº 4, que se esta for transitória e não se tiver estabelecido duração" presume-se que a vigência máxima é de 25 anos em geral e de 10 anos nos casos de obra fotográfica ou de arte aplicada". No entanto, se a duração da transmissão for superior a sete anos, a obra terá que obrigatoriamente que ser utilizada dentro desse prazo, sob pena de caducidade do exclusivo (art. 43º, nº 5).

O art. 48º estabelece no entanto, alguns limites em relação à transmissão do direito de autor relativo a obras futuras, estabelecendo que ela só pode abranger as que o autor vier a produzir no prazo máximo de dez anos (art. 48º, nº 1)[282]. Em consequência, é nulo o contrato de transmissão de obras futuras sem prazo limitado (art. 48º, nº 3), sendo

[280] Cfr. LUIZ FRANCISCO REBELLO, *Introdução*, p. 138.

[281] Cfr. LUIZ FRANCISCO REBELLO, *Introdução*, pp. 137-138.

[282] Conforme refere OLIVEIRA ASCENSÃO, *Direito de Autor*, p. 428, trata-se de "um prazo amplíssimo, aprisionando o autor em benefício do explorador".

reduzido ao limite máximo o contrato que extravase desse limite com redução proporcional da remuneração estipulada (art. 48º, nº 2)[283]. Este regime parece-nos, no entanto, apenas aplicável aos contratos onerosos de transmissão do direito de autor sobre obras futuras, uma vez que se os mesmos forem gratuitos, serão abrangidos pela regra geral da proibição da doação de bens futuros (art. 942º, nº 1, CC), independentemente de ser ou não ultrapassado o prazo de dez anos.

### 3.4. Oneração do direito de autor

#### 3.4.1. Generalidades

Constitui igualmente uma faculdade reservada ao autor de uma obra a de "onerar, no todo ou em parte, o conteúdo patrimonial do direito de autor sobre essa obra". (art. 40º b)). Estamos assim também aqui perante uma vicissitude do direito de autor. A oneração do direito de autor é sujeita essencialmente ao mesmo regime previsto para a sua transmissão, quer em termos de forma (art. 43º, nºs 2 e 3), quer em termos de limites de duração (art. 43º, nºs 4 e 5), quer no caso particular de obras futuras (art. 48º). A lei regula, no entanto, especificamente certas formas de oneração do direito de autor, como o usufruto, o penhor, a penhora e o arresto.

Examinemos sucessivamente estas situações:

#### 3.4.2. O usufruto do direito de autor

Em relação ao usufruto do direito de autor, este é admitido pelo art. 45º, podendo assim o direito de autor ser onerado através da atribuição a outrem de um direito de usufruto, que permite gozar temporária e plenamente a obra, sem alterar a sua forma ou substância (art. 1439º CC). Nos termos do art. 1443º CC, o usufruto não pode exceder a vida do usufrutuário e, sendo atribuído a pessoa colectiva, tem a duração máxima de 30 anos. Existe, no entanto, conforme se salientou, a disposição do art. 43º, nº 4, que faz presumir uma duração máxima do usufruto em 25 anos em geral e de 10 anos no caso de obra fotográfica ou de arte aplicada. Para

[283] O regime é estranho, uma vez que a redução aqui consagrada tem natureza legal, não se tomando em consideração a vontade hipotética das partes, ao contrário do que se dispõe no art. 292º CC. Em consequência, e conforme sustenta Oliveira Ascensão, *Direito de Autor*, p. 428, nenhum contrato será considerado globalmente inválido por excesso de prazo.

além disso, o exclusivo caduca se, decorrido o prazo de sete anos, a obra não tiver sido utilizada (art. 43º, nº 5).

Nos termos do art. 1446º CC o usufrutuário pode usar, fruir e administrar o direito de autor, como o faria um bom pai de família, respeitando o seu destino económico. O art. 45º, nº 2, estabelece, porém, que "salvo declaração em contrário, só com autorização do titular do direito de autor pode o usufrutuário utilizar a obra objecto do usufruto por qualquer forma que envolva transformação ou modificação desta". Naturalmente que a obra, enquanto *corpus mysthicum*, não pode ser modificada ou transformada, apenas o podendo ser o seu *corpus mechanicum*. Parece assim que o que se quer vedar é a utilização da obra que impossibilite o titular de futuramente vir a dispor dela, tal como era ao tempo da oneração[284].

O usufrutuário pode ainda trespassar a outrem o seu direito, definitiva ou temporariamente, bem como onerá-lo, salvas as restrições do título constitutivo ou da lei (art. 1444º CC).

### 3.4.3. O penhor do direito de autor

O penhor do conteúdo patrimonial do direito de autor encontra-se previsto no art. 46º, constituindo uma modalidade especial do penhor de direitos, regulado nos arts. 679º e ss. CC. Em consequência do penhor, o direito do credor pignoratício, em caso de execução, recairá especificamente sobre o direito ou direitos que o devedor tiver oferecido em garantia relativamente à obra ou obras indicadas (art. 46º, nº 2), mas não são abrangidos pelo penhor os suportes materiais da obra (art. 46º, nº 3).

### 3.4.4. A penhora e o arresto do direito de autor

Os direitos patrimoniais de autor não se encontram incluídos na categoria de bens impenhoráveis previstos nos arts. 736º e ss. CPC, pelo que podem ser objecto de penhora e arresto nos termos gerais (art. 47º, nº 1), seguindo o mesmo regime da penhora de vencimentos, salários ou prestações semelhantes (art. 47º, nº 2). Existe, porém, uma impenhorabilidade relativa em relação às obras incompletas, como os manuscritos inéditos, esboços, desenhos, telas ou esculturas, tenham ou não assinatura, os quais são isentos de penhora e arresto, salvo oferecimento ou consentimento

[284] Cfr. Macedo Vitorino, *op. cit.*, p. 34.

do autor (art. 50º, nº 1). Trata-se de uma solução que se compreende para protecção do direito ao inédito do autor, evitando que ele se perdesse por virtude da penhora. No entanto, se o autor tiver revelado por actos inequívocos o seu propósito de divulgar ou publicar os trabalhos referidos, pode o credor obter penhora ou arresto sobre o correspondente direito de autor (art. 50º, nº 2). Tal justifica-se pelo facto de nessa situação existir uma renúncia tácita ao inédito, a qual deixa de justificar a impenhorabilidade.

A penhora não afecta em qualquer caso os direitos morais de autor, conforme resulta expressamente do art. 61º, pelo que o autor continua a poder exercê-los. A lei explicita inclusivamente o caso particular da venda judicial do direito de autor sobre obra penhorada e publicada, esclarecendo que se o respectivo arrematante promover a sua publicação, os direitos de revisão de provas e de correcção da obra não são afectados (art. 61º, nº 1). O autor não pode, porém, nesse caso reter as obras sem justificação por período superior a 60 dias, pois nesse caso a impressão poderá prosseguir sem a sua revisão (art. 61º, nº 2).

## 4. A extinção do direito de autor

### 4.1. Generalidades

O direito de autor não se extingue pelas formas comuns de extinção dos direitos subjectivos. Não é possível a perda da obra, uma vez que esta constitui uma realidade intelectual, pelo que o direito de autor não se extinguirá em virtude da destruição do suporte material, mesmo em relação a obras de exemplar único. Não se encontra legalmente prevista a expropriação por utilidade pública em relação ao direito do autor, a qual se apresentaria aliás como incompatível com a natureza pessoal desse direito. O direito de autor também não se extingue pela omissão do seu exercício, uma vez que não se admite que a prescrição e o não uso possam extinguir esse direito salvo, quanto a este último, o caso particular do art. 51º, nº 2. Igualmente o exercício por terceiro não constitui causa de extinção do direito de autor, na medida em que não se admite a usucapião do direito de autor.

A extinção do direito de autor pode assim apenas ocorrer por três causas: a caducidade do direito, a renúncia ao mesmo e um caso particular de não uso. Examinemos sucessivamente estas causas.

### 4.2. Caducidade do direito de autor

A forma mais comum de ocorrer a extinção do direito de autor é a queda da obra no domínio público, a qual ocorre após o decurso dos prazos de protecção. Podemos qualificar essa situação como uma hipótese de caducidade, dado que se verifica a extinção do direito em virtude da superveniência de um facto jurídico *stricto sensu*.

O direito de autor, sendo um exclusivo de utilização da obra, é um direito por natureza temporário, caindo no domínio público ao fim de certo prazo, ainda que a tendência recente a nível internacional tenha vindo a ser a dilatação considerável dos prazos de protecção das obras. Assim, nos Estados Unidos o prazo de protecção dos direitos de autor foi fixado em 70 anos após a morte do autor e de 95 anos após a publicação da obra no caso de obras anónimas, pseudónimas ou feitas sob encomenda[285]. No âmbito da União Europeia, o prazo de protecção dos direitos de autor foi uniformizado em 70 anos após a morte do autor pelo art. 1º da Directiva 93/98, de 29 de Outubro de 1993, constando hoje essa mesma regra do art. 1º da Directiva 2006/116/CE do Parlamento Europeu e do Conselho, de 12 de Dezembro de 2006, relativa ao prazo de protecção do direito de autor e de certos direitos conexos.

Em Portugal o prazo de caducidade do direito de autor encontra-se previsto no art. 31º do CDADC, o qual estabelece igualmente como regime geral a caducidade do direito no prazo de 70 anos após a morte do criador intelectual, ainda que a obra só tenha sido publicada ou divulgada postumamente. Este regime é igualmente aplicável aos casos de obra realizada sob encomenda ou por conta de outrem (art. 14º), já que, mesmo que o direito de autor seja atribuído ao comitente, continua a vigorar o prazo de protecção de 70 anos após a morte do criador intelectual.

[285] Esta alteração resultou do facto de a Disney estar em vias de perder o *copyright* sobre a personagem Mickey Mouse, o que levou a que o Congresso Americano por proposta do Senador Sonny Bono dilatasse os prazos de protecção dos direitos de autor, no que ficou conhecido como o *Sonny Bono Copyright Term Extension Act of 1998* ou *Mickey Mouse Act* (Public Law 105-298, §102, 112 Stat. 2827 (1998), amending 17 U.S. Code §§301-304). Cfr. AAVV, *The progress of science and useful arts: why copyright today threatens intellectual freedom: a public policy report*, 2ª ed., 2003, disponível em http:/www.fepproject.org/policyreports/copyright2d.pdf, p. 14, e Manuella Santos, *Direito Autoral*, p. 70, nota (79).

No caso de obra anónima ou pseudónima, o prazo de protecção continua a ser de 70 anos, mas passa a ser contado após a publicação ou divulgação da obra (art. 33º, nº 1). No entanto, se a utilização do pseudónimo não deixar dúvidas quanto à identidade do autor ou se este o revelar antes da caducidade do direito, o prazo de protecção de 70 anos volta a ser contado apenas após a morte do autor (art. 33º, nº 2).

O prazo de protecção de 70 anos é também contado de forma diferente em relação às obras feitas em colaboração e às obras colectivas. No caso das obras feitas em colaboração, o direito caduca no prazo de 70 anos após a morte do colaborador que falecer em último lugar (art. 32º, nº 1). No caso de obras colectivas ou originariamente atribuídas a pessoas colectivas, a caducidade do direito ocorre antes no prazo de 70 anos após a primeira publicação ou divulgação lícitas, salvo se as pessoas físicas que a criaram forem identificadas nas versões da obra tornadas acessíveis ao público (art. 32º, nº 2). Neste caso, a caducidade ocorrerá naturalmente no prazo de 70 anos após a morte do criadores intelectuais, prazo esse que é igualmente aplicável em relação ao direito de autor atribuído individualmente aos colaboradores de obra colectiva em relação às respectivas contribuições que possam discriminar-se (art. 32º, nº 3).

Também em relação à obra cinematográfica ou audiovisual, o art. 34º prevê a caducidade do direito de autor no prazo de 70 anos após a morte do último sobrevivente de entre o realizador, o autor do argumento ou da adaptação, o autor dos diálogos e o autor das composições musicais especialmente criadas para a obra. Trata-se de uma solução coerente com a qualificação da obra cinematográfica como obra feita em colaboração, sendo estas pessoas legalmente qualificadas como seus co-autores (art. 22º).

No caso de obra publicada ou divulgada em partes, prevê o art. 35º, nº 1, que os prazos de protecção legal se contam separadamente para cada parte, volume ou episódio, estendendo o nº 2 o mesmo regime aos números ou fascículos de obras colectivas de publicação periódica, tais como jornais ou publicações similares. Naturalmente que esta regra apenas se aplicará aos casos em que o prazo de caducidade do direito de autor seja contado a partir da publicação ou divulgação, sendo irrelevante que esta ocorra em partes sempre que esse prazo se conte a partir da morte do autor, como é regra geral (art. 31º).

Há igualmente um regime especial em relação aos programas de computador, dado que, embora vigore igualmente o prazo de protecção de 70 anos após a morte do criador intelectual (art. 36º, nº 1), no caso de o direito ser atribuído originariamente a pessoa diferente deste, a sua caducidade ocorre antes no prazo de 70 anos após a data em que o programa foi pela primeira vez licitamente publicado ou divulgado (art. 36º, nº 2), e não após a morte do criador intelectual, como é regra geral (art. 31º).

Finalmente, estabelece-se um regime especial para as obras que tiverem como país de origem um país estrangeiro não pertencente à União Europeia e cujo autor não seja nacional de um país da União Europeia. Nesse caso estabelece-se que as obras gozam da protecção prevista na lei do país de origem, se não exceder a fixada na legislação nacional (art. 38º). Daqui resulta consequentemente que o reenvio para a lei do país de origem da obra apenas ocorre no caso de esta estabelecer um prazo mais curto de protecção, deixando de ocorrer esse reenvio, quando o prazo estabelecido seja mais longo.

### 4.3. Renúncia ao direito de autor

Apesar de não se encontrar legalmente prevista, parece que se deve admitir, nos termos gerais, a renúncia ao conteúdo patrimonial do direito de autor[286]. Efectivamente, em face do art. 56º, nº 1, apenas os direitos pessoais de autor são irrenunciáveis, não havendo probição semelhante em relação à componente patrimonial desse direito. Aliás, se a lei admite a transmissão total e definitiva do conteúdo patrimonial do direito de autor para outrem (art. 44º), naturalmente que também permitirá ao titular que renuncie à componente patrimonial do direito de autor, devendo exigir-se para o efeito a mesma forma. A renúncia implicará a entrada da obra no domínio público, antes de decorridos os respectivos prazos legais de protecção.

### 4.4. Não uso do direito de autor

Conforme acima se referiu, o direito de autor não depende de o seu titular continuar o seu exercício, pelo que normalmente não se admite a sua extinção pelo não uso. Existe, no entanto, previsto na lei um caso muito

[286] Neste sentido, Oliveira Ascensão, *Direito de Autor*, p. 413.

particular de não uso do direito de autor, que resulta de o mesmo ser incluído em herança declarada vaga para o Estado. Nesse caso, dispõe o art. 51º, nº 2, que "decorridos 10 anos sobre a data da vacatura da herança sem que o Estado tenha utilizado ou autorizado a utilização da obra, cairá esta no domínio público".

**5. Efeitos da extinção do direito de autor**

Em caso de extinção do direito de autor, a obra cai no domínio público. O art. 38º, nº 1, estabelece que a queda no domínio público ocorre quando tiverem decorrido os prazos de protecção da lei, acrescentando o nº 2 que essa queda se verificará igualmente no caso de a obra não ser licitamente publicada ou divulgada no prazo de 70 anos a contar da sua criação, quando esse prazo não seja calculado a partir da morte do autor. A mesma situação ocorre no caso limitado do não uso do direito de autor, previsto no art. 51º, nº 2. Finalmente, a mesma situação ocorre, apesar de não expressamente prevista, na hipótese de renúncia ao direito de autor.

A queda da obra no domínio público não implica, no entanto, que ela fique totalmente desprotegida. Mantém-se a defesa da sua genuinidade e integridade, a qual compete ao Estado e é exercida através do Ministério da Cultura (art. 57º, nº 2). Em casos especiais pode mesmo ser-lhe atribuída uma protecção semelhante à das obras protegidas. Assim, em primeiro lugar, quem fizer publicar ou divulgar licitamente, após a caducidade do direito de autor, uma obra inédita beneficia de protecção equivalente à resultante dos direitos patrimoniais (art. 39º, nº 1). E da mesma forma, as publicações críticas e científicas de obras caídas no domínio público beneficiam de protecção durante 25 anos a contar da primeira publicação (art. 39º, nº 2).

# Capítulo XI
# Os Contratos de Direito de Autor

## 1. O contrato de encomenda de obra intelectual

Já fizemos referência, a propósito da determinação da titularidade do direito de autor, ao contrato de encomenda de obra intelectual[287]. Consiste este no contrato pelo qual alguém encomenda a outrem uma obra intelectual, obrigando-se este à sua realização contra determinada retribuição. Conforme acima se salientou, os direitos de autor poderão nesse caso ser atribuídos, quer ao criador intelectual, quer ao comitente, consoante o que se tiver convencionado (art. 14º, nº 1). Na falta de convenção, a lei presume que a sua titularidade é do criador intelectual (art. 14º, nº 2). No caso, porém, de o nome do criador da obra não vir mencionado nesta ou não figurar no local mencionado para o efeito segundo o uso universal, passa a vigorar antes a presunção de que o direito de autor pertence à entidade por conta de quem a obra é feita (art. 14º, nº 3).

A natureza do contrato de encomenda de obra intelectual tem sido objecto de controvérsia na doutrina, principalmente em relação à questão de o mesmo poder ou não ser qualificado como um contrato de empreitada (arts. 1207º e ss. CC)[288].

[287] Cfr. sobre este MACEDO VITORINO, *op. cit.*, pp. 86 e ss. e SÁ E MELLO, *Contrato*, pp. 373 e ss.

[288] A questão surgiu essencialmente a propósito de um contrato pelo qual uma empresa se obrigara a realizar uma série de doze programas de televisão para a Rádio Televisão Portuguesa, resolvido pelo Ac. STJ de 3/11/1983 (SANTOS SILVEIRA, com votos de vencido de LOPES NEVES e ALMEIDA RIBEIRO), no *BMJ* 331 (1983), pp. 489-503 = *ROA* 45 (1985), pp. 113-125 = *RLJ* 121 (1988-1989), pp. 173-183. Este caso motivou o surgimento de pareceres contraditórios de FERRER CORREIA/HENRIQUE MESQUITA e de ANTUNES VARELA,

A posição que nos parece preferível é a de que a obra intelectual não pode ser objecto do contrato de empreitada, que se restringe a obras corpóreas, pelo que o contrato de encomenda de obra intelectual, previsto no art. 14º CDADC não reveste essa natureza. Efectivamente, a noção de obra constante do art. 1207º do Código Civil, ao contrário do que normalmente acontece nos Códigos civis estrangeiros[289], é restringida às coisas corpóreas, dado que o regime da fiscalização (art. 1209º CC), da transferência da propriedade (art. 1212º CC), das alterações (arts. 1214º e ss. CC), e dos defeitos da obra (arts. 1218º e ss. CC), é difi-

sendo que o primeiro propugnava a qualificação da encomenda de obra intelectual como empreitada, enquanto que o segundo rejeitava essa qualificação (cfr. Ferrer Correia/Henrique Mesquita, "Anotação Ac. STJ 3/11/1983. A obra intelectual como objecto do contrato de empreitada. Direito de o dono da obra desistir do contrato e efeitos da desistência", na *ROA* 45 (1985), pp. 129-158 e Antunes Varela, "Parecer sobre a prestação de obra intelectual", na *ROA* 45 (1985), pp. 159-197). Numa decisão salomónica, o STJ sustentou que a empreitada exigiria uma obra corpórea, o que afastaria a obra intelectual do seu âmbito, mas considerou que no caso concreto se estava perante uma empreitada, dado que a materialização da obra intelectual nos filmes e fitas seria suficiente para caracterizar a prestação como de empreitada, por existir aí algo material, mesmo que a parte intelectual fosse consideravelmente superior.

A decisão do Supremo foi objecto de bastante crítica (cfr. Pires de Lima/Antunes Varela, *op. cit.*, II, sub art. 1207º, nº 3, p. 865, Antunes Varela, "Anotação Ac. 3/11/1983", na *RLJ* 121 (1988-1989), pp. 183-192 e 216-224 e João Calvão da Silva, "Anotação Ac. STJ 3/11/1983. Direitos de autor, cláusula penal e sanção pecuniária compulsória", na *ROA* 47 (1987), pp. 129-156) e efectivamente não pode aceitar-se. Uma coisa é a realização da obra intelectual, e outra o suporte da mesma, sendo que o objecto do contrato de produção de filmes é o filme enquanto tal, e não o seu suporte.

[289] Efectivamente, tanto no direito francês (art. 1710 C. C. fr.), como nos direitos alemão (§ 631 II BGB) e italiano (art. 1655 C. C. it.), a empreitada (*louage d'ouvrage, Werkvertrag, appalto*) pode ter por objecto quer a realização de uma obra (ex: construção de uma casa), quer a prestação de um serviço com vista a um resultado (ex: realização de uma cirurgia médica), pelo que a doutrina entende pacificamente que a realização de obras intelectuais, como escrever um livro ou criar um programa de computador, pode ser objecto de empreitada (cfr. Jacques Ghestin/Jerôme Huet, *Traité de Droit Civil. Les principaux contrats spéciaux*, Paris, L.G.D.J., 1996, p. 1119, Karl Larenz, *Lehrbuch des Schuldrechts*, II- *Besonderer Teil*, 1, München, Beck, 1986, II-1, § 53 I, p. 344, e Fikentscher, *Schuldrecht*, 9ª ed., Berlin/New York, de Gruyter, 1997, § 80 I 3, nº 887, p. 557). Entre nós, no entanto, o art. 1207º é expresso no sentido de que a empreitada abrange a realização de obras, mas não a prestação de serviços em geral (art. 1154º), o que leva a que o seu âmbito tenha que ser necessariamente mais restrito.

cilmente compatível com a criação de obras intelectuais, uma vez que nestas tem que ser assegurada uma maior liberdade ao criador e a questão principal prende-se com a atribuição do direito de autor sobre a obra, questão que o regime da empreitada não resolve. Por último, se viesse a abranger as obras intelectuais, o contrato de empreitada passaria a ser uma figura demasiado ampla, esgotando quase completamente o regime da prestação de serviços[290].

Não obstante, entendemos que algumas disposições da empreitada poderão ser aplicadas por analogia, atenta a parca regulação legal da encomenda de obra intelectual. A analogia não abrangerá, porém, as normas excepcionais pelo que manifestamente o art. 1229º não é aplicável à encomenda de obra intelectual[291].

## 2. O contrato de edição

### 2.1. Generalidades

Uma das mais modalidades mais importantes de utilização em especial de uma obra consiste no contrato de edição[292]. Nos termos do art. 83º "considera-se de edição o contrato pelo qual o autor concede a outrem, nas condições nele estipuladas ou previstas na lei, autorização para produzir por conta própria um número determinado de exemplares de uma obra ou conjunto de obras, assumindo a outra parte a obrigação de os distribuir e vender". O contrato de edição corresponde assim a uma autorização para a reprodução da obra, associada a uma obrigação de distribuição e venda dos exemplares, recebendo o autor uma remuneração correspondente.

[290] Cfr. ANTUNES VARELA, *RLJ* 121 (1988-1989), pp. 183 e ss. e 216 e ss., JOÃO CALVÃO DA SILVA, *ROA* 47 (1987), pp. 129 e ss., LUIZ FRANCISCO REBELLO, *Introdução*, pp. 109-110, e PEDRO ROMANO MARTINEZ, *Direito das Obrigações (Parte Especial). Contratos. Compra e venda. Locação. Empreitada.*, 2ª ed., Coimbra, Almedina, 2001, pp. 386 e ss. Em sentido contrário, integrando a obra intelectual no contrato de empreitada, veja-se FERRER CORREIA/HENRIQUE MESQUITA, *ROA* 45 (1985), pp. 129 e ss., e JORGE BRITO PEREIRA, "Do conceito de *obra* na empreitada", na *ROA* 54 (1994), pp. 569-622 (584 e ss.).

[291] Neste sentido, ANTUNES VARELA, *ROA* 45 (1985), p. 175. Em sentido contrário, CALVÃO DA SILVA, *ROA* 47 (1987), p. 145.

[292] Cfr., sobre ele, OLIVEIRA ASCENSÃO, *Direito de Autor*, pp. 439 e ss., MACEDO VITORINO, *op. cit.*, pp. 99 e ss., CARLOS FERREIRA DE ALMEIDA, *Contratos*, II- *Conteúdo. Contratos de Troca*, Coimbra, Almedina, 2007, pp. 227 e ss., e SÁ E MELLO, *Manual*, pp. 373 e ss.

O art. 84º, nº 1, exclui do conceito de edição algumas figuras que considera afins deste contrato, nomeadamente:

a) o contrato pelo qual o autor encarrega outrem de "produzir por conta própria um determinado número de exemplares de uma obra e assegurar o seu depósito, distribuição e venda, convencionando as partes dividir entre si os lucros ou os prejuízos da respectiva exploração";
b) o contrato pelo qual o autor encarrega outrem de "produzir um determinado número de exemplares da obra e assegurar o seu depósito, distribuição e venda por conta e risco do titular do direito, contra o pagamento de certa quantia fixa ou proporcional";
c) o contrato pelo qual o autor encarrega outrem de "assegurar o depósito, distribuição e venda de exemplares da obra por ele mesmo produzidos, mediante pagamento de comissão ou qualquer outra forma de retribuição".

Nestes casos, não é aplicável consequentemente o regime da edição. Em princípio, sendo estes contratos atípicos, são regulados pelas partes, determinando, no entanto, o art. 84º, nº 2, que o contrato previsto na alínea a) se rege subsidiariamente pelas regras relativas à associação em participação, enquanto que os contratos previstos nas alíneas b) e c) se regem subsidiariamente pelo regime da prestação de serviços, sendo ainda aplicáveis supletivamente os usos correntes.

O contrato de edição reveste em princípio natureza comercial, dado que o art. 230º, nº 5, CCom qualifica como comerciais as empresas que se propuserem "editar, publicar ou vender obras científicas, literárias ou artísticas". Já não é, no entanto, considerada comercial a actividade do "autor que editar, publicar ou vender as suas obras" (art. 230º, § 3º CCom).

### 2.2. Forma do contrato

Nos termos do art. 87º, nº 1, o contrato de edição só tem validade quando for celebrado por escrito. No entanto, a sanção legal para a inobservância da forma especial não é a nulidade, ao contrário do que resultaria genericamente do art. 220º CC, mas antes uma invalidade atípica, uma vez que o art. 87º, nº 2, estabelece que "a nulidade resultante da falta de redução do contrato a escrito presume-se imputável ao editor e só pode ser invocada pelo autor".

### 2.3. Objecto do contrato de edição

Nos termos do art. 85º, o contrato de edição pode ter por objecto uma ou mais obras, existentes ou futuras, inéditas ou publicadas. Apesar de a lei não o referir expressamente, é manifesto que essas obras terão que ser obras literárias ou artísticas, que possam ser objecto de reprodução mecânica ou digital em exemplares. Já as obras fonográficas ou videográficas não são objecto do contrato de edição, mas antes do contrato de fixação fonográfica e videográfica (art. 141º).

Sendo considerado no Direito Português como um contrato de direito de autor, o contrato de edição apenas pode ter por objecto obras protegidas. No caso de as partes convencionarem a edição de obras de utilização livre, já não estaremos perante um típico contrato de edição, mas antes perante um contrato atípico[293].

O contrato de edição deve obrigatoriamente "mencionar o número de edições que abrange, o número de exemplares que cada edição compreende e o preço de venda ao público de cada exemplar" (art. 86º, nº 1). "Se o número de edições não tiver sido contratualmente fixado, o editor só está autorizado a fazer uma" (art. 86º, nº 2). "Se o contrato for omisso quanto ao número de exemplares, o editor fica obrigado a produzir, pelo menos, 2.000 exemplares da obra (art. 86º, nº 3).

### 2.4. Direitos do editor

#### 2.4.1. Direito de reproduzir, distribuir e vender a obra

Estabelece o art. 88º, nº 1, que "o contrato de edição não implica a transmissão, permanente ou temporária, para o editor do direito de publicar a obra, mas apenas a concessão de autorização para reproduzir e comercializar nos precisos termos do contrato". O contrato de edição não constitui assim um contrato transmissivo de direitos de autor, sendo meramente autorizativo, permitindo ao editor exercer as faculdades de reprodução, distribuição e venda da obra[294]. Efectivamente, e por força do contrato

293 Neste sentido, Oliveira Ascensão, *Direito de Autor*, pp. 445.

294 Neste sentido, Alexandre Libório Dias Pereira, *Direitos de Autor*, pp. 198 e ss.

de edição, o editor adquire o direito de produzir exemplares da obra, de os colocar à disposição do público e de os vender[295]. Esse direito, porém, resulta da autorização do autor, não implicando o contrato de edição uma efectiva oneração da obra, mas antes uma simples licença. O editor não adquire assim nenhum direito absoluto sobre a obra, uma vez que os seus direitos se estruturam antes com base numa relação obrigacional com o autor (art. 89º)[296].

O direito de reprodução do editor encontra-se limitado ao número de edições contratualmente previsto para a obra (art. 86º, nº 1), o qual é apenas de uma edição, caso nada seja previsto em sentido contrário (art. 86º, nº 2), e ainda quanto ao número de exemplares a tirar da obra, sendo este fixado num mínimo de 2000, se nada estiver previsto no contrato (art. 86º, nº 3). A técnica editorial costuma distinguir entre *edição nova*, quando haja modificação da obra, *nova tiragem*, quando o editor se limita a tirar sucessivamente nova massa de exemplares da obra, e *reimpressão*, quando é publicada novamente uma reprodução inalterada da obra[297]. É manifesto, no entanto, que tanto as novas tiragens como a reimpressão da obra estão sujeitas à autorização do autor, não podendo

[295] Cfr. Oliveira Ascensão, *Direito de Autor*, pp. 442-443.

[296] Oliveira Ascensão, *Direito de Autor*, pp. 444-445, contesta este entendimento, considerando, com base no art. 89º, nº 4, que o direito do editor tem eficácia absoluta, uma vez que o autor não é obrigado a defender o editor contra embaraços e turbações resultantes de mero facto de terceiros, pelo que terá que ser este a assegurar a sua defesa. Por outro lado, sustenta que o art. 88º, nº 1, não deporia no sentido da natureza meramente obrigacional do direito do editor, considerando essa norma "um resquício do passado", que "vem dos tempos do desmembramento". Em sentido próximo, Alexandre Libório Dias Pereira, *Direitos de* Autor, pp. 198 e ss. sustenta que o direito do editor constitui um direito pessoal de gozo sobre a obra, reconhecendo-lhe inclusivamente tutela possessória. É manifesto, no entanto, que o art. 89º, nº 4, constitui uma mera delimitação do conteúdo da obrigação do autor, resultando claramente do art. 88º, nº 1, a natureza obrigacional do seu direito que, não incidindo sobre coisas corpóreas, não reveste a natureza de direito pessoal de gozo. Não existe, por outro lado, qualquer posse sobre obras intelectuais, as quais, como coisas incorpóreas, também não são susceptíveis de posse. A defesa do editor contra embaraços e turbações decorrentes de factos de terceiro resulta directamente do seu direito à empresa, esse sim tutelado pelo art. 483º-

[297] Esta nomenclatura tem aliás consagração na lei, uma vez que para efeitos do depósito legal o art. 6º do D.L. 74/82, de 3 de Março estabelece que "são consideradas como obras diferentes, sujeitas, pois, a obrigação de depósito, as reimpressões e as novas edições, desde que não se trate de simples aumentos de tiragem".

por isso ser realizadas livremente pelo editor, violando este o contrato se imprimir novos exemplares para além dos previstos[298]. Em relação às novas edições, a lei admite a possibilidade de o editor ser contratualmente autorizado à sua realização, caso em que as condições estipuladas para a edição originária se aplicam, em caso de dúvida, às edições subsequentes (art. 105º, nº 1).

Para além do direito de reprodução, o editor adquire por força do contrato o direito de distribuir e vender os exemplares da obra. Naturalmente que cabe ao editor avaliar a forma mais de adequada de distribuição e venda, de acordo com as condições do mercado, ainda que a situação seja igualmente do interesse do autor, a quem igualmente aproveita o sucesso da edição, especialmente quando, como é comum, a retribuição é fixada numa percentagem sobre o preço da venda ao público.

Precisamente por esse motivo, o editor está vinculado a respeitar o preço de venda dos exemplares fixado no contrato, só podendo "determinar reduções do preço com o acordo do autor, a menos que lhe pague a retribuição correspondente ao preço anterior" (art. 91º, nº 5). Apesar do silêncio da lei, tendemos a considerar que o editor também não poderá aumentar o preço de venda sem o acordo do autor, ainda que tal incremente a retribuição deste, fixada em percentagem sobre o preço de capa. Na verdade, além de a atribuição ao editor de uma liberdade de aumento do preço impedir o adequado controlo sobre os proventos resultantes da venda da obra, o autor também tem interesse em que o preço não seja de tal forma elevado que possa prejudicar o adequado escoamento da obra[299].

Há, porém, uma situação em que se dá ao editor a faculdade de efectuar reduções do preço, através da venda em saldo ou a peso dos exempalres, ou mesmo de os destruir. Essa situação ocorre, nos termos do art.

[298] Defende, por isso, Oliveira Ascensão, *Direito de Autor*, p. 451, que a distinção na técnica editorial não tem correspondência no Direito, pois para efeitos de técnica jurídica só existem edições e não tiragens ou reimpressões. Discordamos. Uma nova edição implica sempre a vinculação do autor das obrigações de entrega do suporte (art. 89º) e revisão de provas (art. 94º), conforme aliás expressamente refere o art. 105º, nº 2, as quais deixam de fazer sentido se estiver em causa uma nova tiragem ou uma reimpressão. Nestes dois últimos casos, a situação corresponderá antes a uma modificação do contrato de edição já celebrado em relação ao número de exmplares, ou a uma renovação desse mesmo contrato.

[299] Neste sentido, Oliveira Ascensão, *Direito de Autor*, p. 452, nota (1).

99º, nº 1, sempre que a edição da obra se não mostrar esgotada dentro do prazo convencionado ou, na falta de convenção, em cinco anos a contar da data da sua publicação. Nesse caso, no entanto, o editor deve prevenir o autor para este exercer o direito de preferência na aquisição do remanescente da edição por preço fixado na base do que produziria a venda em saldo ou a peso (art. 99º, nº 2).

#### 2.4.2. Direito de exclusivo

Normalmente o contrato de edição implica uma concessão do exclusivo em relação às referidas faculdades de reprodução, comercialização e venda (art. 88º, nº 3, primeira parte).

A lei admite, no entanto, certas excepções ao exclusivo do editor e que correspondem ao seguinte:

a) existência de estipulação em contrário (art. 88º, nº 3, *in principio*);
b) superveniência de circunstâncias tais que prejudiquem o interesse da edição e tornem necessária a remodelação ou actualização da obra (art. 88º, nº 3, *in fine*);
c) a edição de obras completas, que continua a ser permitida ao autor após a celebração de contratos para edições separadas (art. 103º, nº 1).

#### 2.4.3. Direito de efectuar certas modificações na obra

Ao editor é naturalmente vedada a possibilidade de efectuar modificações da obra, uma vez que tal violaria claramente o direito do autor à tutela da integridade da obra. Há, no entanto, duas situações em que a lei autoriza o editor à realização dessas modificações, para evitar a desactualização da obra.

A primeira situação ocorre em relação à actualização ortográfica da obra. Efectivamente, dispõe o art. 93º que não se considera como modificação a actualização ortográfica do texto, na falta de indicação do autor em contrário.

A segunda situação em relação aos dicionários, enciclopédias e obras didácticas, após a morte do seu autor. Efectivamente, em relação a estas obras é permitido ao seu editor actualizá-las ou completá-las mediante notas, adendas, notas de pé de página ou pequenas actualizações de texto (art. 95º, nº 1), devendo, no entanto, assinalá-las sempre que os textos respectivos sejam assinados ou contenham matéria doutrinal.

### 2.5. Obrigações do autor

#### 2.5.1. Obrigação de entregar um suporte da obra em condições de ser realizada a reprodução

O autor tem genericamente a obrigação de proporcionar ao editor os meios necessários para o cumprimento do contrato. Para esse efeito, a lei determina que ele deve, nomeadamente, entregar ao editor "nos prazos convencionados, o original da obra objecto da edição em condições de poder fazer-se a reprodução" (art. 89º, nº 1). Não vemos, porém, que exista necessidade de ser entregue ao editor o próprio original da obra, podendo entregar-se qualquer suporte da mesma, desde que esteja em condições de ser reproduzido. Em qualquer caso, a entrega não implica transmissão da propriedade sobre o referido suporte, uma vez que o art. 89º, nº 2, determina que o mesmo "pertence ao autor, que tem o direito de exigir a sua restituição, logo que esteja concluída a edição". A entrega do suporte tem que ser realizada em tempo útil, podendo o editor, no caso de o autor demorar injustificadamente essa entrega, resolver o contrato, sem embargo do pedido de indemnização por perdas e danos (art. 89º, nº 3).

#### 2.5.2. Obrigação de revisão das provas

Outra obrigação do autor é a revisão das provas, devendo, para o efeito, ser-lhe entregue um jogo de provas a granel, um jogo de provas de página e o projecto gráfico da capa. O autor deve então corrigir a composição daquelas páginas e ser ouvido quanto a este projecto, ficando obrigado, em condições normais, a restituir as provas no prazo de vinte dias e o projecto de capa no prazo de cinco dias (art. 94º, nº 1). Em caso de demora por parte do autor na restituição das provas, o editor poderá notificá-lo, por carta registada com aviso de recepção, para que restitua as provas, dentro de novo e improrrogável prazo (art. 94º, nº 2), sendo essa condição necessária para que possa ser solicitada indemnização pela demora na publicação (art. 94º, nº 3).

A lei permite ao autor, aquando da revisão de provas, introduzir correcções de tipografia, cujos custos são suportados pelo editor, tanto nos granéis, como nas provas de página (art. 94º, nº 4). Já em relação às correcções, modificações ou aditamentos do texto que não se justifiquem por circunstâncias novas, o editor só é obrigado a suportar o seu custo se não excederem 5% do preço da composição, cabendo o custo acima dessa percentagem ao autor (art. 94º, nº 5).

O cumprimento da obrigação de revisão de provas apresenta-se como essencial para que o editor possa cumprir as suas obrigações relativamente à reprodução e distribuição da obra, já que o art. 98º, nº 1, proíbe a realização da impressão sem o consentimento do autor. O art. 98º, nº 2, estabelece, no entanto, que a restituição das provas de página e do projecto gráfico da capa, quando não acompanhada de declaração em contrário, significa autorização para impressão.

### 2.5.3. Obrigação de garantir os direitos do editor sobre a obra

Em consequência da celebração do contrato de edição, o autor assume a obrigação de garantir os direitos do editor sobre a obra. Essa garantia começa por ter por referência a própria existência da obra a editar, uma vez que, salvo no caso da edição de obras futuras, o autor, ao celebrar o contrato de edição, assume naturalmente a existência da obra cujos direito de edição atribui.

Em segundo lugar, o contrato de edição implica ainda que o autor garanta ao editor a inexistência de direitos de terceiro em relação à obra a editar. Efectivamente, o art. 89º, nº 4, estabelece expressamente que "o autor é obrigado a assegurar ao editor o exercício dos direitos emergentes do contrato de edição contra os embargos e turbações provenientes de direitos de terceiros em relação à obra a que respeita o contrato, mas não contra embaraços e turbações provenientes de facto de terceiros". O autor garante assim que o exercício da edição não é afectado pelo exercício de direitos alheios, como direitos de autor, no caso da obra usurpada ou contrafeita, ou direitos de personalidade, em caso de injúria ou difamação. A garantia não abrange, no entanto, uma protecção contra os próprios comportamentos de terceiros, pelo que o autor não poderá ser responsabilizado pelo facto de terceiros sem razão reagirem violentamente à edição daquela obra.

Em consequência da exclusividade de que beneficia o editor, o autor, ao mesmo tempo que lhe permite a utilização da obra, vincula-se a não fazer utilização semelhante nem permitir essa utilização por terceiros. Assim, o art. 88º, nº 3, primeira parte, estabelece que o contrato de edição "inibe o autor de fazer ou autorizar nova edição da mesma obra na mesma língua, no País ou no estrangeiro, enquanto não estiver esgotada a edição anterior ou não tiver decorrido o prazo estipulado".

### 2.6. Obrigações do editor

#### 2.6.1. Obrigação de realizar a reprodução da obra nas condições convencionadas

Conforme acima se referiu, o autor autoriza o editor a efectuar a reprodução, distribuição e venda da obra. No entanto, a reprodução não se reconduz a um mero direito do editor, sendo também uma obrigação que este assume perante o autor. Efectivamente, dispõe o art. 90º, nº 1, que "o editor é obrigado a consagrar à execução da edição os cuidados necessários à reprodução da obra nas condições convencionadas (...), devendo, em caso de incumprimento, indemnização ao autor por perdas e danos".

Tem sido questionado se o editor pode recusar posteriormente a execução da obra, caso venha a descobrir que a mesma possui carácter ilícito, designadamente por violar direitos de autor ou personalidade alheios. Parece preferível considerar que nesse caso permanece vinculado à publicação, uma vez que se deveria ter certificado da situação através da leitura do original[300], estando a sua posição assegurada pela garantia que é dada pelo autor nos termos do art. 89º, nº 4.

A obrigação de reprodução da obra está sujeita a prazo, devendo o mesmo ser convencionado entre as partes. Na ausência dessa convenção, estabelece o art. 90º, nº 2, primeira parte, que "o editor deve iniciar a reprodução da obra no prazo de seis meses a contar da entrega do original e concluí-la no prazo de 12 meses a contar da mesma data". Admite-se, porém, que esse prazo seja dilatado em caso de força maior devidamente comprovado, "em que o editor deve concluir a reprodução no semestre seguinte à expiração deste último prazo" (art. 90º, nº 2, *in fine*). A lei tem, porém, o cuidado de esclarecer que "não se consideram casos de força maior a falta de meios financeiros para custear a edição nem o agravamento dos respectivos custos" (art. 90º, nº 3).

O prazo é, porém, consideravelmente encurtado sempre que "a obra versar assunto de grande actualidade ou de natureza tal que perca o interesse ou a oportunidade em caso de demora na publicação". Nessa situação "o editor será obrigado a dar início imediato à reprodução e a tê-la concluída em prazo susceptível de evitar os prejuízos da perda referida" (art. 90º, nº 4).

[300] Cfr. Le Tarnec, *op. cit.*, p. 130.

A obrigação de reprodução da obra é delimitada pelo número de exemplares contratual ou legalmente previsto (art. 86º, nºs 1 e 3), violando o editor a sua obrigação se produzir exemplares acima ou abaixo desse número.

Se o editor produzir exemplares em número inferior ao convencionado pode ser coagido a completar a edição e, se não o fizer, poderá o titular do direito de autor contratar com outrem, a expensas do editor, a produção dos exemplares em falta, sem prejuízo da competente indemnização (art. 86º, nº 4).

Já no caso de o editor produzir exemplares em número superior ao estipulado, a lei permite ao autor requerer a apreensão judicial dos exemplares a mais e apropriar-se deles, perdendo o editor o custo desses exemplares (art. 86º, nº 5). No caso de o editor já ter vendido, total ou parcialmente, os exemplares a mais ou de o titular do direito de autor não ter requerido a apreensão, o editor ficará obrigado a indemnizar este (art. 86º, nº 6).

### 2.6.2. Obrigação de permitir a fiscalização do número de exemplares produzidos

Outra obrigação do editor é a de permitir ao autor, por si ou seu representante, a fiscalização do número de exemplares produzidos. Para esse efeito, o autor pode, nos termos da lei, exigir exame à escrituração comercial do editor ou da empresa que produziu os exemplares, se esta não pertencer ao editor, ou recorrer a outro meio que não interfira com o fabrico da obra, como seja a aplicação da sua assinatura ou chancela em cada exemplar (art. 85º, nº 7).

### 2.6.3. Obrigação de retribuição

A principal obrigação do editor é a de pagar a retribuição ao autor. Não obstante, a obrigação de retribuição, sendo um elemento natural, não é um elemento essencial do contrato de edição, uma vez que o art. 91º, nº 1, se limita a consagrar uma presunção de onerosidade, a qual pode ser livremente elidida pelas partes no contrato.

Quando acordada pelas partes, a retribuição deve constar de estipulação contratual. O art. 91º, nº 2, admite várias formas de retribuição ao autor, as quais podem ser combinadas entre si:

a) pagamento de uma quantia fixa pela totalidade da edição;

b) pagamento de uma percentagem sobre o preço de capa de cada exemplar;
c) atribuição de certo número de exemplares;
d) prestação estabelecida em qualquer outra base, segundo a natureza da obra.

Caso nada seja estipulado, a lei opta pela fórmula constante da alínea b), ou seja a remuneração do autor com base numa percentagem sobre o preço de capa de cada exemplar vendido, a qual é fixada supletivamente em 25% (art. 91º, nº 3). Precisamente para esse efeito a lei obriga a que o contrato mencione o preço de venda ao público de cada exemplar (art. 86º, nº 1, *in fine*). No entanto, o preço de capa dos exemplares fixado no contrato não determina definitivamente o valor da remuneração do autor, uma vez que se ocorrerem aumentos ou reduções do respectivo preço, também será afectada a remuneração (art. 91º, nº 4). No entanto, salvo o caso previsto no art. 99º, o editor só pode determinar reduções do preço com o acordo do autor, a menos que lhe pague a remuneração correspondente ao preço anterior (art. 91º, nº 5).

A obrigação de pagamento da retribuição torna-se exigível logo após a conclusão da edição, nos prazos e condições referidos no art. 90º, salvo se a forma da retribuição adoptada fizer depender o pagamento de circunstâncias ulteriores, nomeadamente da colocação total ou parcial dos exemplares produzidos (art. 92º).

### 2.6.4. Obrigação de prestação de contas

No caso de a retribuição devida ao autor depender dos resultados da venda ou se o seu pagamento for subordinado à evolução desta, o editor é vinculado por uma obrigação de prestação de contas ao autor relativamente à evolução das vendas. Essa obrigação vence-se no prazo convencionado ou, na falta de convenção, semestralmente com referência a 30 de Junho ou 31 de Dezembro de cada ano (art. 96º, nº 1). As contas são apresentadas através da remessa ao autor de um mapa da situação das vendas e das devoluções ocorridas nesse período, acompanhado do pagamento do respectivo saldo, por carta registada nos 30 imediatos ao termo do prazo (art. 96º, nº 2). Para além disso, o editor deve facultar ao autor ou ao seu representante os elementos da sua escrita indispensáveis à boa verificação dessas contas (art. 96º, nº 3).

### 2.7. Transmissão

Em relação à transmissão dos direitos e obrigações resultantes do contrato de edição, deve salientar-se que essa transmissão só pode ocorrrer em casos delimitados, atenta a natureza *intuitu personae* do contrato.

Efectivamente, o art. 100º, nº 1, proíbe o editor de, sem consentimento do autor, transferir para outrem os direitos emergentes do contrato de edição, salvo no caso de trespasse do seu estabelecimento. Em relação ao conceito de transmissão relevante para efeitos do consentimento do autor, o art. 100º, nº 3, exige esse consentimento para a inclusão desses direitos na participação do editor em qualquer sociedade comercial, mas o art. 100º, nº 4, já o exclui em caso de adjudicação desses direitos a algum ou alguns dos sócios da sociedade editora, por efeito de liquidação judicial ou extrajudicial desta.

A lei dispensa, no entanto, o consentimento do autor para a transmissão dos direitos em caso de trespasse do estabelecimento do editor, com o que se pretende facilitar a alienação do seu negócio como um todo. A lei estabelece, no entanto, que se o trespasse vier a causar prejuízos morais ao autor, este tem o direito de resolver o contrato no prazo de seis meses a contar do conhecimento do mesmo trespasse, assitindo ao editor direito de indemnização por perdas e danos (art. 100º, nº 2). A faculdade de resolução conferida pela lei ao autor constitui apenas uma forma de tutela dos seus direitos morais, uma vez que o trespasse do estabelecimento do editor é perfeitamente lícito. Em consequência, se o autor exercer essa faculdade fica constituído em responsabilidade pelo sacrifício perante o editor.

### 2.8. Incumprimento do contrato

#### 2.8.1. O incumprimento do contrato por parte do autor

Uma vez que se trata de um contrato obrigacional, o autor, ao celebrar o contrato de edição, garante ao editor a existência da obra a publicar. Daqui resulta que a validade do contrato de edição não é afectada em caso de inexistência da obra, respondendo o autor por incumprimento perante o editor, nos termos gerais, tendo consequentemente que ressarcir o interesse contratual positivo deste na edição da obra[301].

[301] Cfr. Asprogerakas-Grivas, *op. cit.*, p. 74.

Nos termos do art. 89º, nº 4, o contrato de edição tem ainda implícita uma garantia de inexistência de direitos de terceiro sobre a obra entregue (por exemplo, que a obra não foi usurpada nem contrafeita, nem viola direitos de personalidade alheios). Assim, caso se verifique uma infracção dessa garantia, naturalmente que o autor responderá perante o editor por incumprimento do contrato, tendo que indemnizar o seu interesse contratual positivo.

O contrato de edição implica igualmente que o autor garanta o exclusivo do editor sobre a obra a editar, proibindo nova edição pelo autor ou por terceiro (art. 88º, nº 3). Esta proibição não implica, no entanto, a nulidade de um segundo contrato de edição celebrado pelo autor em violação do primeiro contrato, mas apenas o incumprimento desse mesmo contrato[302]. Efectivamente, o contrato de edição constitui um negócio obrigacional e não um negócio de disposição, pelo que a violação do exclusivo gera apenas responsabilidade obrigacional, não implicando a invalidade do segundo contrato.

Já não parece, porém, que o contrato de edição implique para o autor a prestação de uma garantia de qualidade da obra, pelo que não será considerada perturbação da prestação do contrato de edição o facto de a obra não ter a qualidade habitual de anteriores obras do mesmo autor, mesmo no caso de gerar uma grande decepção no público que habitualmente adquiria as suas obras. Efectivamente, deve considerar-se que, ao decidir a publicação da obra apenas com base no conhecimento que tem do autor (sem fazer uma avaliação prévia da obra), o editor assume o risco relativo à qualidade da obra por si editada, não podendo responsabilizar o autor por essa falta de qualidade posteriormente revelada[303].

[302] Neste sentido, cfr. Ac. RP 3/5/2007 (Deolinda Varão) na *CJ* 32 (2007), 3, pp. 163-167.

[303] Cfr. Asprogerakas-Grivas, *op. cit.*, p. 92. Mais complicada é, no entanto, a situação de a obra já ter sido anteriormente editada, apesar de ser apresentada como original, ou ser reprodução total ou parcial de outra obra do mesmo autor (o denominado autoplágio). Asprogerakas-Grivas, *op. cit.*, pp. 127 e ss., considera que nesses casos não se pode faltar da existência de uma falta ou de um vício na obra, enquadrando a situação na responsabilidade pré-contratual, no caso de serem causados danos ao editor, e admitindo ainda a anulação do contrato de edição por erro ou dolo. Também Pedro Álvarez de Benito, *Las obligaciones del autor en el contrato de edición*, Barcelona, Bosch, 1998, pp. 250 e ss., considera que o problema do autoplágio é o autor se encontrar a efectuar concorrência ao editor, o que violaria uma proibição acessória de não concorrência em relação à obra editada, excluindo

Da mesma forma, não resulta do contrato de edição qualquer garantia relativa aos resultados das vendas da obra, cabendo ao editor assumir em exclusividade o risco respectivo, que faz parte da essência do negócio de edição. As partes podem, porém, estabelecer uma repartição diferente do risco da edição, atribuindo-o na totalidade ou em parte ao autor. O contrato celebrado nessas condições não revestirá, porém, a natureza de contrato de edição, sendo sujeito a um regime distinto, conforme resulta expressamente do art. 84º CDADC.

No caso, porém, de o contrato de edição estipular a entrega de uma obra com certas características específicas, o autor responderá por cumprimento defeituoso se entregar uma obra com características diferentes do estipulado, podendo mesmo considerar-se existir uma situação de incumprimento, em resultado de *aliud pro alio*, no caso de a obra ser de género totalmente diferente (ex: entrega de um ensaio em lugar de um romance). No caso de simples desconformidade com o estipulado, o editor poderá exigir indemnização pelo desconformidade verificada e inclusivamente opor a excepção de não cumprimento do contrato perante o cumprimento defeituoso (*exceptio non rite adimpleti contractus*) ou resolver o contrato, a menos que a desconformidade tenha escassa importância. Já no caso de se tratar de entrega de obra distinta do acordado, o editor pode recusar a edição da obra entregue e continuar a exigir a entrega da obra acordada. O editor poderá igualmente resolver o contrato, sem prejuízo do direito à indemnização nos termos gerais.

Outra situação de incumprimento do contrato de edição pelo autor ocorre na hipótese de este não cumprir a obrigação constante do arr. 89º, nº 1, designadamente por não entregar o suporte da obra em condições de se fazer a publicação. Nesse caso, o editor poderá recorrer judicialmente à execução específica para obter a sua entrega nos termos previstos no art. 827º CC[304].

por isso a relevância do autoplágio, quando as obras tenham o mesmo editor. É manifesto, no entanto, que se o autor tiver garantido ao editor a novidade da obra, existirá incumprimento do contrato.

[304] Cfr. Oliveira Ascensão, *Direito de Autor*, p. 454, que argumenta que "o autor não tem qualquer direito a uma impune violação do contrato", dado que o "direito de reprodução já está adquirido na esfera do editor".

### 2.8.2. O incumprimento do contrato por parte do editor

O editor também pode naturalmente incumprir o contrato que o liga o autor, ou não procedendo à impressão, distribuição e venda das obras nos termos convencionados, ou deixando de pagar ao autor a retribuição que lhe é devida. Nesses casos, o autor pode naturalmente recorrer à acção de cumprimento e à execução do património do editor, nos termos gerais (cfr. art. 817º CC).

A lei atribui neste caso ao autor um privilégio mobiliário especial sobre os exemplares existentes no património do editor (art. 742º CC), tendo esse privilégio o quinto lugar na respectiva graduação (art. 747º, nº 1, e) CC)[305].

A lei regula ainda o caso especial da falência (hoje insolvência) do editor. Nesse caso, estabelece-se que "se, para a realização do activo no processo de falência do editor, houver que proceder à venda por baixo preço, na totalidade ou por grandes lotes, dos exemplares da obra editada existentes nos depósitos do editor, deverá o administrador da massa falida prevenir o autor, com a antecipação de vinte dias, pelo menos, a fim de o habilitar a tomar as providências que julgue convenientes para a defesa dos seus interesses materiais e morais" (art. 102º, nº 1). Nesse caso, ainda é reconhecido ao autor "o direito de preferência para a aquisição pelo maior preço alcançado dos exemplares postos em arrematação" (art. 102º, nº 2).

### 2.9. Extinção do contrato

O contrato de edição pode extinguir-se pelas causas gerais de extinção dos contratos, como a revogação, a resolução e a caducidade. Há, no entanto, algumas especificidades que convém examinar.

Em relação à caducidade, tratando-se de um contrato *intuitu personae*, naturalmente que o contrato de edição se extinguirá pela morte ou inca-

[305] Em Itália foi equacionada a aplicação ao criador de obra intelectual do privilégio previsto no art. 2751-bis n. 2 do *Codice Civile* relativo aos profissionais liberais e aos prestadores de obra. Na sua decisão de 18/11/2008, a Corte di Appello di Napoli, I Sezioni Civile, em *IDA* 81 (2010), nº 1, pp. 77-79, com anotação de FERDINANDO TOZZI, "Note a margine del privilegio *ex* art. 2751-*bis* n. 2 cod. civ. e il diritto dell'autore di opera letteraria", *ibid* pp. 79-87, negou a possibilidade de realizar essa aplicação com o argumento de que a prestação do autor no contrato de edição não consiste num *facere*, mas num *dare*, mesmo quando está em causa a edição de obra futura.

pacidade do autor. Pode, porém, acontecer que a morte ou incapacidade se verifique depois de o autor já ter entregue parte apreciável da obra, que possa justificar a sua publicação. Nesse caso, determina o art. 101º, nº 1, que "os sucessores do autor poderão resolver o contrato, indemnizando o editor por perdas e danos, mas, se não o fizerem no prazo de três meses, poderá o editor resolver o contrato ou dá-lo por cumprido quanto à parte entregue, contanto que pague ao sucessor ou representante a retribuição correspondente". No entanto, "se o autor tiver manifestado vontade de que a obra não seja publicada senão completa, o contrato será resolvido e não poderá a obra incompleta ser editada em caso algum, mas deverá o editor ser reembolsado dos pagamentos que tiver eventualmente efectuado a título de direito de autor" (art. 101º, nº 2). A lei prevê aliás que uma obra incompleta só possa ser completada por outrem que não o autor com o consentimento escrito deste (art. 101º, nº 3)[306], sendo ainda obrigatório identificar na obra claramente a parte primitiva e o acrescento, assim como a autoria deste (art. 101º, nº 4).

Já a resolução do contrato encontra-se prevista no art. 106º, nº 1, o qual determina que a mesma pode ocorrer nas seguintes situações:

a) se for declarada a interdição do editor;
b) por morte do editor em nome individual, se o seu estabelecimento não continuar com algum ou alguns dos seus sucessores;
c) se o autor não entregar o original dentro do prazo convencionado ou se o editor não concluir a edição no prazo estabelecido no nº 2 do art. 90º, salvo caso de força maior devidamente comprovado;
d) em todos os demais casos especialmente previstos e, de um modo geral, sempre que se verificar o incumprimento de qualquer das cláusulas contratuais ou das disposições legais directa ou supletivamente aplicáveis.

O nº 2 do art. 106º esclarece desnecessariamente que "a resolução do contrato entende-se sempre sem prejuízo da responsabilidade por perdas e danos da parte a quem for imputável".

[306] Sustentam Oliveira Ascensão, *Direito de Autor*, p. 457, e Luiz Francisco Rebello, *Código*, sub art. 101º, nº 3, p. 159, que a expressão "autor" se refere neste caso aos sucessores e representantes legais do autor, necessitando o editor do consentimento escrito destes se quiser completar a obra.

## 2.10. O regime especial da edição de obra futura

Conforme expressamente refere o art. 85º, o contrato de edição pode ter por objecto obras futuras, caso em que o autor além de conceder ao editor autorização para a reprodução, distribuição e venda de uma obra literária ou artística, ainda assume previamente a obrigação de a elaborar. Nesse caso, o contrato de edição é sujeito a um regime especial, constante do art. 104º, em termos que se irão examinar.

Convém, no entanto, distinguir o contrato de edição de obras futuras de figuras afins que com ele se poderiam confundir. Assim, sendo um contrato meramente obrigacional, a edição de obras futuras não se confunde com a disposição antecipada do direito de autor sobre obra futura, referida no art. 48º. Não obstante, a lei manda aplicar ao contrato o mesmo regime (art. 104º, nº 1), o que implica que o contrato de edição respeitante a obras futuras não possa abranger mais do que as que forem produzidas num período de dez anos (48º, nº 1), sendo o contrato sujeito à redução legal, caso esse limite máximo seja ultrapassado (art. 48º, nº 2).

Da mesma forma, o contrato de edição de obras futuras não se confunde com o contrato de encomenda de obra intelectual, a que se refere o art. 14º[307]. Neste último contrato, pode existir a atribuição dos direitos de autor ao comitente (art. 14º, nº 1), e mesmo que esses direitos sejam atribuídos ao criador intelectual, este sofre limitações à sua utilização derivados da função da encomenda (art. 15º, nº 3), não assumindo o comitente a obrigação de utilizar a obra, e muito menos a de a editar. Pelo contrário, na edição de obra futura existe apenas a prévia contratação da edição da obra, o que não tem qualquer efeito em termos de atribuição ou limitação ao exercício dos direitos de autor sobre a mesma, e vincula o editor a realizar a edição.

É, no entanto, claro que, ao convencionar a edição da obra futura, o autor assume perante o editor a obrigação de produzir a obra no prazo convencionado. Esse prazo, no entanto, pode ser judicialmente prorrogado, com motivos suficientes, a requerimento do autor, sem que o editor a isso se possa opor (art. 104º, nº 3)[308]. Em caso de não existir esti-

[307] Cfr. Sá e Mello, *Contrato*, pp. 470 e ss.

[308] Sustenta, porém, Oliveira Ascensão, *Direito de Autor*, p. 448, que o editor poderá rescindir o contrato se a prorrogação decretada alterar fundamentalmente as circunstâncias

pulação do prazo, naturalmente que a obrigação do autor não se pode considerar pura, pelo que o mesmo não entrará em mora com a interpelação do editor. Compete nesse caso ao editor requerer a fixação judicial do prazo para a entrega da obra (art. 104º, nº 2).

A lei regula ainda especialmente o caso de edição de obra que deve ser escrita à medida que vai sendo publicada, em volumes ou em fascículos. Neste caso, deverão fixar-se no contrato o número e a extensão ao menos aproximados, dos volumes ou fascículos, adoptando-se, quanto à extensão, uma tolerância de 10%, salvo convenção que disponha diversamente (art. 104º, nº 4). No entanto, se o autor exceder, sem prévio acordo do editor, as referidas proporções, não terá direito a qualquer remuneração suplementar e o editor poderá recusar-se a publicar os volumes, fascículos ou páginas em excesso, assistindo todavia ao autor o direito de resolver o contrato, indemnizando o editor das despesas feitas e dos lucros esperados da edição, atendendo-se aos resultados já obtidos para o cálculo da indemnização se tiver começado a venda de parte da obra (art. 104º, nº 5).

O regime da edição de obra futura tem ainda algumas especialidades em caso de incumprimento. Ao contrato do que sucede em regra no contrato de edição, em que o autor garante ao editor a existência da obra a editar, no caso da edição de obra futura o autor limita-se a assumir a obrigação de realizar a obra, respondendo perante o editor por incumprimento, se não o fizer. Apesar de se tratar de uma prestação de facto infungível, o editor não terá neste caso o direito de recorrer neste caso à sanção pecuniária compulsória prevista no art. 829º-A CC, uma vez que a realização da obra exige especiais qualidades científicas ou artísticas do obrigado.

### 2.11. O regime especial relativo às reedições da obra

A lei estabelece a possibilidade de o editor ser contratado não apenas para uma edição, mas para várias edições da obra. Esse tipo de convenção pode

em que fundou a decisão de contratar. Não podemos, porém, concordar com essa posição. Sendo decretada judicialmente a prorrogação do prazo, é ao tribunal que cabe averiguar se, perante as circunstâncias, a mesma deve ser concedida. Caso ela o venha a ser, não faria sentido que o editor adquirisse o direito a resolver o contrato, uma vez que tal implicaria permitir-lhe elidir a aplicação dessa decisão judicial.

ser estipulada através da definição de um número mínimo de edições ou de um número indefinido de edições em determinado prazo, ou ainda da indicação de um número mínimo de exemplares a editar[309]. Nesses casos, o direito do editor relativo à exploração da obra não se extingue com o esgotamente da edição, podendo ser renovado em relação a edições seguintes. Naturalmente que, no entanto, a publicação de nova edição é nesse caso um direito e não uma obrigação do editor, sendo ele livre de decidir a realização ou não de novas edições, consoante o interesse que a obra esteja a suscitar no mercado.

A lei admite, no entanto, a possibilidade de o editor se vincular a fazer edições sucessivas da obra. Neste caso o editor fica vinculado a executá-las sem interrupção, por forma a que nunca venham a faltar exemplares no mercado, respondendo pelos danos causados pelo incumprimento dessa obrigação (art. 105º, nº 4), para além de dever ser considerada como causa de resolução do contrato pelo autor (art. 106º, nº 1, d)). A lei admite, no entanto, a cessação desta obrigação em "caso de força maior, não se considerando, porém, como tal a falta de meios financeiros para custear a nova edição nem o agravamento dos respectivos custos" (art. 105º, nº 5). Já Oliveira Ascensão vai mais longe, considerando que o dever de elaborar as novas edições só existe enquanto se mantiverem as condições de exploração regular que foram previstas no contrato[310].

Em qualquer caso, antes de empreender a nova edição, o editor tem o dever de facultar ao autor a possibilidade de intervir no texto, para pequenas correcções ou apuramentos que não impliquem modificação substancial da obra (art. 105º, nº 2). Naturalmente que para esse efeito, o autor fica obrigado à entrega do suporte da obra com essas modificações (art. 89º), e o editor tem da mesma forma o dever de fornecer ao autor as provas da nova edição (art. 94º). Caso o autor não exerça o

309 Neste sentido, Oliveira Ascensão, *Direito de Autor*, p. 453.

310 Cfr. Oliveira Ascensão, *Direito de Autor*, p. 453, que justifica a sua posição pela seguinte forma: "O editor que adquiriu o direito a duas edições de um comentário a uma lei não é obrigado a lançar a 2ª edição se a lei foi revogada; ou se tem direito a duas edições de um romance que se escoou penosamente, o editor não é obrigado a fazer imediatamente nova publicação, quando o interesse do mercado é quase nulo, saturado pela edição anterior. O dever de explorar pressupõe a conjugação dos interesses de ambas as partes, pelo não funciona quando um deles viria a ficar totalmente subordinado ao outro".

direito de introduzir modificações no texto no prazo convencionado, naturalmente que o editor poderá publicar uma simples reedição da obra anterior.

Por força do art. 105º, nº 1, se nada se tiver fixado no contrato, as condições estipuladas para a primeira edição mantém-se para as edições subsequentes, designadamente quanto ao preço dos exemplares, número de exemplares a imprimir, e remuneração acordada com o autor. Em relação à remuneração, no entanto, o art. 105º, nº 3, estabelece que "mesmo que o preço tenha sido globalmente fixado, o autor tem ainda direito a remuneração suplementar se acordar com o editor modificação substancial da obra, tal como refundição ou ampliação".

## 3. O contrato de representação cénica

### 3.1. Generalidades

Um outro contrato de licença relativo aos direitos de autor consiste no contrato de representação cénica, regulado nos arts. 107º e ss. Nos termos do art. 109º, nº 1, o contrato de representação é aquele pelo qual "o autor autoriza um empresário a promover a representação da obra, obrigando-se este a fazê-la representar nas condições acordadas". Completando esta definição o art. 107º define a representação como "a exibição perante espectadores de uma obra dramática, dramático-musical, coreográfica, pantomímica ou outra de qualquer natureza análoga, por meio de ficção dramática, canto, dança, música ou outros processos adequados, separadamente ou combinados entre si". O contrato de representação cénica será assim aquele contrato através do qual o autor concede a um empresário autorização para a exibição perante espectadores de alguma dessas obras, obrigando-se ele a realizar essa exibição pública nos termos acordados.

A lei reconhece ao autor o direito de autorizar qualquer utilização da obra através da representação, quer essa representação se realize em lugar público, quer em lugar privado, com ou sem entradas pagas, com ou sem fim lucrativo (art. 108º, nº 1). No entanto, esse direito do autor já não abrange a representação de obras por qualquer forma divulgadas, desde que a mesma se realize sem fim lucrativo e em privado, num meio familiar, sendo este princípio aplicável a toda a comunicação (art. 108º, nº 2). Por outro lado, a autorização para representar a obra não envolve, em princípio, a concessão do exclusivo ao empresário (art. 109º, nº 2), pelo que não fica o autor impedido de conceder a terceiros autorização para outras representações da obra. Em consequência, o direito de representação atribuído ao empresário é intransmissível, pelo que não poderá este cedê-lo a terceiros (art. 119º).

### 3.2. Forma do contrato

A lei obriga a que o contrato de representação tenha forma esccrita (art. 109º, nº 2), estabelecendo ainda que "o contrato deve definir com precisão as condições e os limites em que a representação da obra é autorizada, designadamente quanto ao prazo, ao lugar, à retribuição do autor e às modalidades do respectivo pagamento" (art. 109º, nº 3).

### 3.3. Direitos do autor

O art. 113º, nº 1, reconhece, a título supletivo, os seguintes direitos ao autor, no âmbito do contrato de representação:

a) introduzir na obra, independentemente do consentimento da outra parte, as alterações que julgar necessárias, contanto que não prejudiquem a sua estrutura geral, não diminuam o seu interesse dramático ou espectacular nem prejudiquem a programação dos ensaios e da representação;
b) ser ouvido sobre a distribuição dos papéis;
c) assistir aos ensaios e fazer as necessárias indicações quando à interpretação e encenação;
d) ser ouvido sobre a escolha dos colaboradores da realização artística da obra;
e) opor-se à exibição enquanto não considerar suficientemente ensaiado o espectáculo, não podendo, porém, abusar desta faculdade e protelar injustificadamente a exibição, caso em que responde por perdas e danos;
f) fiscalizar o espectáculo, por si ou por representante, para o que tanto um como o outro devem ter livre acesso ao local durante a representação.

É ainda possível ao autor estipular no contrato que a representação da obra será confiada a determinados actores ou executantes. Neste caso, a substituição destes só poderá fazer-se por acordo dos outorgantes (art. 113º, nº 2).

O contrato de representação de obra não divulgada não afecta o direito do autor à sua publicação, podendo publicá-la, impressa ou reproduzida por qualquer outro processo, salvo se outra coisa tiver sido convencionada com o empresário (art. 119º). Nesses casos, o empresário tem, por isso, um dever de sigilo, não podendo dar a conhecer a obra antes da primeira representação, salvo para efeitos publicitários, segundo os usos correntes (art. 116º).

A lei atribui ainda ao autor um direito de retirada se por decisão judicial for imposta a supressão de algum passo da obra que comprometa ou desvirtue o sentido da mesma. Nesse caso poderá o autor retirá-la e resolver o contrato, sem por isso incorrer em responsabilidade (art. 116º).

### 3.4. Obrigações do autor

Apesar de não se encontrar expressamente prevista na lei, o autor assume naturalmente, por força do contrato de representação, a obrigação de entregar um suporte da obra a representar, especialmente no caso de esta ainda não ter sido representada nem reproduzida (cfr. art. 116º).

O autor é ainda obrigado a entregar ao empresário documento comprovativo da autorização para a representação, sempre que tal seja necessário para a obtenção da correspondente licença ou autorização administrativa para a representação (art. 111º).

### 3.5. Direitos do empresário

Por virtude do contrato de representação, o empresário adquire o direito a utilizar a obra, explorando-a através da realização do espectáculo de representação cénica. Essa utilização não reveste carácter de exclusividade, pelo que não fica o autor impedido de celebrar com outros empresários contratos de representação relativos à mesma obra. Pode, porém, ser conferida exclusividade ao empresário, caso em que o autor abdicará dessa faculdade.

Do contrato de representação não resulta, porém, qualquer autorização para a transmissão do espectáculo pela radiodifusão sonora ou visual, reprodução em fonograma e videograma, ou filmagem e exibição em cinema, as quais dependem do consentimento escrito do autor e dos artistas. No entanto, essas utilizações do espectáculo ficam igualmente dependentes do consentimento do empresário, que pode assim negociar o seu direito sobre o espectáculo. O empresário adquire assim um direito conexo sobre o espectáculo que acresce ao direito de autor e aos direitos conexos dos seus artistas[311].

### 3.6. Obrigações do empresário

#### 3.6.1. Obrigação de fazer representar a obra em espectáculo público

A primeira obrigação que surge para o empresário em resultado do contrato é a de efectuar a representação da obra em espectáculo público (arts. 109º, nº 1, *in fine*, e 115º, nº 1). O prazo para essa obrigação deve ser definido no contrato (art. 109º, nº 3), mas, se o não for, a lei estabelece o prazo de um ano a contar da celebração do contrato, salvo se se tratar de obra dramático-musical, em que esse prazo é elevado para dois anos (art. 115º, nº 1, *in fine*). Para esse efeito, o art. 115º, nº 2, obriga o empresário a realizar os ensaios indispensáveis para assegurar a representação nas condições técnicas adequadas e, de um modo geral, a empregar todos os esforços usuais em tais circunstâncias para o bom êxito da representação.

#### 3.6.2. Obrigação de respeitar os direitos morais do autor

A lei impõe que no contrato de representação o empresário respeite os direitos morais do autor, como seja o direito ao inédito, o direito à menção do nome na obra e o direito à tutela da sua integridade.

Quanto ao direito ao inédito, o seu dever de respeito ocorre na circunstância acima referida de a representação ocorrer em relação a obra não publicada nem divulgada. Nesse caso, conforme se salientou, existe um dever de sigilo por parte do empresário, não podendo o mesmo dar a conhecer a obra antes da primeira representação, salvo para efeitos publicitários, segundo os usos correntes (art. 116º).

Em relação ao direito à menção do nome na obra, determina o art. 115º, nº 4, que "o empresário é obrigado a mencionar, por forma bem visível, no programas, cartazes e quaisquer outros meios de publicidade, o nome, pseudónimo ou qualquer outro sinal de identificação adoptado pelo autor".

Já em relação ao direito à tutela da integridade da obra, estabelece o art. 115º, nº 3, que a obra a representar deve corresponder integralmente ao texto que tiver sido fornecido pelo autor, não podendo o empresário

[311] Neste sentido, Oliveira Ascensão, *Direito de Autor*, p. 461.

fazer nele quaisquer modificações, como sejam eliminações, substituições ou aditamentos sem o consentimento do autor. O art. 112º determina que a representação que não se conforme com o seu conteúdo confere ao autor o direito de a fazer cessar imediatamente, sem prejuízo de responsabilidade civil ou criminal do empresário ou promotor do espectáculo.

### 3.6.3. Obrigação de pagar a retribuição devida ao autor

O art. 108º, nº 3, estabelece que a concessão do direito de representar se presume onerosa, excepto quando feita a favor de amadores. Assim, salvo nesta última hipótese, o autor terá direito a uma retribuição como contrapartida da outorga do direito a representar a sua obra.

O art. 110º, nº 1, estabelece que essa retribuição pode consistir numa quantia global fixa, numa percentagem sobre as receitas dos espectáculos, em certa quantia por cada espectáculo ou ser determinada por qualquer outra forma estabelecida no contrato.

No caso de a retribuição ter sido determinada em função da receita de cada espectáculo, deverá ser paga no dia seguinte ao do espectáculo respectivo, salvo se de outro modo tiver sido convencionado (art. 110º, nº 2). Nesse caso, assiste ao autor o direito de fiscalizar por si ou seu representante as receitas respectivas (art. 110º, nº 3).

## 3.7. Transmissão

O contrato de representação cénica é considerado um contrato *intuitu pesonae*, pelo que são limitadas as possibilidades de transmitir a outrem os direitos emergentes do contrato. Em consequência, o art. 118º proíbe o empresário de transmitir a outrem os direitos emergentes do contrato de representação sem o consentimento do autor. Ao contrário do que se estabelece no contrato de edição (art. 100º), aqui nem sequer se prevê a transmissão dos direitos em resultado da alienação do estabelecimento[312].

## 3.8. Extinção

A lei admite em certos casos a resolução do contrato de representação cénica. Nos termos do art. 120º, nº 1, a mesma pode ocorrer:

a) nos casos em que legal ou contratualmente for estabelecido;

[312] Oliveira Ascensão, *Direito de Autor*, p. 462, equaciona, porém, a possibilidade de aplicação analógica deste regime à representação.

b) nos casos correspondentes aos das alíneas a) e d) do art. 106º, ou seja, caso se verifique a interdição do empresário, outras causas especialmente previstas, ou ocorra o incumprimento de qualquer disposição;
c) nos casos de evidente e continuada falta de assistência do público.

A resolução do contrato entende-se sempre sem prejuízo da responsabilidade por perdas e danos da parte que for imputável (art. 120º, nº 2). Exceptua-se, porém, o caso especial de resolução por exercício do direito de retirada previsto no art. 114º, que não determina para o autor qualquer responsabilidade.

### 4. Os contratos de recitação e execução

Outros contratos típicos de direito de autor, regulados nos arts. 121º e ss., respeitam à recitação e execução de obras. Ambos constituem contratos de licença, em que se permite a utilização de obras através de determinadas prestações. A diferença entre os dois contratos reside no facto de a recitação respeitar a obras literárias, enquanto que a execução abrange antes obras musicais ou literário-musicais. A lei equipara estes contratos ao contrato de representação cénica previsto no art. 107º (art. 121º, nº 1), mandando em consequência aplicar o seu regime a tudo o que não seja especialmente regulado, desde que seja compatível com a natureza da obra e da exibição (art. 121º, nº 2).

Há, no entanto, certas regulações específicas dos contratos de recitação e execução.

Assim, o art. 122º, nº 1, estabelece para o promotor dos espectáculos públicos a obrigação de afixar previamente no local o respectivo programa, do qual devem constar, na medida do possível, a designação da obra e a identificação da autoria. Esta obrigação é condicionada à medida do possível, uma vez que em certos espectáculos, como os musicais, a escolha das obras pode ser feita no próprio momento pelos executantes, designadamente a pedido do público, não tendo nesses casos o promotor qualquer conhecimento prévio das obras a executar. Naturalmente que nessas situações não se verificará qualquer violação desta obrigação[313].

[313] Cfr. Luiz Francisco Rebello, *Introdução*, p. 234, e, na jurisprudência, o Ac. STJ 9/3/2010 (Moreira Alves), em *CJ-ASTJ* 18 (2010), 1, pp. 102-106.

O promotor deve ainda fornecer uma cópia do programa ao autor ao seu representante (art. 122º, nº 2). Em caso de incumprimento das obrigações de afixação ou de comunicação, o promotor fica obrigado a comprovar, quando demandado, que obteve a autorização dos autores das obras recitadas ou executadas (art. 122º, nº 3).

Se o promotor organizar fraudulentamente o programa, designadamente incluindo nele obra que não pretendia fazer executar ou recitar, e promovendo, em lugar desta, a execução ou recitação de outra não anunciada, ou se, no decurso da audição, por motivo que lhe seja imputável, deixar de ser executada ou recitada obra constante do programa, poderão os autores exigir a competente indemnização por danos patrimoniais e não patrimoniais, independentemente da responsabilidade criminal que ao caso couber (art. 123º, nº 1). Já não envolve, no entanto, qualquer responsabilidade para o promotor, o facto de os artistas, por solicitação insistente do público, executarem ou recitarem quaisquer obras além das constantes do programa (art. 123º, nº 2).

## 5. O contrato de produção de obra cinematográfica

O contrato de produção de obra cinematográfica encontra-se regulado nos arts. 124º e ss.[314] Trata-se de uma figura complexa que agrega unitariamente uma série de contratos, sendo uns relativos à adaptação cinematográfica de obras preexistentes, celebrados com os titulares dos respectivos direitos, e outros de prestação de serviços, celebrados com outros intervenientes na realização do filme[315].

A lei determina a aplicação ao contrato de produção cinematográfica das disposições relativas ao contrato de edição, representação e execução (art. 139º, nº 1), sendo ainda aplicáveis à exibição da obra cinematográfica as disposições dos arts. 122º e 123º para a recitação e execução (art. 139º, nº 2)[316].

[314] Cfr. Macedo Vitorino, *op. cit.*, pp. 117 e ss. e Sá e Mello, *Contrato*, pp. 410 e ss., e *Manual*, pp. 391 e ss.

[315] Cfr. Oliveira Ascensão, *Direito de Autor*, p. 527.

[316] Trata-se de uma solução que se explica pelo facto de o Código considerar o contrato de edição como protótipo dos contratos de direito de autor. Conforme salienta Oliveira Ascensão, *Direito de Autor*, p. 527, no entanto, neste caso esta aplicação é problemática já que "o contrato de edição refere-se tecnicamente a uma reprodução; esta autorização, a uma transformação da obra preexistente. A diversidade de natureza tornará por isso difí-

A produção da obra cinematográfica é atribuída a uma entidade, denominada o produtor, que "é o empresário do filme e como tal organiza a feitura da obra cinematográfica, assegura os meios necessários e assume as responsabilidades técnicas e financeiras inerentes" (art. 126º, nº 1), devendo ser identificado como tal no filme (art. 126º, nº 2). Conforme acima se salientou, o produtor não é considerado autor da obra, adquirindo normalmente a possibilidade de a explorar economicamente através da autorização ou cedência dos direitos por parte dos autores e demais contribuidores.

Efectivamente, o processo de produção de obra cinematográfica implica a realização de contribuições múltiplas, quer por parte do realizador, quer por parte dos autores do argumento, dos diálogos e da banda musical e ainda, no caso de se tratar de obra não composta especificamente para o cinema, dos autores da adaptação e dos diálogos. Conforme acima se referiu, a lei qualifica a obra cinematográfica como uma obra feita em colaboração, considerando todos estas entidades como co-autores (art. 22º). Em qualquer caso, o contrato de produção cinematográfica pressupõe a obtenção de autorização para a produção por parte dos autores das obras preexistentes, adquiram eles ou não o estatuto de co-autor da própria obra cinematográfica (art. 124º). O produtor deve assim proceder á obtenção dessas autorizações.

A lei distingue consoante a autorização provenha das pessoas consideradas como co-autores da própria obra cinematográfica, nos termos do art. 22º, ou antes de autores de obras preexistentes, mas que não adquirem aquela qualidade. No primeiro caso, a autorização deverá fixar expressamente as condições, de produção, distribuição e exibição da película (art. 125º, nº 1), sendo que, se o autor tiver autorizado, expressa ou implicitamente, a exibição, o exercício dos direitos de exploração económica da obra cinematográfica compete ao produtor (art. 125º, nº 2).

cil a aplicação subsidiária das regras do contrato de edição". O autor acrescenta que "mais anómala ainda é a aplicação das disposições sobre representação e execução. São formas de apresentação da obra, ou comunicação ao público que nada têm a ver com a produção cinematográfica. O controlo caso a caso pela natureza do preceito envolvido tornará esta remissão quase vazia".

Efectivamente, a partir do momento em que é concedida a autorização para a produção da obra cinematográfica, a lei procura evitar que os titulares de direitos coloquem obstáculos à sua exploração económica por parte do produtor. O art. 14º-*bis*, 2 b) CB, estabelece mesmo que "nos países da União em que a legislação reconhece entre esses titulares os autores das contribuições prestadas à realização da obra cinematográfica, estes, se se comprometeram a prestar tais contribuições, não poderão, salvo estipulação em contrário ou particular, opor-se à reprodução, entrada em circulação, representação e execução públicas, transmissão por fio ao público, radiodifusão, comunicação ao público, legendagem e dobragem dos textos da obra cinematográfica".

A lei portuguesa consagra, no entanto, uma solução algo diferente, o que obriga Portugal à notificação prevista no art. 14º-*bis*, nº 3 CB. Efectivamente, o art. 127º, nº 1, determina que "da autorização deriva para o produtor cinematográfico o direito de produzir o negativo, os positivos, as cópias e os registos magnéticos necessários para a exibição da obra", estabelecendo ainda o nº 2 que "a autorização para a produção cinematográfica implica, salvo estipulação especial, autorização para a distribuição e exibição do filme em salas públicas de cinema, bem como para a sua exploração económica por este meio, sem prejuízo do pagamento da remuneração estipulada".

O art. 7º, nº 1 c) do D.L. 332/97 reconhece ainda ao produtor das primeiras fixações de um filme os direitos de autorizar o aluguer ou o comodato, no que respeita ao original e às cópias desse filme, cabendo a este ainda a possibilidade de autorizar a reprodução do original e das cópias do filme (nº 3). O nº 2 do artigo 7º do D.L. 332/97 estabelece ainda que estes direitos não se esgotam com a venda ou qualquer acto de distribuição dos objectos referidos. O produtor dos filmes pode ainda adquirir por cessão o direito de aluguer do autor dos filmes (art. 5º, nº 1, do D.L. 332/97), caso em que este beneficia apenas do direito irrenunciável a uma remuneração equitativa pelo aluguer, a estabelecer por via arbitral (art. 5º, nº 2, do D.L. 332/97). A lei prevê ainda que a celebração de um contrato de produção de filme entre artistas intérpretes ou executantes e o produtor faz presumir, salvo disposição em contrário, a cessão em benefício deste do direito de aluguer do artista, sem prejuízo do direito irrenunciável a uma remuneração equitativa pelo aluguer, nos termos do nº 2 do artigo 5º (art. 8º do Decreto-Lei 332/97).

No entanto, há algumas utilizações da obra cinematográfica que continuam a ter que ser autorizadas pelos autores. Efectivamente, prevê o art. 127º, nº 3, que "dependem de autorização dos autores das obras cinematográficas a radiodifusão sonora ou visual da película, do filme-anúncio e das bandas ou discos em que se reproduzam trechos da película, a sua comunicação ao público, por fios ou sem fios, nomeadamente por ondas hertzianas, fibras ópticas, cabo ou satélite, e a sua reprodução, exploração ou exibição sob a forma de videograma". Precisam igualmente de autorização específica "a transmissão radiofónica da banda sonora ou de fonograma em que se reproduzam trechos de obra cinematográfica" (art. 127º, nº 4). Já não é, porém, necessária essa autorização para "a difusão de obras produzidas por organismo de radiodifusão sonora ou audiovisual, ao qual assiste o direito de as transmitir e comunicar ao público, no todo ou em parte, através dos seus próprios canais transmissores" (art. 127º, nº 5).

Nos termos do art. 128º, nº 1, "a autorização dada pelos autores para a produção cinematográfica de uma obra, quer composta especialmente para esta forma de expressão quer adaptada, implica a concessão de exclusivo, salvo convenção em contrário", acrescentando o nº 2 que "no silêncio das partes, o exclusivo concedido para a produção cinematográfica caduca decorridos 25 anos sobre a celebração do contrato respectivo, sem prejuízo do direito daquele a quem tiver sido atribuída a exploração económica do filme a continuar a projectá-lo, reproduzi-lo e distribuí-lo".

O produtor é sujeito a prazos contratuais para a conclusão da produção da obra cinematográfica e para a projecção da película, adquirindo o autor ou co-autores o direito de resolver o contrato se a produção não estiver concluída no prazo de três anos a contar da data da entrega da parte literária e da parte musical ou a película não for projectada no prazo de três anos a contar dessa conclusão (art. 136º). A resolução do contrato, que não prejudica o direito de indemnização pelos danos sofridos (art. 801º, nº 2, CC) extinguirá o direito do produtor, permitindo aos autores a contratação de outro produtor para a realização da obra cinematográfica, ou a utilização das suas próprias obras para outros fins.

A obra cinematográfica apenas se considera concluída quando o produtor e o realizado estabelecerem por acordo a sua versão definitiva (art. 130º).

Após estar completa a produção da obra cinematográfica, pode ser ainda necessário realizar transformações da mesma, designadamente a tradução e a dobragem quando o filme é lançado em país diferente daquele em que foi produzido. A lei estabelece que essas transformações dependem da autorização escrita dos autores (art. 129º, nº 1), mas que "a autorização para a exibição ou distribuição de um filme estrangeiro em Portugal confere implicitamente autorização para a tradução ou dobragem" (art. 129º, nº 2). Apesar do silêncio da lei, parece que a solução não pode deixar de ser a mesma em caso de autorização para a exibição de filme português no estrangeiro.

Uma vez concluída a obra cinematográfica, passa a competir ao produtor a sua exploração económica, cujo núcleo essencial consiste na sua distribuição e exibição (art. 125º, nº 1). A primeira é realizada directamente pelo produtor enquanto que a segunda é realizada pelos titulares das salas de cinema, mediante contratos celebrados com o produtor, que se encontram legitimados pela autorização genérica para a produção cinematográficas dada pelos autores (arts. 125º, nº 2, e 127º, nº 2).

O art. 14º-*bis*, nº 2, CB refere-se ainda a outras formas de exploração da obra cinematográfica como a reprodução, a transmissão por fios ao público, a radiodifusão e a comunicação ao público. Estas já não se encontram, porém, autorizadas em resultado do contrato de produção cinematográfica, tendo que ser objecto de licença específica por parte dos autores (art. 127º, nºs 3 e 4).

"Durante o período de exploração, o produtor, se o titular ou titulares do direito de autor não assegurarem de outro modo a defesa dos seus direitos sobre a obra cinematográfica, considera-se como representante daqueles para esse efeito, devendo dar-lhes conta do modo como se desempenhou do mandato" (art. 126º, nº 3).

O art. 140º determina a aplicação do regime do contrato de produção cinematográfica às obras produzidas por qualquer processo análogo ao da cinematografia. Estão neste caso em causa os processos técnicos distintos da gravação em celulose como a gravação em vídeo ou a gravação digital de imagens, esta última cada vez com maior difusão.

## 6. O contrato de fixação fonográfica e videográfica

### 6.1. Generalidades

Outro contrato relativo a direitos de autor, previsto nos arts. 141º e ss., corresponde ao contrato de fixação fonográfica e videográfica[317]. Trata-se de uma disciplina incompleta e daí que o art. 147º, mande aplicar, com as necessárias adaptações, o regime relativo ao contrato de edição, determinando ainda a aplicação ao espectáculo consistente na comunicação pública da obra fonográfica ou videográfica, com as devidas adaptações, o regime previsto nos artigos 122º e 123º para a recitação e a execução.

Conforme resulta do art. 141º, nº 1, o contrato de fixação fonográfica ou videográfica é aquele pelo qual o autor autoriza a fixação da obra. Dessa autorização resulta uma habilitação da entidade que a detém não apenas a fixar a obra, mas também a reproduzir e a vender os exemplares produzidos (art. 141º, nº 2). O contrato de fixação fonográfica e videográfica corresponde assim a um verdadeiro contrato de edição de fonogramas e videogramas, que a lei autonomizou como um distinto contrato nominado, o que explica a aplicação subsidiária das regras respeitantes ao contrato de edição[318]. No entanto, apesar da sua parca regulação, o regime do contrato de fixação fonográfica ou videográfica é aplicável com as necessárias adaptações à reprodução de obra intelectual obtida por qualquer processo análogo à fonografia ou videografia, já existente ou que venha a ser inventado.

### 6.2. Forma do contrato

Nos termos do art. 141º, nº 2, o contrato de fixação fonográfica ou videográfica tem que ser celebrado por escrito.

### 6.3. Direitos do autor

#### 6.3.1. Direito à menção do nome nos fonogramas e videogramas

Um direito atribuído ao autor em consequência do contrato de fixação fonográfica e videográfica é o direito à menção do seu nome nos fonogramas e videogramas produzidos. Efectivamente, o art. 142º estabelece que "dos fonogramas e dos videogramas devem constar, impressos directamente ou apostos em etiquetas, sempre que a sua natureza o permita,

[317] Cfr. sobre ele MACEDO VITORINO, *op. cit.*, pp. 111-112.

[318] Neste sentido, cfr. OLIVEIRA ASCENSÃO, *Direito de Autor*, p. 463.

o título da obra ou o modo de a identificar, assim como o nome ou qualquer outro sinal de identificação do autor".

### 6.3.2. Direito de fiscalização

Do contrato de fixação fonográfica e videográfica deriva ainda para o autor um direito de fiscalização. efectivamente, estabelece o art. 143º, nº 1, que o autor tem o direito de fiscalizar os estabelecimentos de prensagem e duplicação de fonogramas e videogramas e armazenamento dos suportes materiais, sendo aplicável o disposto no nº 7 do artigo 86º, com as devidas adaptações. Esse direito abrange igualmente os armazéns e fábricas dos suportes materiais para essas obras (art. 143º, nº 2, *in fine*).

## 6.4. Direitos do produtor

### 6.4.1. Direito de efectuar a fixação da obra e de reproduzir e vender os exemplares produzidos

O primeiro direito que resulta para a outra parte no contrato de fixação fonográfica ou videográfica é o de efectuar a fixação da obra, entendendo-se como tal "a incorporação de sons ou de imagens, separadas ou cumulativamente, num suporte material suficientemente estável e duradouro que permita a sua percepção, reprodução ou comunicação por qualquer modo, em período não efémero" (art. 141º, nº 1). A autorização para efectuar a fixação da obra habilita o beneficiário a reproduzir e a vender os exemplares assim produzidos (art. 141º, nº 2), dela resultando consequentemente uma autorização para comercializar e vender os fonogramas e os videogramas.

O contrato de fixação fonográfica ou videográfica já não confere, porém, ao produtor qualquer autorização para executar em público, radiodifundir ou transmitir de qualquer modo a obra fixada, tendo a mesma que resultar de uma autorização autónoma, dada por escrito, a qual pode ser conferida a entidade diversa da que fez a fixação (art. 141º, nº 3). Essas faculdades permanecem assim na esfera do autor, que as pode livremente negociar. Em consequência, no art. 141º, nº 4, reitera-se a óbvia solução de que "a compra de um fonograma ou videograma não atribui ao comprador o direito de os utilizar para quaisquer fins de execução ou transmissão públicas, reprodução, revenda ou aluguer com fins comerciais" (art. 141º, nº 4).

### 6.4.2. Direito de realizar nova fixação de obra já objecto de fixação fonográfica comercial

No caso de se estar perante uma nova fixação de obra que já tenha sido objecto de prévia fixação fonográfica comercial, o produtor é dispensado de obter a autorização do autor (art. 144º, nº 1), tendo assim o direito de a realizar livremente. Essa nova fixação obriga, no entanto, a pagar uma remuneração equitativa ao autor (art. 144º, nº 2), o qual pode fazer cessar a exploração sempre que a qualidade técnica da fixação comprometer a correcta comunicação da obra (art. 144º, nº 3).

### 6.5. Obrigações do produtor

### 6.5.1. Obrigação de pagar a retribuição devida

A primeira obrigação do produtor é naturalmente a de pagar a retribuição devida ao autor. Por força da remissão prevista no art. 147º, nº 1, é aplicável o regime vigente para o contrato de edição, pelo que a obrigação de remuneração do produtor será regulada pelo art. 91º.

Há, no entanto, uma situação especial relativa ao caso das novas fixações de obras já objecto de fixação fonográfica comercial. Nesse caso, a lei prevê a atribuição ao autor de uma remuneração equitativa, a qual, se não houver acordo entre as partes, é determinada pelo Ministério da Cultura (art. 144º, nº 2).

### 6.5.2. Obrigação de respeitar os direitos morais do autor

Uma obrigação específica do produtor é a de respeitar os direitos morais do autor.

Um desses direitos é naturalmente o direito à menção do nome na obra, a que já fizemos referência, e que constitui uma obrigação do produtor nos termos do art. 142º.

Outro direito moral de autor respeita à tutela da integridade da obra. Precisamente para garantir que a obra não surge desvirtuada após a fixação, dispõe o art. 146º que "a adaptação, arranjo ou outra transformação de qualquer obra para efeitos de fixação, transmissão e execução ou exibição por meios mecânicos, fonográficos ou videográficos, depende igualmente de autorização escrita do autor, que deve precisar a qual ou quais daqueles fins se destina a transformação".

#### 6.5.3. Obrigações de comunicação à IGAC para fins de fiscalização

Existem ainda obrigações de comunicação à IGAC para fins de fiscalização. Efectivamente, o art. 143º, nº 2, impõe àqueles que importam, fabricam e vendem suportes materiais para obras fonográficas e videográficas obrigação de comunicar à IGAC as quantidades importadas, fabricadas e vendidas. Da mesma forma, determina o art. 143º, nº 3, que aqueles que fabricam ou duplicam fonogramas e videogramas são obrigados a comunicar periódica e especificadamente à IGAC as quantidades de fonogramas e videogramas que prensarem ou duplicarem e a exibir documento do qual conste a autorização do respectivo autor. Compete à IGAC determinar a periodicidade e as modalidades dessa comunicação (art. 143º, nº 4).

A infracção a estas obrigações é punida com coima de €250 a €2500 (art. 205º, nº 1).

### 6.6. Transmissão

A transmissão dos direitos do produtor é regulada no art. 145º, o qual exige o consentimento do autor para que essa transmissão possa operar. Esse consentimento só é dispensado nos casos de trespasse ou de cisão do estabelecimento.

## 7. O contrato de radiodifusão

### 7.1. Generalidades

Os arts. 149º e ss. regulam o contrato de radiodifusão a cujo regime são igualmente submetidos outros processos destinados à reprodução dos sinais, dos sons e das imagens. O regime é essencialmente construído por remissão, referindo o art. 156º, nº 1, que à radiodifusão, bem como à difusão obtida por qualquer processo que sirva para a comunicação de sinais, sons ou imagens, são aplicáveis, com as necessárias adaptações, as disposições relativas ao contrato de edição, representação e execução. O art. 156º, nº 2, acrescenta que se aplica ao espectáculo consistente na comunicação pública de obra radiodifundida, com as devidas adaptações, o regime previsto nos arts. 122º e 123º para a recitação e a execução.

### 7.2. Direitos do autor

#### 7.2.1. Direito de autorizar a radiodifusão da obra

A radiodifusão da obra é naturalmente uma faculdade reservada ao autor, dispondo em consequência o art. 149º, nº 1, que depende de autorização do autor a radiodifusão sonora ou visual da obra, tanto directa como por retransmissão, por qualquer modo obtida. Da mesma forma depende igualmente de autorização do autor a comunicação da obra em qualquer lugar público, por qualquer meio que sirva para difundir sinais, sons ou imagens (art. 149º, nº 2). O conceito de lugar público é definido de forma ampla, considerando a lei como tal todo o lugar a que seja oferecido o acesso, ímplicita ou explicitamente, mediante remuneração ou sem ela, ainda que com reserva declarada do direito de admissão (art. 149º, nº 3).

Em consequência de ser reservada ao autor a radiodifusão da obra, o contrato de radiodifusão constitui uma modalidade especial de um contrato de licença de direito de autor, mediante o qual o seu titular confere a outrem, normalmente um organismo de radiodifusão, autorização para proceder à radiodifusão das suas obras. Essa licença pode resultar no entanto implicitamente do contrato de fixação, uma vez que o art. 150º estabelece que, se a obra foi objecto de fixação para fins de comercialização com autorização do autor, abrangendo expressamente a respectiva comunicação ou radiodifusão sonora ou visual, é desnecessário o consentimento especial deste para cada comunicação ou radiodifusão, sem prejuízo dos direitos morais e do direito à remuneração equitativa.

A autorização para radiodifundir tem, no entanto, âmbito geral pelo que abrange todas as emissões, directas ou em diferido, efectuadas pelas estações da entidade que a obteve, sem prejuízo da remuneração ao autor por cada transmissão (art. 153º, nº 1). Da mesma forma, não se considera nova transmissão a radiodifusão feita em momentos diferentes, por estações nacionais ligadas à mesma cadeia emissora ou pertencentes à mesma entidade, em virtude de condicionalismos horários ou técnicos (art. 153º, nº 2). Só se a transmissão for efectuada por entidade diferente daquela que obteve a autorização, quando se faça por cabo ou satélite, e não esteja expressamente prevista naquela autorização, é que depende do consentimento do autor, conferindo-lhe o direito a remuneração (art. 153º, nº 3).

### 7.2.2. Direito à remuneração

Competindo ao autor dar autorização para a radiodifusão da obra, naturalmente que o mesmo poderá convencionar uma remuneração como contrapartida para essa autorização. A lei tem o cuidado de esclarecer no art.

153º, nº 1, que, embora a autorização seja genérica para todas as emissões, não deixa de ser devida a remuneração ao autor por cada transmissão que for efectuada. Mesmo nos casos em que a lei dispensa especificamente essa autorização, como na hipótese da obra que foi objecto de fixação autorizada para fins de comercialização, a lei não deixa de reconhecer o direito a essa remuneração (art. 150º).

A remuneração é igualmente devida em caso de comunicação pública da obra radiodifundida, por altifalante ou por qualquer outro instrumento análogo transmissor de sinais, de sons ou de imagens (art. 155º).

#### 7.2.3. Direitos morais

No âmbito do contrato de radiodifusão são igualmente reconhecidos os direitos morais do autor. Assim, em relação ao direito de menção do nome na obra, o art. 154º estabelece que as estações emissoras devem anunciar o nome ou pseudónimo do autor juntamente com o título da obra radiodifundida, ressalvando-se os casos, consagrados pelo uso corrente, em que as circunstâncias e necessidades de transmissão levam a omitir as indicações referidas.

É igualmente reconhecida ao autor o direito à protecção da integridade da obra, tendo no entanto surgido alguma controvérsia relativamente à adaptação das obras cinematográficas no caso da radiodifusão televisiva, atenta a radical diferença do meio, em termos de formato da imagem, tempo de atenção do espectador e utilização da publicidade, o que implica modificações na concepção da obra[319]. Neste âmbito não pode deixar de se aplicar o art. 129º, exigindo-se a autorização escrita dos autores para qualquer transformação da obra cinematográfica. Como o formato televisivo é diferente do do cinema, é manifesto que, autorizando a radiodifusão televisiva, o autor terá que autorizar a adaptação do formato, mas deve presumir-se que essa autorização é para a exibição em formato *letterboxing* com a colocação de faixas pretas no ecrã, uma vez que a supressão parcial da imagem que ocorre através da técnica *pan and scan* constitui um grave atentado à integridade da obra. Da mesma forma não é admissível a redução da extensão do filme,

[319] Cfr. a este propósito o excelente estudo de Carlos Rogel Vide, "Modificación de las obras cinematográficas en la televisión y derechos de los creadores", em Associação Portuguesa do Direito Intelectual (org.), *Direito da Sociedade de Informação*, VIII, Coimbra, Coimbra Editora, 2009, pp. 391-406.

quer através da supressão de cenas, do genérico, ou da ficha técnica, quer através da sua aceleração, e muito menos o aumento da sua duração, com introdução de outras cenas ou a passagem em câmara lenta. Também não parece aceitável a introdução de imagens alheias nos filmes, seja com fins publicitários (publicidade sobreposta ou subliminar), seja para autopromoção da estação de televisão (colocação do seu logótipo no filme). Muito menos é aceitável a coloração de filmes a preto e branco ou a sonorização de filmes mudos, uma vez que representam uma grave violação da concepção original da obra. Pelo contrário, a colocação de legendas ou a dobragem devem-se considerada autorizadas em resultado da autorização para a radiodifusão do filme em Portugal por aplicação analógica do art. 129º, nº 2. Também será admissível a interrupção do filme por razões publicitárias em momento diferente do que seria o intervalo no cinema, desde que sejam respeitadas as imposições do art. 25º do Código da Publicidade.

### 7.3. Direitos do licenciado

#### 7.3.1. Direito de realizar a radiodifusão da obra em conformidade com a autorização

O primeiro direito que é atribuído ao licenciado no âmbito do contrato de radiodifusão é o de realizar a radiodifusão da obra respeitando os termos da autorização. Os termos da autorização são estabelecidos, no entanto, de forma ampla, dado que a mesma abrange todas as emissões, directas ou em diferido, efectuadas pela entidade que a obteve, havendo apenas que pagar remuneração ao autor por cada transmissão (art. 153º, nº 1), nem sequer se considerando nova transmissão a radiodifusão feita em momentos diferentes pelas estações da mesma entidade, em virtude de condicionalismos horários ou técnicos (art. 153º, nº 2). Só haverá necessidade de nova autorização, a qual será necessariamente remunerada, no caso de a nova emissão ser realizada por entidade diferente da primeira, quando se faça por cabo ou satélite, e não esteja expressamente prevista nessa autorização (art. 153º, nº 3).

#### 7.3.2. Direito de realizar a fixação para radiodifusão diferida ou para documentação

O art. 152º, nº 1, estabelece que, salvo estipulação em contrário, a autorização para a radiodifusão não implica a autorização para fixar as obras radiodifundidas. Nada impede por isso as partes, ao abrigo da sua autonomia privada, de autorizar essa fixação. Caso, porém, as partes nada convencionem, a lei não deixa de atribuir ao licenciado autorização da fixação para radiodifusão diferida, ou para documentação.

A autorização da fixação para radiodifusão diferida encontra-se prevista no art. 152º, nº 2, o qual estabelece que é lícito aos organismos de radiodifusão fixar as obras a radiodifundir, mas unicamente para uso das suas estações emissoras, nos casos de radiodifusão diferida. O art. 152º, nº 3, determina, porém, que essas fixações devem ser destruídas no prazo máximo de três meses, dentro do qual não podem ser transmitidas mais de três vezes, sem prejuízo do direito de autor.

Já a autorização da fixação para documentação encontra-se prevista no art. 152º, nº 4, que admite tais fixações sempre que estas ofereçam interesse excepcional a título de documentação, o qual determinará a possibilidade da sua conservação em arquivos oficiais ou, enquanto estes não existirem, nos da Rádio e Televisão de Portugal, S.A., sem prejuízo do direito de autor.

## 8. Os contratos de exposição e reprodução de obras de artes plásticas, gráficas e aplicadas

### 8.1. Generalidades

Outros contratos relativos ao direitos de autor são os contratos de exposição e reprodução de obras de artes plásticas, gráficas e aplicadas. Naturalmente que as faculdades de exposição e reprodução das suas obras são reservadas ao autor, pelo que nem a exposição nem a reprodução poderão ser feitas sem o seu consentimento.

### 8.2. O contrato de exposição

O contrato de exposição é aquele pelo qual o autor autoriza outrem a expor publicamente as suas obras de arte. Esta faculdade é, em princípio, reservada ao autor (art. 157º, nº 1), mas pode ser atribuída ao proprietário da obra no caso de esta ser alienada a terceiro. Efectivamente, dispõe o art. 157º, nº 2, que "a alienação de obra de arte envolve, salvo convenção expressa em contrário, a atribuição do direito de a expor".

O contrato de exposição de obras de arte responsabiliza o promotor desta pela integridade das obras expostas, sendo obrigado a fazer o seguro das mesmas contra incêndio, transporte, roubo e quaisquer outros riscos de destruição ou deterioração, bem como a conservá-las no respectivo recinto até ao termo do prazo fixado para a sua devolução (art. 158º).

### 8.3. O contrato de reprodução

O contrato de reprodução é aquele pelo qual o autor autoriza a reprodução das suas criações de artes plásticas, gráficas e aplicadas e *design* (art. 159º, nº 1)[320]. A lei admite ainda que este contrato possa abranger a reprodução de maquetas de cenários, figurinos, cartões para tapeçarias, maquetas para painéis cerâmicos, azulejos, vitrais, mosaicos, relevos rurais, cartazes e desenhos publicitários, capas de livros e, eventualmente, à criação gráfica que estes comportem, que sejam criação artística (art. 163º).

O contrato de reprodução constitui um contrato muito semelhante ao contrato de edição, que dele se distingue pelo facto de o mesmo se limitar às obras literárias, enquanto que no contrato de reprodução estão antes em causa obras de arte plásticas, gráficas e aplicadas. É por isso compreensível que a lei remeta para o regime daquele, constante do art. 86º (cfr. art. 159º, nº 3). Especifica-se, no entanto, que deve constar do contrato o número mínimo de exemplares a vender anualmente, abaixo do qual a entidade que explora a reprodução poderá usar das faculdades nesse artigo reconhecidas (art. 159º, nº 3). Este desvio é explicável pelo facto de a reprodução das obras de arte envolver um número de exemplares bastante inferior ao que seria normal numa edição de obras literárias, pelo que o número mínimo de exemplares a reproduzir deve ser fixado casuisticamente pelas partes[321].

[320] A lei faz ainda referência aos projectos de arquitectura e planos de urbanização. É manifesto, no entanto, que estes não são abrangidos pelo contrato de reprodução, mas antes por um contrato de construção, faculdade igualmente reservada pela lei ao autor (art. 68º, nº 2, l)). Cfr. OLIVEIRA ASCENSÃO, *Direito de Autor*, p. 478.

[321] Não concordamos por isso com a crítica que OLIVEIRA ASCENSÃO, *Direito de Autor*, p. 470 dirige a esta disposição. É manifesto que o contrato não deixa de ser válido se as partes não previrem essa cláusula. Mas a função útil do art. 159º, nº 3, é excluir a aaplicação supletiva das regras dos nºs 3 e 4 do art. 86º em relação ao contrato de reprodução. Se o número mínimo de exemplares não for estipulado, haverá assim que recorrer às regras gerais da integração negocial, constantes do art. 239º CC.

O contrato de reprodução envolve assim uma autorização para produzir novos exemplares da obra, autorização essa que tem que ser dada por escrito, se presume onerosa e pode ser condicionada (art. 159º, nº 2).

A lei pretende que seja adequadamente identificada a obra a reproduzir, em ordem a evitar uma possível confusão com outras obras do mesmo autor, pelo que especifica que "o contrato deverá conter indicações que permitam identificar a obra, tais como a sua descrição sumária, debuxo, desenho ou fotografia, com a assinatura do autor" (art. 160º, nº 1). A ausência dessas indicações não tornará, porém, nulo o contrato, a menos que essa ausência torne indeterminável qual a obra a reproduzir, nos termos gerais[322].

A lei é especialmente exigente em relação à menção do nome do autor na obra, tornando injuntiva essa menção, para além do que determina a regra geral do art. 76º, nº 1, a), que apenas a exige quando possível. Assim, o art. 160º, nº 3, estabelece que "em todos os exemplares reproduzidos deve figurar o nome, pseudónimo ou outro sinal que identifique o autor".

O autor tem o direito de avaliar o resultado da reprodução, pelo que as reproduções não podem ser postas à venda, sem que o autor tenha aprovado o exemplar submetido ao seu exame (art. 160º, nº 2).

A lei procura ainda assegurar que a reprodução apenas seja realizada na vigência do contrato, pelo que o art. 162º, nº 1, estabelece que "extinto o contrato, devem ser restituídos ao autor os modelos originais e qualquer outro elemento de que se tenha servido aquele que fez as reproduções". O art. 162º, nº 2, prevê mesmo que "os instrumentos exclusivamente criados para a reprodução da obra devem, salvo convenção em contrário, ser destruídos ou inutilizados, se o autor não preferir adquiri-los". É manifesto, no entanto, que esta última solução só se pode aplicar se os instrumentos em questão apenas puderem ser utilizados para a reprodução daquela específica obra, uma vez que, se os mesmos forem de aplicação genérica à reprodução de quaisquer obras, não faz sentido permitir ao autor exigir a sua destruição, inutilização ou aquisição.

[322] Neste sentido, Oliveira Ascensão, *Direito de Autor*, pp. 470-471.

## 9. Os contratos de encomenda e de reprodução de obras fotográficas

### 9.1. Generalidades

Os contratos relativos a obras fotográficas encontram-se regulados nos art. 164º e ss., sendo naturalmente pressuposto da sua aplicação que a obra fotográfica esteja protegida pelo direito de autor, o que só ocorrerá se "pela escolha do seu objecto ou pelas condições da sua execução possa considerar-se como criação artística pessoal do seu autor" (art. 164º, nº 1). A lei especifica ainda que estes contratos não abrangem as fotografias de escritos, de documentos, de papéis de negócios, de desenhos técnicos e de coisas semelhantes (art. 164º, nº 2). Efectivamente, nestas situações as reproduções são meramente instrumentais a outros fins, não possuindo a criatividade que caracteriza as obras intelectuais.

Os contratos relativos às obras fotográficas podem ser de encomenda ou de reprodução da obra fotográfica. A eles nos referiremos em seguida.

### 9.2. O contrato de encomenda de obra fotográfica

O contrato de encomenda de obra fotográfica é aquele pelo qual alguém encomenda a outrem a realização de obra artística pelo processo de fotografia ou outro processo análogo. Nesse caso, e como aliás se prevê genericamente no contrato de encomenda de obra intelectual (art. 14º), o titular do direito de autor sobre a obra fotográfica não é, porém, necessariamente o seu criador intelectual, uma vez que se a fotografia for realizada ao abrigo de contrato de trabalho ou de encomenda, o direito presume-se antes atribuído ao empregador ou comitente (art. 165º, nº 2), ainda que com obrigação de pagar uma remuneração equitativa, em caso de utilização da obra para fins comerciais (art. 165º, nº 3).

Mesmo que o direito de autor não seja atribuído ao comitente, a lei atribui-lhe sempre algumas faculdades autorais no âmbito da fotografia de retratos. Efectivamente, dispõe o art. 168º, nº 1, que "salvo convenção em contrário, a fotografia de uma pessoa, quando essa fotografia seja executada por encomenda, pode ser publicada, reproduzida ou mandada reproduzir pela pessoa fotografada ou por seus herdeiros ou transmissários sem consentimento do fotógrafo seu autor". No entanto, "se o nome do fotógrafo figurar na fotografia original, deve também ser indicado nas reproduções" (art. 168º, nº 2).

### 9.3. O contrato de reprodução de obras fotográficas

A reprodução das obras fotográficas é uma faculdade reservada ao autor, já que o art. 165º, nº 1, lhe atribui o direito exclusivo de a reproduzir, difundir e pôr à venda com as restrições referentes à exposição, reprodução e venda de retratos e sem prejuízo dos direitos de autor sobre a obra reproduzida, no que respeita às fotografias de obras de artes plásticas. Efectivamente, a reprodução da obra fotográfica pode envolver lesão de outros direitos, como o direito à imagem do fotogrado (art. 79º CC) ou dos direitos de autor sobre as obras plásticas fotografadas, que não podem ser prejudicados pela protecção autoral conferida à obra fotográfica.

A lei, no entanto, estabelece como condição para a repressão das reproduções não autorizadas, que das fotografias conste o nome do fotógrafo e, no caso de terem por objecto artes plásticas, do autor da obra fotografada (art. 167º, nº 1). Em caso de omissão destas indicações, não pode ser reprimida como abusiva a reprodução irregular das fotografias, nem pode o fotógrafo exigir as retribuições legalmente devidas, salvo se provar a má-fé de quem fez a reprodução (art. 167º, nº 2).

A lei prevê ainda que, se o negativo da obra fotográfica for alienado, os direitos transmitem-se para o adquirente (art. 166º)[323]. Esta situação verifica-se porque a alienação do negativo implicava que o autor ficava privado da possibilidade de reproduzir novamente a obra, o que fazia pressupor a intenção de transmitir os direitos de reprodução para o adquirente. Hoje em dia, porém, a alienação de negativos tende a ser um fenómeno cada vez mais raro, atenta a difusão dos processos digitais de fotografia.

## 10. O contrato de tradução

### 10.1. Generalidades

Examinemos agora o contrato de tradução[324]. Os arts. 169º e ss. regulam a tradução e outras transformações da obra, referindo-se o art. 169º, nº 1, à "tradução, arranjo, instrumentação, dramatização, cinematização e, em geral, qualquer transformação da obra". A lei refere-se assim genericamente a todas as situações em que são criadas obras derivadas a partir da

[323] Sobre este regime, cfr. Sá e Mello, *Contrato*, pp. 316 e ss.

[324] Cfr. sobre ele Macedo Vitorino, *op. cit.*, pp. 113 e ss.

obra original, ainda que as disposições subsequentes apenas se refiram ao contrato de tradução, o qual constitui assim o modelo típico de encomenda de obra derivada. Não obstante, parece claro que o seu regime será aplicável a quaisquer outras transformações da obra como as acima referidas.

O contrato de tradução corresponde a uma encomenda de obra derivada, a qual tanto pode ser realizada para uso privado como para fins comerciais, sendo que o comitente tanto pode ser um editor como o próprio autor. A lei, no entanto, toma como paradigma a situação de a tradução ser encomendada por um editor, destinando-se assim a fins comerciais.

### 10.2. A exigência de autorização do autor da obra original

Pressuposto da celebração do contrato de tradução, assim como da encomenda de qualquer das outras obras derivadas, é a de que exista autorização do autor da obra original. Efectivamente, o art. 169º, nº 1, determina expressamente que quaisquer destas transformações da obra só podem ser feitas ou autorizadas pelo autor da obra original, sendo esta protegida nos termos do nº 2 do artigo 3º. A autorização tem que ser dada por escrito e não implica a concessão de exclusivo, salvo declaração em contrário (art. 169º, nº 2).

### 10.3. Obrigações do tradutor

#### 10.3.1. Obrigação de realizar a tradução nos termos convencionados

O contrato de tradução corresponde a um contrato de encomenda de obra derivada, pelo que o tradutor assume naturalmente a obrigação de realizar a tradução nos termos convencionados, designadamente quanto ao prazo e à correcção da tradução, incorrendo em responsabilidade contratual em caso de falta ou cumprimento defeituoso desta obrigação.

#### 10.3.2. Obrigação de respeitar o sentido da obra original

Uma vez que o tradutor sabe que se encontra a criar uma obra derivada, terá que respeitar o sentido da obra original (art. 169º, nº 3), só podendo proceder às modificações que não desvirtuem a obra, na medida do exigido pelo fim a que a obra se destina (art. 169º, nº 4).

### 10.4. Direitos do comitente

#### 10.4.1. Direito de utilizar a tradução para os fins convencionados

O primeiro direito do comitente é o de utilizar a tradução para os fins convencionados. Efectivamente, correspondendo a tradução à encomenda de uma obra derivada, naturalmente que o comitente por força desse contrato, adquire o direito de a utilizar nos termos convencionados designadamente, tratando-se de um editor, o direito de a reproduzir e comercializar os respectivos exemplares.

O contrato de tradução celebrado com editor já não implica, no entanto, a menos que haja convenção em contrário, a cedência ou transmissão, temporária ou permanente, dos direitos existentes sobre a sua tradução (art. 172º, nº 2).

### 10.5. Obrigações do comitente

#### 10.5.1. Obrigação de pagar a retribuição devida

A primeira obrigação do comitente é naturalmente a de pagar a retribuição devida ao autor como contrapartida da realização da tradução. Esse pagamento é normalmente realizado aquando da entrega da tradução, mas pode ser convencionado um adiantamento prévio ao tradutor.

#### 10.5.2. Obrigação de pagar a compensação suplementar

O art. 170º atribui ao tradutor uma compensação suplementar sempre que o editor, o empresário, o produtor ou qualquer outra entidade utilizar a tradução para além dos limites convencionados ou estabelecidos no Código. Esta compensação suplementar extravasa do seu regime geral, previsto no art. 49º, na medida em que não se exige a alienação ou oneração do direito de autor, nem que este tenha sofrido grave lesão. Basta qualquer utilização da tradução para além dos limites legais ou convencionados para que seja adquirido o direito correspondente à compensação suplementar.

#### 10.5.3. Obrigação de respeitar os direitos morais do tradutor

Uma outra obrigação que recai sobre o comitente é a de respeitar os direitos morais do tradutor. Nesse âmbito, o art. 171º faz referência expressa ao direito à menção do nome na obra, estabelecendo que "o nome do tradutor deverá sempre figurar nos exemplares da obra traduzida, nos anúncios do teatro, nas comunicações que acompanham as emissões de rádio e de televisão, na ficha artística dos filmes e em qualquer material de promoção".

**11. O contrato de construção de obra de arquitectura**

Um outro contrato relativo ao direito de autor é o contrato de construção de obra de arquitectura. Nos termos do art. 68º, nº 1, l) assiste ao autor o direito exclusivo de autorizar, por si ou pelos seus representantes, a construção de obra de arquitectura segundo o projecto, quer haja ou não repetições. Efectivamente, a lei concede protecção autoral, quer aos projectos e esboços de arquitectura e urbanismo (art. 2º, nº 1, l)), quer à própria obra de arquitectura (art. 2º, nº 1, g)). Neste caso, é considerado como autor da obra de arquitectura o criador da sua concepção global e respectivo projecto (art. 25º).

Sendo a obra de arquitectura, como todas as outras obras, uma criação intelectual, naturalmente que a mesma já existe antes da construção, no estádio do projecto[325]. O contrato de construção corresponde assim a uma materialização dessa obra, ou seja, à realização do seu *corpus mechanicum* integral. Como tal, a construção é uma faculdade que tem que ser autorizada pelo autor da obra de arquitectura. A autorização é concedida individualmente para cada construção, dado que a repetição da construção de obra de arquitectura segundo o mesmo projecto, depende igualmente do consentimento do autor (art. 161º, nº 2).

O art. 161º, nº 1, procura acautelar o direito à menção do nome da obra, determinando que "em cada exemplar dos estudos e projectos de arquitectura e urbanismo, junto ao estaleiro da construção da obra de arquitectura e nesta, depois de construída, é obrigatória a indicação do respectivo autor, por forma bem legível".

Apesar de o contrato de empreitada ser normalmente celebrado entre terceiros (o dono da obra e o empreiteiro), o autor da obra de arquitectura adquire, por via do contrato de construção, a possibilidade de controlar a execução da obra. Assim, tem em primeiro lugar "o direito de fiscalizar a sua construção ou execução em todas as fases e pormenores, de maneira a assegurar a exacta conformidade da obra com o projecto de que é autor" (art. 60º, nº 1). Para além disso, quando a obra é executada segundo projecto, a lei proíbe o dono da obra de,

[325] Assim, OLIVEIRA ASCENSÃO, *Direito de Autor*, p. 499.

durante a construção ou após a sua conclusão, introduzir nela modificações sem consulta o autor do projecto, sob pena de indemnização por perdas e danos (art. 60º, nº 2). Em caso de falta de acordo pode o autor repudiar a paternidade da obra modificada, ficando vedado ao proprietário invocar para o futuro, em proveito próprio, o nome do autor do projecto inicial (art. 60º, nº 3).

# Capítulo XII
# Os Direitos Conexos ao Direito de Autor

## 1. O surgimento dos direitos conexos

Ao lado da protecção concedida ao direito de autor, foram sendo reconhecidos categorias afins de direitos, que receberam nas diversas legislações normalmente a designação de direitos vizinhos e, na legislação portuguesa, a de direitos conexos[326]. Os direitos conexos pressupõem uma prestação complementar à obra intelectual, que pode consistir na sua execução, na sua produção técnica e industrial ou na sua radiodifusão.

O surgimento do direito de autor funcionou como atribuição de um direito de exclusivo do autor sobre as obras por ele criadas. Essa concepção surge logo com a Revolução Francesa, ao configurar o direito de autor como um direito de propriedade literária e acentuou-se durante o séc. XIX com o sucessivo reconhecimento do direito de autor. Tal implicou no entanto a desconsideração de outras importantes contribuições para o sucesso da obra, como as prestações dos artistas, anteriormente protegidas por privilégios conferidos ao papel na representação de obra dramática, os quais foram obliterados em função do exclusivo sobre a obra intelectual conferido ao autor[327].

[326] Cfr., sobre estes Oliveira Ascensão, *Direito de Autor*, pp. 543 e ss., Luiz Francisco Rebello, *Introdução*, pp. 21 e ss. e Nuno Sousa e Silva, "Direitos conexos (ao Direito de Autor)", na *ROA* 76 (2016), pp. 355-445. Efectivamente, em inglês a expressão é *neighbouring* rights. Em francês usa-se normalmente *droits voisins*, havendo quem fale também em *droits connexes*. Em alemão utiliza-se a expresão *Verwandterechte* ou *Nachbarrechte*. Em italiano a expressão normalmente usada é *diritti conessi*.

[327] Veja-se para um exemplo desta desconsideração a posição de Cunha Gonçalves, *Tratado*, IV, nº 453, p. 39: "Os intérpretes executam o seu contrato de prestação de serviços.

Surgiu, por isso, durante o séc. XX um movimento no sentido da protecção dos direitos dos artistas que interpretam e executam as obras intelectuais. Essa protecção veio a ser consagrada legislativamente na Alemanha, logo no início do séc. XX, tendo a partir daí sido estendida a outros países. Esse reconhecimento resultou do facto de o processo técnico ter permitido que a execução das obras intelectuais por parte dos artistas, intérpretes e executantes pudesse ser gravada e posteriormente reproduzida ou difundida. Com esta evolução a execução das obras intelectuais deixou de ter o carácter episódico e transitório que assegurava ao artista intérprete ou executante a exclusividade das suas prestações, passando a poder ser objecto de sucessivas reproduções e comunicações ao público, com natural prejuízo para aqueles que não conseguiam obter a remuneração a que tinham direito pelas suas próprias prestações. A solução foi então o reconhecimento aos artistas intérpretes e executantes de um direito conexo ao direito de autor.

O reconhecimento dessa protecção aos artistas intérpretes e executantes levou a que a mesma fosse posteriormente estendida aos produtores de fonogramas e videogramas. Considerou-se que estes agentes económicos, em virtude do investimento que realizam na fixação das obras intelectuais, deveriam igualmente beneficiar de protecção do seu investimento, perante as reproduções que essas obras são susceptíveis de sofrer. Essa protecção poderia ocorrer através do instituto da concorrência desleal, mas esse instituto foi considerado insuficiente para tutelar o investimento técnico dos produtores na gravação de sons e posteriormente de imagens, tendo antes o mesmo sido assegurado através do estabelecimento de um direito de comercialização dos fonogramas e videogramas, e da proibição da utilização dos mesmos para fins distintos do uso privado, não comercial.

Finalmente, a protecção dos direitos conexos veio igualmente a ser estendida aos organismos de radiodifusão sonora e visual, atenta a enorme susceptibilidade de reprodução e de novas comunicações ao público que as suas obras podem acarretar. Aos organismos de radiodifusão veio a ser assim igualmente reconhecido um direito exclusivo sobre as emissões que transmitem, em ordem a vedar novas transmissões

Se o fazem com brilho singular, para esse fim são pagos com salários astronómicos, não sendo justo, por isso, que aleguem ainda direitos à sua *maneira de intepretar*".

ou a sua comercialização, mediante a cobrança de bilhetes à assistência ou a sua mera disponibilização em espaços comerciais.

Em consequência, tentou-se inserir a protecção dos direitos conexos no âmbito da revisão da Convenção em Berna, realizada em Roma, em 1928, o que não viria a ter sucesso. Generalizou-se por isso a ideia de instituir uma nova convenção, desta vez destinada a proteger os direitos conexos ao direito de autor. Essa viria a ser a Convenção Internacional sobre a Protecção dos Artistas, Intérpretes ou Executantes, dos Produtores de Fonogramas e dos Organismos de Radiofusão, assinada em Roma em 1961, e por isso conhecida como a Convenção de Roma. Portugal ratificou a Convenção de Roma através do Decreto do Presidente da República nº 168/99, de 22 de Julho, mas formulou reservas expressas ao disposto no seu art. 5º, nº 3, 6º, nº 2, e subalínea IV) da alínea a) do nº 1 do art. 16º.

A Convenção de Roma viria ainda a ser complementada pelo Tratado da OMPI sobre interpretações ou execuções e fonogramas, de 1996, o qual viria a ser aprovado em nome da União Europeia, no que se refere às questões da sua competência, pela Decisão do Conselho nº 2000/278/CE, de 16 de Março de 2000. Este tratado foi aprovado pela resolução da Assembleia da República 81/2009, de 5 de Fevereiro, e ratificado pelo Decreto do Presidente da República 77/2009, de 27 de Agosto.

Na legislação interna portuguesa, o reconhecimento da protecção dos direitos conexos apenas surge em 1985, através do Código do Direito de Autor e dos Direitos Conexos (arts. 176º e ss.). Ao contrário do que tinha determinado a Convenção de Roma esse reconhecimento foi, no entanto, efectuado com alcance retroactivo, abrangendo mesmo factos geradores da protecção ocorridos antes da sua entrada em vigor (art. 194º, nº 1).

## 2. Regime dos direitos conexos

Nos termos do art. 192º, os direitos conexos atribuem uma protecção afim ao direito de autor, pelo que "as disposições sobre os modos de exercício dos direitos de autor aplicam-se no que couber aos modos de exercício dos direitos conexos". Apesar das dúvidas em torno do significado desta remissão[328], somos de opinião que através da mesma se pretende deter-

[328] Cfr. a este propósito Oliveira Ascensão, *Direito de Autor*, pp. 582 e ss.

minar a aplicação aos titulares de direitos conexos do regime relativo às modalidades de utilização da obra, previsto nos arts. 67º e ss. e do regime da gestão do direito de autor, previsto nos arts. 72º e ss.

As disposições sobre violação e defesa do direito de autor são igualmente aplicáveis ao titular dos direitos conexos, conforme consta da epígrafe do título IV do Código. A lei é aliás expressa no sentido de que a tutela penal da usurpação e da contrafacção abrange não apenas o titular do direito de autor, mas também o titular dos direitos conexos (arts. 195º e 196º)[329].

No entanto, os direitos conexos não se sobrepõem ao direito de autor, já que o art. 177º refere que "a tutela dos direitos conexos em nada afecta a protecção dos autores sobre a obra utilizada". Efectivamente, a protecção legalmente atribuída à criação intelectual prevalece naturalmente sobre as prestações complementares que ao lado dela vêm a ser feitas.

Há, no entanto, algumas especialidades do regime dos direitos conexos em relação ao direito de autor. Assim, em primeiro lugar, ao contrário do que sucede com o direito de autor, os direitos conexos não pressupõem necessariamente que ocorra uma fixação da prestação em determinado suporte material. Efectivamente, independentemente de ocorrer ou não uma gravação da prestação, a mesma é objecto de protecção como tal. Assim, por exemplo, os artistas intérpretes ou executantes podem reagir contra qualquer utilização da sua prestação diferente da que tinham convencionado, mesmo que a mesma não tenha sido registada em qualquer suporte. E também os organismos de radiodifusão podem proibir a retransmissão em directo das suas emissões, mesmo sem que ocorra qualquer fixação das mesmas.

[329] Em sentido contrário, Oliveira Ascensão, *Direito de Autor*, p. 549, sustenta que os direitos conexos "só tutelam contra a apropriação mediata da prestação através de meios técnicos, *e não contra a imitação por terceiros*", defendendo por isso uma intepretação restritiva do art. 196º, em ordem a excluir o *plágio de prestação*, já que, a seu ver, seria perfeitamente lícita a imitação de artistas por outros. No mesmo sentido, Nuno Sousa e Silva, *ROA* 76 (2016), pp. 364-365. Não nos parece, porém, que tenham razão. A imitação de prestações apenas é admissível nos mesmos termos em que o é a de obras, como sucede nas paródias. Não é naturalmente permitido que um artista reproduza integralmente a prestação de outro artista, mesmo que o faça sem recurso a meios técnicos, podendo este reagir caso tal aconteça sem a sua autorização.

Existe ainda estabelecida no art. 191º uma presunção de anuência por parte do titular dos direitos conexos em relação à utilização da sua prestação por terceiro, desde que seja caucionado o pagamento de uma remuneração, que não tem paralelo com o que se estabelece para o direito de autor, sujeitando o titular dos direitos conexos a uma licença obrigatória geral, sempre que haja dificuldade em o contactar.

A lei nada refere em relação às vicissitudes susceptíveis de abranger os direitos conexos. Deverá por esse motivo aplicar-se o regime vigente para o direito de autor, de onde resulta que os direitos patrimoniais se devem considerar susceptíveis de alienação, oneração e sucessão por morte (arts. 40º e ss.), mas que os direitos pessoais são indisponíveis, cabendo após a morte do autor o seu exercício aos sucessores (arts. 56º e ss.)[330].

Finalmente, o prazo de protecção dos direitos conexos é mais restrito do que o do direito de autor, nos termos que adiante examinaremos.

### 3. A utilização livre nos direitos conexos

Dispõe o art. 189º, nº 4, que "as limitações e excepções que recaem sobre o direito de autor são aplicáveis aos direitos conexos, em tudo o que for compatível com a natureza destes direitos". São assim aplicáveis com as necessárias adaptações aos titulares dos direitos conexos as disposições sobre a utilização livre do direito de autor, constantes dos arts. 75º e ss. do Código.

A lei regula, no entanto, expressamente no art. 189º, nº 1, certas formas de utilização livre em relação aos direitos conexos, e que correspondem às seguintes:

a) o uso privado;
b) os excertos de uma prestação, um fonograma, um videograma ou uma emissão de radiodifusão, contanto que o recurso a esses excertos se justifique por propósito de informação ou crítica ou qualquer outro dos que autorizam as citações ou resumos referidos na alínea g) do nº 2 do art. 75º;
c) a utilização destinada a fins exclusivamente científicos ou pedagógicos;

[330] Neste sentido, Oliveira Ascensão, *Direito de Autor*, p. 564.

d) a fixação efémera feita por organismo de radiodifusão;
e) as fixações ou reproduções realizadas por entes públicos ou concessionários de serviços públicos por algum interesse excepcional de documentação ou para arquivo;
f) os demais casos em que a utilização livre da obra é lícita sem o consentimento do autor.

## 4. As licenças legais e obrigatórias

No âmbito dos direitos conexos existem igualmente situações de licenças legais e obrigatórias. Salienta-se, em primeiro lugar, a licença legal prevista no art. 178º, nº 2, onde se prevê que a autorização pelo artista intérprete ou executante da fixação da prestação para fins de radiodifusão implica a transmissão dos seus direitos de radiodifusão e comunicação ao público, conservando apenas o direito a uma remuneração.

Constitui um caso de licença obrigatória a hipótese já referida do art. 191º, que permite ao interessado a utilização do direito conexo, desde que caucione o pagamento da remuneração quando, apesar da sua diligência, comprovada pelo Ministério da Cultura, não for possível entrar em contacto com o titular do direito ou este não se pronunciar num prazo razoável que para o efeito lhe for assinado.

## 5. Categorias de direitos conexos

### 5.1. Generalidades

Os direitos conexos ao direito de autor admitem três categorias típicas legalmente reconhecidas:

a) direitos dos artistas intérpretes ou executantes;
b) direitos dos produtores de fonogramas
c) direitos dos organismos de radiodifusão sonora ou visual.

Existem, no entanto, ainda outras categorias atípicas de direitos conexos que têm vindo a ser reconhecidas na doutrina, como o direito ao espectáculo e o direito do editor[331].

Examinemos sucessivamente essas categorias:

[331] Cfr. Oliveira Ascensão, *Direito de Autor*, p. 547.

### 5.2. Os direitos dos artistas intérpretes ou executantes

#### 5.2.1. Generalidades

O art. 176º, nº 1, procede à atribuição de direitos conexos aos artistas intérpretes ou executantes, considerando o nº 2 como tais "os actores, cantores, músicos, bailarinos e outros que representem, cantem, recitem, declamem, intepretem ou executem de qualquer maneira obras literárias ou artísticas". É semelhante o art. 3º a) da Convenção de Roma, mas a lei portuguesa ao utilizar a expressão "artistas, intérpretes e executantes" faz uma referência incorrecta, parecendo que se estaria perante três categorias. Na verdade, como bem salienta Oliveira Ascensão, a expressão correcta, conforme consta da CR, "é artistas intérpretes ou executantes", sem vírgula e com a alternativa "ou" em lugar da copulativa "e". Há assim apenas uma categoria, a dos artistas, sendo a interpretação e a execução duas formas de realização da prestação artística, corrspondendo a execução a uma forma específica de interpretação das obras musicais, mediante a utilização de instrumentos[332].

A atribuição dos direitos conexos aos artistas é plenamente justificada, dado que a protecção concedida aos autores esmagou os artistas, obrigando estes a reclamar uma protecção própria. Efectivamente, os artistas, quando procedem à interpretação ou execução da obra (por exemplo, cantando uma canção, recitando um poema, ou representando um papel no teatro ou no cinema) realizam normalmente uma prestação própria, que valoriza a obra intelectual executada. Não seria, por isso, correcto que essa prestação não fosse legalmente tutelada, e apenas fosse atribuída protecção ao criador da obra executada.

#### 5.2.2. Requisitos para a atribuição dos direitos

Há, no entanto, alguns requisitos para que a actividade de interpretação ou execução possa ser objecto de direitos conexos, e que são os seguintes:

a) que a prestação revista natureza artística;
b) que tenha por objecto a interpretação ou execução de obras literárias e artísticas, mesmo que não protegidas.

[332] Cfr. Oliveira Ascensão, *Direito de Autor*, pp. 551 e 554.

Em primeiro lugar, exige-se que a prestação tenha que revestir natureza artística, como ocorre com a recitação, a declamação, a representação, o canto, a dança ou o tocar de instrumentos musicais. Todas as actividades materiais de execução de obras que não impliquem um contributo artístico não implicam assim a atribuição de direitos conexos[333]. Ao contrário do que alguma doutrina tem vindo a salientar com base no art. 189º, nº 2, não são excluídas da protecção as actividades artísticas realizadas ao abrigo de dever funcional ou de contrato de trabalho[334].

Por outro lado, a actividade de interpretação ou execução tem que ter por objecto obras literárias e artísticas, atenta a necessária ligação dos direitos conexos à protecção autoral. Artistas que não criem ou executem obras literárias e artísticas, como sucede com certos artistas de circo, não beneficiarão assim da protecção pelos direitos conexos[335]. Mas já não se exige que as obras executadas sejam objecto de protecção jurisautoral. Assim, a interpretação de obras que nunca foram objecto de protecção, como a representação de uma peça de Shakespeare, ou de obras já caídas no domínio público, como a declamação dos poemas de Fernando Pessoa, não deixa de atribuir ao artista um direito conexo sobre a sua prestação. Também são protegidas as prestações relativas a obras coreográficas e pantominas, que não tenham sido fixadas, não beneficiando consequentemente de protecção (art. 2º, nº 1, d))[336].

[333] Neste sentido, OLIVEIRA ASCENSÃO, *Direito de Autor*, p. 553, que salienta que "não é protegido o operador de luzes de um bailado, nem o que projecta os diapositivos pela máquina. Não há então actividade artística. Mas já a realiza o músico da orquestra, que é chamado, integrado nela, a uma verdadeira interpretação".

[334] A posição contrária é defendida por OLIVEIRA ASCENSÃO, *Direito de Autor*, pp. 557-558 e também por LUIZ FRANCISCO REBELLO, *Código*, sub art. 189º, nº 2, p. 148, ainda que este último admita que o artista e o seu empregador convencionem o contrário. Mas, ao contrário do que sustentam estes autores, o objectivo desta disposição, situado no âmbito das utilizações livres, não é retirar neste caso o direito conexo ao artista, mas antes estabelecer que este não o pode invocar perante o seu empregador, o que resulta naturalmente do contrato celebrado. Continua, porém, a poder invocá-lo perante qualquer outra entidade.

[335] Tal restrição resulta expressamente, quer do art. 3º a) CR quer do art. 176º, nº 2, CDADC. Apesar do o art. 9º CR autorizar os Estados Contratantes a, pela sua legislação nacional, estenderem a protecção da Convenção aos artistas que não executem obras literárias ou artísticas, são muito poucos os Estados que até agora o fizeram. Cfr. OLIVEIRA ASCENSÃO, *Direito de Autor*, p. 555, e nota (1).

[336] Cfr. OLIVEIRA ASCENSÃO, *Direito de Autor*, p. 554.

Há ainda requisitos específicos de conexão com o território nacional, constantes do art. 190º, nº 1, para a protecção dos direitos conexos, e que correspondem ao preenchimento de uma das seguintes condições:

a) que o artista intérprete ou executante seja de nacionalidade portuguesa ou de Estado membro da União Europeia;
b) que a prestação ocorra em território português;
c) que a prestação original seja fixada ou radiodifundida pela primeira vez em território português.

A protecção é, no entanto, estendida pelo art. 193º aos artistas protegidos por convenções internacionais ratificadas ou aprovadas.

### 5.2.3. Conteúdo patrimonial

#### 5.2.3.1. Enumeração das faculdades atribuídas

De acordo com o disposto no art. 178º, nº 1, disposição influenciada pelo art. 7º CR, a protecção atribuída aos artistas intérpretes ou executantes corresponde ao direito exclusivo de fazer ou autorizar[337], por si ou pelos seus representantes, as seguintes utilizações da sua prestação:

a) a radiodifusão e a comunicação ao público, por qualquer meio, da sua prestação, excepto quando a prestação já seja, por si própria, uma prestação radiodifundida ou quando seja efectuada a partir de uma fixação;
b) a fixação, sem o seu consentimento, das prestações que não tenham sido fixadas;
c) a reprodução directa ou indirecta, temporária ou permanente, por quaisquer meios e sob qualquer forma, no todo ou em parte, sem o seu consentimento, de fixação das suas prestações quando esta não tenha sido autorizada, quando a reprodução seja feita para

[337] O art. 7º da CR fala antes numa "faculdade de impedir" estas utilizações, sendo semelhante a fórmula utilizada na redacção do art. 178º, anterior à Lei 50/2004, de 24 de Agosto, o que poderia indiciar não se pretender atribuir aos artistas um direito de autorizar, ao contrário do que sucede com o direito de autor. Mas, como salientava OLIVEIRA ASCENSÃO, *Direito de Autor*, pp. 559-560, implicitamente há uma concessão do direito de autorizar, uma vez que a faculdade de impedir não é senão um reverso desse direito. Actualmente, em face da redacção da Lei 50/2004, de 24 de Agosto, é manifesta a existência de um direito exclusivo de efectuar essas autorizações.

fins diversos daqueles para os quais foi dado o consentimento ou quando a primeira fixação tenha sido feita ao abrigo do artigo 189º e a respectiva reprodução vise fins diferentes dos previstos nesse artigo;

d) a colocação à disposição do público, da sua prestação, por fio ou sem fio, por forma que seja acessível a qualquer pessoa, a partir do local e no momento por ela escolhido.

Segundo o art. 178º, nº 2, no caso, porém, de existir autorização do artista intérprete ou executante para fixação da sua prestação para fins de radiodifusão por parte de um produtor cinematográfico ou audiovisual ou videográfico, ou de um organismo de radiodifusão, considerar-se-á que transmitiu os seus direitos de radiodifusão e comunicação ao público, conservando o direito de auferir uma remuneração inalienável, equitativa e única, por todas as autorizações referidas no nº 1, do art. 178º à excepção do direito previsto na alínea d) do mesmo número.

A estas haverá ainda que acrescentar nos termos do art. 7º, nº 1, a) do D.L. 332/97 a faculdade de autorizar o aluguer ou o comodato de qualquer fixação da sua prestação.

Examinemos sucessivamente estas faculdades:

#### 5.2.3.2. A faculdade de realizar ou autorizar a radiodifusão e a comunicação ao público, por qualquer meio, da sua prestação

Em primeiro lugar, é atribuída aos artistas intérpretes ou executantes *a faculdade de realizar ou autorizar a radiodifusão e a comunicação ao público, por qualquer meio, da sua prestação* (art. 178º, nº 1, a)). A radiodifusão e a comunicação ao público da prestação do artista são assim faculdades que a lei reserva ao próprio artista. Esta solução é aliás reiterada no art. 117º, o qual, no âmbito do contrato de representação, prevê a necessidade de autorização dos artistas para a radiodifusão sonora ou visual da obra representada. Nos termos do art. 8º do D.L. 333/97, a faculdade de realizar a radiodifusão e a comunicação ao público da prestação inclui as modalidades da radiodifusão por satélite e da retransmissão por cabo. Também o art. 10º, nº 1, do D.L. 39/88, de 6 de Fevereiro, diploma com a última alteração pelo D.L. 23/2014, de 14 de Fevereiro, estabelece que "a exibição pública de videograma é considerada espectáculo de natureza artística, para todos os efeitos legais".

A faculdade de autorizar a radiodifusão ou a comunicação ao público vem a ser, no entanto, excluída quando a prestação já seja, por si própria, uma prestação radiodifundida ou quando seja efectuada a partir de uma fixação (art. 178º, nº 1, a), *in fine*). Esta solução está em harmonia com o art. 19º CR, o qual estabelece que "não obstante quaisquer outras disposições da presente Convenção, não será aplicável o art. 7º quando um artista intérprete ou executante haja consentido na inclusão da sua execução numa fixação de imagens ou de imagens e sons".

Da mesma forma que ocorre com os autores, a autorização para a comunicação ao público por satélite pode ser concedida através de contrato individual ou de acordo colectivo, a celebrar com uma entidade de gestão colectiva (art. 6º, nº 1, do D.L. 333/97). Já em relação ao direito de autorizar ou proibir a retransmissão por cabo, o mesmo apenas pode ser exercido através de uma entidade de gestão colectiva (art. 7º, nº 1, do D.L. 333/97).

#### 5.2.3.3. A faculdade de realizar ou autorizar a fixação da sua prestação

Numa fórmula infeliz, o art. 178º, nº 1, b) atribui ao artista intérprete ou executante a faculdade de realizar ou autorizar "a fixação, sem o seu consentimento, das prestações que não tenham sido fixadas", solução reiterada no art. 117º onde se prevê a necessidade de autorização do artista para a reprodução da prestação em fonograma ou videograma e filmagem. Destas disposições resulta que a fixação da prestação ou a autorização para a mesma são faculdades que a lei reserva ao próprio artista, mas que, a partir do momento em que ele autoriza a fixação, deixa de poder impedir novas fixações dessa prestação. É mais uma vez uma solução que se harmoniza com o art. 19º CR.

#### 5.2.3.4. A faculdade de realizar ou autorizar a reprodução de fixações não consentidas ou realizadas para fins diferentes daqueles em relação aos quais a fixação foi permitida

O art. 178º, nº 1, c) atribui ainda ao artista a faculdade exclusiva de realizar "a reprodução directa ou indirecta, temporária ou permanente, por quaisquer meios e sob qualquer forma, no todo ou em parte, sem o seu consentimento, de fixação das suas prestações quando esta não tenha sido autorizada, quando a reprodução seja feita para fins diversos daqueles para os quais foi dado o consentimento ou quando a primeira fixação tenha sido feita ao abrigo do artigo 189º e a respectiva reprodução vise fins diferentes dos previstos nesse artigo".

#### 5.2.3.5. A faculdade de realizar ou autorizar a colocação à disposição do público da prestação

O art. 178º, nº 1, d) atribui ainda ao artista a faculdade de realizar ou autorizar a colocação à disposição do público da sua prestação, por fio ou sem fio, por forma que seja acessível a qualquer pessoa, a partir do local e no momento por ela escolhido. Com a difusão da internet, a colocação à disposição do público tornou-se uma das mais importantes utilizações das prestações dos artistas, sendo por isso natural que a sua realização ou autorização seja uma faculdade reservada aos mesmos.

#### 5.2.3.6. O direito de auferir uma remuneração inalienável, equitativa e única, por todas as autorizações, em caso de transmissão dos direitos de radiodifusão e comunicação ao público

Um outro importante direito dos artistas intérpretes ou executantes é de auferir uma remuneração inalienável, equitativa e única, por todas as autorizações, em caso de transmissão dos direitos de radiodifusão e comunicação ao público. Este direito encontra-se previsto no art. 178º, nº 2, o qual estabelece que "sempre que um artista intérprete ou executante autorize a fixação da sua prestação para fins de radiodifusão a um produtor cinematográfico ou audiovisual ou videográfico, ou a um organismo de radiodifusão, considerar-se-á que transmitiu os seus direitos de radiodifusão e comunicação ao público, conservando o direito de auferir uma remuneração inalienável, equitativa e única, por todas as autorizações referidas no nº 1, à excepção do direito previsto na alínea d) do número anterior". Desta disposição resulta assim que, a partir do momento em que o artista autoriza a fixação para fins de radiodifusão, transmite os direitos de radiodifusão e comunicação ao público das suas obras, adquirindo apenas o direito a uma remuneração equitativa única pelas vezes em que a sua prestação é utilizada. A remuneração inalienável e equitativa abrange igualmente a autorização para novas transmissões, a retransmissão e a comercialização de fixações obtidas para fins exclusivos de radiodifusão (art. 178º, nº 3).

Desta transmissão exceptua-se a colocação à disposição do público, por fio ou sem fio, por forma a que a prestação seja acessível a qualquer pessoa no momento e a partir do local por ela escolhido, a qual continua a ser assim reservada ao artista (art. 178º, nº 2, e nº 1, d)). Exceptua-se também a comunicação ao público por satélite e a retransmissão por cabo, nos termos do art. 8º do D.L. 333/97.

O exercício do direito à remuneração equitativa única "só poderá ser exercido por uma entidade de gestão colectiva de direitos dos artistas, que se presumirá mandatada para gerir os direitos de todos os titulares, incluindo os que nela não se encontrem inscritos, assegurando-se que, sempre que estes direitos forem geridos por mais que uma entidade de gestão, o titular possa decidir junto de qual dessas entidades deve reclamar os seus direitos" (art. 178º, nº 4). A mesma solução é prevista para o direito de autorizar a retransmissão por cabo das prestações, que igualmente constitui um direito de exercício colectivo, nos termos dos arts. 7º e 8º do D.L. 333/97.

### 5.2.3.7. A faculdade de autorizar o aluguer ou o comodato da fixação da sua prestação

Outra faculdade reconhecida aos artistas intérpretes ou executantes é a de autorizar o aluguer ou o comodato de qualquer fixação da sua prestação. O direito de aluguer do artista intérprete ou executante é reconhecido a nível internacional pelo art. 9º do Tratado da OMPI sobre interpretações ou execuções e fonogramas de 1996. A nível comunitário, já tinha sido porém, reconhecido ao artista intérprete ou executante a faculdade de autorizar o aluguer e o comodato das suas fixações pelo art. 2º, nº 1, b) da Directiva 92/100/CEE, do Conselho, de 19 de Novembro de 1992, constando actualmente esse direito do art. 3º, nº 1, b) da Directiva 2006/115/CE do Parlamento Europeu e do Conselho, de 12 de Dezembro de 2006.

Em consequência, o art. 7º, nº 1, a) do D.L. 332/97 estende o direito de aluguer ou comodato atribuído ao autor aos artistas intérpretes e executantes, no que respeita à fixação da sua prestação. O nº 2 do artigo 7º do D.L. 332/97 estabelece ainda que estes direitos conexos não se esgotam com a venda ou qualquer acto de distribuição dos objectos referidos.

Salienta-se, no entanto, que a celebração de um contrato de produção de filme entre artistas intérpretes ou executantes e o produtor faz presumir, salvo disposição em contrário, a cessão em benefício deste do direito de aluguer do artista, sem prejuízo do direito irrenunciável a uma remuneração equitativa pelo aluguer, nos termos do nº 2 do artigo 5º (art. 8º do Decreto-Lei 332/97).

### 5.2.4. Conteúdo pessoal

#### 5.2.4.1. Generalidades

À semelhança do que sucede com o direito de autor, também os direitos conexos dos artistas intérpretes ou executantes possuem um conteúdo pessoal. Esse conteúdo pessoal é, no entanto, extremamente limitado, abrangendo apenas três direitos específicos:

a) direito à menção do nome do artista;
b) direito a reivindicar a paternidade da prestação;
c) direito de assegurar a genuinidade e a integridade da prestação.

Examinemos sucessivamente estes direitos:

#### 5.2.4.2. Direito à menção do nome do artista

O direito à menção do nome do artista encontra-se previsto no art. 180º, cujo nº 1, estabelece que em toda a divulgação de uma prestação será indicado, ainda que abreviadamente, o nome ou pseudónimo do artista. Assim, por exemplo, na divulgação da obra cinematográfica ou da obra teatral deverão ser indicados os nomes dos respectivos actores, em ordem a que o público se possa aperceber a identidade dos que realizam a prestação.

Há, porém, casos em que a divulgação do nome dos artistas é manifestamente impossível, sob pena de os espectadores perderem o interesse na obra. A lei admite, por isso, que o direito à menção do nome do artista possa ser excluído por convenção em contrário, considerando ainda essa obrigação excluída sempre que o modo de utilização da interpretação ou execução impuser a omissão da menção (art. 180º, nº 1, *in fine*). É o que acontece, por exemplo, na actividade publicitária, onde o objectivo de publicitar o produto se apresenta como incompatível com a menção dos nomes dos artistas. Para além disso, são expressamente excluídos dessa obrigação os programas sonoros exclusivamente musicais sem qualquer forma de locução e os referidos no art. 154º (art. 180º, nº 2).

#### 5.2.4.3. Direito à reivindicação da paternidade da prestação

Um outro direito reconhecido ao artista é o direito a reivindicar a paternidade da sua prestação. O art. 180º, nº 3, estabelece uma presunção para atribuir essa paternidade, considerando como artista intérprete ou executante "aquele cujo nome tiver sido indicado como tal nas cópias autorizadas da prestação e no respectivo invólucro ou aquele que for anunciado como tal em qualquer forma de utilização lícita, representação ou comunicação ao público". Mas essa presunção é ilidível por prova em contrário, nos termos gerais (art. 350º, nº 2 CC), tendo consequentemente que reconhecer-se ao artista intérprete ou executante o direito a reivindicar a paternidade da prestação exigindo assim que seja corrigida a sua incorrecta menção. O art. 198º considera expressamente incluído no crime de violação de direito moral o facto de alguém se arrogar a paternidade de uma prestação que sabe não lhe pertencer.

#### 5.2.4.4. Direito de assegurar a genuinidade e integridade da prestação

Outro direito reconhecido ao artista intérprete ou executante é o de assegurar a genuinidade ou integridade da prestação. Esse direito resulta do art. 182º que considera "ilícitas as utilizações que deformem, mutilem e desfigurem uma prestação, que a desvirtuem nos seus propósitos ou que atinjam o artista na sua honra ou na sua reputação". O artista terá assim sempre o direito de reagir contra quaisquer atentados à integridade e genuinidade da sua prestação.

### 5.2.5. Exercício dos direitos

Os direitos dos artistas intérpretes ou executantes podem ser exercidos pessoalmente ou por intermédio de representante voluntariamente constituído nos termos gerais. Em certos casos, a lei estabelece no entanto certas formas de representação colectiva, quer a título supletivo, quer a título injuntivo.

A representação colectiva a título supletivo verifica-se nas hipóteses previstas no art. 181º. Assim, quando na prestação participem vários artistas, os seus direitos serão exercidos, na falta de acordo, pelo director do conjunto. Não havendo director do conjunto, os actores serão representados pelo encenador e os membros da orquestra ou os membros do coro pelo maestro ou director respectivo. Estas regras são supletivas, pelo que os artistas intérpretes ou executantes da prestação conjunta poderão acordar na atribuição da sua representação a qualquer deles ou mesmo a uma terceira pessoa.

Já a representação colectiva a título injuntivo encontra-se prevista no art. 178º, nº 2, relativamente à atribuição da remuneração equitativa referida nessa disposição, sendo essa representação atribuída à entidade de gestão colectiva representativa da respectiva categoria, que se considera mandatada para gerir os direitos de todos os titulares dessa categoria, incluindo os que nela não se encontrem inscritos. Também constitui uma forma de representação colectiva a título injuntivo a relativa ao direito de autorizar a restransmissão por cabo nos termos dos arts. 7º e 8º do D.L. 333/97.

### 5.2.6. Extinção dos direitos

O prazo de vigência dos direitos conexos dos artistas intérpretes ou executantes é mais reduzido do que o que vigora para o direito de autor. Efectivamente, o art. 183º, nº 1, a) estabelece a sua caducidade passados cinquenta anos após à primeira representação ou execução pelo artista intérprete ou executante. O art. 183º, nº 3, estabelece, no entanto, que se a fixação da execução do artista intérprete ou executante num fonograma for objeto de publicação ou comunicação lícita ao público, o prazo de caducidade do direito é de 70 anos, após a data da primeira publicação ou da primeira comunicação ao público, consoante a que tiver ocorrido em primeiro lugar. Nos termos do art. 194º, nº 1, esse prazo é aplicável, mesmo que o facto gerador da protecção tenha ocorrido antes da entrada em vigor do CDADC, quando a lei não outorgava protecção a estes direitos.

Caso, no entanto, a prestação tenha origem em país estrangeiro não pertencente à União Europeia e o artista intéprete ou executante não seja nacional de um país da União passa a aplicar-se a duração do país de origem, se esta não exceder a fixada na lei portuguesa (arts. 183º, nº 6 e 37º).

## 5.3. Os direitos dos produtores de fonogramas e videogramas

### 5.3.1. Generalidades

Outros titulares de direitos conexos são os produtores de fonogramas e videogramas. Nos termos do art. 176º, nº 3, são consideradas como tais as pessoas singulares ou colectivas que fixam pela primeira vez os sons provenientes de uma execução ou quaisquer outros, ou as imagens de qualquer proveniência, acompanhadas ou não de sons. Efectivamente, utilizando o produtor de fonogramas e videogramas uma técnica complexa de gravação, pretendeu-se assegurar que outrem não reproduzisse as suas gravações, especialmente os organismos de radiodifusão, o que foi realizado através da atribuição de um direito conexo sobre os fonogramas e videogramas assim criados. Por esta via se pretendeu tutelar o investimento do produtor contra as reproduções não autorizadas de terceiros, que constituem um aproveitamento parasitário desse mesmo investimento.

O direito conexo incidente sobre os fonogramas e videogramas é independente da propriedade sobre os suportes materiais das gravações, e existe mesmo quando os respectivos registos não contenham obras literárias ou artísticas susceptíveis de protecção. O seu objecto é assim apenas a prestação empresarial do produtor de fonogramas e videogramas, consistente nos registos resultante da fixação em suporte material de sons ou de imagens ou da cópia de obras cinematográficas ou audiovisuais (art. 176º, nºs 3 e 4).

### 5.3.2. Requisitos para a atribuição dos direitos

A atribuição dos direitos conexos depende naturalmente do exercício da actividade de produção de fonogramas e videogramas, a qual determina a atribuição dos direitos conexos sobre os fonogramas e videogramas que vierem a ser produzidos no exercício dessa actividade.

Nos termos do art. 190º, nº 2, a atribuição da protecção aos produtores de fonogramas e videogramas depende ainda do preenchimento das seguintes condições:

a) que o produtor seja de nacionalidade portuguesa ou de um Estado membro da União Europeia ou que tenha a sua sede efectiva em território português ou em qualquer ponto do território europeu;
b) que a fixação dos sons e imagens, separada ou cumulativamente, tenha sido feita licitamente em Portugal[338];

[338] O art. 1º, nº 4, do D.L. 39/88, de 6 de Fevereiro, alterado pelo D.L. 23/2014, de 14 de Fevereiro, estabelece ainda que para os fins desta disposição se considera "equivalente à primeira fixação a reprodução feita em território português de matrizes ou originais, mesmo que importados temporariamente".

c) que o fonograma ou videograma tenha sido publicado pela primeira vez ou simultaneamente em Portugal, entendendo-se por simultânea a publicação definida no nº 3 do artigo 65º.

A protecção é, no entanto, estendida pelo art. 193º aos produtores de fonogramas e videogramas abrangidos por convenções internacionais ratificadas ou aprovadas.

A lei impõe ainda certas formalidades em relação aos fonogramas e videogramas.

Assim, o art. 185º, nº 1, estabelece que é condição da protecção reconhecida aos produtores de fonogramas e videogramas que em todas as cópias autorizadas e no respectivo invólucro se contenha uma menção constituída pelo símbolo **P** (a letra P rodeada por um círculo) acompanhada da indicação do ano da primeira publicação. Deverá ser acrescentada ainda a identificação do produtor, caso a cópia ou o respectivo invólucro não permitirem realizar essa identificação adequadamente (art. 185º, nº 2), sendo que essa identificação constitui presunção da qualidade de produtor (art. 185º, nº 3).

Em relação aos videogramas, nos termos D.L. 39/88, de 6 de Fevereiro, diploma com a última alteração pelo D.L. 23/2014, de 14 de Fevereiro, a actividade de edição, venda, aluguer ou troca fica sujeita à superintendência da Inspecção-Geral das Actividades Culturais (art. 2º). Para além disso, a sua distribuição sob qualquer forma, nomeadamente a venda, o aluguer, e a sua exibição pública ficam dependentes da classificação a atribuir pela Comissão de Classificação e Espectáculos (art. 3º, nº 1. Em consequência, a Direcção-Geral dos Espectáculos e do Direito de Autor colocará em cada videograma classificado uma etiqueta, de modelo aprovado (art. 6º). Os videogramas destinados a exibição pública deverão ser expressamente licenciados para esse efeito, sendo identificados pela aposição no respectivo suporte da letra E, a seguir ao número de registo (art. 10º, nº 2).

Em relação aos fonogramas, é igualmente prevista nos termos do Decreto-Lei 227/89, de 8 de Julho, alterado pelo D.L. 315/95, de 28 de Novembro, a fiscalização do exercício da actividade de importação, fabrico, produção, edição, distribuição e exportação de fonogramas (art. 1º), estando os mesmos sujeitos a autenticação pela DGEDA, a requerer pelos titulares dos respectivos direitos de exploração (art.

2º). Essa autenticação é comprovada por selo, de modelo aprovado (art. 4º).

Essas formalidades são condição de protecção, uma vez que os videogramas não classificados e os fonogramas não autenticados consideram-se ilegalmente produzidos (art. 14º, nº 1, do D.L. 39/88, e art. 8º, nº 1, do D.L. 227/89,), devendo ser objecto de apreensão e perda a favor do Estado sem direito a indemnização (art. 14º, nº 4, do D.L. 39/88, e art. 8º, nº 2, do D.L. 227/89).

### 5.3.3. Conteúdo

#### 5.3.3.1. Enumeração das faculdades atribuídas

Nos termos do art. 184º, nº 1, as faculdades atribuídas aos produtores de fonogramas e videogramas consistem na possibilidade de fazer ou executar, por si ou pelos seus representantes:

a) a reprodução dos fonogramas e videogramas;
b) a distribuição ao público de cópias dos fonogramas e videogramas; a exibição cinematográfica dos videogramas, bem como a respectiva importação e exportação;
c) a colocação à disposição do público do conteúdo dos fonogramas e videogramas, por fio ou sem fio, por forma a que sejam acessíveis a qualquer pessoa a partir do local e no momento por ela escolhido;
d) a utilização do fonograma ou videograma em obra diferente;
e) a comunicação ao público de fonogramas e videogramas, incluindo a sua difusão por qualquer meio, e a sua execução pública;

O art. 7º, nº 1, b) do D.L. 332/97 acrescenta ainda a faculdade de autorizar o aluguer ou o comodato dos fonogramas e videogramas.

O nº 3 do art. 184º reconhece ainda aos produtores de fonogramas e videogramas o direito a receber uma remuneração equitativa e única, a dividir com os artistas intérpretes ou executantes, no caso de um fonograma ou videograma editado comercialmente, ou uma reprodução do mesmo, ser objecto de qualquer forma de comunicação pública, como contrapartida da autorização concedida para a mesma.

Finalmente os produtores de fonogramas e videogramas têm ainda, nos termos do art. 184º, nº 4, o direito de fiscalizar os estabelecimentos de prensagem e duplicação de fonogramas e videogramas e armazenamento dos suportes materiais.

Examinemos sucessivamente estas faculdades.

### 5.3.3.2. A faculdade de fazer ou autorizar a reprodução dos fonogramas e videogramas

A primeira faculdade atribuída ao produtor de fonogramas e videogramas é a de fazer ou autorizar a reprodução dos fonogramas e videogramas que produz, os quais não podem assim ser reproduzidos sem o seu consentimento. Nos termos do art. 184º, nº 1, a) essa autorização é necessária para toda e qualquer reprodução, por quaisquer meios e sob qualquer forma, seja esta directa ou indirecta, temporária ou permanente, e total ou parcial.

### 5.3.3.3. A faculdade de fazer ou autorizar a distribuição ao público de cópias dos fonogramas e videogramas, a exibição cinematográfica dos videogramas, bem como a respectiva importação e exportação

Outro direito reconhecido aos produtores de fonogramas e videogramas pelo art. 184º, nº 1, b) é o de fazer ou autorizar a distribuição ao público de cópias dos fonogramas e videogramas. O art. 176º, nº 8, define a distribuição como a actividade que tem por objecto a oferta ao público, em quantidade significativa, de fonogramas ou videogramas, directa ou indirectamente, quer para venda quer para aluguer, mas a inclusão do aluguer no âmbito da distribuição ao público não parece correcta. Efectivamente, os arts. 12º e 13º do Tratado da OMPI sobre interpretações e execuções e fonogramas distinguem claramente a distribuição ao público do aluguer comercial dos fonogramas e videogramas, sendo a distribuição qualificada expressamente como implicando necessariamente "a venda ou qualquer outro meio de transferência de propriedade" (art. 12º, nº 1, do Tratado da OMPI).

O art. 184º, nº 1, b), reconhece ainda ao produtor de videogramas um direito exclusivo de fazer ou autorizar a sua exibição cinematográfica. O art. 10º, nº 3, do D.L. 39/88, de 6 de Fevereiro, diploma alterado pelo D.L. 23/2014, de 14 de Fevereiro, considera como exibição pública "a utilização dos videogramas com difusão a partir da mesma origem, nomeadamente em situações como a do vídeo comunitário, e a dos circuitos de computador com acesso ao público". É ainda considerada como exibição pública "a utilização de videogramas com difusão a partir da uma mesma origem, nomeadamente o vídeo comunitário" (art. 10º, nº 3). Conforme acima se referiu, a exibição pública dos videogramas só pode ser autorizada em relação aos que para esse fim sejam licenciados, os quais são identificados através da aposição da letra E, a seguir ao número de registo (art. 10º, nº 2 e 3 *in fine*)[339].

O produtor de fonogramas e videogramas possui igualmente, nos termos do art. 184º, nº 1, b) um direito exclusivo de fazer ou autorizar a importação e a exportação dos fonogramas e videogramas.

#### 5.3.3.4. A faculdade de fazer ou autorizar a colocação à disposição do público do conteúdo dos fonogramas e videogramas, por fio ou sem fio, por forma a que sejam acessíveis a qualquer pessoa a partir do local e no momento por ela escolhido

Outra faculdade reconhecida ao produtor de fonogramas e videogramas, nos termos do art. 184º, nº 1 c), é a de autorizar a colocação à disposição do público do conteúdo dos fonogramas e videogramas, por fio ou sem fio, por forma a que sejam acessíveis a qualquer pessoa a partir do local e no momento por ela escolhido. Esta faculdade é-lhe igualmente reconhecida pelo art. 14º do Tratado da OMPI sobre interpretações e execuções e fonogramas. Não pode assim ser efectuada a colocação na rede de qualquer fonograma e videograma sem que exista autorização do respectivo produtor para esse efeito.

[339] Sustenta, no entanto, Oliveira Ascensão, *Direito de Autor*, p. 570, com base no art. 184º, nº 3, que este direito seria excluído em caso de edição comercial dos fonogramas e videogramas, passando a ser substituído por um direito de remuneração. É uma posição que não nos parece sustentável. Conforme salienta Menezes Cordeiro, "Da reprodução de fonogramas sem autorização do produtor perante o Direito português vigente", em *O Direito* 142 (2010), V, pp. 829-864 (861 e ss.) esta remuneração equitativa encontra-se prevista para os casos de radiodifusão autorizada, pelo que não dispensa a obtenção dessa autorização.

#### 5.3.3.5. A faculdade de fazer ou autorizar a utilização do fonograma ou videograma em obra diferente

O art. 184º, nº 1, d) reconhece ainda ao produtor de fonogramas e videogramas a faculdade de fazer ou autorizar a sua utilização em obra diferente. Assim, o facto de o autor autorizar a incorporação numa outra obra da sua própria obra, como se prevê no regime da obra compósita, previsto no art. 20º, e também no da obra cinematográfica, previsto no art. 23º, não permite a utilização para esse efeito de fonogramas e videogramas em que a obra tenha sido fixada. Essa utilização tem que ser assim efectuada ou autorizada pelo respectivo produtor.

#### 5.3.3.6. A faculdade de fazer ou autorizar a comunicação ao público de fonogramas e videogramas, incluindo a sua difusão por qualquer meio, e a sua execução pública

O art. 184º, nº 1, e) atribui ainda ao produtor dos fonogramas e videogramas a faculdade de fazer ou autorizar a comunicação ao público de fonogramas e videogramas, incluindo a sua difusão por qualquer meio, e a sua execução pública, directa ou indirecta, em local público, na aceção do nº 3 do artigo 149º. Estabelece esta disposição que se entende por lugar público todo aquele a que seja oferecido o acesso, implícita ou explicitamente, mediante remuneração ou sem ela, ainda que com reserva declarada do direito de admissão.

#### 5.3.3.7. A faculdade de autorizar o aluguer ou o comodato dos fonogramas e videogramas

É também reconhecida ao produtor de fonogramas e videogramas o direito de autorizar o aluguer ou o comodato dos fonogramas e videogramas que produz. O direito de aluguer é reconhecido a nível internacional pelo art. 13º do Tratado da OMPI sobre interpretações ou execuções e fonogramas de 1996. A nível comunitário, já tinha sido porém, atribuída ao produtor de fonogramas a faculdade de autorizar o aluguer e o comodato dos seus fonogramas pelo art. 2º, nº 1, c) da Directiva 92/100/CEE, do Conselho, de 19 de Novembro de 1992, constando actualmente essa faculdade do art. 3º, nº 1, c) da Directiva 2006/115/CE do Parlamento Europeu e do Conselho, de 12 de Dezembro de 2006.

Em consequência, o art. 7º, nº 1, b) do D.L. 332/97 estende o direito de aluguer ou comodato atribuído ao autor aos produtores de fonogramas e videogramas, no que respeita aos seus fonogramas e videogramas. O nº 2 do artigo 7º do D.L. 332/97 estabelece ainda que estes direitos conexos não se esgotam com a venda ou qualquer acto de distribuição dos objectos referidos.

#### 5.3.3.8. A faculdade de receber uma remuneração equitativa e única, a dividir com os artistas intérpretes ou executantes, no caso de um fonograma ou videograma editado comercialmente ser objecto de qualquer forma de comunicação pública

Quer o art. 15º do Tratado da OMPI sobre interpretações e execuções e fonogramas, quer o art. 184º, nº 3, CDADC, reconhecem ao produtor de fonogramas e videogramas o direito a receber uma remuneração equitativa e única, a dividir com os artistas intérpretes ou executantes, no caso de um fonograma ou videograma editado comercialmente ser objecto de qualquer forma de comunicação pública. Esse remuneração equitativa e única é paga pelo utilizador e será paga em partes iguais aos artistas intérpretes ou executantes e ao produtor do fonograma ou videograma.

#### 5.3.3.9. A faculdade de fiscalizar os estabelecimentos de prensagem e duplicação de fonogramas e videogramas e armazenamento dos suportes materiais

Dispõe o art. 184º, nº 4, que os produtores de fonogramas e videogramas têm uma faculdade de fiscalização análoga à conferida nos nºs 1 e 2 do art. 143º. Possuem consequentemente a possibilidade de fiscalizar os estabelecimentos de prensagem e duplicação de fonogramas e videogramas e armazenamento dos suportes materiais, podendo igualmente fiscalizar os armazéns e fábricas dos suportes materiais. Esta fiscalização é naturalmente independente da fiscalização pública a que acima se fez referência.

### 5.3.4. Extinção dos direitos

O prazo de protecção dos direitos conexos dos produtores de videogramas e filmes é de 50 anos após a primeira fixação, pelo produtor, do videograma ou filme (art. 183º, nº 1, b)). No entanto se, no decurso desse prazo, o videograma ou filme protegidos forem objeto de publicação ou comunicação lícita ao público, o prazo de caducidade do direito é de 50 anos, após a data da primeira publicação ou da primeira comunicação ao público, consoante a que tiver ocorrido em primeiro lugar. Trata-se de um prazo muito superior ao constante da Convenção de Roma, que estabelece um período de protecção mínimo de 20 anos (art. 14º a)). Nos termos do art. 194º, nº 1, esse prazo é aplicável, mesmo que o facto gerador da protecção tenha ocorrido antes da entrada em vigor do CDADC, quando a lei não outorgava protecção a estes direitos.

Caso, no entanto, o videograma ou filme tenha origem em país estrangeiro não pertencente à União Europeia e o produtor não seja nacional de um país da União passa a aplicar-se a duração do país de origem, se esta não exceder a fixada na lei portuguesa (arts. 183º, nº 6 e 37º).

Já em relação aos fonogramas, a lei não prevê qualquer prazo de extinção dos direitos, mas é manifesto que este direito não pode ser eterno, nem é isso o que resulta da Directiva 2006/116/CE. Efectivamente, o art. 3º, nº 2 da Directiva dispõe o seguinte: "Os direitos dos produtores de fonogramas caducam cinquenta anos após a fixação. No entanto, se o fonograma for legalmente publicado durante este período, os direitos caducam cinquenta anos após a data da primeira publicação. Se o fonograma não for legalmente publicado durante o período acima referido e se o fonograma tiver sido legalmente comunicado ao público durante o mesmo período, os direitos caducam cinquenta anos após a data da primeira comunicação legal ao público". Apesar da deficiente transposição da Directiva, tem que se considerar que é este o prazo que vigora para os produtores de fonogramas[340].

Decorridos 50 anos após um fonograma ser licitamente publicado ou, na ausência desta publicação, ser licitamente comunicado ao público, se o produtor de fonogramas ou o cessionário dos respetivos direitos não colocarem cópias do fonograma à venda no mercado em quantidade suficiente, ou não o colocarem à disposição do público, em transmissão por fio ou sem fio, por forma a torná-lo acessível ao público a partir do local e no momento por ele escolhido individualmente, o artista intérprete ou executante pode resolver o contrato mediante o qual transferiu ou cedeu ao produtor de fonogramas os seus direitos sobre a fixação das suas prestações, apenas na parte respeitante aos fonogramas que reúnam tais condições (art. 183º-A, nº 1).

[340] Neste sentido igualmente Nuno Sousa e Silva, *ROA* 76 (2016), pp. 436-437.

Para além disso, caso um contrato de transferência ou cessão de direitos atribua ao artista intérprete ou executante o direito a uma remuneração não recorrente, tem este o direito irrenunciável de obter uma remuneração suplementar anual do produtor de fonogramas pela reprodução, distribuição e colocação à disposição do público desses fonogramas por cada ano completo imediatamente após o quinquagésimo ano subsequente ao fonograma ser licitamente publicado ou, na ausência desta publicação, após o quinquagésimo ano subsequente a ser licitamente comunicado ao público (art. 183º-A, nº 4). O montante global dessa remuneração deve corresponder a 20 % das receitas recebidas pelo produtor de fonogramas no ano anterior ao ano relativamente ao qual a indicada remuneração é paga, sem dedução de quaisquer adiantamentos ou outras deduções previstas no contrato (art. 183º-A, nº 5), devendo o respectivo direito ser administrado por sociedades de gestão colectiva representativas dos interesses dos artistas intérpretes ou executantes (art. 183º-A, nº 7).

## 5.4. Os direitos dos organismos de radiodifusão

### 5.4.1. Generalidades

Finalmente, são titulares de direitos conexos os organismos de radiodifusão. Nos termos do art. 176º, nº 9, são considerados como tais as entidades que efectuam "emissões de radiodifusão sonora ou visual, entendendo-se por emissão de radiodifusão a difusão dos sons ou de imagens, ou a representação destes, separada ou cumulativamente, por fios ou sem fios, nomeadamente por ondas hertzianas, fibras ópticas, cabo ou satélite, destinada à recepção pelo público". Efectivamente, equeles que efectuam emissões de radiodifusão procuraram sempre reagir contra a retransmissão através de um posto que fizesse a recepção e a retransmissão da emissão primitiva[341]. A reacção passou assim pelo reconhecimento de direitos conexos sobre as emissões de radiodifusão, atribuídos aos organismos emissores.

Os direitos conexos dos organismos de radiodifusão podem abranger obras protegidas pelo direito de autor, como as obras cinematográficas ou obras a estas assimiladas, mas também podem abranger obras que não beneficiem da protecção autoral, como espectáculos despor-

[341] Nos termos do art. 176º, nº 10, é qualificada como retransmissão "a emissão simultânea por um organismo de radiodifusão de uma emissão de outro organismo de radiodifusão".

tivos, concursos, *shows* ou programas de entretenimento os quais apenas podem ser titulares de direitos conexos[342]. Está assim em causa uma situação que não é necessariamente conexa com a protecção autoral, sendo antes um direito sobre a própria emissão de radiodifusão ou, mais precisamente, sobre o programa por ela veiculado[343].

Os direitos conexos dos organismos de radiodifusão vieram a ter reconhecimento internacional através da Convenção de Roma, de 26 de Outubro de 1961.

### 5.4.2. Requisitos para a atribuição dos direitos

A atribuição dos direitos conexos sobre as emissões de radiodifusão depende naturalmente do exercício da actividade de organismo de radiodifusão, ou seja, a realização de emissões de radiodifusão, nos termos em que estas são definidas no art. 176º, nº 9. O art. 187º, nº 3, presume que a titularidade dos direitos conexos sobre uma emissão de radiodifusão pertence àquele cujo nome ou denominação tiver sido indicado como tal na respectiva emissão, conforme o uso consagrado. O art. 187º, nº 2, vem, no entanto, excluir a atribuição dos direitos conexos "ao distribuidor por cabo que se limita a efectuar a retransmissão dos organismos de radiodifusão".

Nos termos do art. 190º, nº 3, para as emissões de radiodifusão serem protegidas é necessário que se verifiquem as seguintes condições:

a) que a sede efectiva do organismo esteja situada em Portugal ou em Estado membro da União Europeia;
b) que a emissão de radiodifusão tenha sido transmitida a partir de estação situada em território português ou de Estado membro da União Europeia.

A protecção é, no entanto, estendida pelo art. 193º aos organismos de radiodifusão abrangidos por convenções internacionais ratificadas ou aprovadas.

342 Cfr. Antonio di Gaspare, "I diritti residuali dei produttori televisivi tra diritto di autore e regolamentazione della communicazione", em *IDA* 81 (2010), nº 1, pp. 20-35 (28).

343 Cfr. Oliveira Ascensão, *Direito de Autor*, pp. 577-578.

### 5.4.3. Conteúdo

#### 5.4.3.1. Enumeração das faculdades atribuídas

Nos termos do art. 187º os organismos de radiodifusão gozam do direito de autorizar ou proibir:

a) a retransmissão das suas emissões por ondas radioelétricas;
b) a fixação em suporte material das suas emissões, sejam elas efectuadas com ou sem fio;
c) a reprodução da fixação das suas emissões, quando estas não tiverem sido autorizadas ou quando se tratar de fixação efémera e a reprodução visar fins diversos daqueles com que foi feita;
d) a colocação das suas emissões à disposição do público, por fio ou sem fio, incluindo por cabo ou satélite, por forma a que sejam acessíveis a qualquer pessoa a partir do local e no momento por ela escolhido;
e) a comunicação ao público das suas emissões, quando essa comunicação é feita em lugar público e com entradas pagas.

Examinemos sucessivamente essas faculdades:

#### 5.4.3.2. A faculdade de autorizar a retransmissão das emissões por ondas radioeléctricas

A primeira faculdade reconhecida aos organismos de radiodifusão, nos termos do art. 187º, nº 1, a) é a de autorizar a retransmissão das suas emissões por ondas radioeléctricas. A retransmissão é definida no art. 176º, nº 10, como "a emissão simultânea por um organismo de radiodifusão de uma emissão de outro organismo de radiodifusão". A retransmissão é assim um conceito reservado às transmissões simultâneas ou em directo, uma vez que a transmissão em diferido pressupõe uma fixação da emissão, a qual é abrangida pelo art. 187º, nº 1, b)[344].

#### 5.4.3.3. A faculdade de autorizar a fixação das emissões

Uma outra faculdade reservada aos organismos de radiodifusão é a de autorizar a fixação das suas emissões em suporte material, sejam elas efectuadas com fio ou sem fio (art. 187º, nº 1, b)). O art. 189º, nº 1, d) estabelece, no entanto, uma importante restrição neste domínio ao considerar

[344] Neste sentido, Oliveira Ascensão, *Direito de Autor*, p. 580.

abrangida na utilização livre a fixação efémera feita por organismo de radiodifusão[345].

### 5.4.3.4. A faculdade de autorizar a reprodução das suas fixações

Outra faculdade reconhecida aos organismos de radiodifusão é a de autorizar a reprodução da fixação das suas emissões, a qual no entanto depende de essas fixações não terem sido autorizadas ou de se tratar de fixação efémera e a reprodução visar fins diversos daqueles com que foi feita (art. 187º, nº 1, c)). Daqui resulta consequentemente que, quando se permite a fixação da emissão se permite ao mesmo tempo a sua reprodução. Já no caso da fixação efémera que, conforme se referiu não tem que ser autorizada (art. 189º, nº 1, d)), a reprodução só se pode realizar para os mesmos fins para os quais se procedeu à fixação, passando consequentemente a ser exigida a autorização do organismo de radiodifusão quando a reprodução seja realizada para fim diferente.

### 5.4.3.5. A faculdade de autorizar a colocação das emissões à disposição do público, por fio ou sem fio, incluindo por cabo ou satélite, por forma a que sejam acessíveis a qualquer pessoa a partir do local e no momento por ela escolhido

O art. 187º, nº 1, d) atribui igualmente aos organismos de radiodifusão a faculdade de autorizar a colocação das suas emissões à disposição do público, por fio ou sem fio, incluindo por cabo ou satélite, por forma a que sejam acessíveis a qualquer pessoa a partir do local e no momento por ela escolhido. Trata-se neste âmbito da colocação da emissão em rede informática, a qual constitui igualmente uma faculdade reservada aos organismos de radiodifusão.

### 5.4.3.6. A faculdade de autorizar a comunicação ao público das suas emissões, quando essa comunicação é feita em lugar público e com entradas pagas

Finalmente, o art. 187º, nº 1, e) atribui aos organismos de radiodifusão a faculdade de autorizar a comunicação ao público das suas emissões,

[345] Conforme Oliveira Ascensão, *Direito de Autor*, p. 580, esta disposição amplia consideravelmente o disposto na Convenção de Roma, cujo art. 15º, nº 1, c) apenas autoriza a "fixação efémera realizada por um organismo de radiodifusão, pelos seus próprios meios e para as suas próprias emissões".

quando essa comunicação é feita em lugar público e com entradas pagas. Em princípio, os organismos de radiodifusão não podem impedir a comunicação ao público das suas emissões, quando ela é realizada em lugares de acesso livre. Quando, no entanto, a comunicação ao público passa a ser realizada mediante entradas pagas, existe uma actividade comercial baseada na emissão do organimos de radiodifusão, a qual tem consequentemente que ser autorizada por este.

### 5.4.4. Extinção dos direitos

O prazo de protecção dos direitos conexos dos organismos de radiodifusão é igualmente fixado em 50 anos após a primeira emissão pelo organismo de radiodifusão, quer a emissão seja efectuada com ou sem fio, incluindo cabo ou satélite (art. 183º, nº 1, c)). Mais uma vez é um prazo que ultrapassa em muito o previsto na Convenção de Roma, que se limita a estabelecer o prazo mínimo de 20 anos a partir do fim do ano em que se realizou a emissão (art. 14º c) CR). Nos termos do art. 194º, nº 1, esse prazo é aplicável, mesmo que o facto gerador da protecção tenha ocorrido antes da entrada em vigor do CDADC, quando a lei não outorgava protecção a estes direitos.

Caso se trate, no entanto, a emissão tenha origem em país estrangeiro não pertencente à União Europeia e o organismo de radiodifusão não seja nacional de um país da União passa a aplicar-se a duração do país de origem, se esta não exceder a fixada na lei portuguesa (arts. 183º, nº 4 e 37º).

### 5.5. O direito ao espectáculo

Um outro direito conexo, que tem vindo a obter cada vez mais reconhecimento consiste no direito ao espectáculo[346]. Inicialmente o seu reconhecimento veio a ocorrer por via consuetudinária, uma vez que parecia manifesto que os organizadores dos espectáculos deveriam estar protegidos contra qualquer acto de terceiro que pudesse pôr em causa o mesmo, designadamente através da sua reprodução ou comunicação pública.

[346] Em Portugal deve referir-se neste âmbito essencialmente OLIVEIRA ASCENSÃO, "O direito ao espectáculo", no *BMJ* nº 366 (1987), pp. 41-55, e nos *Estudos em Memória do Professor Doutor Paulo Cunha*, Lisboa, s.e., 1989, pp. 133-149, e "Direito à informação e direito ao espectáculo" em AAVV, *Estudos em Homenagem ao Prof. Doutor Afonso Rodrigues Queiró*, II, Coimbra, número especial do BFD, 1993, pp. 285-308 e na *ROA* 48 (1988), 1, pp. 15-35, e *Direito de Autor*, pp. 590 e ss.

Posteriormente, as leis de diversos países estabeleceram a protecção do direito ao espectáculo. Assim, em primeiro lugar a *UrhG* alemã de 1965 veio estabelecer no seu § 81 que, quando a prestação do artista é realizada no âmbito de um espectáculo organizado por um empresário, a autorização para a comunicação pública, gravação, reprodução e radiodifusão dessa prestação tem que ser autorizada não apenas pelo próprio artista, mas também pelo empresário, assim reconhecendo um direito conexo deste relativo ao espectáculo.

No entanto, o país que realizou o maior contributo para o reconhecimento do direito ao espectáculo foi o Brasil, o que bem se compreende pela importância que os espectáculos públicos desportivos, e principalmente o futebol, têm nesse país. Assim, em 1973 a primeira lei autoral brasileira, a Lei 5.998, de 14 de Dezembro de 1973, contempla no seu art. 100º o direito de arena em relação aos espectáculos públicos desportivos atribuindo à entidade a que esteja vinculado o atleta o direito, ou proibir, a fixação, transmissão ou retransmissão por quais meios e processos de espectáculo público desportivo com entrada paga[347]. Actualmente esse direito deixou de estar previsto na actual lei do direito de autor, a Lei 9.610, de 16 de Fevereiro de 1998, mas mantém-se no art. 42º da Lei 9615, de 24 de Março de 1998 (Lei Pelé), que reconhece às entidades de prática desportiva o direito de negociar, autorizar e proibir a fixação, a transmissão ou retransmissão de imagem de espetáculo ou eventos desportivos de que participem.

Em Portugal, o direito ao espectáculo teve um primeiro reconhecimento em 1985 no art. 117º do CDADC, o qual, no âmbito do contrato de representação cénica, exige, para que essa representação possa ser transmitida pela radiodifusão sonora ou visual, reproduzida em fonograma ou videograma, filmada ou exibida, não apenas o consentimento escrito do autor, mas também a autorização dos artistas e do empresário do espectáculo. Reconhece-se assim ao empresário a titularidade de um direito conexo sobre o espectáculo, em paralelo ao direito conexo que os artistas possuem sobre a sua prestação. O âmbito da previsão é, no entanto, restrito, uma vez que nesta disposição estão apenas em causa os espectáculos de representação cénica.

[347] Cfr. sobre esta disposição Oliveira Ascensão, "Uma inovação da lei brasileira: o direito de arena" em *DJ* I (1980), nº 1, pp. 91-102.

À semelhança do que sucedeu no Brasil, o reconhecimento do direito ao espectáculo colocou-se essencialmente em relação aos espectáculos desportivos. Neste aspecto, ocorreu uma controvérsia sobre se o direito à informação dos jornalistas poderia ser invocado para permitir a retransmissão dos espectáculos públicos desportivos por parte dos operadores de radiodifusão. Inicialmente a Procuradoria-Geral da República respondeu afirmativamente[348], o que motivou a crítica contundente, mas justificada de Oliveira Ascensão[349]. O direito ao espectáculo veio a ser posteriormente reconhecido no art. 19º, nº 2, da Lei 1/90, de 13 de Janeiro que aprovou a Lei de Bases do Sistema Desportivo[350]. Por outro lado, o art. 16º, nº 2, da Lei 58/90 de 7 de Setembro que aprovou o regime da actividade de televisão, os operadores que obtenham direitos exclusivos para a transmissão de eventos susceptíveis de larga audiência, devem colocar breves sínteses dos mesmos, de natureza informativa, à disposição de todos os serviços televisivos interessados na sua cobertura, sem prejuízo da contrapartida correspondente. Em consequência, a Procuradoria-Geral da República viria a alterar a sua posição em Parecer datado de 17 de Junho de 1993 (Garcia Marques), onde sustentou resultar dessas disposições que a compatibilização do direito à informação com o direito ao espectáculo ocorre pela forma seguinte: "a) Por um lado, todos os operadores televisivos devem respeitar os direitos exclusivos de transmissão, aceitando as restrições estritamente necessárias à garantia desse exclusivo; b) Por outro, incumbe ao operador primário a obrigação de colocar à disposição dos operadores secundários, nisso interessados, mediante contrapartida correspondente, breves sínteses informativas dos correlativos eventos desportivos"[351].

348 Cfr. Parecer da Procuradoria-Geral da República, nº 57/85, de 28 de Agosto de 1985 (Mário Araújo Torres), publicado no *Diário da República*, II Série, nº 271, de 25 de Novembro de 1985, e no *BMJ* nº 353 (1986), pp. 137 e ss.

349 Cfr. Oliveira Ascensão, *ROA* 48 (1988), I, pp. 17 e ss.

350 Estabelecia esta disposição que "é garantido o direito de acesso a recintos desportivos de profissionais da comunicação social no exercício da sua profissão, sem prejuízo dos condicionamentos e limites a este direito, designadamente para protecção do direito ao espectáculo, ou de outros direitos e interesses legítimos dos clubes, federações ou organizadores de espectáculos desportivos, em termos a regulamentar".

351 Disponível em http://www.dgsi.pt .

A Lei 1/90, de 13 de Janeiro veio a ser revogada pela Lei 30/2004, de 21 de Julho, a qual continuou a prever no seu art. 84º, nº 2, o direito ao espectáculo em termos semelhantes. Esta, por sua vez, viria a ser revogada pela Lei 5/2007, de 16 de Janeiro, a qual, embora em termos diferentes, protege, no seu art. 49º, nº 2, o titular do espectáculo desportivo ao restringir o acesso em relação aos espectáculos desportivos com entradas pagas[352].

Da mesma forma, no âmbito da actividade de televisão, a Lei 58/90 de 7 de Setembro, viria a ser revogada pela Lei 31-A/98, de 14 de Julho, a qual viria a ser revogada pela Lei 32/2003, de 22 de Agosto, sendo esta última revogada pela Lei 27/2007, de 31 de Julho, a qual foi entretanto alterada pela Lei 8/2011, de 11 de Abril, pela Lei 40/2014, de 9 de Julho, pela Lei 78/2015, de 29 de Julho, pela Lei 7/2020, de 10 de Abril, e pela Lei 74/2020, de 19 de Novembro. Assim, a actividade de televisão é actualmente regulada pela Lei 27/2007, de 30 de Julho, na redacção da Lei 74/2020, de 19 de Novembro, cujo art. 33º, nº 1, estabelece que "os responsáveis pela realização de espectáculos ou outros eventos públicos que ocorram em território nacional, bem como os titulares de direitos exclusivos que sobre eles incidam, não podem opor-se à transmissão de breves extractos dos mesmos, de natureza informativa, por parte de serviço de programas disponibilizado por qualquer operador de televisão, nacional ou não".

O 33º, nº 2, da Lei 27/2007, estabelece ainda que para o exercício desse direito à informação "os operadores podem utilizar o sinal emitido pelos titulares dos direitos exclusivos, suportando apenas os custos que eventualmente decorram da sua disponibilização, ou recorrer, em alternativa, à utilização de meios técnicos próprios, nos termos legais que asseguram o acesso dos órgãos de comunicação social a locais públicos". O nº 3 da mesma Lei, determina ainda que "quando um operador sob jurisdição do Estado Português detenha direitos exclusivos para a transmissão para o território nacional de acontecimentos ocorridos no território de outro Estado membro da União Europeia, deve facultar o

352 Estabelece essa disposição: "A entrada em recintos desportivos por parte de titulares do direito de livre trânsito, durante o período em que decorrem espectáculos desportivos com entradas pagas, só é permitida desde que estejam em efectivo exercício de funções e tal acesso seja indispensável ao cabal desempenho das mesmas, nos termos da lei".

acesso ao respectivo sinal a outros operadores nacionais interessados na transmissão de breves extractos de natureza informativa sobre aqueles acontecimentos".

O art. 33º, nº 4, da mesma Lei restringe, no entanto, a utilização desses extractos informativos, uma vez que, estabelece que, sem prejuízo de acordo para utilização diversa, a mesma só poderá ser realizadas nas seguintes condições:

a) Limitar-se à duração estritamente indispensável à percepção do conteúdo essencial dos acontecimentos em questão, tendo em conta a natureza dos eventos, desde que não exceda noventa segundos;
b) Ser difundidos exclusivamente em programas regulares de natureza informativa geral;
c) Ser difundidos nas trinta e seis horas subsequentes à cessação do evento, salvo quando a sua posterior inclusão em relatos de outros acontecimentos de actualidade for justificada pelo fim de informação prosseguido;
d) Identificar a fonte das imagens, caso sejam difundidas a partir do sinal emitido pelo titular do exclusivo.

Finalmente o art. 33º, nº 5, estabelece que "salvo acordo celebrado para o efeito, só é permitido o uso de curtos extractos, de natureza informativa, relativos a espectáculos ou outros eventos públicos sobre os quais existam direitos exclusivos em serviços audiovisuais a pedido quando incluídos em programas previamente difundidos pelo mesmo operador em serviços de programas televisivos".

Encontra-se assim claramente reconhecido na nossa ordem jurídica o direito ao espectáculo[353]. Seguindo Oliveira Ascensão poderemos dizer o direito ao espectáculo tem as seguintes características: é um direito directo, absoluto, e sujeito a esgotamento com a autorização dada. O direito é *directo* no sentido de abranger apenas os actos de comunicação pública ou os respectivos actos preparatórios. O direito é

[353] Em sentido contrário, veja-se, porém, Nuno Sousa e Silva, *ROA* 76 (2016), pp. 400 e ss., que argumenta com a liberdade de utilizar *smartphones* durante a exibição do espectáculo para depois os colocar na internet. Não nos parece, porém, que os espectadores tenham essa faculdade.

*absoluto* porque pode ser oposto não apenas àqueles que entraram em relação com o empresário, mas também a todos aqueles que possam violar o seu direito de comunicação pública, como na hipótese de radiodifusões ou colocação em rede a partir de gravações do espectáculo ilicitamente realizadas. E finalmente, *o direito esgota-se com a autorização dada*, uma vez que os direitos exclusivos cessam em relação a cada interessado a partir do momento em que a utilização do espectáculo é a este autorizada, não podendo o empresário reagir contra posteriores ultra-utilizações do espectáculo cuja utilização autorizou[354].

Em relação à duração do direito ao espectáculo, o mesmo tem cariz efémero, uma vez que passado o seu período normal de exploração a sua utilização torna-se livre[355].

## 5.6. O direito do editor

A actividade de edição vai implicar igualmente uma prestação, de que a aproveita o autor, como seja a composição do texto, o aspecto gráfico, o desenho da capa, etc. Essa actividade é de grande importância para o sucesso da obra, pelo que o editor deveria beneficiar de protecção contra a reprodução parasitária da sua composição, como sucederia se se verificasse uma cópia integral da mesma por outro editor, com o consentimento do autor. O direito do editor costuma assim ser tutelado noutros países através da atribuição de um direito conexo sobre a sua composição, ao lado do direito de autor sobre a obra intelectual.

A lei portuguesa não reconhece expressamente um direito conexo do editor, uma vez que não lhe confere qualquer exclusivo em relação à obra. Atribui-lhe, no entanto, certas faculdades pessoais e patrimoniais a ela respeitantes, em conjunto com o autor, que leva Oliveira

[354] Cfr. Oliveira Ascensão, *Direito de Autor*, p. 596.

[355] Cfr. Oliveira Ascensão, *Direito de Autor*, p. 597, o qual exemplifica. "Se alguém quiser fazer agora a exibição de jogos das anteriores Taças do Mundo de futebol, pode fazê-lo livremente. O direito caducou quando se deixou de fazer o aproveitamento do espectáculo como acontecimento actual". Da mesma forma, "quem quiser passar publicamente imagens dum bailado do ano passado, só tem de pedir autorização ao autor e aos artistas". E finalmente, quem "quiser exibir agora o filme de passadas Olimpíadas já só tem de se preocupar com a problemática da obra cinematográfica".

Ascensão a considerar que se estará perante um direito conexo "em embrião"[356].

A primeira faculdade atribuída ao editor é de cariz pessoal, e consta do art. 76º, nº 1, a), referindo-se que as utilizações livres previstas no art. 75º devem ser acompanhadas sempre que possível da menção do nome, não apenas do autor, mas também do editor. Esta faculdade pessoal justifica-se pelo interesse do editor em que a utilização livre dê a conhecer a sua própria edição da obra, evitando assim que a mesma passasse despercebida.

A segunda faculdade atribuída ao editor é de cariz patrimonial e consiste na possibilidade de reclamar, nos termos do art. 76º, nº 1, b), uma remuneração equitativa, juntamente com o autor, no caso de reprodução analógica da obra para fins privados (art. 75º, nº 2, a)) ou de educação ou ensino (art. 75º, nº 2, b)), a qual deve ser paga pela entidade que proceder á retribuição. Esta possibilidade de exigência da remuneração compreende-se pelo facto do prejuízo que a reprodução causa ao editor em relação à comercialização da obra. No entanto, a lei restringe essa faculdade às reproduções com carácter analógico, quando hoje em dia há processos de reprodução digital que podem igualmente aproveitar-se da composição realizada pelo editor, como sucede com as reproduções em ficheiros ".pdf".

A terceira faculdade atribuída ao editor consiste na possibilidade de reclamar, nos termos do art. 76º, nº 1, c) uma remuneração equitativa, juntamente com o autor, no caso da inclusão de peças curtas ou fragmentos de obras alheias em obras próprias destinadas ao ensino (art. 75º, nº 2, h)). A atribuição desta faculdade compreende-se pelo facto de esta forma de utilização livre, ao prejudicar as vendas da obra, afectar tanto o autor como o editor.

A última faculdade atribuida ao editor consiste no facto de este ser incluído pelo art. 82º entre as entidades beneficiárias da compensação pela reprodução de obras, a pagar através da inclusão de uma quantia no preço de venda ao público de todos e quaisquer aparelhos mecânicos, químicos, eléctricos, electrónicos ou outros que permitam a fixação e reprodução de obras e, bem assim, de todos e quaisquer suportes materiais das fixações e reproduções que por qualquer desses meios possam obter-se.

[356] Cfr. Oliveira Ascensão, *Direito de Autor*, pp. 547-548.

# Capítulo XIII
# Da Tutela do Direito de Autor e dos Direitos Conexos

## 1. Generalidades

O direito de autor e os direitos conexos estão sujeitos a meios de tutela especiais, específicos deste ramo de direito, em ordem a assegurar a sua aplicação efectiva[357]. Nos termos do art. 5º, nº 2, da Convenção de Berna, os meios de recurso garantidos ao autor para salvaguardar os seus direitos regulam-se exclusivamente pela legislação do país onde a protecção é reclamada. Já a protecção no país de origem da obra é regulada exclusivamente pela legislação nacional mas, quando o autor não é nacional desse país, terá, por força da Convenção, os mesmos direitos que os autores nacionais (art. 5º, nº 3, CB). Esta remissão para os direitos nacionais tem vindo, no entanto, a mostrar-se insuficiente perante os facto de existirem muitos Estados-Membros com uma tutela insuficiente em termos de direitos autorais. Daí que o Acordo TRIPS tivesse procurado uniformizar o regime da propriedade intelectual à escala global, eliminando na medida do possível as diferenças existentes entre os diversos ordenamentos através da exigência de um nível mínimo de protecção. Infelizmente, no entanto, o Acordo TRIPS também não se mostrou uma meio de tutela suficiente dos direitos de propriedade intelectual, o que levou a uma outra reacção ao nível da Comunidade Europeia.

Assim, a Comissão Europeia decidiu apresentar por sua iniciativa em 30 de Janeiro de 2003 a Proposta de directiva do Parlamento Europeu e

[357] Cfr. Alexandre Libório Dias Pereira, "Tutela efetiva da propriedade intelectual (enforcement)", na *RLJ* 146 (2017), pp. 241-266, recolhido em ID, *Direito da Propriedade Intelectual e Novas Tecnologias. Estudos*, I, Lisboa, Gestlegal, 2019, pp. 107-143.

do Conselho relativa às medidas e aos procedimentos destinados a assegurar o respeito pelos direitos de propriedade intelectual[358]. A proposta foi, no entanto. considerada excessivamente radical, na medida em que obrigava todos os Estados-Membros a criminalizar toda e qualquer violação intencional dos direitos de propriedade intelectual à escala comercial (art. 20º) e não apenas os casos mais graves, e permitia atingir qualquer consumidor. Precisamente por esse motivo, a Proposta foi recebida com bastantes críticas, tendo-se salientado o carácter draconiano das medidas que estabelecia[359].

Em ordem a conseguir obter a aprovação da Directiva antes de 1 de Maio de 2004, data do alargamento da União Europeia a 25 Estados, foi abandonada a proposta inicial de criminalização das condutas violadoras dos direitos de propriedade intelectual. Para além disso, foi introduzido no considerando (23) da Directiva uma explicação de que a mesma visaria apenas as actos praticados à escala comercial, definidos como "aqueles que têm por finalidade uma vantagem económica ou comercial directa ou indirecta, o que, em princípio, exclui os actos praticados por consumidores finais agindo de boa fé". Tal permitiu que a Directiva fosse aprovada pelo Parlamento Europeu em Março de 2004.

Em consequência, a Directiva 2004/48/CE, de 29 de Abril de 2004, sobre a aplicação efectiva dos direitos de propriedade intelectual, habitualmente conhecida por *[IPR] Enforcement Directive* ou *IPRED*, ficou limitada às consequências civis da violação dos direitos de propriedade intelectual, abrangendo especialmente as violações praticadas à escala comercial[360]. A Comissão apresentou posteriormente, em 12 de Julho de 2005, uma segunda proposta de Directiva, relativa aos aspectos penais da violação dos direitos de propriedade intelectual, habitualmente conhecida por *IPRED 2*[361], que manteve a obrigação de criminalizar

[358] COM 2003/0046 final - COD 2003/0024, disponível em http://eur-lex.europa.eu/LexUriServ/LexUriServ.do?uri=CELEX:52003PC0046:PT:HTML .

[359] Cfr. Ross Cranston, "The Draft IP Enforcement Directive. A Threat to Competition and to Liberty", disponível em http://www.cl.cam.ac.uk/~rja14/draftdir.html

[360] Cfr. sobre a Directiva 2004/48/CE, Alexandre Libório Dias Pereira, "O papel do Direito da União Europeia na efetivação dos meios internacionais de proteção da propriedade literária e artísitica", na *RDI* 2018, nº 2, pp. 31-44 (35 e ss.).

[361] COM(2005)276 final, disponível em http://eur-lex.europa.eu/LexUriServ/site/en/com/2005/com2005_0276en01.pdf. Os trabalhos relativos a esta segunda proposta de Directiva podem ser encontrados em http://action.ffii.org/ipred2.

qualquer violação intencional dos direitos de propriedade intelectual à escala comercial (art. 3º da Proposta), assim como uma proposta de Decisão-quadro do Conselho, tendo em vista o reforço do quadro penal para a repressão das violações da propriedade intelectual[362]. Ambas estas propostas vieram a ser retiradas pela Comissão em 25 de Março de 2009[363]. A Comissão apresentou ainda posteriormente uma proposta alterada de Directiva do Parlamento Europeu e do Conselho de 26 de Abril de 2006[364], relativa às medidas penais destinadas a assegurar o respeito pelos direitos de propriedade intelectual, a qual manteve a proposta anterior no seu essencial, incluindo a obrigação de criminalização das infracções praticadas à escala comercial (art. 3º), mas esta viria a ser igualmente retirada pela Comissão em 18 de Setembro de 2010[365]. Daí que tenha sido aprovada apenas uma Directiva IPRED restrita ao âmbito civil.

A Directiva 2004/48/CE não pretendeu regular propriamente o regime da propriedade intelectual nos Estados-Membros, mas antes harmonizar as medidas relativamente à aplicação efectiva destes mesmos direitos. Estas medidas incluem disposições relativas à preservação da prova (arts. 6º e 7º), ao direito à informação (art. 8º), assim como medidas relativas a providências cautelares (art. 9º), remédios em caso de violação (arts. 10º e ss.) e determinação do montante do dano indemnizável (art. 13º). Em consequência, a Directiva não afecta as obrigações internacionais assumidas pelos Estados-Membros neste âmbito, nem as suas disposições substantivas relativas à propriedade intelectual, tendo deixado de dispor sobre o regime penal aplicável à respectiva violação. No entanto, as medidas que estabelece para a aplicação efectiva desses direitos são por si só suficientes para calcular que esta Directiva possa vir a ter um grande impacto, suplantando mesmo anteriores intervenções da Comunidade no âmbito dos direitos intelectuais.

É de salientar que, face ao art. 2º da Directiva, a aplicação da mesma não prejudica os meios já previstos ou a prever nas legislações nacionais

[362] SEC(2005)848, igualmente disponível em http://eur-lex.europa.eu/LexUriServ/site/en/com/2005/com2005_0276en01.pdf.

[363] Jornal Oficial C-71 de 25 de Março de 2009.

[364] COM(2006)168 final, disponível em http://eur-lex.europa.eu/LexUriServ/site/en/com/2006/com2006_0168en01.pdf

[365] Jornal Oficial C-252, de 18 de Setembro de 2010.

que possam ser mais favoráveis aos titulares dos direitos de propriedade intelectual. A Directiva é assim compatível com outros meios de tutela previstos nas legislações nacionais, desde que estes sejam mais favoráveis aos titulares de direitos de propriedade intelectual.

Em Portugal, a Directiva veio a ser transposta através da Lei 16/2008, de 1 de Abril. Essa lei é criticável pelo facto de ter procedido à transposição da Directiva através da alteração a dois diplomas: o Código da Propriedade Industrial e o Código dos Direitos de Autor e dos Direitos Conexos. Efectivamente, dado que, nos termos do art. 1º da Directiva 2004/48/CE, o conceito de propriedade intelectual abrange tanto a propriedade industrial como os direitos de autor, houve necessidade de solicitar a elaboração de projectos de transposição, quer ao Gabinete do Direito de Autor, quer ao Instituto Nacional da Propriedade Industrial, o que implicou que cada um destes organismos apresentasse projectos distintos, tendo a Lei 16/2008, de 1 de Abril, efectuado a alteração dos dois Códigos. Perdeu-se assim a oportunidade de estabelecer um regime comum para a aplicação efectiva dos direitos de propriedade intelectual, que era o que correspondia ao espírito da Directiva. Por outro lado, esta dupla transposição levou a que preceitos distintos constassem em termos absolutamente semelhantes dos dois Códigos, o que é altamente criticável[366].

Obviamente que nesta obra apenas nos iremos ocupar dos meios de tutela dos direitos de autor e dos direitos conexos. Poderemos distinguir esses meios de tutela consoante correspondam à área civil ou penal. Examinaremos assim sucessivamente estas situações.

## 2. A tutela civil

### 2.1. A atribuição ao autor de direitos de comunicação prévia, informação e de fiscalização

#### 2.1.1. Generalidades

Entre os meios de tutela civil atribuídos ao autor encontram-se os deveres de comunicação prévia, informação e prestação de contas, bem como

[366] Cfr. para mais desenvolvimentos Menezes Leitão, "A transposição da Directiva 2004/48/CE sobre a aplicação efectiva dos direitos de propriedade intelectual efectuada pela Lei 16/2008, de 1 de Abril", em Associação Portuguesa de Direito Intelectual (org.), *Direito da Sociedade de Informação*, Coimbra, Coimbra Editora, 2009, pp. 281-293.

o direito de fiscalização. Esses meios de tutela podem subdividir-se em vários campos:

a) Direito à comunicação prévia de certas utilizações da obra;
b) Direito à informação e à prestação de contas pela exploração da obra;
c) Direito de fiscalização.

Examinemos sucessivamente esses meios de tutela.

### 2.1.2. Direito à comunicação prévia de certas utilizações da obra

Uma das formas de tutela do direito de autor é a imposição de deveres de comunicação prévia antes da utilização da obra, em ordem a averiguar se a mesma se encontra a ser utilizada nos limites da licença concedida. A lei faz-nos referência a esses deveres nalguns locais.

Assim, o art. 122º, nº 1, obriga o promotor ou organizador da execução ou recitação de obra literária, musical ou literário-musical em audição pública o dever de afixar previamente no local o respectivo programa, do qual devem constar, na medida do possível, a designação da obra e a identificação da autoria, acrescentando o nº 2 que uma cópia desse programa deve ser fornecida ao autor ou ao seu representante. Esse regime é aplicável, com as devidas adaptações, à exibição pública da obra cinematográfica (art. 139º, nº 2), ao espectáculo consistente na comunicação pública de obra fonográfica ou videográfica (art. 147º, nº 2), e á comunicação pública de obra radiodifundida (art. 156º, nº 2).

### 2.1.3. Direito à informação e à prestação de contas

O autor precisa frequentemente de obter de terceiros informação sobre a exploração da obra, podendo igualmente reclamar a prestação de contas. Encontra-se, por isso, naturalmente previsto em certos contratos de direito de autor o direito à informação e à prestação de contas. A obrigação de prestação de contas é em primeiro lugar expressamente atribuída ao editor, sempre que a retribuição do autor depender dos resultados da venda ou o se o seu pagamento for subordinado à evolução desta (art. 96º). Da mesma forma, em relação ao produtor, é expressamente previsto que, quando ele assume a qualidade de representante dos autores, está obrigado a dar-lhes conta do modo como se desempenhou do mandato (art. 126º, nº 3).

### 2.1.4. Direito de fiscalização

Um outro meio importante de tutela do autor é o direito de fiscalização, o qual permite controlar se se encontram a ser respeitados os limites da autorização concedida para o uso da obra e quais as receitas obtidas pelo utilizador da obra em virtude dessa autorização.

Este direito encontra-se, em primeiro lugar, previsto no art. 86º, nº 7, relativamente ao número de exemplares da edição, o qual pode ser controlado através de exame à escrituração comercial do editor ou da empresa que produziu os exemplares, se esta não pertencer ao editor, ou recorrer a outro meio que não interfira com o fabrico da obra, como seja a aplicação da sua assinatura ou chancela em cada exemplar.

Da mesma forma, no âmbito do contrato de representação cénica, prevê-se que o autor tem, em princípio, o direito de fiscalizar o espectáculo, por si ou por representante (art. 113º, nº 1, f), prevendo ainda o art. 110º, nº 3, que, sendo a retribuição determinada em função da receita de cada espectáculo assiste ao autor o direito de fiscalizar por si ou por seu representante as receitas respectivas.

Finalmente, no âmbito do contrato de fixação fonográfica e videográfica, prevê-se o direito de os autores fiscalizarem estabelecimentos de prensagem e duplicação de fonogramas e videogramas e armazenagem de suportes materiais (art. 143º, nº 1), assim como os armazéns e fábricas dos suportes materiais (art. 143º, nº 2). Esse direito de fiscalização é atribuído em termos análogos aos produtores de fonogramas e videogramas para tutela dos seus direitos conexos (art. 184º, nº 4).

### 2.2. As medidas de obtenção e preservação da prova

Uma questão essencial para a tutela do direito de autor prende-se com a necessidade de fazer prova, quer da violação do direito, quer da efectiva dimensão dessa violação. Por esse motivo, entre os aspectos abrangidos pela Directiva 2004/48, conta-se a regulação da prova, prevista no art. 6º, bem como a possibilidade de determinar medidas relativamente à sua preservação, nos termos do art. 7º. Estas medidas são inspiradas nas denominadas *Anton Piller Orders*, existentes nos direitos da Inglaterra e do País de Gales[367], que foram assim transpostas para os arts. 210º-A e ss. CDADC,

[367] O nome destas medidas deriva do caso *Anton Piller KG vs Manufacturing Processes Limited* [1976] Ch 55, tendo as mesmas sido em 1997 colocadas na *Section VII* do *Civil Procedure Act*

os quais distinguem entre medidas para obtenção da prova e medidas para a sua preservação. Possuem uma certa analogia com o regime da produção antecipada de prova, já estabelecido entre nós nos arts. 520º e ss. CPC.

As medidas para a obtenção da prova constam do art. 210º-A CDADC e permitem ao titular do direito de autor ou de direitos conexos que apresente indícios suficientes da sua violação, requerer ao tribunal a apresentação de elementos da prova que se encontrem na posse, na dependência ou sob controlo da parte contrária ou de terceiros (art. 210º-A, nº 1), os quais podem incluir os documentos bancários, financeiros, contabilísticos e comerciais, no caso de se tratar de actos praticados à escala comercial (art. 210º-A, nº 2). Este conceito de actos praticados à escala comercial é concretizado nos novos arts. 210º-L CDADC que esclarecem que se consideram como tais "aqueles que violem direito de autor ou direitos conexos e que tenham por finalidade uma vantagem económica ou comercial, directa ou indirecta" (art. 210º-L, nº 1), excluindo-se, no entanto, "os actos praticados por consumidores finais agindo de boa fé" (art. 210º-L, nº 2).

A solução instituída neste âmbito não parece afastar-se muito do regime processual já previsto no Código de Processo Civil para os documentos em poder da parte contrária, o qual permite à parte requerer a sua apresentação, nos termos do art. 528º CPC, estabelecendo o art. 519º, nº 2 CPC como sanção para o incumprimento dessa notificação a condenação em multa, em prejuízo dos meios coercitivos que forem possíveis, cabendo ao tribunal se o recusante for parte, apreciar livremente a recusa para efeitos probatórios, sem prejuízo da inversão do ónus da prova decorrente do preceituado no nº 2 do art. 344º do Código Civil. O novo 210º-A, nº 3, CDADC é bastante mais lacónico, na medida em que se limita a estabelecer que "o tribunal, assegurando a protecção de informações confidenciais, notifica a parte requerida para, dentro do prazo designado, apresentar os elementos de prova que se encontrem na sua posse, promovendo as acções necessárias em caso de incumpri-

1997. Trata-se de medidas que permitem para efeitos probatórios a busca de instalações e a apreensão de provas incriminatórias, sem aviso prévio, em ordem a evitar a sua destruição, sendo particularmente usadas em casos de violação de direitos de propriedade intelectual, como marcas, patentes e direitos de autor. Cfr. sobre as mesmas WILLIAM TETLEY, "Arrest, Attachment and Related Martimite Law Procedures" em *Tul. L. Rev.* 73 (1999), pp. 1895--1985, disponível em http://www.mcgill.ca/maritimelaw/maritime-admiralty/arrest/

mento". Parece, por isso, que se poderá justificar a aplicação analógica do disposto no art. 519º, nº 2 CPC relativamente às consequências da recusa em fornecer a informação.

Já as medidas de preservação da prova encontram-se previstas no art. 210º-B, CDADC e são aplicáveis sempre que haja violação ou fundado receio de que outrem cause lesão grave ou dificilmente reparável do direito de autor ou de direitos conexos, atribuindo-se nesse caso ao interessado a possibilidade de requerer medidas provisórias urgentes e eficazes que se destinem a preservar provas da alegada violação. Essas medidas podem incluir a descrição pormenorizada, com ou sem recolha de amostras, ou a apreensão efectiva de bens que se suspeite violarem direitos de autor ou direitos conexos e, sempre que adequado, dos materiais e instrumentos utilizados na produção ou distribuição desses bens, assim como dos documentos a eles referentes (art. 210º-B, nº 2).

As medidas de preservação da prova podem ser aplicadas sem audiência prévia do requerido sempre que o atraso possa causar danos irreparáveis ao requerente ou sempre que exista um risco sério de destruição ou ocultação da prova (art. 210º-C, nº 1). Nesse caso, a parte contrária é imediatamente notificada do seu decretamento (art. 210º-C, nº 2), podendo pedir, no prazo de 10 dias, a revisão das medidas aplicadas, produzindo prova e alegando factos não tidos em conta pelo tribunal (art. 210º-C, nº 3). Nesse caso, ouvida a parte requerida, o tribunal pode determinar a alteração, a revogação ou a confirmação das medidas aplicadas (art. 210º-C, nº 4).

Nos termos do art. 210º-D, as medidas de obtenção e de preservação da prova estão sujeitas às causas de extinção e caducidade previstas no art. 389º CPC, salvo quando se configurem como medidas preliminares de interposição de providências cautelares, nos termos do art. 210º-G. Nesse caso, parece que só caducarão com a caducidade da própria providência cautelar.

Sempre que a medida de preservação da prova aplicada for considerada injustificada ou deixe de produzir efeitos por facto imputável ao requerente, bem como nos casos em que se verifique não ter havido violação do direito de autor ou direitos conexos, pode o tribunal ordenar ao requerente, a pedido da parte requerida, o pagamento de uma indemnização adequada a reparar qualquer dano causado pela aplicação das medidas (art. 210º-E, nº 3). Em consequência, a aplicação dessas medidas pode ficar dependente da constituição, pelo requerente, de uma caução ou outra garantia destinada a assegurar essa indemnização (art. 210º-E, nº 1). Na fixação do valor da caução deve ser tida em consideração, entre outros factores relevantes, a capacidade económica do requerente (art. 210º-E, nº 3).

### 2.3. Medidas provisórias e cautelares

#### 2.3.1. Generalidades

O art. 9º da Directiva 2004/48 reconhece aos titulares de um direito de propriedade intelectual a possibilidade de requerer medidas provisórias e cautelares, em ordem a reagir contra a iminência de violação do seu direito. Essas medidas incluem a aplicação ao possível violador ou a um seu intermediário da medida de inibição dessa conduta ou da sua cessação, sujeita a uma sanção pecuniária compulsória (art. 9º, nº 1, a)) e ordenar a apreensão ou a entrega dos bens que se suspeite violarem direitos de propriedade intelectual, a fim de impedir a sua entrada ou circulação nos circuitos comerciais (art. 9º, nº 1, b)). O art. 9º, nº 2, da Directiva especifica que "em caso de infracções à escala comercial, os Estados-Membros devem assegurar que, se a parte lesada provar a existência de circunstâncias susceptíveis de comprometer a cobrança de indemnizações por perdas e danos, as autoridades judiciais competentes possam ordenar a apreensão preventiva dos bens móveis e imóveis do alegado infractor, incluindo o congelamento das suas contas bancárias e outros bens. Para o efeito, as autoridades competentes podem ordenar a comunicação de documentos bancários, financeiros ou comerciais, ou o devido acesso às informações pertinentes".

A transposição das medidas provisórias e cautelares é efectuada nos novos arts. 210º-G e 210º-H do CDADC, que qualificam as duas situações referidas na Directiva como "providências cautelares" e como "arresto". As designações são manifestamente infelizes, pois, além de o arresto ser uma providência cautelar, a verdade é que a figura introduzida em consequência da transposição do art. 9º, nº 2, da Directiva é distinta do arresto constante dos arts. 406º e ss. CPC, pelo que não deveria ter tido o mesmo nome.

A lei prevê ainda no art. 209º, para além das medidas cautelares previstas na lei do processo, a possibilidade de recorrer a medidas cautelares de natureza administrativa. Finalmente o art. 227º prevê ainda a possibilidade de recurso aos procedimentos cautelares previstos na lei geral.

Em ordem a distingir claramente estas diversas situações, falaremos sucessivamente em:

a) Providências cautelares específicas do Direito de Autor;
b) Arresto específico do Direito de Autor;
c) Medidas cautelares de natureza administrativa;
d) Procedimentos cautelares previstos na lei geral.

Examinemos assim todas estas medidas.

### 2.3.2. Providências cautelares específicas do Direito de Autor

O regime das providências cautelares específico do Direito de Autor encontra-se previsto no art. 210º-G, nº 1, do Código. Estabelece essa disposição que "sempre que haja violação ou fundado receio de violação grave e dificilmente reparável do direito de autor ou dos direitos conexos, pode o tribunal, a pedido do requerente, decretar as providências adequadas a: a) Inibir qualquer violação iminente; ou b) proibir a continuação da violação". O art. 210º-G, nº 3, acrescenta que o tribunal pode, oficiosamente ou a pedido do requerente, decretar uma sanção pecuniária compulsória com vista a assegurar a execução dessas providências.

A providência cautelar aqui prevista pode assim ter lugar em duas situações distintas: a violação do direito de autor ou dos direitos conexos ou o fundado receio de que ocorra uma violação grave e dificilmente reparável a estes. No primeiro caso, o tribunal decreta as providências adequadas a proibir a continuação da violação, enquanto que no segundo caso tomará essas providências em ordem a inibir qualquer violação iminente[368]. Em ambos os casos pode ser decretada uma sanção

[368] Decidiu, por isso, bem o Ac. RC 10/3/2009 (António Magalhães), em *CJ* 34 (2009), 2, pp. 9-12, que, uma vez demonstrada a existência de violação do direito não é necessário, para que a providência seja decretada que se verifique cumulativamente o fundado receio de que ocorra uma lesão grave e dificilmente reparável a este direito. No mesmo sentido, cfr. Ac. RE 7/10/2009 (Mata Ribeiro), em *CJ* 34 (2009), 4, pp. 247-249, Ac. RE 28/10/2009 (Orey Pires), em *CJ* 34 (2009), 4, pp. 255-257, e Ac. RL 21/1/2016 (Ezagüy Martins), processo 99/15.5YHLSB-L1-2, em *CJ* 41 (2016), 1, pp. 65-71.

pecuniária compulsória, em ordem a assegurar a execução das referidas providências.

Com excepção da sanção pecuniária compulsória, que se encontra expressamente, prevista, a lei não procede à tipificação das providências cautelares que possam ser decretadas, deixando assim uma grande margem de apreciação judicial. O art. 210º-G, nº 7, estabelece, no entanto, que na determinação das providências deve o tribunal atender à natureza do direito de autor ou dos direitos conexos, salvaguardando nomeadamente a possibilidade de o titular continuar a explorar, sem qualquer restrição, os seus direitos.

As providências devem ser naturalmente requeridas contra o infractor dos direitos de autor. O art. 210º-G, nº 3, estabelece, no entanto, que as providências possam ser igualmente decretadas contra qualquer intermediário cujos serviços estejam a ser utilizados por terceiros para violar direitos de autor ou direitos conexos.

As providências podem ser aplicadas sem audiência prévia do requerido sempre que o atraso possa causar danos irreparáveis ao requerente ou sempre que exista um risco sério de lesão do direito (art. 210º-C, nº 1, aplicável por força do art. 210º-G, nº 5). Nesse caso, a parte contrária é imediatamente notificada do seu decretamento (arts. 210º-G, nº 5, e 210º-C, nº 2), podendo pedir, no prazo de 10 dias, a revisão das providências decretadas, produzindo prova e alegando factos não tidos em conta pelo tribunal (arts. 210º-G, nº 5, e 210º-C, nº 3). Nesse caso, ouvida a parte requerida, o tribunal pode determinar a alteração, a revogação ou a confirmação das providências decretadas (arts. 210º-G, nº 5, e 210º-C, nº 4).

A pedido da parte requerida, as providências decretadas podem ainda, no prazo de 10 dias, ser substituídas por caução sempre que esta, ouvido o requerente, se mostre adequada a assegurar a indemnização do titular (art. 210º-G, nº 6).

As providências cautelares estão sujeitas às causas de extinção e caducidade previstas no art. 389º CPC (arts. 210º-G, nº 5, e 210º-D).

Sempre que a providência cautelar for considerada injustificada ou deixe de produzir efeitos por facto imputável ao requerente, bem como nos casos em que se verifique não ter havido violação do direito de autor ou direitos conexos, pode o tribunal ordenar ao requerente, a pedido da parte requerida, o pagamento de uma indemnização adequada a reparar qualquer dano causado pelo decretamento da providência (arts. 210º-G, nº 5, e 210º-E, nº 3). Em consequência, o decretamento da providência pode ficar dependente da constituição, pelo requerente, de uma caução ou outra garantia destinada a assegurar essa indemnização (arts. 210º-G, nº 5, e 210º-E, nº 1). Na fixação do valor da caução deve ser tida em consideração, entre outros factores relevantes, a capacidade económica do requerente (arts. 210º-G, nº 5, e 210º-E, nº 3).

### 2.3.3. O arresto específico do Direito de Autor

Uma outra medida cautelar consiste no arresto específico do Direito de Autor, a que faz referência o art. 210º-H. Esta figura corresponde a uma providência, que nos direitos da *Common Law* tem sido denominada de *Mareva injunction*. Trata-se de uma ordem judicial com carácter pessoal (*in personam*), sendo decretada sem audiência do requerido (*ex parte*), a qual determina a apreensão dos seus bens sujeitos a um processo, em ordem a evitar que sejam subtraídos à acção do Tribunal[369].

Apesar de a lei qualificar a figura como arresto, a figura é bastante diferente do procedimento cautelar previsto nos arts. 407º e ss. CPC. Salienta-se que não se exige que o requerente relacione os bens que devam ser apreendidos, ao contrário do que se prevê no art. 407º, nº 1, CPC, cabendo ao juiz determinar quais os bens do infractor através do acesso aos dados e informações bancárias, financeiras ou comerciais (arts. 210º-H, nº 1, CDADC). Por esse motivo, a articulação deste regime com o arresto tradicional será extremamente controversa. Salienta-se que no art. 210º-H, nº 5 CDADC se estabelece que "o disposto neste artigo não prejudica a possibilidade de recurso ao arresto previsto no Código de Processo Civil por parte do titular de um direito de autor ou direito conexo".

O arresto específico do Direito de Autor pode ser decretado sempre que haja violação, actual ou iminente, de direitos de autor ou de direitos conexos. Nesse caso, a pedido do interessado, pode o tribunal ordenar a

[369] A *Mareva Injunction* foi estabelecida no caso *Mareva Companía Naviera SA v. International Bulkcarriers SA (The Mareva)* [1975] 2 *Lloyd's Rep* 509 [1980] 1 *All ER* 213, disponível em http://www.uniset.ca/other/cs4/19801AER213.html, tendo correspondido à proibição de deslocação de um navio para fora da jurisdição. Cfr. sobre a mesma William Tetley, *loc. cit.*

apreensão dos bens que suspeite violarem esses direitos, bem como dos instrumentos que sirvam essencialmente para a prática do ilícito (art. 210º-H, nº 2).

O arresto específico do Direito de Autor adquire, no entanto, maior extensão no caso de ocorrer uma infracção à escala comercial, actual ou iminente[370]. Nesse caso, sempre que o interessado prove a existência de circunstâncias susceptíveis de comprometer a cobrança da indemnização por perdas e danos, pode o tribunal ordenar a apreensão dos bens móveis e imóveis do alegado infractor, incluindo os saldos das suas contas bancárias, podendo o juiz ordenar a comunicação ou o acesso aos dados e informações bancárias ou comerciais respeitantes ao infractor (art. 210º-H, nº 1).

Para que o arresto específico do Direito de Autor possa ser decretado, o tribunal deve exigir que o requerente forneça todos os elementos de prova razoavelmente disponíveis para demonstrar que é titular do direito de autor ou dos direitos conexos, ou que está autorizado a utilizá-lo e que se verifica ou está iminente uma violação (art. 210º-H, nº 3).

São ainda aplicáveis ao arresto específico do Direito de Autor os arts. 210º-C a 210º-E, por força do art. 210º-H, nº 4, nos termos já acima examinados.

### 2.3.4. Medidas cautelares de natureza administrativa

O art. 209º estabelece que "sem prejuízo das providências cautelares previstas na lei de processo, pode o autor requerer das autoridades policiais e administrativas do lugar onde se verifique a violação do seu direito a imediata suspensão da representação, recitação, execução ou qualquer outra forma de exibição de obra protegida que se estejam realizando sem a devida autorização e, cumulativamente, requerer a apreensão da totalidade das receitas". A possibilidade de o autor requerer a apreensão da totalidade das receitas, a efectuar por autoridade policial ou administrativa do local onde se verifique a violação do direito, não significa, no entanto, que possa fazer suas tais receitas, uma vez que estas não lhe

[370] Recorde-se que, nos termos do art. 210º-L, são considerados actos praticados à escala comercial todos aqueles que violem direito de autor ou direitos conexos e que tenham por finalidade uma vantagem económica ou comercial, directa ou indirecta, excluindo os actos praticados por consumidores finais agindo de boa fé.

são entregues, tratando-se de uma mera providência cautelar, destinada a acautelar o direito do autor, a qual fica dependente da instauração de uma acção judicial, sob pena de caducidade[371].

### 2.3.5. Procedimentos cautelares previstos na lei geral

O legislador esclarece várias vezes que a existência das medidas provisórias e cautelares previstas especificamente em sede do Direito de Autor não impede os autores de recorrerem aos procedimentos cautelares previstos na lei geral. Essa situação é referida genericamente no art. 211º-B e desnecessariamente repetida nos arts. 209º e 210º-H, nº 5.

## 2.4. As medidas de reacção à violação do direito de autor e direitos conexos

### 2.4.1. Generalidades

A Directiva 2004/48/CE veio reconhecer direitos específicos em casos de violação do direito de propriedade intelectual, os quais foram por isso transpostos para o CDADC. Entre esses direitos, destacam-se os seguintes:

a) Direito à informação em relação à participação na actividade ilegal, extensão e consequências da mesma.
b) Aplicação de medidas correctivas e medidas inibitórias como reacção à violação de um direito de propriedade intelectual.
c) Consagração no âmbito da responsabilidade civil de critérios específicos de estabelecimento da indemnização pelos danos sofridos em consequência da violação dos direitos de propriedade intelectual.

A estes direitos haverá ainda que acrescentar o enriquecimento sem causa resultante da utilização de direitos autorais.

Examinemos sucessivamente estas soluções:

### 2.4.2. O direito à informação em caso de actuação ilícita

Uma novidade introduzida pelo art. 8º da Directiva 2004/48/CE é a atribuição aos titulares de direitos de propriedade intelectual violados de um

[371] Cfr. Paula Meira Lourenço, *A função punitiva da responsabilidade civil*, Coimbra, Coimbra Editora, 2006, p. 318.

direito à informação por parte do autor da lesão, tendo a Lei 16/2008 transposto este direito, em sede de direito de autor e de direitos conexos, no art. 210º-F CDADC. Esse direito à informação pode ser exigido por parte do titular do direito de autor ou de direitos conexos em relação à origem e redes de distribuição dos bens ou serviços que violem em que se materializa a violação do seu direito. Trata-se de uma situação que se articula com a obrigação de informação prevista nos arts. 573º e ss. do Código Civil. A inovação é, no entanto, importante dado que o art. 574º não referia expressamente os direitos de propriedade intelectual, mas apenas os direitos pessoais ou reais relativos a coisas móveis ou imóveis, pelo que é positivo o reonhecimento expresso da obrigação de informar igualmente neste âmbito.

Em princípio, a pessoa vinculada à prestação de informações é o alegado infractor, mas o art. 210º-F, nº 2 admite igualmente que as informações sejam exigidas de qualquer outra pessoa que: a) tenha sido encontrada na posse de bens ou a utilizar ou prestar os serviços à escala comercial, que se suspeite violarem direitos de autor ou direitos conexos; b) tenha sido indicada pela pessoa referida na alínea anterior, como tendo participado na produção, fabrico ou distribuição desses bens ou na prestação desses serviços. Desta norma resulta de uma obrigação de informação de todos os participantes na rede comercial de prestação e utilização de bens e serviços que se suspeite violarem direitos de autor ou direitos conexos, que igualmente se repercute nas pessoas que tenham sido referidas como participantes na produção, fabrico ou distribuição desses bens.

Em relação ao objecto dessa informação, o art. 210º-F, nº 1 refere-nos que ele abrange designadamente: a) os nomes e endereços dos produtores, fabricantes, distribuidores, fornecedores e outros possuidores anteriores desses bens ou serviços, bem como dos grossistas e dos retalhistas destinatários; e b) informações sobre as quantidade produzidas, fabricadas, entregues, recebidas ou encomendadas, bem como sobre o preço obtido pelos bens ou serviços em questão. De notar que a informação da identidade dos participantes na rede permite fazer recair sobre eles igualmente a obrigação de informação, bem como a responsabilidade. Em relação à informação sobre o volume da produção e preço dos bens, esta vem permitir determinar o montante da indemnização com base nos critérios legalmente estabelecidos.

É de notar ainda que o nº 3 do art. 210º-F faz ressalvar sucessivamente outras disposições legislativas ou regulamentares que:

a) Confiram ao titular direito a uma informação mais extensa;
b) Regulem a sua utilização em processos cíveis ou penais;
c) Regulem a responsabilidade por abuso do direito à informação;
d) Confiram o direito de não prestar declarações que possam obrigar a pessoa referida no nº. 2 a admitir a sua própria participação ou de familiares próximos na violação dos direitos;
e) Confiram o direito de invocar sigilo profissional, a protecção da confidencialidade das fontes de informação ou o regime legal de protecção dos dados pessoais.

Estas ressalvas fazem surgir bastantes dúvidas sobre a efectiva extensão desta obrigação de informação. Designadamente, é manifesto que a mesma não pode levar a um dever de auto-incriminação do próprio ou em relação a familiares próximos. Também não é concebível que através da mesma se possa proceder à violação do segredo profissional ou do segredo de justiça. Mas muitas outras questões se poderão colocar, como a de saber se não viola o regime da protecção legal dos dados pessoais a obtenção de dados sobre a utilização de obras protegidas em rede. Parece, por isso, que esta articulação da obrigação de informação com as excepções aqui consagradas será fonte de grandes discussões.

### 2.4.3. As medidas correctivas e inibitórias

#### 2.4.3.1. Generalidades

A violação dos direitos de autor e direitos conexos determina igualmente a possibilidade de aplicação de medidas específicas de reacção contra essa violação. Em execução da Directiva 2004/48/CE, o CDADC apresenta nesse âmbito dois tipos distintos de medidas, as medidas correctivas e as medidas inibitórias, destinando-se as primeiras a reagir contra violações já praticadas aos direitos de autor e direitos conexos e as segundas a inibir a prática de futuras violações.

Examinemos sucessivamente essas medidas.

#### 2.4.3.2. Medidas correctivas

As medidas correctivas estão previstas no art. 10º, nº 1, da Directiva 2004/48/CE, e têm por base a apreensão dos bens relativamente aos quais se tenha verificado a violação dos direitos de propriedade intelectual, bem como os materiais e instrumentos que tenham predominantemente servido para a criação ou fabrico dos referidos bens. Essas medidas incluem: a) a retirada dos circuitos comerciais; b) a exclusão definitiva dos circuitos comerciais e c) a destruição. É de notar que as medidas são executadas a expensas do infractor, a não ser que sejam invocadas razões específicas que a tal se oponham (art. 10º, nº 2, da Directiva 2004/48/CE). O Tribunal está, no entanto, sujeito a um critério de proporcionalidade entre a gravidade da infracção e as sanções ordenadas, devendo igualmente ponderar os interesses de terceiros (art. 10º, nº 3 2004/48/CE da Directiva.

Esta faculdade não constitui propriamente novidade face à nossa legislação autoral, uma vez que a apreensão e perda de coisas relacionadas com a prática do crime já se encontrava prevista no art. 201º CDADC que se mantém na nova redacção dada a este artigo, bem como no art. 210º-I CDADC, agora acrescentado. Estabelece assim, o nº 1 deste artigo que "sem prejuízo da fixação de uma indemnização por perdas e danos, a decisão judicial de mérito deve, a pedido do lesado e a expensas do infractor, determinar medidas relativas ao destino dos bens em que se tenha verificado violação de direito de autor ou de direitos conexos". Nos termos do nº 2, essas medidas "devem ser adequadas, necessárias e proporcionais à gravidade da violação, podendo incluir a destruição, a retirada ou a exclusão definitiva dos circuitos comerciais, sem atribuição de qualquer compensação ao infractor".

Numa inovação desnecessária em relação ao previsto na Directiva, o art. 210º-I, nº 3, admite a possibilidade de os bens declarados perdidos a favor do Estado serem atribuídos a entidades públicas e privadas sem fins lucrativos, desde que o lesado dê o seu consentimento. Também se esclarece no art. 210º-I, nº 4, que na aplicação destas medidas o tribunal deve ter em consideração os legítimos interesses de terceiros, em particular os consumidores. O nº 5 estende ainda as regras relativas ao destino dos bens aos instrumentos utilizados no fabrico dos bens em que se manifeste violação de direito de autor ou direitos conexos.

### 2.4.3.3. Medidas inibitórias

As medidas inibitórias encontram-se previstas no art. 11º da Directiva 2004/48/CE, a qual estabelece que, sempre que uma decisão judicial constate a violação de um direito de propriedade intelectual, deve poder impor ao infractor uma medida inibitória da continuação dessa violação, sendo que, quando estiver prevista na legislação nacional, pode a referida medida ser acompanhada de uma sanção pecuniária compulsória.

Em execução desta disposição, o art. 210º-J, nº 1, estabelece que a decisão judicial de mérito pode igualmente impor ao infractor uma medida destinada a inibir a continuação da infracção verificada. Exemplificativamente, o art. 210º-J, nº 2, indica como exemplos de medidas desse tipo: a) a interdição temporária do exercício de certas actividades ou profissões; b) a privação do direito de participar em feiras ou mercados; c) o encerramento temporário ou definitivo do estabelecimento. O art. 210º-J, nº 3, estabelece ainda que o tribunal pode, oficiosamente ou a pedido do requerente decretar uma sanção pecuniária compulsória com vista a assegurar a execução das medidas previstas neste artigo, a qual seguirá o regime do art. 829º-A CC.

As medidas inibitórias podem igualmente ser aplicadas em relação a qualquer intermediário cujos serviços estejam a ser utilizados para violar direito de autor ou direitos conexos, nos termos do art. 227º (art. 210º-J, nº 4).

#### 2.4.4. Os critérios especiais de determinação da indemnização

Outra importante inovação da Directiva 2004/48/CE respeita aos critérios especiais que estabelece para a indemnização em caso de violação de direitos de propriedade intelectual. Esses critérios constam do art. 13º da Directiva, o qual refere que "os Estados-Membros devem assegurar que, a pedido da parte lesada, as autoridades legais competentes ordenem ao infractor que, sabendo-o ou tendo motivos razoáveis para o saber, tenha desenvolvido uma actividade ilícita, pague ao titular do direito uma indemnização por perdas e danos adequada ao prejuízo por este efectivamente sofrido devido à violação". Encontra-se aqui formulado o princípio geral da responsabilidade civil pela violação do direito de propriedade intelectual, o qual assenta naturalmente nos prejuízos efectivamente sofridos pelo lesado, que terão, de acordo com as regras gerais, que ter que ser por ele provados.

No entanto, em virtude da dificuldade na determinação do montante dos danos sofridos a Directiva estabelece vectores precisos para a sua fixação judicial, os quais se apresentam como uma alternativa entre dois critérios, cuja escolha caberá à própria autoridade judicial:

1) No primeiro critério, a autoridade judicial terá que "ter em conta todos os aspectos relevantes, como as consequências económicas negativas, nomeadamente os lucros cessantes, sofridas pela parte lesada, quaisquer lucros indevidos obtidos pelo infractor e, se for caso disso, outros elementos para além dos factores económicos, como os danos morais causados pela violação ao titular do direito;
2) No segundo critério, a autoridade judicial pode, se for caso disso, estabelecer a indemnização por perdas e danos como uma quantia fixa, com base em elementos, como, no mínimo, o montante das remunerações ou dos direitos que teriam sido auferidos se o infractor tivesse solicitado autorização para utilizar o direito de propriedade intelectual em questão.

É difícil avaliar da diferente natureza destes dois critérios. O primeiro aponta genericamente para o conceito tradicional de dano, presente na responsabilidade civil (arts. 483º e ss., para onde remete o art. 203º CDA), o qual temos definido como a frustração de uma utilidade que era objecto de tutela jurídica. Nesse âmbito, compreende-se a referência aos lucros cessantes, tradicionalmente definidos como os benefícios que o lesado deixou de obter em consequência da lesão. No entanto, ao mesmo tempo que remete para o tradicional conceito de dano em sede de responsabilidade civil, o primeiro critério determina a perda dos lucros indevidos obtidos pelo infractor, o que constitui um critério típico da figura anglo-saxónica do *disgorging for profits*[372], e que igualmente considerámos presente na figura da gestão de negócios imprópria. É ainda de salientar que o primeiro critério aponta igualmente para o dano não patrimonial, o que não constitui novidade face à tutela geral do mesmo no art. 496º, nº 1, CC, mas cuja referência se compreende perante a tutela dos direito morais de autor (cfr. arts. 56º e ss. CDADC).

Já o segundo critério aponta para o estabelecimento da indemnização a partir da denominada *Lizenzanalogie*, ou seja, a configuração de que a quantia a restituir por parte do interventor nos direitos de propriedade

[372] Sobre esta figura, no âmbito do Direito dos Valores Mobiliários, veja-se entre nós José António Veloso, "*Churning:* alguns apontamentos com uma proposta legislativa", em AAVV, *Direito dos Valores Mobiliários*, Lisboa, FDL/Lex, 1997, pp. 349-453 (440 e ss.)

intelectual alheios corresponde à contraprestação que teria sido estipulada se tivesse sido celebrado um contrato de licença. Esse critério é um vector típico, já não da responsabilidade civil, mas antes do enriquecimento por intervenção (art. 473º, nº 1), já que neste instituto se considera no caso de intervenção em direitos de propriedade intelectual, aquilo que se obtém à custa do titular do direito é apenas a contrapartida de uma eventual licença, uma vez que o resultado da exploração se deve antes ao contributo do interventor[373]. É, no entanto, de salientar que, no âmbito deste segundo critério, a *Lizenzanalogie* corresponde ao montante mínimo da quantia fixa indemnizatória a ser fixada, referindo-se numa forma algo enigmática "outros critérios", parecendo assim que o julgador, neste segundo critério, apenas está limitado pelo mínimo da indemnização, podendo fixá-la acima desse mínimo tomando em consideração eventuais outros vectores que considere relevantes. Entre estes vectores poderá estar designadamente a gravidade da infracção e o grau de culpabilidade do agente numa lógica de *punitive damages.*

Salienta-se ainda que se a actividade ilícita for realizada sem o infractor o saber ou ter motivos razoáveis para o saber, os Estados-membros podem na mesma prever a possibilidade de as partes ordenarem a recuperação dos lucros ou o pagamento das indemnizações, que podem ser pré-estabelecidos (art. 13º, nº 2).

A Lei 16/2008, transpôs estas soluções, reformulando o art. 211º do CDADC, e enquadrando a situação no âmbito da responsabilidade civil, através da expressão "perdas e danos", que embora usada na Directiva, reveste algum arcaísmo no Direito Português actual. O art. 211º, nº 1, consagra assim o princípio geral da responsabilidade pela violação do direito de propriedade intelectual. Os nºs 2, 3 e 4 do art. 211 fazem referência ao primeiro critério enquanto que o nº 5 se refere antes ao segundo critério No entanto, ao contrário do que estabelece a Directiva, que deixa a opção entre os dois critérios às autoridades judiciárias, esta última diposição estabelece uma subsidiariedade do segundo critério em relação ao primeiro, apenas permitindo a sua utilização no caso de se revelar a impossibilidade de fixar o prejuízo efectivamente sofrido e de a parte lesada não se opor. É uma inovação da legislação portuguesa, que é

[373] Cfr. Luís Menezes Leitão, *O enriquecimento sem causa no Direito Civil*. Lisboa, CEF, 1996, pp. 720 e ss., reed., Coimbra, Almedina, 2005, pp. 694 e ss.

seguramente contraditória com o que a Directiva estabelece. Terá assim que ser efectuada uma intepretação em conformidade com o Direito da União Europeia, cabendo aos tribunais optar pela aplicação do critério do art. 211º, nº 5, independentemente da impossibilidade de fixar a indemnização ao abrigo do primeiro critério ou do acordo da parte lesada.

Numa inovação também desajustada em face da Directiva, o art. 211º, nº 6, estabelece que "quando, em relação à parte lesada, a conduta do infractor constitua prática reiterada ou se revele especialmente gravosa, pode o tribunal determinar a indemnização que lhe é devida com recurso a todos ou alguns dos critérios previstos nos nºs 2 a 5". É manifesto, no entanto, que a norma não visa estabelecer uma duplicação da indemnização pela aplicação cumulativa dos dois critérios, sendo que o regime instituído pela Directiva assenta numa opção judicial entre os dois critérios. Não vemos, por isso, que possa resultar algo útil desta disposição.

### 2.4.5. O enriquecimento sem causa resultante da violação de direitos autorais

Os novos critérios especiais de fixação da indemnização constantes do art. 211º incluem, conforme acima se referiu, um vector típico do enriquecimento sem causa (arts. 473º e ss. CC), a denominada *Lizenzanalogie*. No entanto, conforme resulta do art. 211º, nº 1, a atribuição de uma indemnização com base na responsabilidade civil depende da existência de dolo ou culpa. Ora, é manifesto que nos casos em que exista uma intervenção no direito de autor ou em direitos conexos sem culpa do agente, que lhe atribua um benefício injustificado à custa do titular do direito, deve permanecer aberta a este a possibilidade de obter uma compensação pecuniária ao abrigo do enriquecimento sem causa.

A atribuição de uma compensação pecuniária em caso de violação não culposa de direitos autorais encontra-se mesmo prevista no art. 12º da Directiva 2004/48/CE como alternativa às medidas correctivas e inibitórias. Efectivamente esta disposição refere que "os Estados-Membros podem estabelecer que, se for caso disso e pedido da pessoa eventualmente afectada pelas medidas previstas na presente secção, as autoridades judiciais competentes possam ordenar o pagamento à parte lesada de uma compensação pecuniária, em alternativa à aplicação das medidas previstas na presente Secção, se essa pessoa tiver actuado sem dolo nem negligência e a execução das medidas em questão implicar para ela um dano desproporcionado e a referida compensação pecuniária se afigurar razoavelmente satisfatória para a parte lesado". O legislador português não utilizou esta faculdade pelo que esta disposição não foi introduzida no CDADC.

Apesar disso, no entanto, permanece aberta a via da cláusula geral do art. 473º CC, pelo que entendemos que, sempre que ocorra intervenção em direitos de autor ou direitos conexos sem culpa do interventor, pode este solicitar uma remuneração adequada a qual deverá corresponder ao valor de mercado dessa utilização[374].

## 3. A tutela penal

### 3.1. Generalidades

O Direito de Autor é igualmente objecto de tutela penal, instituindo o Código como tipos criminais a usurpação (art. 195º), a contrafacção (art. 196º), a violação do direito moral (art. 198º) e o aproveitamento de obra contrafeita ou usurpada (art. 199º). A negligência é punível em todos estes crimes (art. 197º, nº 2)[375]. Parece, no entanto, claro que o tipo criminal da usurpação encontra-se construído de forma bastante mais ampla do que os outros crimes aqui tipificados, tendendo este a ser a forma de incriminação mais comum da violação dos direitos de autor e dos direitos conexos.

Examinemos sucessivamente os diversos tipos criminais legalmente previstos.

[374] Cfr. neste sentido, OLIVEIRA ASCENSÃO, *Direito de Autor*, pp. 628 e ss. e *Direito Autoral*, pp. 325-326, e MENEZES LEITÃO, *O enriquecimento*, pp. 720 e ss., reed., pp. 694 e ss.

[375] Cfr. especialmente JOSÉ DE OLIVEIRA ASCENSÃO, "Direito Penal de Autor", em RUY DE ALBUQUERQUE/MARTIM DE ALBUQUERQUE (org.) *Estudos em Homenagem ao Professor Doutor Manuel Gomes da Silva*, Lisboa, Faculdade de Direito da Universidade de Lisboa, 2001, pp. 457-505 e JOSÉ BRANCO, em PAULO PINTO DE ALBUQUERQUE/JOSÉ BRANCO (org.), *Comentário das Leis Penais Extravagantes*, II, Lisboa, Universidade Católica Editora, 2011, pp. 247 e ss.

### 3.2. A usurpação

#### 3.2.1. Generalidades

O crime de usurpação encontra-se previsto no art. 195º, o qual consiste numa norma bastante complexa que abrange realidades de tal forma distintas, que no fundo poderemos referir que estamos na mesma disposição perante cinco incriminações diversas, todas destinadas a tutelar o conteúdo patrimonial do direito de autor.

Examinemos sucessivamente todas essas incriminações.

#### 3.2.2. A utilização da obra ou prestação sem autorização

A primeira incriminação encontra-se prevista no art. 195º, nº 1, e respeita *à utilização de uma obra ou prestação, por qualquer das formas previstas no CDADC sem autorização do autor ou do artista, do produtor de fonograma e videograma ou do organismo de radiodifusão*. Trata-se de uma disposição que visa tutelar criminalmente o respeito pelas faculdades de autorização que são conferidas aos titulares dos direitos de autor (art. 9º, nº 2 e 68º, nº 2) ou de direitos conexos (arts. 178º, 184º, e 187º) relativamente à utilização das obras ou das prestações. A norma é por isso construída de uma forma totalmente remissiva, permitindo incriminar qualquer utilização da obra sem autorização nos casos em que a lei exigisse essa autorização. Por esse motivo, já foi questionado se não se trataria de uma norma penal em branco, inconstitucional por desrepeitar o princípio da legalidade da lei criminal. Não julgamos, no entanto, que se verifique qualquer inconstitucionalidade, dado que a lei delimita de forma suficiente os casos em que é exigida e os casos em que se dispensa a autorização para utilizar a obra[376].

O tipo penal é preenchido a partir do momento em que ocorre a utilização da obra ou prestação pelas formas legalmente previstas, sem que tenha ocorrido a competente autorização, não sendo necessário que o agente se proponha obter qualquer vantagem económica[377]. No

[376] No sentido da constitucionalidade, cfr. Jorge Miranda/Miguel Pedrosa Machado, "Constitucionalidade da protecção penal dos direitos de autor e da propriedade industrial", na *RPPC* 4 (1994), nº 4 pp. 465-496. No mesmo sentido, Oliveira Ascensão, *Estudos Gomes da Silva*, pp. 469, ainda que pronunciando-se pela inconveniência desta formulação legal.

[377] Neste sentido, José Branco, em Paulo Pinto de Albuquerque/José Branco (org.), *Comentário*, II, p. 253, e na jurisprudência Ac. RC 30/3/2011 (Jorge Jacob), em *CJ* 36 (2011), 2, pp. 59-62.

entanto, após a Lei 92/2019, de 4 de Setembro, o crime de usurpação deixou de abranger as situações de comunicação pública de fonogramas e videogramas editados comercialmente, que passaram a ser puníveis apenas como ilícito contraordenacional (art. 195º, nº 4). Mantêm-se, no entanto, como crime de usurpação, os actos de colocação à disposição do público, por fio ou sem fio, de fonograma ou videograma, por forma a torná-los acessíveis a qualquer pessoa a partir do local e no momento por ela escolhido, bem como a exibição cinematográfica, não autorizados, os quais não se consideram actos de comunicação ao público, para efeitos do disposto no art. 205º, nºs 3 e 4 (art. 205º, nº 5).

### 3.2.3. A divulgação ou publicação não autorizadas

A segunda incriminação encontra-se prevista no art. 195º, nº 2, a) e abrange o acto de *divulgar ou publicar abusivamente uma obra ainda não divulgada nem publicada pelo seu autor ou não destinada a divulgação ou publicação, mesmo que a apresente como sendo do respectivo autor, quer se proponha ou não obter qualquer vantagem económica.* Nos termos em que a norma está concebida, não se está assim perante a violação dos direitos de publicação e divulgação já abrangida pelo art. 195º, nº 1, mas antes perante a violação do direito ao inédito, entendido como integrante do direito pessoal de autor. Não é elemento do tipo que haja violação concomitante do direito à paternidade da obra, pelo que não deixa de ser punida a conduta daquele que divulga ou publica a obra, apresentando-a como sendo do próprio autor. No entanto, a lei exige que a divulgação ou publicação sejam abusivas, o que tem sido entendido como a exigência de um elemento subjectivo no tipo, correspondente à consciência de estar a cometer um abuso[378].

### 3.2.4. A compilação não autorizada

A terceira incriminação encontra-se prevista no art. 195º, nº 2, b) e abrange o acto de *coligir ou compilar obras publicadas ou inéditas sem autorização do autor.* A doutrina tem propugnado uma interpretação extensiva desta disposição, no sentido de abranger não apenas as obras publicadas, mas

[378] Neste sentido, Oliveira Ascensão, *Estudos Gomes da Silva*, p. 467, que conclui consequentemente que quem publica no intuito de beneficiar o autor um poema que ele não tinha destinado a publicação não comete um crime.

também as já divulgadas intepretando neste sentido aquela expressão[379]. A norma não deixa de ser, no entanto, desnecessária face à disposição do art. 195º, nº 1, uma vez que a compilação de obras alheias se encontra igualmente reservada ao autor. A disposição parece justificar-se apenas em ordem a abranger as situações de obras não protegidas, cuja utilização é livre, mas em que permanece reservada ao autor a faculdade de proceder à sua compilação (cfr. art. 3º, nº 1, b), 7º, nº 2, e 76º, nº 3). Efectivamente, poderia ser questionada a inserção destas situações no tipo do art. 195º, nº 1.

### 3.2.5. O excesso em relação às faculdades de utilização permitidas

A quarta incriminação encontra-se prevista no art. 195º, nº 2, c) e abrange a situação de *alguém, estando autorizado a utilizar uma obra, prestação do artista, fonograma, videograma ou emissão radiodifundida, exceder os limites da autorização concedida, salvo nos casos expressamente previstos no Código.* A lei pretende incriminar as situações em alguém excede os limites das faculdades de utilização que lhe foram conferidas pelo autor ou titular de direitos conexos. Em consequência, apesar de a lei se referir à autorização, não parece que a norma se refira apenas à ultrapassagem dos limites concedidos em contratos de licença, podendo ainda abranger quaisquer utilizações em desconformidade com os direitos resultantes outras formas de disposição do direito de autor, incluindo a transmissão ou oneração[380], ou com as faculdades de utilização genericamente atribuídas[381]. Parece, no entanto, que a tutela penal apenas ocorrerá em relação ao titular originário dos direitos, pelo que a violação dos direitos do transmissário por parte de outrem a quem ele tenha concedidos faculdades de utilização não poderá ser reprimida a nível penal, sendo considerada como mero incumprimento contratual[382].

[379] Neste sentido, veja-se Oliveira Ascensão, *Estudos Gomes da Silva*, p. 468, e José Branco, em Paulo Pinto de Albuquerque/José Branco (org.), *Comentário*, II, p. 256.

[380] Neste sentido, Oliveira Ascensão, *Estudos Gomes da Silva*, p. 469, e José Branco, em Paulo Pinto de Albuquerque/José Branco (org.), *Comentário*, II, p. 256.

[381] Será por exemplo o caso de serem desrespeitados os limites estabelecidos no art. 76º, nº 2, às faculdades de resumo e citação previstas no art. 75º, nº 2, g). Neste sentido, cfr. Luís Francisco Rebello, *Código*, sub art. 195º, nº 2, p. 255.

[382] Neste sentido, Oliveira Ascensão, *Estudos Gomes da Silva*, p. 475.

O excesso relativo às faculdades de utilização permitidas não se aplica, no entanto, em relação às situações de comunicação pública de fonogramas e videogramas editados comercialmente, puníveis como ilícito contraordenacional, o qual é punível como contra-ordenação (arts. 195º, nº 4, e 205º, nº 6).

### 3.2.6. A violação dos direitos concedidos a terceiro por parte do autor

Finalmente, a quinta incriminação encontra-se prevista no art. 195º, nº 3, e abrange a situação do *autor que, tendo transmitido, total ou parcialmente, os respectivos direitos ou tendo autorizado a utilização da sua obra por qualquer dos modos previstos neste Código, a utilizar directa ou indirectamente com ofensa dos direitos atribuídos a outrem.* Neste caso, trata-se de estabelecer a criminalização do próprio autor, que tendo transmitido a obra ou atribuído direitos de utilização a outrem, vier afinal a violar esses mesmos direitos. Trata-se de uma incriminação que suscita bastante controvérsia, uma vez que acaba por atribuir uma tutela penal aos contratos relativos ao direito de autor, a qual resulta da ficção de considerar o autor como usurpador das suas próprias obras. Em qualquer caso, uma vez que aqui apenas se menciona o autor, parece que os titulares de direitos conexos não poderão ser abrangidos por esta disposição[383].

### 3.3. A contrafacção

A *contrafacção* encontra-se prevista no art. 196º, correspondendo à utilização, como sendo criação sua, de obra, prestação de artista, fonograma, videograma, ou emissão de radiodifusão que seja mera reprodução total ou parcial de obra ou prestação alheia, divulgada ou não divulgada, ou por tal modo semelhante que não tenha individualidade própria (art. 196º, nº 1). Essa reprodução pode respeitar apenas a parte ou fracção da obra ou prestação, caso em que a contrafacção se considera meramente parcial (art. 196º, nº 2) e não é essencial à mesma que a reprodução seja feita pelo mesmo processo do original, com as mesmas dimensões ou com o mesmo formato (art. 196º, nº 3).

[383] Cfr. Oliveira Ascensão, *Estudos Gomes da Silva*, pp. 465-466 que salienta estar-se perante uma situação em que "a mercantilização das previsões penais vem a atingir aqui o próprio autor".

A lei esclarece ainda que não importa contrafacção a semelhança entre traduções, devidamente autorizadas, da mesma obra ou entre fotografias, desenhos, gravuras ou outra forma de representação do mesmo objecto, se, apesar das semelhanças decorrentes da identidade do objecto, cada uma das obras tiver individualidade própria (art. 196º, nº 4, a)). Da mesma forma, é ainda referido não importa contrafacção a reprodução pela fotografia ou pela gravura efectuada só para o efeito de documentação da crítica artística (art. 196º, nº 4, b)). Trata-se de esclarecimentos perfeitamente desnecessários, uma vez que as situações descritas não preenchem os pressupostos do crime de contrafacção[384].

A contrafacção exige que a obra ou prestação seja apresentada como sendo própria, pelo que se não existir essa apropriação, a situação será de usurpação (art. 195º) e não de contrafacção. Uma vez que se exige a reprodução da obra ou prestação, o tipo legal de contrafacção exige necessariamente a produção de um ou mais exemplares da obra ou prestação contrafeitas, pelo que, se não houver produção de exemplares não se estará perante um crime de contrafacção, mas antes perante um crime de violação do direito moral de autor, previsto no art. 198º, nº 1, a))[385]

O tipo legal de contrafacção permite abranger duas realidades: a cópia servil e o plágio. A cópia servil corresponde a uma duplicação grosseira do original, podendo referir-se quer a obras, quer a prestações. Já o plágio consiste na reprodução de uma obra, não sendo aplicável a prestações, sendo no entanto efectuada uma alteração da forma como a obra se apresenta, a qual, no entanto, não é suficiente para lhe atribuir individualidade própria[386]. Conforme refere OLIVEIRA ASCENSÃO, o "*plágio* não é cópia servil; é mais insidioso porque se apodera da essência criativa da obra sob veste ou forma diferente"[387].

A lei esclarece, no entanto, que há certas situações que não se reconduzem a contrafacção, como seja "a semelhança entre traduções, devidamente autorizadas da mesma obra ou entre fotografias, desenhos, gravuras ou outra forma de representação do mesmo objecto, se, apesar das

[384] Cfr. OLIVEIRA ASCENSÃO, *Estudos Gomes da Silva*, pp. 478-479.

[385] Neste sentido, OLIVEIRA ASCENSÃO, *Estudos Gomes da Silva*, pp. 464 e 480.

[386] Cfr. OLIVEIRA ASCENSÃO, *Estudos Gomes da Silva*, pp. 479-480.

[387] Cfr. OLIVEIRA ASCENSÃO, *Direito de Autor*, p. 65.

semelhanças decorrentes da identidade do objecto, cada uma das obras tiver individualidade própria" (art. 196º, nº 4 a)) e "a reprodução pela fotografia ou pela gravura efectuada só para o efeito de documentação da crítica artística" (art. 196º, nº 4 b)). Genericamente, pode, porém, afirmar-se que não existirá contrafacção se, apesar das semelhanças existentes, a obra tiver uma individualidade própria, o que significa que acrescente algo novo, em termos de criatividade, à obra alheia a que se recorreu. Mas já haverá contrafacção se a modificação se limitar a alterar a natureza da obra, como a adaptação, sem autorização do autor, de um romance ao cinema, a uma peça teatral ou a uma ópera, a conversão de prosa em verso e vice-versa[388]. Também é naturalmente contrafacção a tradução não autorizada da obra.

### 3.4. A violação do direito moral

Um outro tipo criminal, previsto no art. 198º, é a violação do direito moral. Este tipo desdobra-se em duas incriminações distintas: a) alguém arrogar-se a paternidade de uma obra ou prestação que sabe não lhe pertencer; b) alguém atentar contra a genuinidade ou integridade da obra ou prestação, praticando acto que a desvirtue ou possa afectar a honra ou reputação do autor ou do artista.

Estas incriminações tutelam o direito moral, que assiste ao autor, ou ao artista, de reivindicar a paternidade da obra e prestação e assegurar a sua genuinidade e integridade (art. 9º, nº 3, e 56º, nº 1).

Conforme acima se salientou, o crime de violação de direito moral de autor previsto no art. 198º, nº 1, a) tem em comum com o art. 196º alguém apresentar como criação sua uma obra ou prestação alheia, distinguindo-se pelo facto de ao art. 196º exigir a criação de exemplares. Esta última disposição encontra-se em relação de especialidade com o tipo descrito no art. 198º a), pelo que este já não será aplicável sempre que ocorra a produção de exemplares.

Da mesma forma, se existir utilização de obra ou prestação que constitui igualmente violação da integridade ou genuinidade da mesma, parece que a situação corresponderá ao crime de usurpação previsto no

[388] Cfr. Visconde de Carnaxide, *op. cit.*, p. 161.

art. 195º, o qual consumirá a violação do direito moral de autor prevista no art. 198º b)[389].

### 3.5. O aproveitamento de obra contrafeita ou usurpada

Uma outra incriminação, prevista nos arts. 199º, é o aproveitamento de obra contrafeita ou usurpada. Esta incriminação abrange aquele que "vender, puser à venda, importar, exportar, ou por qualquer modo distribuir ao público obra usurpada ou contrafeita ou cópia não autorizada de fonograma ou videograma, quer os respectivos exemplares tenham sido produzidos no País quer no estrangeiro". Também esta disposição se encontra em relação de especialidade com o disposto no art. 195º, sendo aplicável às utilizações de obras, fonogramas ou videogramas que consistam na mera comercialização ilícita de exemplares. Assim, se ocorrer conjuntamente outra forma de utilização ilícita da obra, a disposição aplicável já será a do art. 195º[390]. Estranhamente a lei não inclui na previsão do art. 199º a comercialização de exemplares que contenham sem autorização do titular a prestação de uma artista ou o conteúdo de uma emissão de radiodifusão, o que leva à conclusão de que essa situação não é objecto de tutela penal[391].

Ao contrário da moldura penal genericamente prevista para os crimes negligentes no art. 197º, nº 2, se o aproveitamento de obra contrafeita ou usurpada for realizado por negligência a pena é apenas de multa até 50 dias.

### 3.6. Penas e sanções acessórias

Os crimes previstos para tutela do direito de autor e dos direitos conexos são sujeitos a uma medida da pena comum no art. 197º a qual é fixada em prisão até três anos e multa de 150 a 250 dias, de acordo com a gravidade da infracção, se o facto constitutivo da infracção não tipificar crime punível com pena mais grave.

[389] Neste sentido, OLIVEIRA ASCENSÃO, *Estudos Gomes da Silva*, pp. 464-465.

[390] Cfr. OLIVEIRA ASCENSÃO, *Estudos Gomes da Silva*, p. 465.

[391] Neste sentido, OLIVEIRA ASCENSÃO, *Estudos Gomes da Silva*, p. 484, e JOSÉ BRANCO, em PAULO PINTO DE ALBUQUERQUE/JOSÉ BRANCO (org.), *Comentário*, II, p. 265.

No caso de reincidência, as penas estabelecidas especificamente para este crime são agravadas para o dobro (art. 197º, nº 1), sendo inclusivamente proibida a suspensão da pena (art. 197º, nº 3)[392].

Já se o facto for praticado com negligência os crimes são punidos com multa de 50 a 150 dias (art. 197º, nº 2). Exceptua-se o aproveitamento de obra contrafeita ou usurpada, em que a pena estabelecida é antes de multa até 50 dias (art. 199º, nº 2).

A lei prevê genericamente como sanção acessória a apreensão e perda das coisas relacionadas com a prática dos crimes. Efectivamente, o art. 201º, nº 1, determina que "são sempre apreendidos os exemplares ou cópias das obras usurpadas ou contrafeitas, quaisquer que sejam a natureza da obra e a forma de violação, bem como os respectivos invólucros materiais, máquinas ou demais instrumentos ou documentos de que haja suspeita de terem sido utilizados ou de se destinarem à prática da infracção". "Nos casos de flagrante delito, têm competência para proceder à apreensão as autoridades policiais e administrativas, designadamente a Polícia Judiciária, a Polícia de Segurança Pública, a Polícia Marítima, a Guarda Nacional Republicana, a Autoridade de Segurança Alimentar e Económica e a Inspecção-Geral das Actividades Culturais" (art. 201º, nº 2).

Após a apreensão, "a sentença que julgar do mérito da acção judicial declara perdidos a favor do Estado os bens que tiverem servido ou estivessem destinados directamente a servir para a prática de um ilícito, ou que por este tiverem sido produzidos, sendo as cópias ou exemplares destruídos, sem direito a qualquer indemnização" (art. 201º, nº 3). No entanto, "na aplicação destas medidas, o tribunal deve ter em consideração os legítimos interesses de terceiros, em particular dos consumidores (art. 201º, nº 4). A lei admite ainda que tribunal, ponderada a natureza e qualidade dos bens declarados perdidos a favor do Estado, possa atribuí-los a entidades sem fins lucrativos se o lesado der o seu consentimento expresso para o efeito (art. 201º, nº 5).

Encontra-se ainda previstas no art. 201º, nº 6, como sanções acessórias medidas inibitórias de continuação da actividade ilícita, designada-

[392] Tal solução é criticada por OLIVEIRA ASCENSÃO, *Estudos Gomes da Silva*, pp. 460-462, que considera exagerado que possa haver uma pena de seis anos de prisão para a violação do direito de autor ou de um direito conexo.

mente a interdição temporária do exercício de certas actividades ou profissões, a privação do direito de participar em feiras ou mercados ou o encerramento temporário ou definitivo do estabelecimento. Estas sanções acessórias podem ser aplicadas, quer ao infractor, quer ao intermediário cujos serviços estejam a ser utilizados pelo infractor. Nas decisões de condenação à cessação de uma actividade ilícita, o tribunal pode ainda prever uma sanção pecuniária compulsória destinada a assegurar a respectiva execução (art. 201º, nº 7).

A violação do direito moral de autor é, no entanto, sujeita a um regime especial em relação à sanção acessória de apreensão e perda dos exemplares. Efectivamente, o art. 202º, nº 1, estabelece que "se apenas for reivindicada a paternidade da obra, pode o tribunal, a requerimento do autor, em vez de ordenar a destruição, mandar entregar àquele os exemplares apreendidos, desde que se mostre possível, mediante adição ou substituição das indicações referentes à sua autoria, assegurar ou garantir aquela paternidade". Da mesma forma, refere o art. 202º, nº 2, que "se o autor defender a integridade da obra, pode o tribunal, em vez de ordenar a destruição dos exemplares deformados, mutilados ou modificados por qualquer outro modo, mandar entregá-los ao autor, a requerimento deste, se for possível restituir esses exemplares à forma original".

### 3.7. Processo penal

Nos termos do art. 200º, nº 1, os crimes estabelecidos para tutela do direito de autor ou do direito conexo são públicos, não dependendo de queixa do ofendido, salvo quando estiver exclusivamente em causa a violação de direitos morais. Tratando-se, porém, de obras caídas no domínio público, o procedimento criminal depende de queixa, que terá que ser apresentada pelo Ministério da Cultura (art. 200º, nº 2)[393].

[393] Sustenta Oliveira Ascensão, *Estudos Gomes da Silva*, pp. 482, que esta disposição será inaplicável pois em relação às obras caídas no domínio público não recaem direitos, pessoais ou outros e o art. 198º b) exige concomitantemente que o acto possa afectar a honra e reputação do autor ou artista. A verdade é que a defesa da genuinidade e integridade da obra caída no domínio público é atribuída ao Estado, nos termos do art. 57º, nº 2, não nos parecendo que a tipificação do art. 198º b) impeça a tutela penal da genuinidade e integridade dessas obras.

Nos termos do art. 203º, a responsabilidade civil emergente dos mesmos factos é independente do procedimento criminal que estes originem, podendo contudo ser exercida conjuntamente com a acção penal.

## 4. A tutela contra-ordenacional

Para além da tipificação de vários factos a nível penal, os direitos autorais são ainda tutelados através da aplicação de contra-ordenações, constantes do art. 205º.

Assim, em primeiro lugar, constitui contra-ordenação, punida com coima de €250 a €2500 a falta de comunicação pelos importadores, fabricantes e vendedores de suportes materiais para obras fonográficas e videográficas das quantidades importadas, fabricadas e vendidas, nos termo no nº 2 do art. 143º (art. 205º, nº 1, a)), assim como a falta de comunicação pelos fabricantes e duplicadores de fonogramas e videogramas das quantidades que prensarem ou duplicarem, nos termos no nº 3 do art. 143º (art. 205º, nº 1, b)). Sancionam-se assim como contra-ordenação as omissões de comunicação à IGAC impostas nos nºs 2 e 3 do art. 143º.

O art. 205º, nº 2, pune ainda como contra-ordenação com coima de €100 a €1000, a omissão da identificação do autor, através da indicação do seu nome ou pseudónimo, conforme exigido pelos arts. 97º, 115º, nº 4, 134º, 142º, 154º, e 160º, nº 3. É igualmente punida, nos mesmos termos, a omissão da identificação do produtor, nos termos do art. 126º, nº 2, e do tradutor, nos termos do art. 171º, bem como, não se dispensando a indicação do nome ou pseudónimo do artista, a omissão do nome deste na prestação (art. 180º, nº 1). A punição como contra-ordenação ocorre, no entanto, apenas em relação à omissão da identificação, uma vez que se for violado o direito à paternidade da obra ou da prestação, a situação passa a ser considerada como crime, nos termos do art. 198º a). Da mesma forma constituirá contra-ordenação a omissão do título da obra ou da identificação dos fonogramas e videogramas, imposta pelos arts. 142º, 171º e 185º.

Nos termos do art. 205º, nº 3, constitui ainda contra-ordenação punível com coima entre € 125 e € 1500, no caso das pessoas singulares, e de € 250 a € 7500, no caso das pessoas colectivas, a comunicação ao público de fonogramas previamente editados comercialmente, obras e prestações neles incorporadas, sem autorização do respetivo autor, produtor do fonograma ou dos seus representantes, se a mesma for legalmente exigida, nas seguintes modalidades: a) sob a forma de execução pública, por qualquer meio e em qualquer lugar público, na acepção do nº 3 do artigo 149º; b) sob a forma de radiodifusão audiovisual de fonogramas previamente incorporados em obras audiovisuais com autorização dos respetivos titulares. É punível nos mesmos termos, de acordo com o art. 205º, nº 4, a a comunicação ao público, em qualquer lugar público na acepção do artigo 149º, nº 3, de videogramas previamente editados ou estreados comercialmente, através de emissões e retransmissões televisivas disponibilizadas ao público, bem como das obras e prestações neles incorporadas, sem as autorizações do respectivo autor, do produtor de videogramas ou dos seus representantes, se a mesma for legalmente exigida. Finalmente, o art. 205º, nº 6 pune da mesma forma como contra-ordenação a utilização de um fonograma e videograma por quem, estando autorizado a utilizá-lo para os fins previstos nos nºs 3 e 4 do art. 205º, exceda os limites da autorização concedida.

Anteriormente à Lei 92/2019, de 4 de Setembro, estas condutas eram qualificada como crime de usurpação (arts. 195º, nº 1, e nº 2 c)), mas esse enquadramento foi alterado pela nova redacção do art. 195º, nº 4, sendo assim hoje qualificada como contra-ordenação. Mantêm-se, no entanto, como crime de usurpação, para efeitos do art. 195º os actos de colocação à disposição do público, por fio ou sem fio, de fonograma ou videograma, por forma a torná-los acessíveis a qualquer pessoa a partir do local e no momento por ela escolhido, bem como a exibição cinematográfica, não autorizados, os quais não se consideram actos de comunicação ao público para efeitos do disposto no art. 205º, nºs 3 e 4 (art. 205º, nº 5).

A negligência e a tentativa são puníveis em todas estas contra-ordenações, sendo os montantes mínimos e máximos das coimas aplicáveis reduzidos para metade em caso de negligência, e sendo a sanção especialmente atenuada em caso de tentativa (art. 205º, nº 7). Em caso de reincidência, os montantes mínimos e máximos das coimas aplicáveis são elevados para o dobro (art. 205º, nº 9). Na determinação da medida da coima, além dos critérios gerais aplicáveis, tem-se em conta a gravidade da lesão, a sua frequência e o alcance da difusão ilícita dos fonogramas e videogramas, assegurando-se que o montante da coima concretamente aplicada não será, fora dos casos de pagamento voluntário da coima, inferior aos valores que seriam devidos caso o infractor tivesse solicitado autorização para utilizar os direitos em questão (art. 205º, nº 8).

A competência para o processamento das contra-ordenações é da Inspecção-Geral das Actividades Culturais e a aplicação das coimas pertence ao respectivo inspector-geral (art. 206º). O montante das coimas aplicadas pelas contra-ordenações reverte em 60% para o Estado, 30% para a IGAC e 10% para a entidade que lavrou o auto de notícia (art. 208º). Em termos de processo, as contra-ordenações estão sujeitas ao regime geral constante do D.L. 433/82, de 27 de Outubro, na redacção da Lei 109/2001, de 24 de Dezembro (art. 204º), não tendo, no entanto, efeito suspensivo o recurso da decisão que aplicar coima de montante inferior a € 399,04 (art. 207º). Pode além disso ser dada publicidade à decisão condenatória, sendo aplicável, com as necessárias adaptações, o disposto no art. 211º-A (art. 205º, nº 11).

O procedimento contra-ordenacional encontra-se regulado no art. 206º-A, aditado pela Lei 92/2019, de 4 de Setembro.

# Capítulo XIV
# As Formalidades Exigidas no Direito de Autor

## 1. Generalidades

Nos termos do art. 5º, nº 2, da Convenção de Berna, o gozo e o exercício dos direitos de autor não estão subordinados a qualquer formalidade, solução reiterada no nosso ordenamento pelo art. 12º do Código, que estabelece que "o direito de autor é reconhecido, independentemente de registo, depósito ou qualquer outra formalidade". Não obstante, a verdade é que por vezes aparece a imposição ao titular do direito de certas formalidades, como seja o registo, o depósito ou a menção da protecção autoral.

Examinemos sucessivamente essas três situações.

## 2. O registo do direito de autor

### 2.1. Generalidades

Em ordem a dar publicidade ao direitos de autor, a lei institui um sistema de registo desses mesmos direitos. O regime essencial do registo consta hoje do Regulamento de Registo de Obras Literárias e Artísticas, aprovado pelo Decreto-Lei 143/2014, de 26 de Setembro, que substitui o Decreto 4114, de 17 de Abril de 1918, que instituiu o sistema de registo da propriedade literária. O registo das obras literárias e artísticas é da competência da Inspecção-Geral das Actividades Culturais (art. 2º D.L. RROLA). Para além disso, são igualmente registados na IGAC os representantes do autor, nos termos do art. 74º CDADC.

Existe ainda um registo específico para as obras cinematográficas e audiovisuais, previsto nos arts. 24º e 25º da Lei 55/2012, de 6 de Setembro, e nos arts. 50º e ss. do Decreto-Lei 25/2018, de 24 de Abril, o qual é da competência do Instituto do Cinema e Audiovisual (art. 50º, D.L. 25/2018). Também o registo das empresas cinematográficas e audiovisuais é da competência do ICA (arts. 48º e ss. do D.L. 25/2018).

Já o registo de títulos de jornais e outras publicações periódicas, previsto no art. 214º b) CDADC não é realizado na IGAC, mas antes na Entidade Reguladora para a Comunicação Social, estando regulamentado no Decreto Regulamentar 8/99, de 9 de Junho, objecto da Declaração de Rectificação nº 10-BC/99, de 30 de Junho, e alterado pelos Decretos Regulamentares nºs 7/2008, de 27 de Fevereiro, e 2/2009, de 27 de Janeiro.

## 2.2. Princípios relativos ao registo do direito de autor

### 2.2.1. Generalidades

O registo do direito de autor obedece aos seguintes princípios:

a) Princípio da instância.
b) Princípio da não obrigatoriedade;
c) Princípio da legalidade;
d) Princípio da prioridade;
e) Princípio do trato sucessivo.

Examinemos sucessivamente estes princípios:

### 2.2.2. Princípio da instância

O registo do direito de autor é sujeito ao princípio da instância, o qual estabelece que o registo não é realizado oficiosamente mas apenas a requerimento dos interessados. O art. 9º do Decreto-Lei RROLA dispõe consequentemente que "o registo de obras literárias e artísticas não se efetua oficiosamente, mas a requerimento de pessoa com legitimidade para o efeito".

### 2.2.3. Princípio da não obrigatoriedade

O registo do direito de autor não é obrigatório, mas apenas facultativo (art. 11º, nº 1, RROLA), o que implica que na prática não tenha grande aplicação, sendo levado a registo apenas um número reduzido de obras[394].

[394] Cfr. Oliveira Ascensão, *Direito de Autor*, p. 400.

### 2.2.4. Princípio da legalidade

O registo é naturalmente sujeito a um princípio de legalidade, o que significa que é objecto de controlo pela IGAC, podendo ser indeferido (art. 22º RROLA) ou o requerente convidado a suprir as deficiências do registo (art. 21º RROLA).

### 2.2.5. Princípio da prioridade

O princípio da prioridade significa que o direito inscrito em primeiro lugar prevalece sobre os que se lhe seguirem relativamente aos mesmos bens, por ordem da data dos registos e, dentro da mesma data, pela ordem temporal dos pedidos correspondentes. Este princípio encontrava-se previsto nos arts. 24º, 35º e 59º do Decreto 4114, mas hoje o RROLA deixou de lhe fazer referência expressa, apesar de o mesmo ser essencial a qualquer sistema de registo. Mantém-se, por isso mesmo, referido no art. 53º, do D.L. 25/2018, relativo ao registo das obras cinematográficas ou audiovisuais.

A prioridade do registo não é afectada pelos despachos de recusa ou de provisoriedade, caso os mesmos sejam procedentemente impugnados ou se verifique a conversão do registo em definitivo. Assim, no âmbito do registo das obras cinematográficas e audiovisuais, a lei estabelece expressamente que em caso de recusa, o registo feito na sequência de recurso julgado procedente conserva a prioridade correspondente ao pedido do acto recusado (art. 53º, nº 3, do D.L. 25/2018) e que o registo convertido em definitivo conserva a prioridade que tinha como provisório (art. 53º, nº 2, do D.L. 25/2018).

### 2.2.6. Princípio do trato sucessivo

O princípio do trato sucessivo encontra-se previsto no art. 15º do RROLA, resultando do mesmo que o registo deve instituir uma cadeia ininterrupta de transmissões ou onerações do direito de autor, tendo assim as inscrições que ser contínuas entre si e não podendo fazer-se qualquer inscrição a favor de um adquirente do direito, sem que exista uma inscrição prévia a favor do transmitente. Em consequência do trato sucessivo, a consulta do registo permite apurar não apenas os actuais, mas também todos os anteriores titulares de inscrições relativamente à obra.

A violação do trato sucessivo constitui fundamento para a realização do registo como provisório (art. 13º e) RROLA, e 56º, nº 2, a) D.L.

25/2018) ou mesmo para a sua recusa, se a situação não for sanada (arts. 22º d) RROLA e 57º d) e e) D.L. 25/2018).

### 2.3. Objecto do registo

O objecto do registo do direito de autor consta do art. 215º CDADC. No caso específico das obras cinematográficas e audiovisuais, haverá que tomar em consideração o art. 51º do D.L. 25/2018. Em ambos os casos, o registo abrange tanto factos jurídicos como acções.

*Em relação a factos jurídicos*, nos termos do art. 215º CDADC, o registo do direito de autor abrange essencialmente:

a) os factos que importem constituição, transmissão, oneração, alienação, modificação ou extinção do direito de autor:
b) o nome literário e artístico;
c) o título de obra ainda não publicada;
d) a penhora e o arresto sobre o direito de autor.
e) o mandato conferido a entidades de gestão.

A estes haverá que acrescentar o arrolamento ou da apreensão em processo de insolvência da obra cinematográfica ou audiovisual, bem como de quaisquer outros atos ou providências que a afectem, nos termos do art. 11º, nº 2, f) RROLA.

Já o registo relativo às obras cinematográficas e audiovisuais abrange, nos termos do art. 51º do D.L. 25/2018, o seguinte:

a) os factos jurídicos que determinem a constituição, reconhecimento, transmissão, oneração, modificação ou extinção dos direitos de propriedade intelectual relativos à obra cinematográfica e audiovisual;
b) os factos jurídicos confirmativos de convenções anuláveis ou resolúveis que tenham por objecto os direitos mencionados na alínea anterior;
c) o arresto, a penhora, o arrolamento ou a apreensão em processo de insolvência, bem como quaisquer outros actos ou providências que afectem a livre disposição da obra;
d) o penhor, a penhora, o arresto e o arrolamento de créditos garantidos pela obra cinematográfica e audiovisual, bem como a consignação de rendimentos ou quaisquer outros actos ou providências que afectem a livre disposição da obra;

e) a propriedade sobre o negativo;
f) todos os actos que envolvam a constituição, modificação ou extinção de direitos ou garantias sobre a mesma obra.

*Já em relação às acções* o regime do registo é comum no âmbito das obras literárias e artísticas e no caso específico das obras cinematográficas e audiovisuais, abrangendo, nos termos do art. 215º, nº 2, CDADC, art. 11º, nº 4, RROLA, e 51º, nº 2, do D.L. 25/2018, o seguinte:

a) as acções que tenham por fim principal ou acessório a constituição, o reconhecimento, a modificação ou a extinção dos direitos;
b) as acções que tenham por fim principal ou acessório a constituição, a reforma, a declaração de nulidade ou a anulação de um registo ou do seu cancelamento;
c) as respectivas decisões finais transitadas em julgado.

### 2.4. Modalidades de actos de registo

#### 2.4.1. Generalidades

Os diversos actos de registo podem ser agrupados com base em dois critérios. Com base no seu conteúdo, distingue-se entre descrições, inscrições e seus averbamentos. Com base na sua eficácia, estabelece-se uma distinção entre actos de registo provisórios ou definitivos.

Examinemos sucessivamente estas classificações:

#### 2.4.2. Descrições, inscrições e seus averbamentos

É comum distinguir no âmbito do registo do direito de autor, entre a descrição da obra e a inscrição do direito que sobre ela recai, como expressamente fazia o art. 21º do Decreto 4114, hoje revogado. O art. 23º do D.L. 143/2014 mistura injustificadamente os dois conceitos, falando apenas em inscrição, ainda que as alíneas a), b) e c) se refiram antes à descrição, sendo a inscrição apenas referida nas alíneas d) e e). Com mais precisão, o art. 55º, nº 1, do D.L. 25/2018, a propósito das obras cinematográficas e audiovisuais explicita que "o registo compõe-se da descrição da obra e da inscrição do direito que sobre ela recai", acrescentando o nº 2 que "a descrição tem por fim a identificação da obra a registar".

A descrição tem assim por fim a identificação da obra. Já a inscrição visa definir a sua situação jurídica, mediante extracto dos factos a ela referentes (art. 55º, nº 5, D.L. 25/2018). Os averbamentos servem para alterar, completar ou rectificar as descrições, ou para actualizar as inscrições (arts. 55, nº 3, e nº 6, D.L. 25/2018).

### 2.4.3. Actos de registo provisórios e definitivos

Em relação à sua eficácia, os actos de registo podem ser definitivos ou provisórios (arts. 13º e ss. do RROLA e art. 56º do D.L. 25/2018). Os registos definitivos são aqueles que produzem plenamente a sua eficácia, sem qualquer limitação de vigência. Já os registos provisórios são aqueles que têm um prazo de vigência limitado. Em certos casos, pode ser mesmo recusado o registo (cfr. arts. 22º do RROLA e 57º do D.L. 25/2018).

Em princípio, o registo é realizado definitivamente. O art. 13º do RROLA admite, porém, que possam solicitar registo provisório: a) o requerente a quem foi atribuído mandato judicial que ordene o registo provisório em função de litígio pendente sobre a titularidade dos direitos sujeitos a inscrição; b) o requerente a quem foi atribuído mandato de penhora, arresto ou arrolamento de créditos pignoratícios ou garantidos por consignação com efeitos sobre a propriedade intelectual do devedor; c) o requerente munido de sentença executória apta a concretizar-se sobre direitos de propriedade intelectual; d) os herdeiros que comprovem o respetivo direito sucessório; e) O requerente a quem foi transmitida a esfera patrimonial da propriedade intelectual por efeito de contrato ou que, em outra situação, tenha direito a exigi-la nos termos da lei. Em termos algo diferentes, o art. 56º, nº 1, do D.L. 25/2018 admite o registo provisório em relação a: a) transmissões por efeito do contrato; b) penhor; c) acções referidas no nº 2 do art. 51º.

Os registos provisórios caducam se não forem convertidos em definitivos, ou renovados dentro do prazo de vigência, que é de um ano em geral (art. 14º, nº 1, RROLA) e de seis meses em relação às obras cinematográficas ou audiovisuais (art. 58º, nº 3, do D.L. 25/2018).

## 2.5. O processo de registo

### 2.5.1. Legitimidade e representação no pedido de registo

Como corolário do princípio da instância, o registo só pode ser solicitado por quem tem legitimidade para o efeito, exigindo-se assim a *legitimidade registal*. Nos termos do art. 10º do D.L. 143/2014 "têm legitimidade para requerer o registo: a) os autores ou outros titulares originários do direito de autor e direitos conexos em relação à obra, representação, produção ou execução; b) os titulares sucessivos do direito de autor e dos direitos conexos." Já o art. 54º do D.L. 25/2018 prevê que "têm legitimidade para requerer o registo, por via eletrónica, aqueles que forem titulares de direitos ou sujeitos de obrigações relativamente ao respetivo objeto". Em caso de co-autoria qualquer dos autores tem igualmente legitimidade para solicitar isoladamente o registo da obra.

Existe ainda uma legitimidade especial para o registo provisório nos casos em que ele é admitido (arts. 13º e 16º, nº 2, do D.L. 143/2014, e 56º, nº 1, D.L. 25/2018).

O registo pode ser solicitado pessoalmente ou através de mandatário, nos termos gerais.

### 2.5.2. O pedido de registo

O processo de registo inicia-se naturalmente com o pedido de registo, o qual é efectuado pelo titular do direito sobre a obra mediante requerimento, com observância dos requisitos legais (art. 16º, nº 1, RROLA).

Em princípio, os requerimentos para registo de obra protegida são submetidos preferencialmente por via eletrónica, através do sítio na Internet da IGAC, acessível através dos Portais do Cidadão e da Empresa (art. 17º, nº 1, RROLA). O pedido pode ainda ser efectuado por correio electrónico, em caso de indisponibilidade das plataformas electrónicas (art. 17º, nº 2, RROLA) ou ainda presencialmente e por via postal (art. 17º, nº 4, RROLA).

### 2.5.3. Efeitos do registo

#### 2.5.3.1. Presunção da titularidade do direito de autor

O registo estabelece em primeiro lugar uma presunção relativa à titularidade do direito de autor. Efectivamente, o art. 11º, nº 1, RROLA estabelece o efeito presuntivo do registo. Da mesma forma, o art. 52º, nº 3, do D.L. 25/2018, refere que "o registo definitivo constitui presunção de que o direito existe e pertence ao titular inscrito, nos precisos termos em que o registo o define".

Em consequência do estabelecimento dessa presunção, em caso de conflito relativo à criação de determinada obra, pode o conflito ser resolvido a favor daquele que tenha procedido ao seu registo em primeiro lugar. Deve-se, no entanto, salientar que, resultando do art. 6º RROLA e do art. 213º CDADC que a aquisição do direito de autor e dos direitos dele derivados ocorre independentemente de registo, haverá sempre a possibilidade de o verdadeiro autor da obra fazer prova da sua titularidade, elidindo assim a presunção (art. 350º, nº 2, CC). Reitera o art. 8º RROLA que, salvo disposição em contrário, o autor é o criador intelectual da obra, considerando autor aquele cujo nome próprio ou pseudónimo tiver sido indicado como tal na obra e aquele cujo nome tiver sido anunciado ou comunicado ao público.

### 2.5.3.2. Eventual efeito consolidativo do registo

O art. 63º do Decreto 4114, hoje revogado, referia que "nenhum acto sujeito a registo produz efeito contra terceiros senão depois da data do registo respectivo", mas essa norma não foi reproduzida no RROLA, que deixou assim de fazer referência ao efeito consolidativo. Esse efeito consolativo mantém-se, porém, referido no art. 52º, nº 2, do Decreto-Lei 25/2018, que estabelece que "os factos sujeitos a registo só produzem efeitos contra terceiros depois da sua efectivação", apenas permitindo a sua invocação entre as partes, quando não registados (art. 52º, nº 1, do Decreto-Lei 25/2018).

Parece difícil continuar a considerar, pelo menos, no regime geral existir um efeito consolidativo do registo, mas em qualquer caso, esse efeito teria sempre um alcance muito reduzido, atendendo à natural eficácia *erga omnes* do direito de autor[395].

Assim, em primeiro lugar, a atribuição originária do direito de autor pode ser sempre invocada por qualquer pessoa a seu favor, sem necessidade de registo, e não fica prejudicada por um usurpador ter feito um registo prévio a seu favor.

Da mesma forma, aquele que adquiriu direitos de autor e não procedeu ao registo da aquisição não está impedido de invocar o seu direito perante aqueles que cujos direitos não seja provenientes de uma disposição efectuada por autor comum, como na hipótese de usurpa-

[395] Na verdade, conforme salienta Sá e Mello, *Manual*, p. 533, "quanto aos direitos de autor, a eficácia *erga omnes* resulta da sua própria natureza. Ao associar ao registo a presunção da titularidade destes direitos, a lei mais não faz do que ligar ao registo a oponibilidade que já pertencia *por natureza* aos direitos objecto desse registo".

ção[396], ou penhora efectuada pelos credores do alienante[397], ou mesmo venda judicial realizada após a penhora[398]. E mesmo em relação a terceiros no sentido jurídico do termo, a inoponibilidade da sua aquisição dependerá de estes terem efectuado uma aquisição a título oneroso, procedido ao seu registo e estarem de boa fé. Em consequência, o titular de um direito não registado poderá sempre opor a sua aquisição a quem não tenha igualmente registado a sua aquisição, ou tenha adquirido a título gratuito, ou se encontre de má fé.

### 2.5.3.3. Efeito enunciativo do registo

Fala-se em efeito enunciativo do registo quando, embora sujeito a registo, o direito pode ser sempre oposto a terceiros, independentemente do registo. Nessa hipótese, a função do registo consiste apenas em dar publicidade à situação, o que implica dizer-se que o registo é meramente *enunciativo*.

Um exemplo de registo enunciativo é o que ocorre com o do nome literário e artístico. Efectivamente, nos termos do art. 216º, nº 2, CDADC "o registo do nome literário ou artístico não tem outro efeito além da mera publicação do seu uso". Contraditoriamente, o art. 11º, nº 2, d) RROLA fala neste caso em registo constitutivo, mas é seguramente um lapso, pois essa disposição refere expressamente que os efeitos que estabelece são os do CDADC e o que este prevê nesta situação é o registo meramente enunciativo.

### 2.5.3.4. Existência excepcional de registo constitutivo

O art. 5º, nº 2, da Convenção de Berna estabeleceu que o gozo e o exercício do direito de autor não estão subordinados a qualquer formalidade. Em consequência, o art. 12º CDADC estabelece que "o direito de autor é

396 Assim, se A comprou a B o seu direito patrimonial de autor sobre uma obra, sem registar, não está impedido de invocar a sua titularidade perante C, caso a obra tenha vindo a ser objecto de usurpação por este.

397 Assim, se A vende a B o seu direito patrimonial de autor sobre uma obra, que não registou, e os credores de A executam esse direito, B não é afectado pelo anterior registo da penhora, podendo pedir o seu cancelamento.

398 Assim, se A vende o seu direito de autor a B, que não registou, e os credores de A executam esse direito, que depois é vendido em hasta pública a C, B não é afectado pelos anteriores registos da penhora e da venda judicial, podendo pedir o seu cancelamento.

reconhecido independentemente de registo, depósito ou qualquer outra formalidade", estabelecendo ainda o art. 213º do mesmo diploma que a aquisição do direito de autor ocorre independentemente de registo. Efectivamente, a atribuição do direito de autor resulta apenas da criação da obra intelectual, não estando assim esse direito dependente de mais nenhuma outra formalidade, pelo que o registo da obra não tem qualquer efeito constitutivo. Há, no entanto, algumas excepções previstas na lei em que se atribui efeito constitutivo ao registo.

A primeira excepção corresponde ao título de obra ainda não publicada e aos títulos de jornais e outras publicações periódicas, nos termos do art. 214º CDAC e no art. 11º, nºs 2 a) e b) do RROLA. Nesses casos, é manifesto que a atribuição do direito de autor fica dependente do registo, o qual tem assim carácter constitutivo do direito. O direito de autor sobre o título da publicação periódica não se adquire assim com a publicação da mesma, dependendo da existência do registo.

O art. 11º, nº 2, do RROLA faz referência a outros casos de registo constitutivo, mas tal parece corresponder a um lapso do legislador, uma vez que refere que os efeitos do registo são atribuídos nos termos do CDADC e este não prevê situações de registo constitutivo nos casos das alíneas c), d) e) f) e g). Julgamos que se pretendeu apenas referir o objecto do registo, em reprodução do art. 215º CDADC e não atribuir efeito constitutivo ao registo de todas essas situações, o que contrariaria completamente o art. 213º CDADC e o próprio art. 11º, nº 1, RROLA.

Nos casos do art. 214º CDADC, em que o registo é constitutivo, este não é, no entanto, também aquisitivo, uma vez que não permite atribuir o direito em desconformidade com a realidade substantiva existente, nem sana quaisquer vícios que possam atingir o direito do requerente[399]. Assim, se o título de um jornal ou publicação periódica constitui usurpação ou contrafacção de título anterior, naturalmente que o seu titular poderá reagir contra essa situação, não constituindo o registo do título obstáculo a tal.

### 2.5.3.5. Eventual registo aquisitivo

Os arts. 63º do Decreto 4114, ao estabelecer que os factos sujeitos a registo só produzia efeitos contra terceiros depois da data do respectivo registo permitia igualmente que se verifiquem situações de registo aquisitivo, permi-

[399] Cfr. OLIVEIRA ASCENSÃO, *Direito de Autor*, pp. 410-411.

tindo assim igualmente a aquisição tabular no âmbito do direito de autor[400]. Essa regime desapareceu, no entanto, do RROLA, embora se mantenha no art. 52º, nº 2, do Decreto-Lei 25/2018, relativamente às obras cinematográficas e audiovisuais, o que suscita a dúvida sobre se se manterá a possibilidade de aquisição tabular no âmbito do Direito de Autor.

Em primeiro lugar é manifesto que nunca o efeito aquisitivo do registo poderia ocorrer em prejuízo do próprio criador intelectual, cujos direitos são primariamente protegidos no Direito de Autor. Assim, mesmo que um terceiro tivesse adquirido a título oneroso e de boa fé o direito de autor sobre uma obra, poderá ver os seus direitos preteridos perante a invocação do direito de autor por parte do criador intelectual[401]. Esta protecção ao criador intelectual deverá igualmente ser estendida aos casos de atribuição originária do direito de autor a pessoa diferente do criador intelectual. Deve em consequência considerar-se que não existe registo aquisitivo que possa afectar a atribuição originária do direito de autor, o que se encontra em conformidade com o art. 213º CDADC, que estabelece que a atribuição do direito de autor é independente do registo, assim como com o art. 11º, nº 1, RROLA.

Mas, mesmo limitado o efeito atributo do registo ao conflito entre posteriores adquirentes do direito, não parece admissível que o mesmo possa presentemente resultar da lei. Na verdade, o regime do RROLA visou precisamente retirar a possibilidade de fazer constituir o direito pelo registo, em contrariedade ao sistema legal, razão pela qual não se deve reconhecer em caso algum efeito atributivo ao registo do direito de autor[402].

## 3. O depósito legal

### 3.1. Evolução histórica do depósito legal

O reconhecimento do direito de autor foi historicamente acompanhado da imposição ao autor de certos ónus em relação ao depósito[403].

[400] Cfr. Oliveira Ascensão, *Direito de Autor*, pp. 401 e ss.

[401] Neste sentido, Oliveira Ascensão, *Direito de Autor*, pp. 406. Assim, se B usurpou a obra de A, tendo registado essa obra como de sua autoria, e depois vende o seu pretenso direito de autor a C, que o adquire, confiado no registo, A não está impedido de reclamar a autoria da sua obra perante C.

[402] Neste sentido, igualmente Sá e Mello, *Manual*, pp. 536-537.

[403] Seguimos neste ponto Visconde de Carnaxide, *op. cit.*, pp. 307 e ss. O relatório do Decreto 4114, de 17 de Abril de 1918, acusa uma profunda influência desta obra.

Em França, um édito de 1617 determinou a publicação na Biblioteca Real e na Biblioteca da Chancelaria de dois exemplares de cada obra impressa, com o fim de enriquecer essas bibliotecas. Na verdade, no entanto, a razão principal da imposição de depósito residia na intenção de controlar o cumprimento das disposições relativas aos privilégios de impressão, bem como para policiar o conteúdo dos livros publicados, nada tendo assim a ver com a protecção do direito de autor.

No entanto, a lei francesa da propriedade literária e artística de 1793, ao mesmo tempo que reconheceu os direitos dos autores, manteve no seu art. 6º essa obrigação de depósito, tendo estabelecido que a sua omissão implicaria a impossibilidade de o autor perseguir judicialmente os contrafactores da obra. Em consequência, os tribunais franceses chegaram a sustentar que a omissão do depósito implicava uma renúncia ao direito de autor, fazendo a obra recair imediatamente no domínio público. Mais tarde, no entanto, essa jurisprudência foi alterada, passando a ser reconhecida a possibilidade de realização do depósito enquanto durasse o direito de autor.

Posteriormente, a lei francesa de 29 de Julho de 1881, estendeu igualmente essa obrigação de depósito aos impressores das obras, sob pena de multa, tendo a jurisprudência considerado que o cumprimento da obrigação por parte do impressor desonerava o autor.

Em Portugal a obrigação de depósito foi instituída pelo art. 604º do Código Civil de 1867, que não invidualizou a pessoa a quem competia a realização do depósito. Posteriormente o art. 31º do Decreto de 29 de Dezembro de 1887 fez recair esta obrigação nos administradores das oficinas tipográficas, sob pena de multa. Mais tarde, o art. 9º do Decreto de 28 de Outubro de 1910, veio alargar os destinatários do depósito, sendo a sua fiscalização realizada pelo Decreto 116, de 4 de Setembro de 1913.

O depósito legal veio posteriormente a ser regulado pelo Decreto 19.952, de 27 de Junho de 1931, sendo actualmente regulado pelo Decreto-Lei nº 74/82 de 3 de Março e pelo Decreto-Lei nº 362/86 de 28 de Outubro.

### 3.2. Regime do depósito legal

O Decreto-Lei 74/82, de 3 de Março institui a obrigação de depositar um ou vários exemplares de qualquer publicação efectuada no país (art.

1º D.L. 74/82). Nos termos do art. 3º do mesmo diploma, esse depósito destina-se aos seguintes fins:

a) Defesa e preservação dos valores da língua e cultura portuguesas;
b) Constituição e conservação de uma colecção nacional (todas as publicações editadas no País);
c) Produção e divulgação da bibliografia nacional corrente;
d) Estabelecimento da estatística das edições nacionais;
e) Enriquecimento de bibliotecas dos principais centros culturais do País.

O Serviço do Depósito Nacional funciona na Biblioteca Nacional (art. 11º, nº 1, D.L. 74/82), podendo, no entanto, em alguns casos a função de depositário ser atribuída a instituições nacionais especializadas mais adequadas, tais como os museus, quando tal resulte de lei ou de despacho ministerial (art. 11º, nº 2, D.L. 74/82).

A obrigação de realizar o depósito incumbe aos proprietários, gerentes ou equivalentes de tipografias, oficinas ou fábricas, seja qual for o processo reprográfico que utilizem e mesmo que imprimam ocasionalmente, os quais devem entregar no Serviço do Depósito Legal os exemplares de reprodução exigidos, sem o que essas obras não poderão ser divulgadas (art. 10º, nº 1, D.L. 74/82). O editor é, porém, igualmente obrigado a verificar o cumprimento dessa obrigação antes de proceder à divulgação da obra (art. 10º, nº 3 D.L. 74/82). No caso dos fonogramas e videogramas a obrigação de proceder ao depósito legal incumbe ao seu editor, enquanto que nas obras cinematográficas constitui obrigação do produtor (art. 10º, nº 2, D.L. 74/82).

O depósito tem por objecto, nos termos do art. 4º, nº 1, D.L. 74/82 "as obras impressas ou publicadas em qualquer ponto do País, seja qual for a sua natureza e o seu sistema de reprodução", sendo ainda abrangidas nos termos do art. 5º as obras impressas no estrangeiro, desde que tenham editor domiciliado em Portugal.

O art. 4º, nº 2, D.L. 74/82 exemplificativamente como obras sujeitas ao depósito os "livros, brochuras, revistas, jornais e outras publicações periódicas, separatas, atlas e cartas geográficas, mapas, quadros didácticos, gráficos estatísticos, plantas, planos, obras musicais impressas, programas de espectáculos, catálogos de exposições, bilhetes-postais ilustrados, selos, estampas, cartazes, gravuras, fonogramas e videogramas, obras cinematográficas, microformas e outras reproduções fotográficas". Já são, porém, expressamente excluídos do depósito os "cartões de visita, cartas e sobrescritos timbrados, facturas comerciais, títulos de valores financeiros, etiquetas, rótulos, calendários, álbuns para colorir, cupões e outros equivalentes, modelos de impressos comerciais e outros similares" (art. 4º, nº 3, D.L. 74/82).

Para efeitos do cumprimento da obrigação de depósito são consideradas obras diferentes as reimpressões e as novas edições, desde que não se trate de simples aumentos de tiragem (art. 6º D.L. 74/82).

Em relação às obras referidas no art. 4º, nº 2, D.L. 74/82 a obrigação do depósito é cumprida através da entrega de 14 exemplares (art. 7º, nº 1, D.L. 74/82), os quais se destinam às entidades referidas no art. 8º, nº 2, do mesmo diploma. Nos casos especiais referidos no art. 7º, nº 2, D.L. 74/82, exige-se apenas a entrega de um exemplar por obra, o qual se destina à Biblioteca Nacional (art. 7º, nº 3, D.L. 74/82). Também em relação às obras referidas no Decreto-Lei 362/86, de 28 de Outubro se exige apenas um exemplar, destinado à Biblioteca Nacional.

### 4. As menções obrigatórias nos suportes da obra

Uma outra formalidade consiste na colocação de menções obrigatórias nos suportes da obra.

A primeira menção obrigatória é a menção da protecção autoral. Essa solução é, conforme acima se referiu, instituída pelo art. III da Convenção Universal do Direito de Autor, o qual estabelece que sempre que os Estados membros exigirem certas formalidades para a protecção das obras, como o depósito, registo, menção, certificados notariais, pagamento de taxas e fabricação ou publicação no território nacional, considerarão satisfeitas essas formalidades se as obras incluídas na Convenção que reclamarem protecção, cujo autor não seja nacional e tenham sido publicadas pela primeira vez no estrangeiro, tiverem, desde a sua primeira publicação, em todos os seus exemplares publicados com a autorização do autor ou de qualquer outro titular dos seus direitos, aposto um sinal ©, acompanhado do nome do titular do direito de autor e da indicação do ano da primeira publicação. Esta convenção permite assim que a menção do sinal ©, relativo à existência de *copyright*, acompanhado do ano da primeira publicação dispense toda e qualquer outra formalidade exigida pelas legislações nacionais, o que leva a que a menção deste sinal se tenha vindo a impor. Não se trata, porém, de uma formalidade obrigatória mas antes de uma exigência para que sejam dispensadas outras formalidades previstas nas legislações nacionais.

Em certos casos, no entanto, a lei mantém a exigência de certas menções para conferir a protecção autoral. Assim, na sequência do art. 10º-*Bis* da Convenção de Berna o art. 75º m) CDADC admite que o autor efectue uma declaração de ser expressamente reservada "a reprodução, comunicação ao público ou colocação à disposição do público, de artigos de actualidade, de discussão económica, política ou religiosa, de obras radiodifundidas ou de outros materiais da mesma natureza", caso em que estas ficam excluídas da utilização livre. Da mesma forma, para que a obra fotográfica beneficie de protecção o art. 167º exige a menção do nome do fotógrafo e do autor da obra de arte fotografada. Finalmente, em relação aos direitos conexos dos produtores de fonogramas e videogramas, o art. 185º estabelece como condição para serem protegidos a menção em todas as cópias do símbolo P rodeado de um círculo[404].

Existem ainda outras menções obrigatórias imposta no quadro da obrigatoriedade do depósito legal. Efectivamente, o art. 12º, nº 1, do Decreto-Lei 74/82, de 3 de Março, estabelece que "todas as publicações devem ter no verso da página de rosto ou sua substituta, ou no colofão, ou em lugar para tal convencionado, o nome da tipografia impressora, local e data de impressão e nome do editor", devendo "igualmente figurar outros elementos componentes da ficha catalográfica nacional, os quais serão fornecidos pelo Centro Nacional de Referência Bibliográfica" (art. 12º, nº 2, D.L.74/82). Para além disso "sempre que possível, as publicações deverão conter dados bibliográficos do autor" (art. 12º, nº 3 D.L. 74/82). No caso de as espécies, pelo seu substracto material, não permitirem a inclusão desses elementos "deverão ser acompanhadas de impresso com indicação do nome do autor, data de edição, editor, número de tiragem, oficina impressora ou gravadora, técnica de impressão ou gravação e outras, de acordo com as características próprias da espécie" (art. 12º, nº 4, D.L. 74/82). No caso das monografias e perió-

[404] Oliveira Ascensão, *Direito de Autor*, p. 416, considera que resulta do art. 185º uma sujeição indirecta do próprio direito de autor a essa formalidade, o que viola a Convenção de Berna e a Convenção Universal.

dicos, é-lhes atribuído um número de registo, o qual deverá constar de todos os exemplares (art. 13º, nº 1, D.L. 74/82).

Da mesma forma, o Decreto-Lei 39/88, de 6 de Fevereiro, alterado pelo Decreto-Lei 23/2014, de 14 de Fevereiro, em relação aos videogramas, impõe a sua classificação antes da sua distribuição por qualquer forma, incluindo o aluguer e venda, ou da sua exibição pública (art. 3), sendo essa classificação expressa pela aposição neles de uma etiqueta (art. 5º), em conformidade com o modelo constante da Portaria nº 32-A/98, de 19 de Janeiro. Também o Decreto-Lei 227/89, de 8 de Julho, impõe a autenticação dos fonogramas através de selo (arts. 2º e 4º), o qual consta de modelo anexo à Portaria 58/98, de 6 de Fevereiro.

# Parte III
# O Regime do Direito de Autor em Certas Áreas Específicas

# Capítulo XV
# O Direito de Autor na Sociedade de Informação

## 1. Generalidades

A evolução da sociedade de informação implicou um grande incremento da possibilidade de lesão dos direitos de autor. Efectivamente, até meados do séc. XX eram limitadas as possibilidades de cópia das obras, exigindo as mesmas meios dispendiosos como gravadores ou fotocopiadoras, e suportes físicos, como papéis e gravações, o que levava a que a realização ou pelo menos a distribuição das cópias se realizasse em lugares públicos, permitindo algum controlo sobre a reprodução e distribuição de exemplares das obras. Para além disso, a reprodução nunca permitia atingir a qualidade dos originais, o que desincentivava a sua multiplicação.

Com a introdução dos meios digitais, não apenas se multiplicaram as possibilidades de reprodução das obras protegidas (livros, filmes, músicas, imagens, fotografias) que passou a ser possível sem qualquer limitação a partir do momento em que estes são digitalizados, como também aumentou consideravelmente a qualidade das cópias produzidas, que se tornam indistinguíveis dos respectivos originais. Para além disso, a difusão da internet multiplicou consideravelmente as possibilidades de publicação e distribuição da obra, podendo a mesma ser incluída em sítios da internet, ser disponibilizada para *download* ou distribuída por *e-mail*. Ora, é extremamente difícil aos autores (ou aos seus representantes) controlar estes meios de utilização e distribuição das suas obras, representando a sociedade de informação uma ameaça grande aos direitos de autor.

Tem sido por isso referido que a internet deu origem a uma evidente "crise do direito de autor", não apenas porque multiplicou as infracções aos direitos e os processos pela sua violação, como também pôs em causa as próprias categorias do direito de autor, questionando-se hoje mesmo se os conceitos tradicionais de "reprodução", "distribuição" ou "execução" das obras continuam a fazer sentido, sendo aplicáveis à internet[405].

O advento da sociedade de informação implica em qualquer caso a existência de novas realidades no direito de autor, quer em relação a novas categorias de obras, quer em relação a novas formas de utilização das obras, quer ainda em relação a novas formas de protecção das obras.

Examinemos sucessivamente essas realidades.

## 2. As novas categorias de obras

### 2.1. Generalidades

O advento da sociedade de informação levou ao surgimento de novas categorias de obras de que se destacam os programas de computador, as bases de dados, as obras multimédia e as obras na internet.

Examinemos sucessivamente essas várias categorias de obras.

### 2.2. Os programas de computador

#### 2.2.1. Generalidades

Os programas de computador são actualmente regulados pelo D.L. 252/94, de 20 de Outubro, alterado pelo D.L. 334/97, de 27 de Novembro, que transpõe a Directiva 91/250/CEE do Conselho, de 14 de Maio, relativa à protecção jurídica dos programas de computador[406]. O art. 1º,

[405] Cfr. Jonah M. Knobler, "Performance anxiety. The Internet and Copyright's Vanishing Performance/Distribution Distinction" em *Cardozo Arts & Entertainment Law Journal* 25 (2007), pp. 531-595, disponível em http://works.bepress.com/jonah_kobler/1/. A pp. 535 refere que tradicionalmente os autores licenciavam a utilização das obras musicais por duas vias: a reprodução em exemplares (fonogramas) ou a sua execução pública por artistas. Mas a comunicação ao público de uma execução da obra na internet implica sempre um processo de reprodução dessa obra, ainda que transitoriamente na memória do computador.

[406] Sobre os programas de computador cfr. Loewenheim/Lehmann, *op. cit.*, § 9, nº 45 e ss., pp. 99 e ss. e Ensthaler, em Jürgen Entshaller/Stefan Weider (org.), *Handbuch Urheberrecht und Internet*, Frankfurt am Main, Recht und Wirtschaft, 2010, 2 B nºs 138 e ss., pp. 56 e ss. Entre nós, veja-se José Alberto Vieira, "Notas gerais sobre a protecção de programas de computador em Portugal" em Associação Portuguesa de Direito Intelectual (org.), *Direito da Sociedade de Infornação*, I, Coimbra, Coimbra Editora, 1999, pp. 73-88

nº 2, desse diploma, determina expressamente, em aplicação da Directiva, a sua qualificação como obras protegidas, nos mesmos termos que as obras literárias. Tal representa o triunfo da doutrina da protecção pelo direito de autor (*copyright approach*) sobre as doutrinas da protecção por patentes (*patent approach*) ou por um direito especial (*sui generis protection*), no âmbito do debate que teve lugar desde os anos 60[407].

Materialmente os programas de computador (*software*) constituem instruções técnicas de funcionamento do computador (*hardware*) em que são inseridos. Uma vez que essas instruções têm que ser fornecidas à máquina de uma forma legível pela mesma, os programas de computador são escritos numa linguagem própria, com base num código binário, que por sua vez exprime uma determinada frequência de variação electromagnética. É por isso controversa a sua protecção pelo direito de autor, atento o facto de os processos, sistemas, e métodos operacionais estarem fora do seu âmbito (art. 1º, nº 2, CDADC). Seria mais lógica a sua protecção através das patentes. No entanto, o art. 52º, nº 1, c) da Convenção Europeia sobre as Patentes aprovada em Munique em 1973, excluiu o *software* da categoria de invenções patenteáveis, limitando-se a admitir a protecção do *hardware* por essa via, o que teria como consequência deixar o *software* desprotegido[408].

A solução adoptada pelos Estados Unidos e por diversos Estados europeus passou assim por estabelecer a protecção do *software* a nível do Direito de Autor[409]. No Reino Unido surge em 1985 o *Copyright Computer Software Amendment Act*, que veio sujeitar os programas de computador ao mesmo regime das obras literárias. Essa solução foi seguida pela Alemanha, através da Lei de 24 de Junho de 1985 relativa aos programas de calculadoras. A França veio a adoptar a mesma solução em relação a todos os programas de computador através da Lei nº 85-660, de 3 de

e *A protecção dos programas de computador pelo Direito de Autor*, Lisboa, Lex, 2005, Sá e Mello, *Contrato*, pp. 128 e ss., e Alexandre Libório Dias Pereira, *Direitos de Autor*, pp. 397 e ss.

[407] Cfr. Loewenheim/Lehmann, *op. cit.*, § 9, nº 45.

[408] Cfr. Luiz Francisco Rebello, *Introdução*, p. 73.

[409] Cfr. desenvolvidamente, Alexandre Libório Dias Pereira, "Patentes de software. Sobre a patenteabilidade dos programas de computador", em APDI – Associação Portuguesa de Direito Intelectual (org.), *Estudos de Direito Industrial*, I, Coimbra, Almedina, 2001, pp. 385-429.

Julho de 1985. Seguiu-se ainda a Espanha através da Ley 22/87, de 11 de Novembro[410].

Por pressão deste sector de actividade, que exigiu uma forte protecção do *software*, a Directiva 91/250/CEE veio impor a tutela dos programas de computador pelo direito de autor, tendo a referida Directiva sido transposta pelo Decreto-Lei 252/94, de 24 de Outubro. Este diploma viria a ser rectificado pela Declaração de Rectificação 2-A/95, de 31 de Janeiro, e depois alterado pelo Decreto-Lei 334/97, de 27 de Novembro. No entanto, o art. 9º, nº 1, da Directiva admite expressamente a possibilidade de os programas de computador serem tutelados por outras disposições legais, como as resultantes do direito de patentes, marcas, concorrência desleal, segredos comerciais, protecção de produtos semicondutores e direito dos contratos.

### 2.2.2. Âmbito da protecção

Estabelece assim o art. 1º, nº 2, do Decreto-Lei 252/94, a atribuição de protecção idêntica às obras literárias aos programas de computador que tiverem carácter criativo, incindindo essa tutela sobre a sua expressão, por qualquer forma (art. 2º, nº 1, do Decreto-Lei 252/94). O art. 1º, nº 3, do mesmo diploma acrescenta que "para efeitos de protecção, equipara-se ao programa de computador o material de concepção preliminar daquele programa". O art. 2º, nº 2, do Decreto-Lei 252/94 vem esclarecer que a tutela autoral dos programas de computador "não prejudica a liberdade das ideias e dos princípios que estão na base de qualquer elemento do programa ou da sua interoperabilidade, como a lógica, os algoritmos ou a linguagem de programação". Assim, o que é protegido pela lei é apenas a forma concreta de expressão do programa de computador, não sendo tutelados os interfaces, e as ideias e princípios que lhe subjazem como os processos, métodos de trabalho ou conceitos matemáticos utilizados pelos programadores. Também o algoritmo enquanto tal não tem protecção jurídica, ainda que a possa possuir enquanto meio e forma de implementação e ordenação do programa[411]. Os auxiliares de programação, as

[410] Cfr. Geraldo da Cruz Almeida, *Estudos Gomes da Silva*, p. 1062.

[411] Sustenta, no entanto, Ensthaler, em Ensthaler/Weider (org.), *op. cit.*, 2 B nº 143, p. 58, que não faria sentido excluir todos os algoritmos da protecção autoral, uma vez que um programa nada mais é do que esses algoritmos. Os algoritmos que representem uma

ferramentas informáticas, os macros e as linguagens de programação (v.g., Algol, Fortran, Java, Pascal) carecem igualmente de protecção autoral[412].

A tutela jurisautoral dos programas de computador não parece, no entanto, considerar-se extensiva às obras criadas por computador, sabendo-se que por essa via podem ser criadas obras literárias ou artísticas com maior ou menor valor. Efectivamente, a obra intelectual protegida pelo Direito de Autor tem que corresponder a uma criação humana, não merecendo protecção as obras criadas por uma máquina. Apenas quando o computador constitua um mero instrumento de uma pessoa na actividade criativa dela é que se poderá considerar existir uma tutela jurisautoral das obras criadas por essa via[413].

### 2.2.3. Duração da protecção

Em termos de duração, o art. 36º, nº 1, do CDADC, determina que o direito atribuído ao criador intelectual sobre a criação do programa extingue-se 70 anos após a sua morte, determinando o nº 2 que, se o direito for atribuído originariamente a pessoa diferente do criador intelectual, o direito extingue-se 70 anos após a data em que o programa foi pela primeira vez licitamente publicado ou divulgado[414]. Trata-se neste caso de um prazo de protecção extraordinariamente dilatado, uma vez que é conhecida a desactualização dos programas de computador em curto prazo.

### 2.2.4. Direitos do titular do programa

Em consequência da atribuição do direito de autor, o titular do programa de computador possui os seguintes direitos[415]:

a) realizar ou autorizar a reprodução do programa,

criação individual no âmbito do programa deveriam por isso, ser protegido, ao contrário do que sucederia com os algoritmos de base ou complexos.

412 Cfr. Loewenheim/Lehmann, *op. cit.*, § 9, nº 51, p. 102.

413 Cfr. Oliveira Ascensão, *Direito de Autor*, pp. 75-76, e Sá e Mello, *Contrato*, pp. 63 e ss.

414 Conforme salienta Pedro Cordeiro, *Direito de Autor e Radiodifusão*, p. 411, nota (974), com esta localização sistemática "o resultado se não fosse perigoso era hilariante – toda a regulamentação dos programas de computador é tratada no citado Decreto-Lei, mas a sua duração consta do Código".

415 Cfr. Loewenheim/Lehmann, *op. cit.*, § 9, nº 55, pp. 104-105 que neste ponto seguimos proximamente.

b) realizar ou autorizar qualquer transformação do programa, bem como a reprodução do programa derivado, sem prejuízo dos direitos de quem realiza a transformação.
c) pôr em circulação originais ou cópias do programa;
d) proceder à locação de exemplares do programa;
e) colocar à disposição do público o programa.

O primeiro direito atribuído ao titular, previsto no art. 5º, a) do Decreto-Lei 252/94, é o de realizar ou autorizar a reprodução do programa, independentemente de a reprodução ser permanente ou transitória, total ou parcial ou o processo ou forma pela qual é efectuada.

Em segundo lugar, o art. 5º b) do Decreto-Lei 252/94 reserva ao titular a realização ou autorização das transformações do programa. Aqui se incluem, por exemplo, a tradução, os melhoramentos (*upgrades*), as actualizações (*updates*) assim como a manutenção do programa. Da mesma forma, necessita de autorização do autor a reprodução dos programas derivados, sem prejuízo dos direitos de quem efectua a transformação.

Em terceiro lugar, o art. 8º do Decreto-Lei 252/94, reserva ainda ao titular do programa de computador o direito de pôr em circulação originais ou cópias desse programa. O direito de pôr em circulação esgota-se naturalmente com o primeiro acto de disposição (*first sale doctrine*), com o que se visa evitar que o titular pudesse impedir posteriores alienações do programa, a partir do momento em que o decide vender (art. 8º, nº 2, D.L. 252/94). Essa regra não se aplica, no entanto, aos contratos de licença de *software*, onde não há venda, mas apenas a concessão de direitos de utilização.

Em quarto lugar, é ainda reconhecido o direito de locação dos exemplares do programa, o qual, ao contrário do direito de distribuição, não se esgota com o primeiro acto de disposição (art. 8º D.L. 252/94). A locação aqui corresponde exclusivamente à locação comum ou operacional, dado que a locação financeira corresponde a uma forma de aquisição. O titular não tem, no entanto, um direito de comodato público dos programas de computador, pelo qual pudesse exigir remuneração relativamente ao empréstimo em bibliotecas públicas.

Finalmente, o titular tem ainda o direito de colocar à disposição do público, por exemplo através da internet o referido programa.

Ao titular do programa são ainda reconhecidos os direitos morais de autor, como o direito à menção do nome no programa e o direito à reivindicação da sua autoria (art. 9º, nº 1, do Decreto-Lei 252/94). Se o programa tiver um criador intelectual individualizável, cabe-lhe, em qualquer caso, o direito a ser reconhecido como tal e de ter o seu nome mencionado no programa (art. 9º, nº 2, do Decreto-Lei 252/94).

### 2.2.5. Limites a esses direitos

O art. 10º, nº 1, do Decreto-Lei 252/94 determina a aplicação aos programas de computador dos limites estabelecidos para o direito de autor, nomeadamente os constantes do artigo 75º CDADC. Faz, no entanto, depender essa aplicação da compatibilidade desses limites com os programas de computador, determinando ainda que o uso privado só será admitido nos termos do próprio Decreto-Lei 252/94. Daqui resulta uma ampliação do direito de autor no âmbito dos programas de computador, para além do que acontece com as restantes obras. No entanto, o art. 10º, nº 2, do Decreto-Lei 252/94, estabelece expressamente que é livre a análise de programas como objecto de pesquisa ou de ensino.

O art. 10º, nº 3, do Decreto-Lei 252/92, aditado pela Lei 92/2019, de 4 de Setembro, determina ainda a aplicação aos programas de computador das utilizações permitidas em benefício de pessoas cegas, com deficiência visual ou com outras dificuldades de acesso a textos impressos, previstas no artigo 82º-B CDADC.

### 2.2.6. Direitos do utente do programa

O utente do programa adquire igualmente direitos relativos à sua utilização. Assim, dispõe o art. 6º do Decreto-Lei 252/94 (rectificado pela Declaração de Rectificação 2-A/95, de 31 de Janeiro), dispõe que todo o utente legítimo pode, sem autorização do titular do programa:

a) Providenciar uma cópia de apoio no âmbito dessa utilização;
b) Observar, estudar ou ensaiar o funcionamento do programa, para determinar as ideias e os princípios que estiverem na base de algum dos seus elementos, quando efectuar qualquer operação de carregamento, visualização, execução, transmissão ou armazenamento.

Estes direitos são atribuídos a título injuntivo, pelo que não poderão as partes efectuar qualquer estipulação em sentido contrário (art. 6º, nº 2, do Decreto-Lei 252/94).

O art. 6º, nº 3, do Decreto-Lei 252/94, determina ainda que "o utente legítimo de um programa pode sempre, para utilizar o programa ou para corrigir erros, carregá-lo, visualizá-lo, executá-lo, transmiti-lo e armazená-lo, mesmo se esses actos implicarem operações previstas no artigo anterior, salvo estipulação contratual referente a algum ponto específico".

### 2.2.7. A descompilação do programa

Mais complexa é, no entanto, a descompilação (*reverse engineering*) do programa, a qual consiste na investigação do algoritmo que está na sua base em ordem a reconstituir o programa sob uma diferente forma ou expressão[416]. Trata-se de uma operação que seria livre segundo as regras do Direito de Autor[417], mas que se apresenta altamente lesiva para os titulares do programa, para quem a protecção do algoritmo se apresenta como essencial.

Por esse motivo, a lei adoptou uma posição intermédia em relação à descompilação. A lei vem assim a estabelecer, com carácter injuntivo (art. 7º, nº 3, do Decreto-Lei 252/94), que "a descompilação das partes de um programa necessárias à interoperabilidade desse programa de computador com outros programas é sempre lícita, ainda que envolva operações previstas nos artigos anteriores, quando for a via indispensável para a obtenção de informações necessárias a essa interoperabilidade" (art. 7º, nº 1, do Decreto-Lei 252/94). Nesse caso, "têm legitimidade para realizar a descompilação o titular da licença de utilização ou outra pessoa que possa licitamente utilizar o programa, ou pessoas por estes autorizadas, se essas informações não estiverem já fácil e rapidamente disponíveis" (art. 7º, nº 3, do Decreto-Lei 252/94). A descompilação é assim apenas permitida com o fim de permitir a interoperabilidade do programa de computador com os outros programas, quando for a via indispensável para obter as informações necessárias à interopera-

[416] Cfr. Alexandre Libório Dias Pereira, "Descompilação e direitos do utente de programas de computador", na *RDI* 2015, nº 2, pp. 95-122.

[417] Cfr. Oliveira Ascensão, *Direito de Autor*, p. 474.

bilidade. Se o titular do programa disponibilizar de forma rápida e fácil essas informações, a descompilação deixa de ser permitida.

Sendo permitida a descompilação, há ainda restrições quanto à utilização que pode ser dada a essas informações. Assim, o art. 7º, nº 4, do Decreto-Lei 252/94, estabelece expressamente que as informações assim obtidas não podem:

a) Ser utilizadas para um acto que infrinja direitos de autor sobre o programa originário;
b) Lesar a exploração normal do programa originário ou causar um prejuízo injustificado aos interesses legítimos do titular do direito;
c) Ser comunicadas a outrem quando não for necessário para a interoperabilidade do programa criado independentemente.

Para além disso, estipula ainda o art. 7º, nº 5, do Decreto-Lei 252/94, que o programa criado independentemente não pode ser substancialmente semelhante na sua expressão ao programa originário.

### 2.2.8. Sanções para a violação do direito sobre o programa

Dispõe o art. 8º, nº 1, da Lei 109/2009, de 15 de Setembro (Lei do Cibercrime) que "quem ilegitimamente reproduzir, divulgar ou comunicar ao público um programa informático protegido por lei é punido com pena de prisão até 3 anos ou com pena de multa". O direito do autor do programa beneficia assim igualmente de tutela penal.

## 2.3. As bases de dados

### 2.3.1. Generalidades

As bases de dados são reguladas pelo Decreto-Lei 122/2000, de 4 de Julho, que transpõe a Directiva do Parlamento Europeu e do Conselho 96/9/CE relativa à protecção jurídica das bases de dados[418].

[418] Sobre as bases de dados, cfr. LOEWENHEIM, *op. cit.*, § 9, nºs 238 e ss., pp. 167 e ss. e LÜHRIG em ENSTHALER/WEIDER (org.), *op. cit.*, 2 C, nºs 180 e ss., p. 73 e ss. Entre nós, veja-se SÁ E MELLO, "Tutela jurídica das bases de dados (A transposição da Directriz 96/9/CE)", em ASSOCIAÇÃO PORTUGUESA DE DIREITO INTELECTUAL (org.), *Direito da Sociedade de* Informação, I, Coimbra, Coimbra Editora, 1999, pp. 111-161, e *Contrato*, pp. 133 e ss., e ALEXANDRE LIBÓRIO DIAS PEREIRA, *Direitos de Autor*, pp. 402 e ss. e "Bases de dados: conceito, fronteiras, regime", na *Propriedad Intelectual*, año 13 (2014), nº 17, pp. 176-192, recolhido em

A base de dados vem a ser definida no art. 1º, nº 2, do D.L. 122/2000, como toda a colectânea de obras, dados ou outros elementos independentes, dispostos por modo sistemático ou metódico e susceptíveis de acesso individual por meios electrónicos ou outros. Uma vez que é essencial a existência de um critérios de ordenação metódico e sistemático não existe base de dados se existir uma mera exibição desordenada de dados como sucede com os anúncios relativos a todo um mercado num jornal. Nas bases de dados electrónicas os critérios de ordenação serão o *thesaurus*, *index* ou os campos de pesquisa. Nas bases de dados não electrónicas predomina a ordem alfabética, numérica ou cronológica[419].

A base de dados goza de uma protecção específica, que pode ser conferida pelo direito de autor ou através da atribuição de um direito *sui generis* ao fabricante de base de dados (art. 1º, nº 3, D.L. 122/2000). Em qualquer caso, "a protecção atribuída às bases de dados não é extensiva aos programas de computador utilizados no fabrico ou no funcionamento das bases de dados acessíveis por meios electrónicos" (art. 1º, nº 4).

### 2.3.2. A tutela das bases de dados pelo direito de autor

#### 2.3.2.1. Âmbito da protecção

Relativamente à protecção pelo direito de autor, prevista nos arts. 4º e ss. D.L. 122/2000, ela depende de a base de dados constituir uma criação intelectual, pela selecção e disposição dos seus conteúdos (art. 4º, nº 1 D.L. 122/2000), o que permite uma tutela jurisautoral, semelhante à que se encontra prevista para as compilações (cfr. art. 3º, nº 1, b) e c) CDADC).

Efectivamente, a base de dados consiste numa compilação de dados organizada estruturalmente por forma a facilitar o acesso de utilizadores ao seu conteúdo informativo. A estrutura da base de dados é composta por critérios de classificação, conceitos, listas, códigos, não sendo esses elementos susceptíveis de tutela pelo direito de autor nos termos do art. 1º, nº 2 CDADC). Esses elementos podem, porém, implicar uma criação intelectual própria na selecção ou disposição dos conteúdos

ID, *Direito da Propriedade Intelectual e Novas Tecnologias. Estudos*, I, Lisboa, Gestlegal, 2019, pp. 317-334.

[419] Cfr. Loewenheim, *op. cit.*, § 9, nºs 244, p. 169.

integrantes da base de dados, quando, por exemplo, através de um *thesaurus* ou de um conjunto de descritores individualizados estabeleçam modalidades especiais de acesso e de utilização dos dados que possuam originalidade criativa. Nesse caso, a base de dados já será objecto de protecção pelo direito de autor, enquanto criação intelectual (art. 4º, nº 1, D.L. 122/2000). A tutela das bases de dados pelo direito de autor já não incide, porém, sobre o seu conteúdo e não prejudica eventuais direitos que subsistam sobre o mesmo (art. 4º, nº 3, D.L. 122/2000). Efectivamente, o que é protegido pelo Direito de Autor é a base de dados em si, ainda que não o sejam os dados nela armazenados[420].

A existência de originalidade na selecção dos conteúdos é o único critério determinante para a protecção da base de dados pelo direito de autor (art. 4º, nº 2, D.L. 122/2000). Faltando a originalidade criativa, a base de dados, mesmo que corresponda a uma criação nova, não pode ser objecto de protecção autoral[421].

#### 2.3.2.2. Atribuição do direito de autor

Sendo a base de dados protegida pelo direito de autor são-lhe aplicáveis as regras sobre autoria e titularidade vigentes para o direito de autor (art. 5º, nº 1, D.L. 122/2000), mas há algumas especificidades a salientar. Em primeiro lugar, presumem-se obras colectivas as bases de dados criadas no âmbito de uma empresa (art. 5º, nº 2, D.L. 122/2000). Em segundo lugar, os direitos patrimoniais sobre as bases de dados criados por um empregado no exercício das suas funções, ou segundo instruções emanadas do dados de trabalho, ou criadas por encomenda, pertencem ao destinatário da base de dados, salvo se o contrário resultar da convenção das partes ou da finalidade do contrato (art. 5º, nº 3, D.L. 122/2000). O criador intelectual conserva, porém, o direito de remuneração especial previsto no art. 14º, nº 4, CDADC (art. 5º, nº 4, D.L. 122/2000). O art. 5º, nº 5, D.L. 122/2000 declara inaplicável às bases de dados o regime do art. 15º, nº 2, CDADC, o que implica que, mesmo que os direitos patrimoniais sejam atribuídos ao criador intelectual, ele não pode obstar a que sejam realizadas modificações na base de dados.

420 Cfr. Luiz Francisco Rebello, *Introdução*, p. 75.

421 Neste sentido, Ac. RL 16/12/2008 (Manuel Tomé Soares Gomes), em *CJ* 33 (2008), 5, pp. 119-126.

### 2.3.2.3. Duração da protecção

O direito autoral sobre as bases de dados tem, quando atribuído ao criador intelectual a duração comum de 70 anos após a morte deste (art. 6º, nº 1, D.L. 122/2000), vigorando, em caso de atribuição originária do direito a outras entidades, o prazo de 70 anos após a primeira divulgação ao público da mesma (art. 6º, nº 2, D.L. 122/2000).

### 2.3.2.4. Direitos do autor da base de dados

Em termos de conteúdo do direito de autor, o titular de uma base de dados criativa goza, nos termos do art. 7º do Decreto-Lei 122/2000, do direito exclusivo de efectuar ou autorizar:

a) a reprodução permanente ou transitória por qualquer processo ou forma, de toda ou parte da base de dados;
b) a tradução, a adaptação, a transformação, ou qualquer outra modificação da base de dados;
c) a distribuição do original ou de cópias da base de dados;
d) qualquer comunicação pública, exposição ou representação públicas da base de dados;
e) qualquer reprodução, distribuição, comunicação, exposição ou representação pública da base de dados derivada, sem prejuízo dos direitos de quem realiza a transformação.

O art. 7º nº 2, D.L. 122/2000 estabelece que os actos de disposição lícitos esgotam o direito de distribuição da base de dados na União Europeia, mas não afectam a subsistência dos direitos de aluguer.

O art. 8º do D.L. 122/2000 reconhece ainda certos direitos morais ao autor da base de dados. O seu titular originário goza do direito à menção do nome na base e do direito reivindicar a autoria desta. Se a base de dados tiver um criador intelectual individualizável, cabe-lhe, em qualquer caso, o direito a ser reconhecido como tal e de ter o seu nome mencionado na base.

### 2.3.2.5. Excepções aos direitos

O direito do autor da base de dados é sujeito a determinadas excepções, que correspondem a utilizações livres da base de dados, previstas no art. 10º do D.L. 122/2000, na redacção da Lei 92/2019, de 4 de Setembro. São assim permitidas:

a) a reprodução para fins privados de uma base de dados não electrónica;
b) as utilizações feitas com fins didácticos ou científicos, desde que se indique a fonte, na medida em que isso se justifique pelo objectivo não comercial a prosseguir;
c) as utilizações para fins de segurança pública ou para efeitos de processo administrativo ou judicial;
d) as utilizações permitidas em benefício de pessoas cegas, com deficiência visual ou com outras dificuldades de acesso a textos impressos, previstas no artigo 82º-B CDADC;
e) as restantes utilizações livres previstas no direito de autor nacional, nomeadamente as constantes do art. 75º CDADC, sempre que mostrem compatíveis.

Estas excepções devem, no entanto, harmonizar-se com a regra dos três passos, nos termos do art. 10º, nº 2, D.L. 122/2000.

**2.3.2.6. Direitos do utente da base de dados**
Nos termos do art. 9º D.L. 122/2000, o utente legítimo da base de dados pode, sem autorização do respectivo titular e do titular do programa praticar todos os actos necessários com vista ao acesso à base e à sua utilização, na medida do seu direito, sendo nula qualquer convenção em sentido contrário. O acesso e a utilização da base de dados devem, no entanto, harmonizar-se igualmente com a regra dos três passos (art. 10º, nº 2, D.L. 122/2000).

**2.3.2.7. Sanções para a violação do direito sobre a base de dados**
Dispõe o art. 11º D.L. 122/2000 que quem, não estando para tanto autorizado, reproduzir, divulgar ou comunicar ao público com fins comerciais uma base de dados criativa é punido com pena de prisão até 3 anos ou com pena de multa.

**2.3.3. A tutela das bases de dados pelo direito *sui generis* do fabricante de bases de dados**
**2.3.3.1. Âmbito da protecção**
A lei permite ainda, mesmo que a base de dados não possa ser objecto de direito de autor, por lhe faltar originalidade, a atribuição de um direito

especial ao fabricante da base de dados, sempre que ela "represente um investimento substancial do ponto de vista qualitativo ou quantitativo" (art. 12º, nº 1, D.L. 122/2000). Trata-se assim de um direito *sui generis*, destinado a tutelar não uma criação intelectual, mas antes o investimento do fabricante da base de dados e que já foi por isso qualificado como um *alien* no âmbito do Direito de Autor[422]. Esse direito existe independentemente de a base de dados ou o seu conteúdo poderem ser protegidas pelo direito de autor ou por outros direitos (art. 12º, nº 5, D.L. 122/2000).

O fabricante da base de dados beneficia assim neste caso do "direito de autorizar ou proibir a extracção e ou a reutilização da totalidade ou de uma parte substancial, avaliada qualitativa ou quantitativamente do seu conteúdo" (art. 12º, nº 1, D.L. 122/2000). A lei define como extracção "a transferência, permanente ou temporária, da totalidade ou de uma parte substancial do conteúdo de uma base de dados para outro suporte, seja por que meio ou sob que forma for" (art. 10º, nº 2, a) D.L. 122/2000). Já a reutilização é definida como "qualquer forma de distribuição ao público da totalidade ou de uma parte substancial do conteúdo da base de dados, nomeadamente através da distribuição de cópias, aluguer, transmissão em linha ou outra modalidade" (art. 10º, nº 2, b) D.L. 122/2000). O fabricante da base de dados vê assim estas faculdades reservadas, estabelecendo-se, no entanto, que a primeira venda de uma cópia da base de dados esgota o direito de distribuição na União Europeia (art. 12º, nº 3, D.L. 122/2000). Já em relação ao comodato público, a lei esclarece expressamente que o mesmo não constitui um acto de extracção ou de reutilização (art. 12º, nº 4, D.L. 122/2000).

Embora o direito do fabricante de autorizar ou proibir a extracção ou a reutilização seja limitado à totalidade ou a uma parte substancial da base de dados, o art. 12º, nº 6, D.L. 122/2000 proíbe ainda, em harmonia com a regra dos três passos, "a extracção ou reutilização sistemáticas de partes não substanciais do conteúdo da base de dados que pressuponham actos contrários à exploração normal dessa base ou que possam

[422] Cfr. Alexandre Libório Dias Pereira, *Direitos de Autor*, p. 433, e "Bases de dados e direito *sui generis*", em APDI – Associação Portuguesa de Direito Intelectual (org.), *Estudos de Direito Industrial*, VII, Coimbra, Almedina, 2010, pp. 375-395 (394), que questiona mesmo a conformidade deste direito com a protecção constitucional da liberdade de informação.

causar um prejuízo injustificado aos legítimos interesses do fabricante da base".

O direito do fabricante da base de dados pode ser transmitido ou objecto de licenças contratuais (art. 13º D.L. 122/2000).

### 2.3.3.2. Duração da protecção

A protecção do direito do fabricante da base de dados inicia-se com o seu fabrico e caduca ao fim de 15 anos a contar de 1 de Janeiro do ano seguinte a essa data (art. 16º, nº 1, D.L. 122/2000). No entanto, caso a base de dados tenha sido colocada à disposição do público antes do decurso desse prazo, o direito apenas caduca ao fim de 15 anos a contar de 1 de Janeiro do ano seguinte àquele em que a base de dados tiver sido colocada pela primeira vez à disposição do público (art. 16º, nº 2, D.L. 122/2000).

A lei estabelece, no entanto, que, ocorrendo qualquer modificação substancial, avaliada quantitativa ou qualitativamente, do conteúdo de uma base de dados, incluindo as modificações substanciais resultantes da acumulação de aditamentos, supressões ou alterações sucessivas que levem a considerar que se trata de um novo investimento substancial atribui à base de dados resultante desse investimento um período de protecção própria (art. 17º D.L. 122/2000).

### 2.3.3.3. Direitos e obrigações do utilizador legítimo

O utilizador legítimo de uma base de dados colocada à disposição do público pode praticar todos os actos inerentes à utilização obtida, nomeadamente os de extrair e reutilizar as partes não substanciais do respectivo conteúdo, na medida do seu direito (art. 14º, nº 1, D.L. 122/2000). Estes direitos são, no entanto, limitados pela regra dos três passos, dado que não podem ser praticados actos anómalos que colidam com a exploração normal da base de dados e lesem injustificadamente os legítimos interesses do fabricante ou prejudiquem os titulares de direitos de autor ou de direitos conexos sobre obras e prestações nela incorporadas (art. 14º, nº 2, D.L. 122/2000).

Nos termos do art. 15º D.L. 122/2000, na redacção da Lei 92/2019, de 4 de Setembro, o utilizador legítimo de uma base de dados colocada à disposição do público pode ainda, sem autorização do fabricante, extrair ou reutilizar uma parte substancial do seu conteúdo nos seguintes casos:

a) sempre que se trate de uma extracção para uso privado de uma base de dados não electrónica;
b) sempre que se trate de uma extracção para fins didácticos ou científicos, desde que sindique a fonte e na medida em que a finalidade não comercial o justifique;
c) sempre que se trate de uma extracção ou reutilização para fins de segurança pública ou para efeitos de um processo administrativo ou judicial;
d) sempre que se trate de uma utilização permitida em benefício de pessoas cegas, com deficiência visual ou com outras dificuldades de acesso a textos impressos, tal como prevista no artigo 82º-B CDADC.

### 2.3.4. As obras multimédia

Outro tipo de obras que surgiram em resultado do advento da sociedade de informação são as obras multimédia[423]. As obras multimédia correspondem a conteúdos comunicativos que combinam meios de comunicação tradicionalmente separados como os textos, som, fotografias, ou filmes numa única obra. As mesmas são realizadas através do processo de digitalização, que permite a combinação dos diversos géneros num único formato, o qual normalmente permite ainda a participação do utilizador (interactividade). As obras multimédia tanto podem existir na rede como fora dela, sendo obras multimédia existentes na rede certos sites e fora da rede os jogos de vídeo em CD-ROM.

Para além da protecção de que beneficiem os seus componentes (textos, música ou filmes), a sua forma de expressão deve considerar-se objecto de protecção, quanto mais não seja como programa de computador, não parecendo que a interactividade com o utilizador ou os acasos na forma de execução possa impedir a protecção autoral das obras multimédia. Relativamente à determinação da autoria, a posição que nos parece correcta será a de aplicar analogicamente o regime da obra cinematográfica (art. 22º), distinguindo entre as contribuições dos autores

[423] Cfr. LOEWENHEIM/HOEREN, *op. cit.*, § 9, nºs 260 e ss., pp. 174 e ss. e LÜHRIG, em ENSTHALER/WEIDER, 2 D, nºs 315 e ss., pp. 134 e ss. Entre nós, cfr. ALBERTO SÁ E MELLO, "Os *Multimedia* – regime jurídico" em ASSOCIAÇÃO PORTUGUESA DE DIREITO INTELECTUAL (org.), *Direito da Sociedade de Informação*, II, Coimbra, Coimbra Editora, 2001, pp. 79-111.

do texto, da música e dos filmes e as do autor da obra multimédia, que integra esses elementos[424].

### 2.3.5. As obras na internet

Uma outra categoria importante de obras no âmbito da sociedade da informação são as obras existentes na internet[425]. Neste âmbito, haverá que distinguir entre as obras protegidas e as obras não protegidas.

São naturalmente obras protegidas as páginas da internet (*homepages* ou *webpages*). Os textos dessas páginas são protegidos como obras literárias, e os gráficos e as fotografias como obras artísticas, sendo a própria organização da página protegida enquanto forma de expressão de um programa de computador. Já as referência hipertexto para outras páginas não são objecto de protecção, podendo ser feitas por outros autores.

São também obras protegidas, enquanto programas de computador, os *Bulletin Board Systems,* que organizam o *upload* e o *download* de dados através de menus específicos.

São igualmente obras protegidas as obras objecto de direito de autor que se encontrem digitalizadas na internet. Embora normalmente a digitalização enquanto tal não tenha protecção autoral, pois não constitui uma forma de expressão distinta da obra original, o direito de autor existente sobre a obra literária, musical, gráfica, fotográfica, radiofónica ou cinematográfica não se perde quando a mesma é digitalizada, pelo que a obra mantém-se como obra protegida. Em certos casos, no entanto, a transformação digital pode representar um contributo original, como sucede com as obras multimédia, caso em que será protegida pelo direito de autor.

Muito mais complexa é, no entanto, a digitalização das obras através do *Google Books,* que permite colocar livros à disposição do público via internet. Para esse efeito, o *Google* estabeleceu acordos com parceiros editoriais e com bibliotecas públicas que legitimam a digitalização e a colocação dos livros à disposição do público. Nos acordos com as editoras, estas autorizam a colocação do livro ou de excertos no *Google,* após terem adquirido previamente dos autores o direito à digitalização

[424] Neste sentido, cfr. LÜHRIG, em ENSTHALER/WEIDER, 2 D, nºs 346 e ss., pp. 146 e ss.

[425] Seguimos neste âmbito, JÜRGEN ENSTHALER, em ENTSHALLER/WEIDER, *op. cit.*, 2 A nºs 47 e ss., pp. 32 e ss.

e comunicação ao público da obra. Em relação às bibliotecas públicas, os acordos estabelecem que estas autorizem a digitalização e colocação no *Google* de obras constantes dos seus acervos ao abrigo da *fair use doctrine*. Em consequência, na América o Google, foi objecto de uma acção colectiva (*class action*), no processo *Authors Guild et al. v. Google* tendo proposto um acordo com a *Author's Guild* americana, em ordem a poder continuar com a publicação das obras na internet. Esse acordo viria a ser rejeitado pelo Tribunal em 2011, que decidiu, no entanto, dois anos depois que a digitalização pela Google estava abrangida pelo *fair use*[426].

Relativamente às obras não protegidas na internet elas correspondem ao *public domain software* ou *shareware*.

O *public domain software* é aquele em que o seu titular oferece gratuitamente ao público normalmente por via de *download*, concedendo assim livremente direitos de utilização. Diferente é o caso do *open source software*, que é igualmente gratuito, mas que apenas pode ser transmitido com base numa licença específica.

Já o *shareware* coresponde à concessão gratuita ou por preço simbólico dos direittos de utilização de um programa, mas apenas por um tempo específico ou com certas limitações de utilização, resultando a sua concessão de uma estratégia de *marketing* em que, através da experimentação, os utilizadores possam ser convencidos a adquirir o produto.

## 3. As novas formas de utilização das obras

### 3.1. Generalidades

Outras das consequências do advento da sociedade de informação foi a multiplicação da utilização das obras, uma vez que a internet potencia e facilita o recurso a obras protegidas. Essa utilização das obras na sociedade de informação pode ocorrer de forma muito variada, havendo que analisar a que correspondem essas novas formas de utilização e em que casos as mesmas são lícitas e em que casos são ilícitas[427].

[426] Cfr. sobre esta decisão, Alexandre Libório Dias Pereira, na *RDI* 2014, nº 1, pp. 166 e ss.

[427] Seguimos neste âmbito Werner, em Ensthaler/Weider, 3 B, nºs 25 e ss., pp. 160 e ss.

### 3.2. A digitalização

A primeira forma de utilização das obras na sociedade de informação é a sua *digitalização*, a qual consiste na colocação de uma obra sob uma configuração que permita a sua utilização em computador. Através da digitalização, as letras, números, figuras e quadros são convertidos num código binário. Uma forma específica de digitalização consiste no *scanner*, mediante o qual se pode introduzir um texto em suporte informático com recurso a um *software* do computador.

A digitalização suscita alguns problemas, desde logo porque afecta a tradicional classificação das obras no direito de autor, que foi elaborado com base nas formas de comunicação da obra, já que na digitalização os vários tipos de obra adoptam uma única forma de expressão, que é a sequência de dígitos binários em que é gravada. Para além disso, a digitalização permite a fragmentação da obra em pontos individuais de imagem ou sons musicais específicos, que depois podem ser remontados, como sucede no *sampling* de músicas ou de imagens[428].

Em qualquer caso, a digitalização constitui naturalmente uma forma de reprodução da obra, mas já não parece que a mesma se possa considerar uma sua transformação, mesmo que a digitalização implique uma melhoria na qualidade de exibição da obra, como sucede com os filmes e as fotografias que são digitalizados. Desde que a digitalização seja realizada nos termos dos limites estabelecidos no art. 75º, nº 2, a) será lícita[429].

[428] Cfr. ALEXANDRE LIBÓRIO DIAS PEREIRA, em APDI (org.), *Direito da Sociedade de Informação*, V, pp. 318-319.

[429] No seu acórdão de 11/9/2014, emitido no processo C-117/13 (*Technische Universität Darmstadt* v. *Eugen Ulmer KG*, o Tribunal de Justiça da União Europeia, considerou que o "o art. 5º, nº 3, alínea n) da Directiva 2001/29/CE, lido em conjugação com o seu artigo 5º, nº 2 alínea c), deve ser interpretado no sentido de que não se opõe a que um Estado-Membro conceda às bibliotecas acessíveis ao público, previstas nestas disposições, o direito de digitalizarem as obras que fazem parte das suas colecções, se esse acto de reprodução for necessário para efeitos da colocação à disposição dos utilizadores dessas obras, através de terminais destinados a esse efeito, nas instalações desses estabelecimentos". Sobre esse acórdão, veja-se ALEXANDRE LIBÓRIO DIAS PEREIRA, "A digitalização de obras e sua colocação à disposição do público em terminais de bibliotecas universitárias: o acórdão Eugen Ulmer do Tribunal de Justiça da União Europeia", na *RDI* 2015, nº 2, pp. 153-173, e "Os direitos de autor em bibliotecas e arquivos públicos: desenvolvimentos recentes na União

### 3.3. A impressão

Também a impressão de uma obra a partir de um computador ou da internet constitui uma forma de reprodução da obra. A mesma poderá ser igualmente lícita se for estabelecida nas condições previstas no art. 75º, nº 2, a), havendo, no entanto, que aplicar os requisitos exigidos pela regra dos três passos (art. 75º, nº 4), dado que é manifesto que se a impressão for realizada em muitos exemplares será atingida a exploração normal da obra ou causado prejuízo injustificado aos legítimos interesses do autor.

### 3.4. O *upload*

O *upload* corresponde à colocação de dados por um participante da internet num servidor de destino, ficando os mesmos em consequência à disposição do público. Para esse efeito, o servidor de destino adquire uma cópia digital dos referidos dados. Em consequência o *upload* corresponde não apenas a uma forma de reprodução da obra ou prestação, mas também ao exercício da faculdade de a colocar à disposição do público.

É evidente a ilicitude do *upload* de ficheiros informáticos que contenham obras ou prestações protegidas, tenham estas sido ou não previamente divulgadas ou publicadas. Efectivamente, sabendo-se que a colocação de obras ou prestações na internet constitui uma faculdade reservada ao autor ou titular do direito conexo, integrando-se no seu direito exclusivo de decidir ou não a colocação da obra ou prestação à disposição do público (art. 68º, nº 2, j) e 178º, nº 1, d)), é manifesto que a colocação de obras protegidas na internet constitui crime de usurpação. A situação recairá no tipo legal do art. 195º, nº 1, se se tratar de obra já publicada ou no art. 195º, nº 2, a), se se tratar de obra inédita[430].

Conforme foi decidido pelo TJUE no Acórdão Renckoff (processo C-161/17) a ilicitude do *uplooad* ocorre mesmo em relação à publicação numa página de internet de fotografias, que tenham sido publicadas pelo autor noutra página da internet, sem restrições que impeçam que a fotografia seja descarregada e colocada noutra página da intternet[431].

Europeia", na *RDI* 2019, nº 1, pp. 25-35 (27-28), recolhido em ID, *Direito da Propriedade Intelectual e Novas Tecnologias. Estudos*, I, Lisboa, Gestlegal, 2019, pp. 575-585 (577-578).

[430] Neste sentido, cfr. José Alberto Vieira, em APDI (org.), *Direito da Sociedade de Informação*, VIII, pp. 459-461.

[431] Cfr. Ac. TJUE 7/8/2018 (*Land Nordrhein Westfalen v. Dirk Renckhoff*), emitido no processo C-161/17.

### 3.5. O *download*

O *download* consiste na forma típica de utilização da internet por um utilizador, correspondendo à transferência para um computador de um ficheiro que se encontra armazenado remotamente noutro lugar, como por exemplo, um servidor *web* ou FTP, um servidor de correio electrónico, ou outro computador. A doutrina tem-no considerada como uma forma de reprodução da obra, independentemente de ter sido transferido para a memória temporária ou para a memória definitiva do computador, não aceitando a configuração do *download* como uma reprodução transitória e episódica da obra, para efeitos do 5º, nº 2, da Directiva 2001/29/CE, transposta no art. 75º, nº 1, CDADC[432]. No entanto, existe naturalmente no *download* uma situação de cópia privada, conforme já há bastante tempo tem vindo a ser defendido, e obteve expressa consagração com a alteração ao art. 75º, nº 2, a) *in fine*, CDADC em resultado do disposto no art. 5º, nº 2, b) da Directiva 2001/29/CE. Em consequência, o *download* de ficheiros informáticos é livre, sendo irrelevante que a obra tenha sido colocada na internet de forma lícita ou ilícita, uma vez que a lei não estabelece qualquer distinção a este respeito[433].

### 3.6. A transmissão *peer to peer* (P2P)

A transferência de ficheiros *peer to peer*, habitualmente expressa pela sigla P2P, corresponde a uma partilha de ficheiros informáticos resultante de uma ligação em rede de vários computadores pessoais, a qual dispensa a ligação a um servidor central em virtude de aproveitar a memória, a velocidade e os recursos de todos os computadores ligados em rede. Em consequência, a capacidade da rede P2P aumenta à medida que cresce o número de computadores ligado em rede. A ligação dos computadores em rede pressupõe, no entanto, o recurso a programas adequados, os

[432] Cfr. WERNER, em ENSTHALER/WEIDER, 3 B, nºs 96 e ss., pp. 185-186. Em sentido contrário, JOSÉ ALBERTO VIEIRA, em *APDI* (org.), *Direito da Sociedade da Informação*, VIII, pp. 424-425, defende que só há reprodução se for realizada uma cópia duradoura do ficheiro informático no disco rígido ou num suporte externo (CD, DVD, etc.) do computador. Trata-se, porém, de posição incorrecta, uma vez que a lei só exclui o *caching* do direito de reprodução, não o *download* para a memória temporária, incluindo o art. 2º da Directiva 2001/29/CE qualquer reprodução temporária no direito de reprodução.

[433] Neste sentido JOSÉ ALBERTO VIEIRA, em *APDI* (org.), *Direito da Sociedade da Informação*, VIII, pp. 454 e ss. (458-459).

quais habitualmente são disponibilizado pelos organizadores da rede. São exemplos de redes *peer to peer* o Napster, o Kazaa, o Grokster, a Gnutella ou o Limewire[434].

É manifesto que na transferência de ficheiros *peer to peer* existe uma forma de reprodução da obra, havendo apenas que discutir se a mesma pode ser justificada com base no direito de cópia privada, à semelhança do que sucede com o *download*. A transmissão de ficheiros *peer to peer* não corresponde, porém, a um *download* puro, mas antes a um caso de *download* simultâneo com o *upload*. Efectivamente, o utilizador, quando faz o *downaload*, está simultaneamente a fazer o *upload* de outras partes do ficheiro que já transferiu para o seu computador, permitindo assim a todos os utilizadores da rede recolherem partes do ficheiro em ordem a obtê-lo na sua integralidade. Neste caso, uma vez que o *upload* é proibido, parece manifesto que a obtenção dos ficheiros nas redes *peer to peer* constitui uma violação do direito de autor[435].

Tem sido discutido se os organizadores das redes *peer to peer* podem ser responsabilizados pelas violações ao direito de autor praticadas pelos participantes na rede, tendo a jurisprudência de vários países decidido maioritariamente no sentido dessa responsabilização.

No caso *A&M Records, Inc. v. Napster, Inc.*, o Northern District Court of California, considerou existir tanto uma responsabilidade directa do Napster pela infracção (*direct infringement*) em virtude de a esmagadora maioria dos ficheiros que distribuía serem de obras protegidas, como

[434] Cfr. José Alberto Vieira, em *APDI* (org.), *Direito da Sociedade da Informação*, VIII, pp. 423-424.

[435] Em sentido contrário, veja-se porém, José Alberto Vieira, em *APDI* (org.), *Direito da Sociedade da Informação*, VIII, p. 460 que considera que não haverá violação do direito de autor se o utilizador fizer cessar a comunicação ao público após a cópia do ficheiro. Mas, conforme escreve Pedro Pina, "Direitos de autor, autodeterminação informativa e panoptismo digital", em Associação Portuguesa de Direito Intelectual (org.), *Direito da Sociedade de Informação*, Coimbra, Coimbra Editora, 2009, pp. 303-337 (308-309) "o sistema de interacção num esquema P2P puro não passa por contactos entre servidores centrais e os milhões de utilizadores nos terminais, mas apenas e directamente entre estes. Desta forma, cada utilizador da internet é, simultaneamente, no que respeita aos ficheiros a partilhar, servidor e cliente num ambiente extremamente dinâmico e dialéctico. Numa rede descentralizada como esta, as fronteiras entre o público e o privado desvanecem-se, dada a maior facilidade de acesso ao disco rígido de um computador, enquanto o número de potenciais invasores se multiplica galopantemente".

uma responsabilidade indirecta pelo facto de estimular a violação desses direitos (*contributory infringement*) e poder supervisionar a actuação dos seus aderentes, só não o fazendo por razões financeiras (*vicarious infringement*), ordenando em consequência o encerramento do Napster. Interposto recurso para o 9th Circuit Court, este viria a manter a decisão, embora tivesse estabelecido a responsabilidade primordialmente com base na *contributory infringement* e *vicarious infringement*, considerando, no entanto, decisiva para essa responsabilização a existência de um servidor que podia controlar o comportamento de troca de ficheiros por parte dos utilizadores, uma vez que em princípio um operador informático não deveria ser responsabilizado pelo facto de o sistema que disponibiliza permitir a troca de obras protegidos, a não ser que tenha conhecimento dessas infracções[436].

Assim, num caso em que a transferência *peer to peer* não dependia de qualquer servidor (*Buma & Stemra v. Kazaa*), o Tribunal de Apelação de Amesterdão considerou em Março de 2002 improcedente a acção, por considerar que a simples criação de uma tecnologia que possibilita a sua utilização por forma ilegal não é fundamento de responsabilização, sendo o *software* disponibilizado pela Kazaa suceptível de aplicações lícitas, como na caso da distribuição de obras no domínio público[437]. Essa decisão viria a ser confirmada pelo Supremo Tribunal Holandês em Dezembro de 2003.

A mesma posição foi defendida pelo Central District Court of California e pelo 9th Circuit Court americano no caso *Metro-Goldwin-Mayer Sudios, Inc. v. Grokster, Ltd.*, que consistia igualmente num sistema de partilha de ficheiros digitais *peer to peer*, ainda que, ao contrário do Napster, não estivesse baseado num servidor central, limitando-se o sítio a disponibilizar um *software* que permitia aos utilizadores efectuar essa partilha directamente. Os tribunais de instância consideraram que o Grokster não poderia ser responsabilizado pela actuação dos seus utilizadores apenas pelo facto de distribuir comercialmente um produto

[436] Cfr. *A&M Records, Inc. v. Napster, Inc.*, 114 F. Supp. 2d 896 (N.D. Cal. 2000) e 239 F.3d 1004 (2001). Todas as peças do processo podem encontrar-se em http://news.findlaw.com/legalnews/lit/napster/.

[437] Uma tradução inglesa desta decisão pode ser vista em http://www.eff.org/IP/P2P/BUMA_v_Kazaa/20020328_kazaa_appeal_judgment.html

susceptível de utilização para fins ilícitos, a menos que tivesse conhecimento da existência de infracções concretas e não agisse para as reprimir[438]. Em apoio desta doutrina, invocou-se o antigo precedente de 1984 relativo aos vídeos (*Sony v. Betamax*)[439]. A decisão veio a ser, no entanto, revogada pelo Supreme Court em 23 de Junho de 2005, tendo este considerado que a oferta dessa tecnologia pode ser vista como indução à infracção nos casos em que a promoção do uso do *software* é realizada com o fim explícito de levar terceiros a violar os direitos de autor incidentes sobre obras protegidas numa escala gigantesca, e o distribuidor desse *software* beneficia economicamente dessa situação por via da publicidade. O Supreme Court considerou assim que haveria responsabilidade da Grokster pela actuação dos seus utilizadores, a título de *contributory infringement* ou *vicarious infringement*. É de notar que o Supreme Court optou, no entanto, por não revogar o precedente *Sony v. Betamax* considerando apenas que ele não era aplicável porque nesse caso o distribuidor não tinha promovido um uso ilícito do produto, sendo o vídeotape susceptível de muitas utilizações lícitas[440].

Entre nós José Alberto Viera, considera lícita a organização de redes *peer to peer*, uma vez que, sendo o *download* para uso privado lícito, não poderia o organizador da rede ser responsabilizado apenas pelo facto de distribuir um *software* que permitisse esse *download*. Acresce que, o art. 12º do D.L. 7/2004, em execução do art. 15º da Directiva 2000/31/CE do Parlamento Europeu e do Conselho de 8 de Junho de 2000, determina a inexistência de uma obrigação geral de vigilância dos prestadores intermediários de serviços relativos a eventuais ilícitos praticados pelos utilizadores dos serviços[441].

Não parece, porém, que se possa concordar com esta posição. Conforme acima se referiu, se o *download* é lícito, já não é lícito o *upload*

[438] Cfr. *Metro-Goldwin-Mayer Studios, Inc. v. Grokster, Ltd.* 259 F. Supp. 2d 1029 (C.D. Cal. 2003) e 380 F.3d 1154 (9th Circuit 2004).

[439] Cfr. *Sony Corporation of America v. Universal City Studios, Inc.*, 464 U.S. 417 (1984), disponível em http://www.law.cornell.edu/copyright/cases/464_US_417.htm

[440] Cfr. *Metro-Goldwin-Mayer Studios, Inc. v. Grokster, Ltd.* 545 U.S. 913 (2005). Todas as peças deste caso podem ser encontradas em http://www.eff.org/IP/P2P/MGM_v_Grokster/.

[441] Cfr. José Alberto Vieira, em *APDI* (org.), *Direito da Sociedade da Informação*, VIII, pp. 462-463.

simultâneo com o *download* como ocorre nas redes *peer to peer*. Assim, quem organiza uma rede *peer to peer* está a instigar e a auxiliar a prática de actos ilícitos, o que implica que seja responsável pela violação dos direitos, nos termos do art. 490º CC.

Complexa, é, no entanto, a questão de saber se em ordem à repressão das infracções praticadas no âmbito das redes *peer to peer* é possível ou não solicitar a identificação dos respectivos utilizadores, consistente no registo dos seus endereços IP, ou se a mesma se encontra vedada pela norma relativa à confidencialidade das comunicações electrónicas (art. 5º, nº 1, da Directiva 2002/58/CE. O Tribunal de Justiça da União Europeia, no caso *Promusicae v. Telefonica*, decidiu em 29 de Janeiro de 2008[442] que a protecção autoral constituía uma causa legítima para o fornecimento destes dados pessoais, podendo os Estados-Membros estabelecer esse regime ao abrigo do art. 15º, nº 1, da Directiva. Essa posição foi consequentemente seguida pela doutrina[443].

### 3.7. O simples transporte (*mere conduit*)

O simples transporte corresponde à forma típica de transporte de dados via internet, que não é realizada de forma global, mas antes em pequenos pacotes.

Quer o art. 12º da Directiva 2000/31/CE do Parlamento Europeu e do Conselho de 8 de Junho de 2000 relativa a certos aspectos legais dos serviços da sociedade de informação, em especial do comércio electrónico no mercado interno, quer o art. 14º do Decreto-Lei 7/2004, de 7 de Janeiro, que a transpôs estabelecem a irresponsabilidade do prestador intermediário de serviços pela transmissão, através de uma rede de comunicações, de informações prestadas pelo destinatário do serviço ou pelo facultar o acesso a uma rede de comunicações, desde que esse prestador não esteja na origem da transmissão, não escolha o seu desti-

442 Cfr. Ac. TJUE 29/1/2008, emitido no Proc. C-275/06 (*Productores de Música de España (Promusicae) v Telefónica de España SAU*), disponível em http://eur-lex.europa.eu/LexUriServ/LexUriServ.do?uri=CELEX:62006J0275:EN:HTML

443 Cfr. Pierluigi di Mico, "Il rapporto tra diritto di autore e diritto alla riservatezza: recenti svillupi nella giurisprudenza comunitaria", em *IDA* 81 (2010), nº 1, pp. 1-30. Porém, entre nós, José Alberto Vieira, em *APDI* (org.), *Direito da Sociedade da Informação*, VIII, pp. 464 e ss., discorda da decisão por considerar, ao contrário do que defendemos, que as redes *peer to peer* não violam o direito de autor.

natário da transmissão e não seleccione nem modifique as informações que são objecto da transmissão. A exclusão da responsabilidade no caso do simples transporte abrange ainda a armazenagem automática, intermédia e transitória das informações transmitidas, desde que essa armazenagem sirva exclusivamente para a execução da transmissão na rede de comunicações e a sua duração não exceda o tempo que considerado razoavelmente necessário à transmissão.

Na sequência deste regime, quer o art. 5º, nº 1, a) da Directiva 2001/29/CE, quer o art. 75º, nº 1, CDADC, que a transpôs excluem do direito de reprodução os actos de reprodução temporária que sejam transitórios, episódicos e acessórios, que constituam parte integrante e essencial de um processo tecnológico e cujo único objectivo seja permitir uma transmissão numa rede entre terceiros por parte de um intermediário. É portanto lícita a simples transmissão em rede, assim como a realização das reproduções tecnicamente necessárias para o efeito[444].

### 3.8. A navegação na internet (*browsing*)

A navegação na internet (*browsing*) corresponde à forma típica de utilização na internet, em que através de um programa de navegação (*browser*) os utilizadores têm acesso aos documentos que compõem os sítios da *web*, habitualmente escritos nas linguagens HTML, ASP e PHP. Para esse efeito, os programas de navegação usam determinados protocolos como o FTP, o HTTP ou a sua versão encriptada via SSL, o HTTPS. Para permitir a visualização desses ficheiros, o programa de navegação solicita o acesso ao servidor *web* e exibe o seu conteúdo, podendo para o efeitos solicitar a transferência do ficheiro para o computador local.

O *browsing* corresponde a uma forma de utilização legítima de uma obra ou de outro material, que não tem significado económico, encontrando-se por isso excluído do direito de reprodução nos termos do art. 5º, nº 1, b) da Directiva 2001/29/CE e do art. 75º, nº 1, CDADC que a transpôs, o qual faz referência expressa à exclusão da navegação em rede do âmbito do direito de reprodução[445].

[444] Cfr. Alexandre Libório Dias Pereira, *Direitos de Autor*, pp. 502 e ss.

[445] Cfr. Alexandre Libório Dias Pereira, *Direitos de Autor*, p. 296.

### 3.9. A armazenagem temporária (*caching*)

A armazenagem temporária (*caching*) consite num processo de armazenamento por um curto período de dados existentes num sítio remoto em ordem a permitir ao utilizador o acesso mais rápido a esses dados, em lugar de os estar constantemente a solicitar a esse mesmo sítio. O *caching* pode ser realizado pelos programas de navegação na internet que guardam transitoriamente as páginas *web* no computador local, em ordem a dispensar o acesso constante à rede, ou pelas redes de computadores que registam transitoriamente num *software* de partilha (*proxy*) os *sites* visitados na internet em ordem a permitir a sua disponibilização a outros utilizadores da mesma rede, quando estes os solicitem.

O art. 13º da Directiva 2001/31/CE, transposto pelo art. 15º do Decreto-Lei 7/2004, estabelece a isenção de responsabilidade no que respeita à armazenagem automática, intermédia e temporária da informação, efectuada apenas com o objectivo de tornar mais eficaz a transmissão posterior da informação, a pedido de outros destinatários do serviço, desde que:

a) o prestador não modifique a informação;
b) o prestador respeite as condições de acesso à informação
c) o prestador respeite as regras relativas à actualização da informação, indicadas de forma amplamente reconhecida e utilizada pelo sector[446];
d) o prestador não interfira com a utilização legítima da tecnologia, tal como amplamente reconhecida e seguida pelo sector, aproveitando-a para obter dados sobre a utilização da informação;
e) o prestador actue com diligência para remover ou impossibilitar o acesso à informação que armazenou, logo que tome conhecimento efectivo de que a informação foi removida da rede na fonte da transmissão inicial, de que o acesso a esta foi tornado impossível, ou de que um tribunal ou autoridade administrativa ordenou essa remoção ou impossibilitação de acesso.

[446] Esta regra é estabelecida em virtude de a armazenagem temporária poder levar a reproduções do documento desactualizadas, que seriam assim fornecidas aos utilizadores, se não houvesse cuidado na sua actualização.

O *caching* é considerado uma forma de reprodução da obra para efeitos da Directiva 2001/29/CE, uma vez que o seu art. 2º inclui as reproduções meramente temporárias. No entanto, o art. 5º, nº 1, b) da mesma Directiva exclui do direito de reprodução os actos de reprodução temporária que sejam transitórios e episódicos, que constituam parte integrante e essencial de um processo tecnológico e cujo único objectivo seja permitir uma utilização legítima de uma obra ou de outro material a realizar, e que, não tenham, em si, significado económico. Na transposição desta disposição, o actual art. 75º, nº 1, CDADC, menciona expressamente entre os actos excluídos do direito de reprodução a armazenagem temporária.

### 3.10. A armazenagem em servidor (*hosting*)

Em relação à armazenagem em servidor, definida como o armazenamento de informação prestada por um destinatário de um serviço, a pedido desse destinatário de serviço, o art. 14º da Directiva 2001/31/CE, determina mais uma vez a irresponsabilização do prestador desse serviço, desde que:

a) o prestador não tenha conhecimento efectivo dessa actividade ou informação ilegal ou, perante uma acção de indemnização, não tenha conhecimento de factos ou circunstâncias que a evidenciem;
b) O prestador, a partir do momento em que tenha conhecimento da ilicitude actue com diligência no sentido de retirar ou impossibilitar o acesso às informações.

O art. 16º, nº 1, do Decreto-Lei 7/2004, estabelece a mesma regra, mas o nº 2 dilata a responsabilidade do prestador de serviço aos casos em que este "tenha ou deva ter consciência do carácter ilícito da informação".

A exclusão da responsabilidade já não ocorre, porém, nos casos em que o destinatário do serviço actue sob autoridade ou controlo do prestador (art. 14º, nº 2, da Directiva 2000/31/CE e art. 16º, nº 3, D.L. 7/2004).

Tem sido objecto de controvérsia a responsabilidade do *Youtube* pela violação dos direitos de autor ou conexos em consequência do serviço de alojamento que disponibiliza. Em Espanha, no caso *Telecinco vs. Youtube*, a *Telecinco* processou o *Youtube* pela colocação em rede de programas seus, sem a sua autorização. Por sentença de 20 de Setembro de 2010, o *Youtube* viria, no entanto, a ser absolvido dessa acusação, considerando-se que o *Youtube* se limita a fornecer aos internautas o serviço técnico de alojamento de conteúdos, pelo que, enquanto prestador de serviços da sociedade de informação, não poderia ter conhecimento da ilicitude dos conteúdos que por seu intermédio os internautas colocam em rede, nem lhe poderia ser imposta uma obrigação geral de vigilância desses mesmos conteúdos. Mas a solução veio a ser diferente em Itália, onde o Tribunal de Roma, por sentença de 15 de Dezembro de 2009, ordenou ao *Youtube* que bloqueasse o acesso a quaisquer conteúdos relativos ao programa *Grande Fratello*, considerando não ser aceitável a doutrina da irresponsabilidade absoluta do fornecedor de espaço pelos conteúdos que terceiros aí colocam, quando o mesmo possui a possibilidade de os cancelara. Mais tarde, e por sentença de 22 de Janeiro de 2010, o Tribunal de Roma considerou que a simples actividade de *hosting* de um provedor de serviços, como o *Google* ou o *Youtube* não exclui a ilicitude em caso de conduta lesiva dos direitos de utilização e exploração económica por parte da RTI[447].

## 3.11. A distribuição de obras por mensagens electrónicas e outros meios de comunicação individual

Já em relação à distribuição de obras ou prestações por mensagens electrónicas ou outros meios de comunicação individual como os *chats*, a mesma deve considerar-se em princípio permitida. Efectivamente, a utilização de meios de comunicação individual não corresponde a uma forma de comunicação ao público das obras, podendo considerar-se por isso essa forma de distribuição como livre ao abrigo do art. 75º, nº 2, a) *in fine* CDADC, desde que sejam respeitados os limites estebelecidos no art. 75º, nº 4, do mesmo diploma.

[447] Cfr. Stefano Longhini, "Dura lex, sed lex: la legge è iguale per tutti... anche su Internet", em *IDA* 81 (2010), nº 2, pp. 123-139 (135-136) Cfr. ainda a análise de Pierluigi di Mico, "Il rapporto tra diritto di autore e *social network:* un nuovo capitulo, ma non l'ultimo", em *IDA* 81 (2010), nº 3, pp. 262-276.

### 3.12. A colocação de hipernexos (*links*)

Os hipernexos (*links*) não correspondem a uma forma de reprodução da obra nem à sua colocação à disposição do público, sendo uma mera remissão para determinados sítios existentes na internet. São por isso permitidos, independentemente de os hipernexos serem simples ou profundos[448], ou seja, remeterem para a página inicial do sítio ou para alguma das suas páginas interiores. Em relação aos hipernexos profundos foi esta a posição do BGH alemão no caso *Paperboy*, de 17/7/2003, onde se considerou que a colocação de um hipernexo profundo para uma base de dados de notícias não passa de uma forma de referência que não reproduz a base de dados nem constitui ingerência no direito de colocação à disposição do público do seu titular[449]. Esta foi também a decisão do TJUE nos casos *Svennson* e *BestWater International*, considerando não constituir um acto de comunicação ao público, para efeitos do art. 3º, nº 1, da Directiva 29/2001, o fornecimento, num sítio da internet, de hiperligações para obras livremente disponíveis noutro sítio da internet[450].

Pode colocar-se, porém, o problema de os hipernexos se referirem a obras colocadas ilicitamente na internet, contribuindo para aumentar o efeito de um *upload* ilegal. Esta situação encontra-se prevista no art. 17º do Decreto-Lei 7/2004, o qual estabelece que "os prestadores intermediários de serviços de associação de conteúdos, por instrumentos de busca, hiperconexões ou outros meios, quer permitam o acesso a conteúdos ilícitos estão sujeitos a regime de responsabilidade análogo ao artigo anterior", exigindo assim que quem coloca uma ligação a uma obra colocada ilegalmente tenha ou deva ter conhecimento dessa ilicitude para poder ser responsabilizado (art. 16º D.L. 7/2004). O art. 19º D.L. 7/2004 estabelece ainda que se a remissão é efectuada com objectividade e distanciamento representa apenas o exercício do direito à

[448] Neste sentido, ALEXANDRE LIBÓRIO DIAS PEREIRA, *Direitos de Autor*, pp. 296 e 504-505, que considera, no entanto, que a utilização dessas referências pode envolver situações de concorrência desleal.

[449] Cfr. BGH 17/7/2003, disponível em http://www.jurpc.de/rechtspr/20030274.htm Cfr. ainda ALEXANDRE LIBÓRIO DIAS PEREIRA, *Direitos de Autor*, pp. 422-423.

[450] Cfr. Ac. TJUE 13/2/2014, processo C-466/12, *Nils Svensson, Sten Sjögren, Madelaine Sahlman, Pia Gadd contra Retriever Sverige AB* e despacho TJUE 21/10/2014, processo C-348/13, *BestWater International GmbH contra Michael Mebes e Stefan Potsch.*

informação, tornando-se, no entanto, ilícita se for vista como uma forma de tornar próprio o conteúdo para onde se remete.

### 3.13. A colocação de *frames*

Diferentemente dos *links*, que se limitam a remeter para outros conteúdos, os *frames* integram mesmo partes de um sítio da internet alheio no próprio sítio, uma vez que dividem o sitío em duas janelas, correspondendo uma das janelas abertas a um sítio alheio. Os *frames* correspondem por isso indubitavelmente a uma forma de reprodução parcial de uma obra noutra obra, a qual se deve considerar ilícita se não for autorizada pelo seu autor. Esta posição foi aliás assumida pelo Tribunal do Central District da Califórnia em 1998 no caso *Futuredontics Inc. v. Applied Anagramic Inc.*, onde se rejeitou que os *frames* correspondessem a uma forma permitida de utilização de *copyright* alheio para criação de obras derivadas[451].

### 3.14. Os serviços *on-demand*

Os serviços *on-demand* correspondem à oferta digital de obras audiovisuais ou simplesmente audio, a pedido do utilizador. A oferta tanto pode ser gratuita como implicar uma remuneração, podendo ser realizada na internet ou através de redes especiais, como a rede de cabo. Os serviços *on-demand* não correspondem, porém, a emissões de radiodifusão, uma vez que não difundem o mesmo conteúdo ao público em geral ao mesmo tempo. Correspondem, por isso, antes a uma forma de colocação das obras ou prestações à disposição do público, a qual é naturalmente reservada ao titular dos respectivos direitos.

### 3.15. A rádio e a televisão na internet

Apesar de ser utilizada a internet a emissão de rádio e televisão por essa via parece dever ser qualificada como radiodifusão, se corresponder à transmissão em directo de programas. Já a colocação em rede de programas *a posteriori* deverá ser qualificada como uma forma de colocação à disposição do público das obras. Naturalmente que essas faculdades são reservadas ao titular dos respectivos direitos.

[451] Cfr. *Futuredontics Inc. v. Applied Anagramic Inc.*, 45 U.S.P.Q. 2d 2005 (C.D. Cal. 1998) disponível em http://cyber.law.harvard.edu/property99/metatags/1998futu.html

### 3.16. A gravação de vídeos *on-line*

A gravação de videos *on-line* corresponde à possibilidade de gravação de determinados programas de televisão a pedido, sendo posteriormente o programa objecto de *download* para o computador, o que é realizado pela Save TV, Online TV Recorder e Shift TV. Este processo não pode ser qualificado como uma retransmissão da emissão, uma vez que esta tem que ser realizada ao mesmo tempo, sendo igualmente uma colocação à disposição do público da obra. Como tal, só pode ser realizada mediante autorização do titular dos respectivos direitos.

## 4. As novas categorias de contratos

### 4.1. Os contratos de licença de *software*

Uma das novas categorias de contratos surgidos em virtude do advento da sociedade de informação respeita aos contratos de licença de *software*[452]. Correspondem estes a contratos típicos de licença pelos quais o titular de um programa de computador permite a outrem a sua utilização para os fins convencionados pelas partes.

As licenças podem ser de *produção*, em que o titular do programa autoriza uma outra entidade a produzi-lo, *distribuição*, em que o titular do programa permite a sua distribuição comercial a outrem, e *utilização final*, em que o titular do programa permite a um utilizador final a sua utilização para os fins por este pretendidos.

As licenças mais comuns são as de utilização final (*End User Licence Agreement*, ou EULA), podendo ter por objecto programas produzidos em série (*standard software*), ainda que adaptados, ou um programa novo concebido especificamente para os fins visados pelo utilizador (*individual software*). No primeiro caso, a situação corresponde a um contrato típico de licença, ainda que esse contrato possa surgir em união com contratos de venda ou locação dos suportes materiais do programa[453]. Já

[452] Cfr. sobre estes, António Pinto Monteiro, "A responsabilidade civil na negociação informática", em Associação Portuguesa de Direito de Autor (org.), *Direito da Sociedade de Informação*, I, Coimbra, Almedina, 1999, pp. 229-239 (231 e ss.) e Alexandre Libório Dias Pereira, *Direitos de Autor*, pp. 206 e ss.

[453] Essa união de contratos não leva, porém, à qualificação da licença como venda ou locação. Em sentido contrário, cfr., no entanto, Alexandre Libório Dias Pereira, *Direitos de Autor*, p. 213.

no segundo caso existirá um contrato de encomenda de obra intelectual, regulado pelo art. 3º, nº 3, do D.L. 252/94.

### 4.2. As licenças atípicas

#### 4.2.1. Generalidades

As licenças atípicas correspondem aos contratos de licença de direito de autor, em que o licenciamento não visa a exploração económica da obra, mas antes outros fins. Neste âmbito merecem especial referência os casos em que o autor abdica dos seus direitos relativos à protecção da obra (licenças *copyleft*), ou permite livremente certas utilizações da obra, apenas restringindo outras utilizações (licenças *creative commons*).

Examinemos sucessivamente essas modalidades:

#### 4.2.2. As licenças *copyleft*

As licenças *copyleft* utilizam o sistema do direito de autor para exactamente desencadear o resultado contrário que este visa: em lugar de se assegurar a integridade da obra e restringir a possibilidade de esta ser copiada, uma licença *copyleft* garante a todos os que recebam versões da obra a faculdade de a usar, modificar, e distribuir tanto a versão original quanto as versões derivadas[454]. O autor que concede uma licença desse tipo espera assim receber contributos de terceiros para a melhoria da obra que criou, pelo que atribui uma licença geral para a utilização, modificação e distribuição da obra, bastando-se com o crédito resultante de ter sido o criador da sua versão original, e com a maior difusão que a obra vem a ter.

Um dos exemplos caraterísticos da concessão da licença *copyleft* é o denominado *software* livre[455]. Nesse âmbito o criador dos programas

[454] Cfr. MANUELLA SANTOS, *Direito autoral*, p. 137.

[455] O *software* livre corresponde a um movimento lançado pelo activista Richard Stallman na década de 90 que procurou combater as patentes de *software* e a expansão dos direitos autorais, defendendo a livre utilização do *sofware* através de licenças que permitam a sua utilização para qualquer fim, a modificação e adaptação dos programas, a redistribuição de cópias do mesmo, bem como das suas versões modificadas em ordem a permitir o seu acesso a toda a comunidade. O seu maior sucesso foi a criação do sistema operativo Linux pelo estudante finlandês Linus Towalds em 1991, do qual derivou o sistema Android utilizado nos telemóveis. Cfr. SILVA ADOLFO, *Obras privadas*, pp. 285 e ss., e ALEXANDRE LIBÓRIO DIAS PEREIRA, *Direitos de Autor*, pp. 218 e ss., "Licenças de *software* livre: aspetos contratuais e autorais" em LUÍSA NETO/FERNANDA RIBEIRO, *Direito e Informação na Socie-*

de computador permite livremente a sua execução para qualquer fim, a distribuição de cópias desse programa, a possibilidade de o mesmo ser adaptado pelos utilizadores às suas necessidades, e ainda a possibilidade de o mesmo ser livremente aperfeiçoado e desenvolvido por terceiros, podendo este distribuir as novas versões do programa. O criador do programa de computador não renuncia, no entanto, aos seus direitos de autor, limitando-se a autorização a utilização e a transformação da sua obra por terceiros[456]. Essa autorização resulta de uma licença de livre utilização, sendo as mais difundidas as licenças GNU, emitidas por parte da Free Software Foundation[457].

A licença de *software* livre mais comum é a *GNU General Public License* (GNU GPL), que permite a distribuição de *software* sem restrições, mas apenas no caso de se tratar de *software* livre, vedando assim a sua utilização em *software* comercial.

Outra licença um pouco diferente é a *GNU Lesser General Public License* (GNU LGPL), utilizada em algumas bibliotecas, a qual permite a utilização do material disponibilizado não apenas em *software* livre mas também em *software* privado.

Igualmente distinta é a licença *GNU Affero General Public License* (GNU Affero GPL), a qual não apenas permite a disponibilização do *software* livremente, mas também assegura que os utilizadores em rede saibam qual é o código-fonte do programa que está a utilizar esse *software*. Tal destina-se a evitar que o servidor que está a utilizar e eventualmente a modificar esse programa impeça a distribuição de cópias do programa que por essa via foi modificado.

Finalmente, existe a *GNU Free Documentation License* (GNU FDL), a qual constitui uma licença *copyleft*, utilizadas em manuais, licões ou outros materiais, que permite aos utilizadores a livre cópia e redistribuição desses materiais, com ou sem modificações, para fins comerciais ou não comerciais. O exemplo mais comum de utilização da licensa GNU FDL é a Wikipédia, a conhecida enciclopédia em rede que se encontra

*dade em Rede. Atas do IV Colóquio Luso-Brasileiro Direito e Informação. 17 e 18 de Março de 2016*, Porto, Faculdade de Direito e Faculdade de Letras da Universidade do Porto, 2016, pp. 111-125, recolhido em ID, *Direito da Propriedade Intelectual e Novas Tecnologias. Estudos*, I, Lisboa, Gestlegal, 2019, pp. 249-271.

[456] Cfr. Manuella Santos, *Direito autoral*, p. 138.

[457] Cfr. a enumeração destas licenças em http://www.gnu.org/licenses/

aberta às contribuições de todos os seus utilizadores e permite assim a sua constante modificação e actualização.

Tem surgido alguma controvérsia relativamente à validade deste tipo de licenças. A questão surgiu inicialmente na Alemanha no caso Sitecom, em que foi utilizado um *software* da Netfilter-Iptable, que tinha sido objecto de distribuição através de uma licença GNU GPL sem que os termos dessa licença fossem respeitados. Na sua decisão de 19 de Maio de 2004, o Landesgericht München ordenou a cessação dessa utilização[458], por considerar que a distribuição de uma licença GNU GPL não envolve qualquer renúncia ao direito de autor, pelo que o titular dos direitos poderia sempre reagir caso os termos dessa licença fossem desrespeitados.

Na América este assunto foi discutido perante o *Michigan Eastern Distrct Court* no caso *Drew Technologies Inc. v. Society of Automotive Engineers, Inc.*[459]. Neste caso a *Drew Technologies* distribuiu um programa de computador sob uma licença GNU GPL, a qual foi colocada num quadro de mensagens gerido pelo *Society of Automative Engineers* (SAE). Intimada a retirar o programa do quadro, a SAE recusa-se a fazê-lo, o que leva a *Drew* a instaurar-lhe uma acção em Novembro de 2003. Em consequência, a SAE decidiu retirar o programa do quadro, o que permitiu que o processo terminasse por acordo no início de 2005.

### 4.2.3. As licenças *creative commons*

#### 4.2.3.1. Generalidades

Outra importante inovação existente no direito de autor são as denominadas licenças *creative commons*, as quais são expressas por determinados ícones que indicam o conteúdo das faculdades atribuídas aos licenciados[460]. Trata-se de um projecto lançado por Lawrence Lessig da Universidade

[458] Cfr. LG München Urteil vom 19. Mai 2004 (Az. 21 O 6123/03) disponível em http://gnumonks.org/~laforge/weblog/2004/04/16/

[459] As peças do processo podem ser encontradas em http://www.legalmetric.com/cases/copyright/mied/mied_203cv74535.html

[460] Cfr. sobre o tema Ronaldo Lemos, "Creative Commons, mídia e as transformações recentes do Direito da Propriedade Intelectual", em *Direito GV1*, v.1, nº 1 (Maio 2005), pp. 181-187, reproduzido em Associação Portuguesa de Direito Intelectual (org.), *Direito da Sociedade de Informação*, VIII, Coimbra, Coimbra Editora, 2009, pp. 295-302. Cfr. ainda as indicações dadas em http://www.creativecommons.pt/cms/view/id/28/

de Stanford em 2001, que, frustrado com o facto de a protecção autoral estar a limitar as possibilidades tecnológicas de partilha de conteúdos em rede, pretendeu aumentar a difusão e a partilha das obras criadas no ambiente digital, através da criação de modalidades flexíveis de licença que permitem ao autor escolher as formas de utilização que admite disponibilizar, garantindo simultaneamente aos utilizadores a possibilidade de utilizar esses conteúdos sem risco de um processo[461]. Assim, por exemplo, o autor pode escolher disponibilizar a obra apenas para uso não comercial, ou permitir a livre utilização para qualquer fim, restringindo no entanto a criação de obras derivadas. Com esta limitação, o autor continua a poder reagir se a utilização da obra extravasar o que era objecto do contrato de licença, mas perde essa possibilidade se o utilizador respeitar os termos dessa licença.

O autor que recorre a uma licença *creative commons* vem assim a permitir a terceiros indiscriminados certas utilizações da obra, conservando no entanto os direitos autorais que possui sobre a mesma. A *creative commons* caracteriza-se consequentemente por constituir uma forma de licença não exclusiva atribuída ao público em geral. Mas ao mesmo tempo, a *creative commons* constitui um projecto mundial que visa encorajar os titulares dos direitos de autor a licenciar os seus conteúdos para os fins de criação e inovação, permitindo que os mesmos sejam utilizados com um mínimo de esforço negocial através do estabelecimento de protocolos de licença genéricos, baseados em dísticos de fácil compreensão para qualquer utilizador[462].

Admitindo diversas modalidades, as licenças *creative commons* têm, no entanto, as seguintes características comuns:

a) asseguram sempre ao licenciado o direito de copiar, distribuir, disponibilizar, colocar em rede e transcrever a obra noutro formato;
b) têm aplicação mundial, mantêm-se durante todo o prazo de protecção da obra e são irrevogáveis;

[461] Cfr. Manuella Santos, *Direito autoral*, p. 138, e Brian Fitzgerald, "Open Content Licencing for Open Educational Resources", disponível em http://www.oecd.org/dataoecd/43/16/36428281.pdf, p. 2.

[462] Cfr. Brian Fitzgerald, *loc. cit.*

c) proíbem a utilização de dispositivos tecnológicos de protecção para restringir o acesso à obra;
d) proíbem a remoção das indicações da protecção autoral de qualquer exemplar da obra;
e) qualquer cópia da obra deve manter uma hiperligação à licença;
f) deve ser indicada a autoria original da obra[463].

As licenças *creative commons* são distribuídas em três versões. Na versão básica, as mesmas são escritas em linguagem comum, acessível a pessoas sem formação jurídica, indicando em que consiste a licença e quais os direitos que nela são concedidas. Na versão jurídica, as licenças são redigidas em termos jurídicos, sendo acessíveis a especialistas e sendo garantida a sua validade em determinado ordenamento. Finalmente, na versão informática, a licença é transcrita em formato digital, permitindo que o computador identifique quais os termos em que a utilização de determinada obra é permitida[464].

#### 4.2.3.2. Modalidades de licenças

Estas licenças abrangem várias modalidades, correspondendo ao seguinte:

1) Atribuição (*by*).
   Trata-se da modalidade mais permissiva de licença *creative commons*, na qual o autor permite que quaisquer outras pessoas façam utilização indiscriminada da sua obra, incluindo a sua distribuição, transformação e criação de obras derivadas, mesmo que para fins comerciais, desde que se mantenha o reconhecimento da sua autoria em relação à obra original. Verifica-se aqui consequentemente um licenciamento quase absoluto de todas as faculdades compreendidas no direito de autor, com exclusão do direito de reivindicar a paternidade da obra e de exigir nela a menção da autoria.

2) Atribuição para uso não comercial (*by-nc*).
   A licença de uso não comercial é um pouco menos permissiva do que a anterior, já que o autor continua a permitir qualquer utili-

[463] Cfr. BRIAN FITZGERALD, *op. cit.*, pp. 3-4.
[464] Cfr. SILVA ADOLFO, *Obras privadas*, p. 297.

zação, reprodução, transformação ou criação de obras derivadas, desde que as mesmas sejam realizadas exclusivamente para fins não comerciais. O autor licencia todas as faculdades relativas à obra, incluindo a transformação e criação de obras derivadas, mas veda qualquer utilização para uso comercial. O autor disponibiliza assim livremente a sua obra para fins desinteressados, mas já reserva todos os seus direitos autorais perante qualquer aproveitamento comercial que dela venha a ser feito.

3) Atribuição e proibição de obras derivadas (*by-nd*).
Através desta licença, o autor permite que os outros venham a fazer qualquer utilização da obra, e que procedam à sua distribuição e reprodução, mas veda qualquer transformação ou criação de obras derivadas, exigindo o respeito pela integridade da obra. É assim permitida toda e qualquer utilização e distribuição da obra, para fins comerciais ou não comerciais, mas mantém-se a exigência da menção da autoria e a defesa da sua integridade, proibindo qualquer transformação ou criação de obras derivadas.

4) Atribuição e partilha sob a mesma licença (*by-sa*).
A licença de compartilhamento da mesma licença já permite a criação de obras derivadas, mas exige que as mesmas sejam disponibilizadas através da mesma licença pela qual foi disponibilizada a obra original. Neste caso, o autor continua a permitir todas as utilizações da obra, incluindo o uso comercial, como ocorre na licença de atribuição, mas exige que os utilizadores adoptem exactamente a mesma licença em relação a todas as obras derivadas que venham a criar a partir dela. Trata-se de uma licença que se destina a possibilitar a difusão do *software* livre, uma vez que não permite a reserva de direitos de autor nas obras derivadas que assim são criadas.

5) Atribuição, uso não comercial, e partilha sob a mesma licença (*by-nc-sa*).
Nesta combinação, o autor licencia todas as faculdades resultantes da obra, desde que para fins não comerciais, mas obriga todos os utilizadores a partilhar a obra exactamente segundo a mesma

licença, obrigando assim a que seja sempre reconhecida a autoria da obra original.

6) Atribuição, uso não comercial e proibição de realização de obras derivadas (*by-nc-nd*).
Nesta combinação, o autor disponibiliza a obra, mas apenas para fins não comerciais, proibindo ainda a transformação e a criação de obras derivadas. Trata-se de uma modalidade muito difundida, que permite aos autores dar a conhecer a sua obra, através da sua partilha para fins não comerciais, conservando a possibilidade de reclamar os seus direitos em caso de utilizações comerciais ou criação de obras derivadas.

## 5. As novas formas de tutela das obras

### 5.1. A solução provisória de litígios na internet

Antecipando uma solução que a Directiva 2000/31/CE deixava para regulação futura (cfr. art. 21º, nº 2), no art. 18º do D.L. 7/2004 vem-se prever uma solução próxima do *notice and take down* americano, pretendo-se por essa via obter uma solução provisória de litígios na internet.

Salienta-se, em primeiro lugar, que, nos termos do art. 18º, nº 1, do D.L. 7/2004, "o prestador intermediário de serviços, se a ilicitude não for manifesta, não é obrigado a remover o conteúdo contestado ou a impossibilitar o acesso à informação só pelo facto de o interessado arguir uma violação". Assim, sempre que alguém arguir uma violação, o prestador não fica automaticamente sujeito a ter que remover o conteúdo ou a impossibilitar o acesso[465], apenas surgindo essa obrigação em casos de ilicitude manifesta. O prestador tem, no entanto, a faculdade de o fazer, no caso de concordar com a fundamentação do interessado, sendo que, qualquer que seja a sua decisão, ela não envolve qualquer responsabilidade, se não for manifesto se há ou não ilicitude (cfr. art. 18º. nº 6, do D.L. 7/2004).

[465] Conforme salienta HUGO LANÇA SILVA, "Os *Internet Service Providers* e o Direito: São criminosos, são cúmplices, são parceiros da justiça, polícias ou juízes?", acessível em http://www.verbojuridico.net , p. 18, nota (58), enquanto na remoção se elimina a informação do servidor, na impossibilitação de acesso, ela é lá mantida, sendo apenas tornada inacessível aos internautas.

Se discordarem da decisão do prestador, tanto o interessado na remoção do conteúdo, como o interessado na sua manutenção podem solicitar que a decisão, porém, provisoriamente determinada por uma entidade reguladora (art. 18º, nºs 2 e 3), a qual pode ser a todo o tempo revista (art. 18º, nº 5), podendo os interessados solicitar, mesmo que simultaneamente a decisão dos tribunais comuns (art. 18º, nº 8). A decisão da entidade reguladora está igualmente sujeita ao regime de isenção de responsabilidade, salvo se for manifesta a existência ou inexistência de ilicitude (art. 18º, nº 6).

## 5.2. Os dispositivos tecnológicos de protecção

### 5.2.1. Generalidades

Os dispositivos tecnológicos de protecção consistem em dispositivos de codificação ou encriptação, que têm por efeito restringir a livre utilização de determinados conteúdos por parte de terceiros[466]. O seu surgimento tornou-se necessário em virtude da crescente pirataria que tem vindo a atingir as obras intelectuais, obrigando ao desenvolvimento de tecnologia que permita evitar a sua ilegítima utilização.

Efectivamente, o desenvolvimento da tecnologia digital e o surgimento das redes de comunicação electrónica facilitou extraordinariamente o acesso do público à informação e aos bens culturais, mas ao mesmo tempo potenciou extraordinariamente a possibilidade de usurpação por essa via das obras protegidas pelo direito de autor, aumentando assim enormemente as lesões em larga escala dos direitos de autor.

Esse incremento da lesão aos direitos de autores resulta essencialmente de duas razões. A primeira é a de que os suportes digitais tornam extremamente fácil a reprodução e distribuição das obras protegidas, diminuindo quer os custos de proceder a essa reprodução, quer os riscos de repressão por parte das autoridades[467]. A segunda é a de que as

[466] Cfr. sobre eles Dário Moura Vicente em APDI (org.), *Direito da Sociedade de Informação*, VII, pp. 499-523, Oliveira Ascensão, "Dispositivos tecnológicos de protecção, direitos de acesso e de uso dos bens", em Associação Portuguesa de Direito Intelectual (org.), *Direito da Sociedade de Informação*, VIII, Coimbra, Coimbra Editora, 2009, pp. 101-122, e Alexandre Libório Dias Pereira, *Direitos de Autor*, pp. 623 e ss.

[467] Conforme salienta Pamela Samuelson, "Tecnhological protection for copyrighted works", disponível em http://people.ischool.berkeley.edu/~pam/courses/cyberlaw97/docs/

reprodução efectuadas nesses suportes não sofrem qualquer diminuição de qualidade em relação ao original, diferentemente do que sucedia com os suportes analógicos[468].

A multiplicação de atentados ao direito de autor, principalmente no âmbito do ambiente digital, levou a que a tecnologia viesse reagir contra essa violação através dos denominados dispositivos tecnológicos de protecção. Nada tem de estranho esta solução, uma vez que já salientou LAWRENCE LESSIG na sua obra, *Code and other laws of the Cyberspace* que o comportamento no ciberespaço é essencialmente regulado por quatro factores: o direito (*law*); as regras sociais (*norms*), o mercado (*market*) e a arquitectura técnica do sistema (*code*)[469]. Neste âmbito, sabendo-se da ineficácia das leis, das regras sociais e do mercado para reprimir a pirataria no ambiente digital, os empresários recorreram à arquitectura técnica do sistema, criando tecnologias destinadas a impedir o acesso aos utilizadores não autorizados. Trata-se, no fundo, de uma situação semelhante ao controlo da velocidade nas estradas, em que, quando os condutores sistematicamente ultrapassam os limites de velocidades, são colocadas bandas na estrada, que os impedem de circular se essa velocidade não for reduzida. No caso das medidas tecnológicas de protecção, a máquina é considerada como uma resposta aos problemas gerados por ela própria, nos termos da célebre citação de CHARLES CLARK, "*the answer to the machine is the machine*"[470]. No entanto, o problema que se coloca neste caso é o de que uma tecnologia pode fazer, outra tecnologia também pode desfazer[471], sendo perfeitamente possível criar novos meios digitais destinados a ultrapassar ou neutralizar os dispositivos tec-

techpro.pdf , p. 5, até recentemente os custos da reprografia e da gravação de obras protegidas eram suficientemente altos e os seus usos de tal forma públicas que existia um risco mais reduzido de uma elevada violação dos direitos de autor à escala comercial.

[468] Cfr. DÁRIO MOURA VICENTE em APDI, (org.), *Direito da Sociedade de Informação*, VII, p. 499.

[469] Cfr. LAWRENCE LESSIG, *Code and other laws of the cyberspace*, New York, Basic Books, 1999, pp. 86 e ss. Cfr. ainda ID, "The Law of The Horse: What Cyberlaw Might Teach", em *Harvard Law Review* 113 (1999), 2, pp. 501-549 (507 e ss.).

[470] Cfr. CHARLES CLARK, "The answer to the Machine is the Machine", em P. B. HUGENHOLTZ (org.), *The future of Copyright in a Digital Environment*, The Hague/London/Boston, Kluwer Law International, pp. 139-148.

[471] Cfr. PAMELA SAMUELSON, *op. cit.*, p. 2.

nológicos de protecção. Tal torna necessário que ocorra uma nova intervenção do Direito em ordem a sancionar a neutralização dos dispositivos tecnológicos de protecção. Daí o surgimento da afirmação de KAMIEL J. KOEMAN "*legislators all over the world have determined that the answer of the machine is not enough, but needs to be backed by statutory protection*"[472].

### 5.2.2. Tipos de disposivos tecnológicos de protecção

Segundo referem KOELMAN e HELBERGER[473], os dispositivos tecnológicos de protecção podem ser divididos em quatro tipos:

a) dispositivos que controlam o acesso à obra;
b) dispositivos que controlam determinados usos da obra,
c) dispositivos que protegem a integridade da obra;
d) dispositivos que permitem contabilizar as vezes em que se teve acesso ou se utilizou a obra.

Relativamente *aos dispositivos que controlam o acesso à obra* estes podem ter várias formas. A primeira será o controlo de acesso a um conteúdo disponibilizado *on-line* através da própria fonte, como sucede quando alguém exige uma senha para aceder a determinado sítio da internet. Outra será o controlo do acesso através do próprio receptor, como sucede quando se exige um descodificar para ter acesso a determinadas emissões de TV. Outra será o controlo de acesso a um exemplar da obra já adquirido, como as medidas que impedem as reproduções de CD-ROM ou de *software*. Finalmente, é também uma medida de controlo de acesso a que impede o acesso subsequente, como sucede com os CD-ROM de instalação de programas, em que o programa de instalação se destrói após a primeira utilização.

Em relação *aos dispositivos que controlam certos usos da obra*, eles podem consistir em impedir que determinado documento digital possa ser

[472] Cfr. KAMIEL J. KOELMAN, "A Hard Nut to Crack: The Protection of Technological Measures", na *European Intelectual Property Law Review* 2000, pp. 272-288 (272), disponível em http://www.ivir.nl/publications/koelman/hardnut.html .

[473] Cfr. KAMIEL J. KOELMAN/NATALI HELBERGER, "Protection of technological measures" em P. B. HUGENHOLTZ (org.), *Copyright and Electronic Commerce. Legal aspects of Electronic Copyright Management*, The Hague/London/Boston, Kluwer Law International, 2000, pp. 165-227.

objecto de impressão, de cópia integral, ou colocado na internet. Estes dispositivos são normalmente usados para impedir cópias excessivas do documento, por exemplo, apenas permitindo a cópia a partir do documento original e não das suas cópias subsequentes, ou instalando um *worm* no computador que destrói as cópias do documento.

Em relação *aos dispositivos de protecção da integridade da obra*, eles previnem a possibilidade de ser realizada a sua alteração por parte dos utilizadores. Uma vez que se destinam a proteger direitos morais, estes dispositivos não são muito utilizados. Podem ser, no entanto, estabelecidas formas de protecção para evitar a alteração de certos conteúdos não autorizados por terceiros (como a autenticação exigida aos autores de certos blogues) ou para limitar as alterações realizadas à obra aberta (como as limitações à supressão de conteúdos realizada pela *Wikipedia* para evitar o vandalismo).

Uma última categoria corresponde aos *dispositivos de contabilização das vezes em que se teve acesso ou se utilizou a obra*. Estes dispositivos, embora não restrinjam o acesso nem a utilização da obra, possibilitam uma melhor gestão dos direitos de autor sobre ela, controlando o uso que dela se fez e cobrando o utilizador nos casos em que este tenha feito utilização da obra em desconformidade com a respectiva licença.

### 5.2.3. O surgimento da protecção jurídica dos dispositivos tecnológicos de protecção

Os dispositivos tecnológicos de protecção vieram a ser objecto de reconhecimento internacional através do art. 11º do Tratado da OMPI Sobre Direito de Autor (WIPO Copyright Treaty), bem como do art. 18º do Tratado da OMPI sobre Interpretações ou Execuções e Fonogramas (WIPO Perfomances and Phonograms Treaty), ambos de 1996. O art. 11º do Tratado da OMPI sobre Direito de Autor estabelece que "as Partes Contratantes devem prever uma protecção jurídica adequada e sanções jurídicas eficazes contra a neutralização de dispositivos tecnológicos efectivos que sejam utilizados pelos autores no exercício dos seus direitos previstos neste Tratado ou na Convenção de Berna e que, relativamente às suas obras, restrinjam actos que não sejam autorizados pelos autores a que digam respeito ou permitidos por lei". É semelhante a disposição do art. 18º do Tratado da OMPI sobre Interpretações ou Execuções e Fonogramas, referida agora aos artistas, intérpretes e executantes e aos produtores de fonogramas.

Face a estes tratados, os dispositivos tecnológicos de protecção só podem ser juridicamente tutelados se preencherem as seguintes quatro condições:

a) serem eficazes;
b) serem utilizados por autores, artistas, intérpretes, executantes ou produtores de fonogramas;
c) serem utilizados no exercício de direitos de autor ou conexos consignados nos Tratados ou na Convenção de Berna;
d) restringirem actos não autorizados pelos titulares desses direitos ou não permitidos por lei.

A partir do momento em que preenchem essas quatro condições, os Estados membros são obrigados a proibir os actos de neutralização dessas medidas. No entanto, em resultado da pressão dos fabricantes dos produtos susceptíveis de efectuar essa neutralização, os Tratados da OMPI apenas se referem aos actos individuais de neutralização de dispositivos tecnológicos de protecção, e não aos actos de fabrico e comercialização dos produtos susceptíveis de a realizar.

Em consequência desta previsão nos Tratados, nos EUA, os dispositivos tecnológicos de protecção foram reconhecidos na Secção 1201 do Digital Millennium Copyright Act, de 1998, onde expressamente se prevê na alínea (a) (1) que "*no person shall circumvent a technological measure that effectively control access to a work protected*". No entanto, o DMCA foi mais longe do que os Tratados da OMPI, na medida em que a alínea (b) (1) da Secção 1201 proibe ainda como violações adicionais a produção, comercialização, oferta ou distribuição de medidas de neutralização dos dispositivos tecnológicos de protecção. A razão para esta extensão prende-se com o facto de se ter considerado como muito mais lesivos para os titulares de direito a oferta ou distribuição de processos de neutralização, do que os actos individuais de neutralização dos dispositivos tecnológicos de protecção[474]. Esta proibição foi aplicada pela pela primeira vez no caso *Universal Studios Inc. V. Corley*, nos termos do qual foi

[474] Cfr. KOELMAN/HELBERGER, *op. cit.*, p. 178 e DÁRIO MOURA VICENTE, em APDI (org.), *Direito da Sociedade de Informação*, VII, p. 506.

sancionado Eric Corley editor da revista digital 2600 The Hacker Quarterly por ter divulgado nessa revista um programa informático DeCSS que possibilitava a neutralização do CSS *(Contents Scramble System)* utilizado pelos autores, em ordem a permitir a codificação dos DVD que distribuíam, por violação desta disposição do DMCA. O Tribunal não aceitou a defesa dos réus de que a sua atitude estaria protegida pelo *fair use*, que caracteriza o Direito de Autor, nem entendeu que a proibição de divulgação do referido programa informático violasse a liberdade de imprensa protegida pelo I Aditamento[475]. A decisão veio a ser posteriormente confirmada pelo Tribunal de Recurso[476].

Os dispositivos tecnológicos de protecção vieram igualmente a ser previstos no art. 6º da Directiva 2001/29/CE, do Parlamento Europeu e do Conselho, de 22 de Maio de 2001. Inspirada pelo DMCA, a Directiva foi também mais longe do que tinham ido os Tratados da OMPI, uma vez que não apenas proibiu os actos de neutralização dos dispositivos tecnológicos de pretecção, mas também os actos preparatórios dessa neutralização como o fabrico, a importação, a distribuição, a venda, o aluguer, a publicidade para efeitos de venda ou aluguer ou a posse para fins comerciais desses produtos. Para além disso, o nº 3 do art. 6º estendeu essa tutela ao fabricante de bases de dados, o qual não é abrangido pelos Tratados da OMPI. Finalmente, o nº 4, admite a protecção dos dispositivos tecnológicos de protecção contra formas de utilização das obras e prestações que, embora não consentidas pelos titulares de direitos, são livres de acordo com a legislação autoral[477].

Na sequência da sua transposição para o Direito interno, dos dispositivos tecnológicos de protecção passaram a estar previstos nos arts. 217º

[475] Cfr. United States District Court for the Southern District of New York, de 17/8 (2000, *Universal Studios Inc. v. Reimerdes* em 111 F.Supp.2d 294, disponível em http://www.leagle.com/xmlResult.aspx?xmldoc=2000405111FSupp2d294_1372.xml&docbase=CSLWAR2-1986-2006 e de 19/8/2000, em 111 F.Supp.2d 346, disponível em http://www.leagle.com/xmlResult.aspx?xmldoc=2000457111FSupp2d346_1423.xml&docbase=CSLWAR2-1986-2006

[476] Cfr. US Court of Appeals Second Circuit de 28/11/2001, *Universal City Studios Inc. v. Corley*, 273 F.3 d 429, 60 USPQ2d 1953, disponível em http://digital-law-online.info/cases/60PQ2D1953.htm . Criticando a decisão, veja-se AAVV, *The Progress*, pp. 27 e ss.

[477] Cfr. Dário Moura Vicente, em APDI (org.), *Direito da Sociedade de Informação*, VII, pp. 506-507.

e ss. do Código do Direito de Autor e dos Direitos Conexos, que lhes chama antes "medidas de carácter tecnológico".

### 5.2.4. Definição de dispositivos tecnológicos de protecção

Nos termos do art. 217º, nº 2, CDADC entende-se por *medidas de carácter tecnológico* toda a técnica, dispositivo ou componente que, no decurso do seu funcionamento normal, se destinem a impedir ou restringir actos relativos a obras, prestações e produções protegidas, que não sejam utilizações livres previstas no nº 2 do art. 75º, no art. 81º, no nº 4 do art. 152º e no nº 1 do art. 189º.

Nos termos do art. 217º, nº 3, CDADC "as medidas de carácter tecnológico são consideradas «eficazes» quando a utilização da obra, prestação ou produção protegidas, seja controlada pelos titulares de direitos mediante a aplicação de um controlo de acesso ou de um processo de protecção como, entre outros, a codificação, cifragem ou outra transformação da obra, prestação ou produção protegidas, ou um mecanismo de controlo da cópia, que garanta a realização do objectivo de protecção".

Desta disposição parece resultar que os dispositivos tecnológicos abrangidos pela lei portuguesa (como também pela Directiva) apenas abrangem medidas que restrinjam o acesso à obra ou a protejam. Os dispositivos que limitem o número de cópias da obra ou contabilizem o acesso ou a sua utilização não se encontram consequentemente abrangidas por esta definição[478].

### 5.2.5. Possibilidade de aplicação dos dispositivos tecnológicos de protecção

Nos termos do art. 217º, nº 4, CDADC "a aplicação de medidas tecnológicas de controlo de acesso é definida de forma voluntária e opcional pelo detentor dos direitos de reprodução da obra, enquanto tal for expressamente autorizado pelo seu criador intelectual". Desta disposição resulta que, sem autorização do criador intelectual não é possível a introdução de medidas de carácter tecnológico para restringir o acesso à obra. A decisão sobre a sua utilização compete, no entanto, ao titular dos direitos de distribuição, não podendo em consequência o autor, que tenha permitido a distribuição da obra, impor a implementação dessas medidas.

[478] Cfr. Koelman/Helberger, *op. cit.*, p. 173.

### 5.2.6. Tutela dos dispositivos tecnológicos de protecção

#### 5.2.6.1. Generalidades

Nos termos do art. 217º, nº 1, CDADC, "é assegurada protecção jurídica, nos termos previstos neste Código, aos titulares de direitos de autor e conexos, bem como ao titular do direito *sui generis* previsto no Decreto-Lei nº 122/2000, de 4 de Julho, com a excepção dos programas de computador, contra a neutralização de qualquer medida eficaz de carácter tecnológico". A lei reconhece assim aos autores e ao titular do direito *sui generis* relativo às bases de dados o direito à utilização de medidas eficazes de carácter tecnológico e a possibilidade de reagir contra a sua neutralização[479]. Exceptuam-se, porém, os autores de programas de computador, onde esse direito não é atribuído.

Ao assegurar protecção contra "a neutralização de qualquer medida eficaz de carácter tecnológico", a lei considera ilícita a utilização de qualquer equipamento ou *software* destinado a dar acesso à obra ou prestação, sem autorização do titular dos respectivos direitos. Abrangem-se aqui os cartões pirateados e os programas informáticos que aplicam continuamente as *passwords*. Tem-se perguntado, no entanto, se a própria disponibilização da *password* a terceiros pode ser aqui abrangida. Tem sido defendido que a disponibilização de *passwords* é proibida pela Directiva 2001/29/CE, uma vez que ela se refere expressamente à *prestação de serviços* que permitam ultrapassar a protecção (art. 6º, nº 1, proémio da Directiva 2001/29/CE)[480].

A protecção jurídica reconhecida às medidas de carácter tecnológico consiste essencialmente em duas vias: a tutela penal e a tutela civil.

Analisemos separadamente estas duas formas de tutela.

[479] A concessão destas medidas ao titular do direito *sui generis* relativo às bases de dados suscita a crítica de ALEXANDRE DIAS PEREIRA, "Direitos de autor, da imprensa à internet", disponível em http://www.ciberscopio.net/artigos/tema3/cdif_01.pdf , p. 7, para quem "isso significa que a protecção jurídica dos dispositivos tecnológicos já nada terá a ver com o direito de autor, pois que poderá uma tal base nem ser protegida pelo direito de autor nem conter obras por ele protegidas. Trata-se de um puro direito de protecção de conteúdos informativos, destinado a tutelar investimentos de produção contra actos de concorrência parasitária e, mesmo, actos de utilizadores finais que afectem o investimento (por ex., tendo acesso à base sem pagar o respectivo título de acesso). E com isto o domínio público parece ser eclipsado". Em *Direitos de Autor*, pp. 633 e ss. chega mesmo a equacionar a inconstitucionalidade dessa extensão.

[480] Cfr. KOELMAN/HELBERGER, *op. cit.*, p. 212.

#### 5.2.6.2. A tutela penal dos dispositivos tecnológicos de protecção

Os dispositivos tecnológicos de protecção beneficiam de tutela penal[481]. A neutralização dos dispositivos tecnológicos de protecção é tipificada como crime no art. 218º, nº 1, CDADC o qual estabelece que "quem, não estando autorizado, neutralizar qualquer medida eficaz de carácter tecnológico, sabendo isso ou tendo motivos razoáveis para o saber, é punido com pena de prisão até 1 ano ou com pena de multa até 100 dias". A lei exige, no entanto, um elemento subjectivo no tipo que é o facto de o agente ter o conhecimento ou tendo motivos razoáveis para o ter, de que se encontra a neutralizar um dispositivo tecnológico de protecção. Devemos dizer que temos dificuldade em conceber casos em que esse elemento não esteja preenchido pelo que a sua previsão pode ser fonte de dúvidas jurisprudenciais.

A lei prevê a punibilidade da tentativa com multa até 25 dias (art. 218º, nº 2, CDADC).

No entanto, ainda é prevista a punibilidade autónoma de actos preparatórios do crime, a que se refere o art. 219º CDADC. Efectivamente, esta disposição estabelece que "quem, não estando autorizado, proceder ao fabrico, importação, distribuição, venda, aluguer, publicidade para venda ou aluguer, ou tiver a posse para fins comerciais de dispositivos, produtos ou componentes ou ainda realize as prestações de serviços que:

a) sejam promovidos, publicitados ou comercializados para neutralizar a protecção de uma medida eficaz de carácter tecnológico; ou
b) só tenham limitada finalidade comercial ou utilização para além da neutralização da protecção da medida eficaz de carácter tecnológico; ou
c) sejam essencialmente concebidos, produzidos, adaptados ou executados com o objectivo de permitir ou facilitar a neutralização da protecção de medidas de carácter tecnológico eficazes;

é punido com pena de prisão até 6 meses ou com pena de multa até 20 dias".

[481] Cfr. sobre esta José Branco, em Paulo Pinto de Albuquerque/José Branco (org.), *Comentário*, II, pp. 274 e ss.

Temos assim uma solução paradoxal em termos penais. É que enquanto a tentativa de neutralização de dispositivos tecnológicos de protecção é apenas punida com multa, a prática de actos preparatórios autonomamente tipificados como crime já é punida com pena de prisão.

### 5.2.6.3. A tutela civil dos dispositivos tecnológicos de protecção

A neutralização dos dispositivos tecnológicos de protecção é susceptível de gerar responsabilidade civil, nos termos gerais. Nos termos do art. 226º CDADC, essa responsabilidade é independente do procedimento criminal a que haja lugar, mas pode ser exercida conjuntamente com a acção penal.

A lei admite ainda o recurso a procedimentos cautelares perante a neutralização de medidas de carácter tecnológico. Efectivamente, o art. 227º, nº 1, CDADC prevê que "os titulares de direitos podem, em caso de violação dos mesmos ou quando existam fundadas razões de que esta se vai produzir de modo iminente, requerer ao tribunal o decretamento das medidas cautelares previstas na lei geral, e que, segundo as circunstâncias, se mostrem necessárias para garantir a protecção urgente do direito". O art. 227º, nº 2, CDADC admite igualmente que os intermediários a que recorra um terceiro para infringir um direito de autor ou direitos conexos, possam igualmente ser destinatários dessas medidas cautelares previstas na lei geral, sem prejuízo da faculdade de os titulares de direitos os notificarem, prévia e directamente dos factos ilícitos, em ordem à sua não produção ou cessação de efeitos.

### 5.2.7. O direito de acesso do público

A utilização dos dispositivos tecnológicos de protecção colocou desde sempre o problema de estar a alterar o equilíbrio de interesses estabelecido no direito de autor em prejuízo dos utilizadores das obras, violando assim a liberdade intelectual destes[482]. Efectivamente, os titulares do direito de autor nunca tiveram possibilidade de controlar cada uso privado

[482] Cfr. AAVV, *The progress of science and useful arts: why copyright today threatens intellectual freedom: a public policy report*, 2ª ed., 2003, disponível em http://www.fepproject.org/policyreports/copyright2d.pdf, pp. 6-7, que afirmam que corremos o risco de nos transformarmos numa sociedade *pay per view* onde a informação e as ideias se vão tornando cada vez mais caras, ao mesmo tempo que ironicamente a internet permitia um fluxo cada vez maior de informação e comunicação.

da obra, tendo sido estabelecido pela lei limites ao direito de autor, em ordem a possibilitar o uso privado e o acesso do público às obras.

A criação dos dispositivos tecnológicos de protecção vem assim alterar o paradigma do direito de autor, o qual recaindo sobre um bem intelectual, acessível facticamente a todos, apenas poderia ser objecto de protecção jurídica. Os dispositivos tecnológicos de protecção passaram a permitir aos titulares dos direitos vedar o acesso material às obras, como se fossem proprietários de bens corpóreos, cujo acesso pode ser vedado a terceiros através de paredes, portas e chaves, cabendo a quem tem a chave decidir individualmente sobre cada acesso[483]. Tal situação ultrapassa muito a protecção conferida pelo direito de autor, uma vez que enquanto este se encontra limitado pelo seu objecto, pelo prazo de protecção da obra e pelas utilizações livres concedidas a terceiro, a exclusividade conferida pela tecnologia é ilimitada, podendo negar acesso a obras não protegidas ou proibir utilizações que a lei considera livres[484].

Os dispositivos tecnológicos de protecção colocam por isso sérios problemas em relação ao direito de acesso do público à obra, no âmbito das utilizações livres que dela são permitidas. O art. 6º, nº 4 da Directiva 2001/29/CE admite nesses casos a neutralização de dispositivos tecnológicos de protecção, mas apenas em relação a alguns limites ao direito de autor, o que leva Oliveira Ascensão a considerar que de uma penada se suprime no digital a maioria dos limites que já existiam[485].

Na transposição desta norma, o art. 221º, nº 1, CDADC, na redacção da Lei 92/2019, de 4 de Setembro veio estabelecer que "as medidas eficazes de caráter tecnológico não podem constituir um obstáculo ao exercício normal pelos beneficiários das utilizações livres e permitidas, previstas no nº 2 do artigo 75º, no artigo 81º, no artigo 82º-B, no nº 4 do artigo 152º e no nº 1 do artigo 189º". Assim, em relação a estes limites ao direito de autor não é permitida a introdução de medidas de carácter tecnológico.

[483] Cfr. Koelman/Helberger, *op. cit.*, pp. 190-191.

[484] Cfr. Kamiel J. Koelman, "The protection of technological measures vs. the copyright limitations", disponível em http://www.ivir.nl/publicaties/koelman/alaiNY.html.

[485] Cfr. José de Oliveira Ascensão, em Silva Adolfo/Marcos Wachowicz (org.), *Direito da Propriedade Intelectual*, pp. 104-105. Cfr. também ID, em APDI (org.), *Direito da Sociedade de Informação*, VIII, p. 115.

Não é da mesma forma admitida a aplicação de medidas eficazes de carácter tecnológico a obras no domínio público, a novas edições de obras no domínio público e a obras editadas por entidades públicas ou com financiamento público (art. 221º, nº 2, CDADC).

Para além disso, a lei esclarece que a proteção jurídica concedida às medidas de carácter tecnológico não abrange as situações em que se verifique, em resultado de omissão de conduta, que uma medida eficaz de caráter tecnológico impede ou restringe o uso ou a fruição livre de uma obra por parte de um beneficiário que tenha legalmente acesso ao bem protegido, ou que tenha sido aplicada sem autorização do titular de direitos de autor ou de direitos conexos (art. 221º, nº 3).

No entanto, e de acordo com o art. 222º CDADC, essas limitações não se aplicam em relação às obras, prestações ou produções protegidas, que sejam disponibilizadas ao público na sequência de acordo entre titulares e utilizadores, de tal forma que a pessoa possa aceder a elas a partir de um local e num momento por ela escolhido. Efectivamente, se alguém disponibiliza mediante acordo o acesso a obras *on line* a uma categoria restrita de utilizadores, não é possível solicitar o levantamento das medidas de carácter tecnológico.

Em ordem a permitir o levantamento das medidas de carácter tecnológico, o art. 222º, nº 2, CDADC insta os titulares de direitos a adoptar adequadas medidas voluntárias, como o estabelecimento e aplicação de acordos entre titulares ou seus representantes e os utilizadores interessados. Caso, porém, se verifique, em razão de omissão de conduta, que uma medida eficaz de carácter tecnológico impede ou restringe o uso ou a fruição de uma utilização livre por parte de um beneficiário que tenha legalmente acesso ao bem protegido, pode o lesado solicitar à IGAC acesso aos meios depositados que permitem proceder ao levantamento dessas medidas (art. 222º, nº 3, CDADC).

O levantamento das medidas eficazes de carácter tecnológico pode dar lugar a litígios entre as partes. O art. 221º, nº 4, CDADC atribui a competência para resolver esses litígios a uma comissão de mediação e arbitragem, de cujas decisões cabe recurso para o Tribunal da Relação, com efeito meramente devolutivo, comissão essa que, no entanto, nunca chegou a entrar em funcionamento. A resolução desses litígios processa-se segundo um regulamento que assegura os princípios da igualdade processual das partes e do contraditório e define as regras relativas à fixação e pagamento dos encargos devidos a título de preparos e custas dos processos (art. 221º, nº 7, CDADC). Os processos têm natureza urgente, em ordem a permitir a sua conclusão no prazo máximo de três meses (art. 221º, nº 6). Em caso de condenação, a lei prevê expressamente que o incumprimento das decisões pode dar lugar à aplicação da sanção pecuniária compulsória prevista no art. 829º-A do Código Civil (art. 221º, nº 5, CDADC)[486].

[486] Oliveira Ascensão, em APDI (org.), *Direito da Sociedade de Informação*, VIII, p. 117, considera este sistema "inoperante porque se cai (...) na jurisdicionalização da vida corrente, que os beneficiários excluídos não estão em condições de afrontar".

# Capítulo XVI
# O Direito de Autor no Jornalismo

## 1. A obra jornalística

O art. 2º, nº 1, a) inclui entre as obras protegidas pelo direito de autor as "revistas, jornais, e outros escritos". Conforme acima se referiu, existe aqui uma confusão entre os veículos utilizados para a difusão das obras (jornais ou revistas, mas hoje em dia também a rádio, televisão e a internet) e as próprias obras jornalísticas (textos ou trabalhos jornalísticos). Naturalmente que o que é objecto de protecção pelo direito de autor são as obras intelectuais e não os veículos utilizados para a sua difusão.

## 2. A protecção do título de jornal e de outras publicações periódicas

A protecção dos títulos de jornais e de outras publicações periódicas obedece a um regime especial, que se afasta do regime geral previsto no art. 4º.

O registo das publicações periódicas é prévio, obrigatório e de acesso público, nos termos do art. 5º da Lei de Imprensa (Lei 2/99, de 13 de Janeiro, alterada pela Lei 18/2003, de 11 de Junho), tendo carácter constitutivo (art. 214º b)). O mesmo está regulamentado pelo Decreto-Regulamentar 8/99, de 9 de Junho.

A protecção conferida pelo registo ao título das publicações periódicas depende de essa publicação se efectuar com regularidade. Efectivamente, estes títulos só são protegidos "enquanto a respectiva publicação se efectuar com regularidade, desde que devidamente inscritos na competente repartição do registo do departamento governamental que tutela a comunicação social" (art. 5º, nº 1). Daí que seja possível a utilização do título por publicação congénere um ano após a extinção do direito à publicação, anunciado por qualquer modo, ou decorridos três anos sobre a interrupção da publicação (art. 5º, nº 2, CDADC). Com esta disposição visa-se evitar a perpetuação de um direito sobre os títulos de publicações periódicas mais antigas, quando há muito tempo essa publicação cessou. É, por isso, comum, no caso de títulos com particular valia, fazer sair um número isolado de uma publicação extinta de tempos a tempos, em ordem a conservar o direito ao título[487].

### 3. A atribuição do direito de autor sobre a obra jornalística

A produção de jornais e outras publicações periódicas é regulada especificamente nos arts. 173º e ss. Os jornais e as revistas presumem-se obras colectivas, pelo que a titularidade do direito de autor pertence à respectiva empresa jornalística, nos termos do art. 19º, nº 3. Há, no entanto, uma protecção especial em relação às contribuições pessoais dos colaboradores, sempre que for possível discriminá-las.

A lei distingue neste caso, consoante se trate de colaboradores independentes (*free lancers*) e colaboradores vinculados por contrato de trabalho.

Em relação aos colaboradores independentes, pertence-lhes o direito de autor sobre as obras que publiquem no jornal ou publicação periódica, só sendo eles que podem autorizar a reprodução em separado ou em publicação congénere, salvo convenção escrita em contrário (art. 173º, nº 1). O proprietário ou editor da publicação mantém, no entanto, o direito de reproduzir os números em que foram publicadas as referidas contribuições (art. 173º, nº 2). Efectivamente, a autoria singular dos textos não prejudica o direito de autor sobre a obra colectiva, que é da empresa jornalística, podendo ela exercer, não apenas a faculdade de reprodução, mas ainda todas as outras faculdades relativas ao direito de autor, sem necessidade de pagar qualquer compensação suplementar ao criador intelectual[488].

Já em relação aos trabalhadores subordinados, a atribuição do direito de autor sobre as suas contribuições depende de nas mesmas se identificar a autoria, por assinatura ou outro meio (art. 174º, nº 1). Em con-

[487] Oliveira Ascensão, *Direito de autor*, p. 539, considera esta actuação como correspondendo a uma fraude à lei.

[488] Neste sentido, Oliveira Ascensão, *Direito de autor*, p. 537.

sequência, o direito de autor sobre trabalhos não assinados pertence à empresa jornalística, só podendo os mesmos ser publicados autonomamente por aqueles que os escreveram com autorização desta (art. 174º, nº 4). No entanto, mesmo que lhe seja atribuída a autoria, o trabalhador não pode publicar em separado os seus trabalhos antes decorridos três meses sobre a data em que tiver sido posta a circular a publicação em que foram inseridos (art. 174º, nº 2), sendo que, no caso de trabalhos em série esse prazo se conta a partir da data da distribuição do número em que o último trabalho foi publicado (art. 174º, nº 3).

## 4. Limites ao direito de autor

Em relação aos limites ao direito de autor sobre as obras jornalísticas, há que salientar que existe a faculdade de selecção dos artigos de publicações periódicas sob a forma de revista de imprensa (art. 75º, nº 1, c)). É, porém, questionável se esta excepção permite a realização do denominado *press-clipping*, em que as empresas acordam com o cliente a busca e a digitalização de artigos de jornal relativos a temas previamente estabelecidos, sendo os respectivos ficheiros electrónicos distribuídos ao cliente[489].

[489] No Acórdão TJCE 16/7/2009 (*Infopaq International A/S* v. *Danske Dagblades Forening*, Proc. C-5/08, em *CDP* nº 28 (Outubro/Dezembro 2009), pp. 38-43, considerou-se que o *press clipping* é susceptível de integrar o conceito de reprodução parcial para efeitos do art. 2º da Directiva 2001/29/CE, não sendo considerada como uma reprodução temporária de cariz tecnológico permitida pelo art. 5º, nº 1, da mesma Directiva. Em consequência é reservado aos autores permitir essa reprodução. Em anotação a esse acórdão CLÁUDIA TRABUCO, "Com onze palavrinhas apenas...: a reprodução temporária de obras e a actividade de *press clipping*", *ibid*, a pp. 43-53, sustenta que a aplicação da regra dos três passos prevista no art. 75º, nº 4, CDADC poderá revelar-se contrária à admissibilidade do *press clipping* sem consentimento dos autores, por prejudicar irrazoavelmente a exploração normal das obras, atento o fim lucrativo prosseguido pelas empresas de *clipping*.

# Capítulo XVII
# O Direito de Autor na Publicidade

## 1. Conceito de publicidade

No Direito Português, a disciplina jurídica da actividade publicitária consta actualmente do Código da Publicidade, aprovado pelo Decreto-Lei 330/90, de 23 de Outubro, e sujeita a sucessivas revisões, a última das quais efectuada pela Lei 30/2019, de 23 de Abril. Nos termos do art. 3º desse diploma a publicidade é definida como "qualquer forma de comunicação, feita por entidades de natureza pública ou privada, no âmbito de uma actividade comercial, industrial, artesanal ou liberal, com o objectivo directo ou indirecto de: a) promover com vista á sua comercialização ou alienação quaisquer bens ou serviços; b) promover ideias, princípios, iniciativas ou instituições". Trata-se de uma definição propositadamente abrangente, que permite incluir a denominada publicidade institucional, que é assim sujeita às mesmas regras.

Resulta desta definição que a publicidade é uma forma de comunicação, através da qual é possível transmitir um conteúdo informativo de determinado emissor para vários receptores. No caso da publicidade, esses receptores são indeterminados, assumindo-se assim esta como uma forma de comunicação de massas, ou seja, dirigida ao público[490]. Esta forma de comunicação distingue-se, porém, das restantes em virtude do âmbito em que é exercida e da sua intencionalidade específica. Em relação ao âmbito em que é exercida, este consiste necessariamente numa actividade económica, não sendo por isso publicidade as

[490] Cfr. Carlos Ferreira de Almeida, "Conceito de publicidade", no *BMJ* 349 (Outubro 1985), pp. 115-134.

comunicações enquadráveis em actividades de natureza não económica, como as de natureza altruísta, humanitária, didáctica, política, científica, lúdica ou outras. Em relação à sua intencionalidade, a publicidade caracteriza-se por ser uma forma de comunicação interessada, correspondendo a um objectivo específico do seu autor. Conforme, a lei refere esse objectivo tanto pode consistir na promoção de bens ou serviços, com vista à sua comercialização ou alienação, como na promoção de ideias, princípios, iniciativas ou instituições. Daqui resulta que a comunicação publicitária envolve sempre uma proposta de conduta, a adoptar pelo destinatário, visando determiná-lo a um comportamento futuro. Nessa medida, a comunicação publicitária nunca é uma simples transmissão de informações, envolvendo antes conselhos ou recomendações.

## 2. A actividade publicitária e os seus sujeitos

Tradicionalmente, a actividade publicitária era realizada pelo próprio comerciante, que procedia através de pregões, distribuição de panfletos ou colocação de cartazes, ao anúncio dos produtos do seu comércio, em ordem a atrair a clientela. Hoje em dia, porém, em virtude da crescente especialização das actividades económicas, vão-se tornando relativamente raras essas situações, sendo antes muito mais comum que os anunciantes procedam à contratação de outros sujeitos para a publicidade dos seus produtos ou serviços.

Efectivamente, a difusão de uma mensagem publicitária pressupõe, porém, um processo complexo, envolvendo um conjunto de operações antes da recepção da mensagem pelo seu destinatário final, operações essas que passam normalmente pela planificação da campanha, criação e elaboração das mensagens publicitárias, a sua produção, a contratação dos respectivos meios difusores e finalmente, a sua distribuição ao público. Esse conjunto de operações é designado por actividade publicitária (cfr. art. 4º do referido diploma), e normalmente envolve uma série de relações, por vezes tituladas por contratos celebrados entre os diversos sujeitos dessa actividade.

Entre esses sujeitos, de acordo com a enumeração do art. 5º do referido diploma encontram-se o anunciante, a agência de publicidade, o titular do suporte publicitário e o destinatário.

O *anunciante* é a pessoa singular ou colectiva no interesse de quem se realiza a publicidade. Normalmente, é essa entidade que toma a iniciativa de realizar a actuação publicitária no intuito de dar a conhecer os bens e serviços que comercializa ou promover iniciativas suas.

A *agência de publicidade* é legalmente definida como a sociedade comercial que tenha por objecto exclusivo o exercício da actividade publicitária, sendo assim a entidade que concebe a campanha, a produz e realiza, e organiza a sua colocação nos meios de transmissão. É necessário referir, no entanto, que a actividade publicitária nos dias de hoje se encontra extremamente especializada, havendo agências que apenas se encarregam da concepção de campanhas, outras da sua produção e realização, e outras da contratação com o titular do suporte publicitário. Será, portanto, natural o surgimento de diversas agências publicitárias numa mesma campanha.

O *titular do suporte publicitário* é a entidade que é titular de um meio de comunicação com o público, que pode ser utilizado como canal para a transmissão da mensagem publicitária, e que contrata, normalmente com a agência de publicidade, a difusão dessa mensagem.

Finalmente, o *destinatário* é a entidade a quem se dirige a mensagem publicitária ou que possa ser, por qualquer forma, por ela atingida.

## 3. As criações intelectuais na actividade publicitária

### 3.1. Generalidades

No âmbito da actividade publicitária, podem surgir criações intelectuais, as quais são naturalmente objecto de tutela do direito de autor, conforme expressamente refere o art. 29º, nº 1, do Código da Publicidade. O Código do Direito de Autor refere-se expressamente à protecção de certas obras publicitárias como os lemas e divisas (art. 2º, nº 1, m)) e os cartazes e desenhos publicitários (art. 163º).

Deve, no entanto, salientar-se que, ao contrário do que sucede com as criações intelectuais em geral, a criação publicitária não se apresenta como um fim em si mesma, na medida em que tem sempre como fim específico a promoção da comercialização de bens e serviços ou a promoção de ideias ou instituições. Assim, a criação intelectual na actividade publicitária não se apresenta como livre e isolada, na medida em que resulta naturalmente de um trabalho de equipa, realizado por funcionários contratados com esse fim pela agência de publicidade (os empregados "criativos" da agência), que subordinam a actividade criativa a uma estratégia de campanha publicitária definida por acordo com o anunciante[491].

Salienta-se, em primeiro lugar, que só são objecto da protecção do direito de autor as obras intelectuais, pelo que as ideias, os processos, os sistemas, e os métodos operacionais não beneficiam da protecção autoral (art. 1º, nº 2, CDADC). Assim, o facto de ter sido usada uma ideia numa campanha publicitária não significa que a mesma não possa ser repetida em campanhas posteriores. Da mesma forma, a descoberta de um novo processo de realização da actividade publicitária não é protegido em termos autorais, ainda que possa ser objecto de uma patente de processo, se implicar actividade inventiva, nos termos dos arts. 51º e ss. CPI.

Por outro lado, para que qualquer obra intelectual possa ser objecto de direito de autor, exige-se que a mesma tenha carácter criativo e seja exteriorizada publicamente (art. 1º, nº 1, CDADC), aplicando-se naturalmente esses requisitos à obra publicitária.

### 3.2. A originalidade da obra publicitária

Para poder beneficiar da tutela do direito de autor, a obra publicitária tem que ter originalidade. Assim, não beneficiarão da protecção autoral as obras publicitárias que não possuam qualquer originalidade, como seja a cópia de um filme ou a transcrição de um texto alheio, mesmo que o autor venha a proceder ao seu registo. Já merecerá protecção, no entanto, a campanha publicitária, em que se acrescente um contributo original a uma obra previamente existente, com autorização, mas sem a colaboração do autor desta, nos termos do regime da obra compósita (art. 20º)[492]. Também serão consideradas originais as obras publicitárias, em que se parodiem obras anteriores, nos termos do art. 2º, nº 1, n).

O art. 2º, nº 1, m) refere-se expressamente à protecção autoral dos lemas ou divisas, de carácter publicitário, desde que se revistam de originalidade. Conforme acima se referiu, este requisito especial corresponde à exigência de que o lema ou divisa possua um valor criativo pró-

[491] Cfr. António Maria Pereira, "O direito de autor na publicidade", na *ROA* 51 (1991), pp. 87-99 (87). Também Sá e Mello, *Contrato*, pp. 281 e ss., e *Manual*, pp. 414 e ss., considera existir na mensagem publicitária um contributo criativo para uma obra colectiva.

[492] Cfr. António Maria Pereira, na *ROA* 51 (1991), pp. 88-89.

prio, dado que os lemas ou divisas absolutamente banais não merecem protecção jurisautoral. Mas a originalidade não se confunde com a exigência de novidade ou carácter distintivo, bastando, para que obtenha protecção jurisautoral, que o lema ou divisa que tenha uma valia específica como criação intelectual.

### 3.3. A exteriorização pública

Para beneficar da protecção, a obra publicitária tem que ser exteriorizada publicamente. Assim, o facto de as partes pretenderem delinear uma campanha publicitária, e elaborarem uma estratégia relativa à mesma, realizando várias reuniões, não constitui a exteriorização de uma obra publicitária, na medida em que ainda se está apenas na fase das ideias ou dos projectos. Apenas quando surgem obras intelectuais na elaboração da campanha, como o *story-board*, guiões, argumentos ou desenhos, é que poderá surgir a protecção autoral.

Sendo apenas exigida a exteriorização pública, não é relevante o registo para efeitos de atribuição da protecção (art. 213º CDADC). Não é assim relevante para a atribuição do direito de autor o facto de proceder ao registo da obra publicitária, designadamente no caso dos *slogans* e divisas. Também não parece relevante o registo desses *slogans* e divisas como marcas no âmbito do INPI, uma vez que hoje o CPI prevê expressamente entre os fundamentos de recusa do registo de marca, em caso de oposição, a infracção a direitos de autor (art. 239º, nº 2, b) CPI).

Deve dizer-se, no entanto, que apesar dessa regra, é extremamente comum o registo das obras publicitárias em ordem a permitir uma mais fácil reivindicação da sua autoria.

### 3.4. A questão da qualidade da obra publicitária

Já não é, porém, requisito da protecção da obra publicitária que a mesma se revista de qualidade, uma vez que as obras publicitárias absolutamente banais, ou até infelizes, desde que constituam criações intelectuais, são objecto do direito de autor.

### 3.5. A questão da licitude da obra publicitária

Também não constitui requisito de protecção da obra publicitária a licitude da mesma, uma vez que não é pelo facto de a actividade publicitária violar os limites legais à actividade publicitária constantes do Código da Publicidade, que a mesma deixa de ser objecto da protecção autoral. É, no entanto, manifesto que o autor não pode invocar a atribuição legal das faculdades de divulgação, publicação ou exploração económica da obra, prevista no art. 67º, nº 1, CDADC para elidir as restrições legais à actividade publicitária, que prevalecem sobre estas faculdades.

A obra publicitária ilícita pode envolver responsabilização dos seus autores, nos termos do art. 30º, nº 1, do Código da Publicidade, a que só podem eximir-se os anunciantes caso provem não ter tido conhecimento da mensagem publicitária ilícita (art. 30º, nº 2, CP). É aliás muito comum nos contratos de publicidade os anunciantes exigirem uma garantia de respeito pelos limites da actividade publicitária, assumindo a outra parte uma obrigação de indemnização em caso de levantamento de autos de infracção por parte das autoridades. mas mesmo na ausência dessa estipulação específica, naturalmente que o autor está vinculado, aquando da concepção da campanha publicitária à observação dos limites legais a essa actividade, respondendo por cumprimento defeituoso se o não fizer.

## 4. A atribuição do direito de autor sobre as obras publicitárias

### 4.1. A regulação no Código da Publicidade

Especialmente complexa é a questão da atribuição do direito de autor sobre as criações publicitárias. O art. 29º, nº 2, do Código da Publicidade, determina que os direitos patrimoniais sobre a criação publicitária consideram-se cedidos em exclusivo ao seu criador intelectual, mas a doutrina tem interpretado esta disposição de forma diferente OLIVEIRA ASCENSÃO e ROMANO MARTINEZ interpretam a expressão "criador intelectual" como um lapso, considerando que a referência se coloca antes em relação à empresa publicitária[493]. Já SÁ E MELLO entende que a norma visa atribuir aos autores de contributos pessoais incorporados na obra publicitária o direito exclusivo de utilização em separado das suas contribuições[494]. Em qualquer caso, esta disposição tem permanecido letra morta, costumando a questão ser regulada pelo Código dos Direitos de Autor.

[493] Cfr. OLIVEIRA ASCENSÃO, *Direito de Autor*, pp. 533-534, e PEDRO ROMANO MARTINEZ, *Direito do Trabalho*, 5ª ed., Coimbra, Almedina, 2010, pp. 553-554.

[494] Cfr. SÁ E MELLO, *Contrato*, p. 293, e *Manual*, pp. 414-415.

### 4.2. A obra publicitária enquanto obra colectiva

É manifesto que na obra publicitária existe uma contribuição de inúmeros participantes para a obtenção do resultado final, pelo que a mesma resulta do contributo de uma generalidade de pessoas. Neste caso, a lei distingue a obra feita em colaboração, que é a realizada e publicada em nome de todos os colaboradores, ou de alguns destes (art. 17º CDADC), da obra colectiva, em que apesar de haver múltiplos contributos, a obra é organizada e dirigida por uma única entidade, singular ou colectiva, e publicada em nome desta (art. 19º CDADC).

Neste âmbito, a obra publicitária corresponde normalmente a uma obra colectiva, uma vez que é organizada e dirigida por uma agência de publicidade, pelo que a autoria da mesma é legalmente atribuída à agência de publicidade (art. 19º, nº 1, CDADC). O problema é que normalmente é possível discriminar a produção pessoal dos diversos colaboradores, pelo que, nos termos do art. 19º, nº 2, CDADC estes conservam o direito sobre a sua produção pessoal, nos mesmos termos do previsto para as obras em colaboração. Efectivamente, numa obra publicitária discriminam-se facilmente os contributos do criador do *story-board*, do criador dos diálogos, do compositor da música, do realizador do filme, etc., que podem ou não ser empregados da agência. Assim, nos termos do art. 18º, nº 1, CDADC, "qualquer dos autores pode solicitar a divulgação, a publicação, a exploração ou a modificação de obra feita em colaboração, sendo, em caso de divergência, a questão resolvida segundo as regras da boa fé". Por outro lado, de acordo com o art. 18º, nº 2, CDADC, "qualquer dos autores pode, sem prejuízo da exploração em comum [da obra], exercer individualmente os direitos relativos à sua contribuição pessoal, quando esta possa discriminar-se". Em relação às obras radiodifundidas, a lei expressamente considera como co-autores das mesmas, enquanto obras feitas em colaboração "os autores do texto, da música e da respectiva realização, bem como da adaptação se não se tratar de obra inicialmente produzida para a comunicação audiovisual" (art. 21º, nº 2, CDADC). Também em relação às obras cinematográficas, são expressamente qualificados como seus co-autores o realizador e o autor do argumento, dos diálogos, se for pessoa diferente, e o da banda musical (art. 22º, nº 1, CDADC). Todas estas pessoas seriam assim considerados co-autores da obra publicitária, só sendo excluídos dessa qualificação, "aqueles que tiverem simplesmente auxiliado o autor na produção e divulgação ou publicação desta, seja qual for o modo por que o tiverem feito" (art. 17º, nº 4, CDADC)[495].

### 4.3. As cláusulas de atribuição do direito de autor nos contratos de encomenda de obra publicitária

Conforme acima se referiu, apesar de a obra publicitária ser legalmente qualificada como uma obra colectiva, o regime legal destas permite a atribuição e o exercício dos direitos autorais por parte dos colaboradores individuais. Só que a multiplicação das pretensões autorais por parte dos colaboradores individuais tornaria extremamente difícil a gestão da actividade publicitária, não podendo a agência de publicidade voltar a utilizar as obras colectivas, ou a modificá-las, sem que cada um dos autores deixasse de reclamar exercer também a faculdade de utilização em resultado do seu próprio contributo pessoal, podendo opor-se a qualquer utilização ou modificação futura da obra.

Efectivamente, dispõe o art. 15º, nº 1, CDADC, que "quando o direito de autor pertença ao criador intelectual, a obra apenas pode ser utilizada para os fins previstos na respectiva convenção". A doutrina admite, porém, que a determinação das faculdades de utilização pelo fim previsto possa ser feita com certa largueza, podendo quem encomenda um desenho publicitário utilizá-lo em todos os meios no âmbito da campanha em causa, incluindo a televisão. Já não poderá, porém, utilizar o referido desenho fora da actividade publicitária, designadamente em programas de desenhos animados[496]. O criador intelectual pode voltar a utilizar a obra, já que apenas lhe está vedado "fazer utilização da obra que prejudique a obtenção dos fins para que foi produzida" (art. 15º, nº 3, CDADC). Já "a faculdade de introduzir modificações na obra depende do acordo expresso do seu criador e só pode exercer-se nos termos convencionados" (art. 15º, nº 2, CDADC).

É extremamente comum por esse motivo que as agências de publicidade regulem com os seus empregados criativos a atribuição dos direitos de autor a partir do regime da obra sob encomenda ou por conta doutrem, prevista no art. 14º do Código. Efectivamente, a regra geral prevista no art. 14º, nº 1, sobre a atribuição do direito de autor em caso de

[495] Cfr. António Maria Pereira, na *ROA* 51 (1991), pp. 92-93.

[496] Neste sentido, Oliveira Ascensão, *Direito de Autor*, p. 146.

obras feitas sob encomenda ou por conta doutrem, é a de que esta se determina de acordo com o que tiver sido convencionado. É por isso extremamente comum que, em virtude do seu maior poder económico, a agência de publicidade exija aos seus empregados ou prestadores de serviços que lhes atribuam os correspondentes direitos de autor, constando muitas vezes essa atribuição de cláusulas contratuais gerais presentes nos contratos de trabalho ou de prestação de serviços. Conforme acima se referiu, essas cláusulas são lícitas, uma vez que não se encontram abrangidas pelas proibições previstas nos arts. 17º e ss. e 20º e ss. da LCCG, estendidas aos contratos de trabalho pelo art. 105º CT.

Na falta de convenção, a lei presume que a titularidade do direito de autor relativo à obra realizada sob encomenda ou por conta doutrem pertence ao seu criador intelectual (art. 14º, nº 2), e portanto ao criativo publicitário. No caso, porém, de o nome do criador da obra não vir mencionado nesta ou não figurar no local mencionado para o efeito segundo o uso universal, passa a vigorar uma presunção de sinal contrário, de que o direito de autor pertence à entidade por conta de quem a obra é feita (art. 14º, nº 3), nesse caso à agência de publicidade.

Tem vindo, porém, a ser muito usada na prática a utilização do contrato de encomenda de obra intelectual para atribuir o direito de autor, não à agência de publicidade, mas antes ao próprio anunciante[497]. Efectivamente, a atribuição do direito de autor ao anunciante pode corresponder a um interesse prático relevante na medida em que, se o direito sobre a obra publicitária permanecer na agência ou no criativo publicitário, o anunciante nunca poderá usar essa obra em campanhas futuras, a não ser que as mesmas sejam realizadas pela mesma agência. Assim,

[497] Oliveira Ascensão, *Direito de Autor*, p. 535, questiona a utilização desta figura com o argumento de que frequentemente "o anunciante não pede uma obra para si, de maneira a que a obra para ele reverta de modo a fazer directamente a difusão ulterior. Encomenda simultaneamente a criação e a difusão. É assim de entender que, pelo menos para a campanha convencionada, as relações em que possa estar implicado o direito de autor se estabeleçam com a agência e não com o anunciante". Não vemos, porém, em que é que a contratação da difusão da mensagem com a mesma agência de publicidade pode afectar a qualificação do contrato como de encomenda de obra intelectual. A difusão é uma actividade distinta da criação da campanha, podendo ser ou não efectuada pela mesma agência de publicidade. É aliás comum essa actividade ser subcontratada, mesmo quando a agência que concebe a campanha é encarregada da sua difusão.

para permitir a livre mudança de agência por parte do anunciante, este pode pretender que lhe sejam atribuídos os direitos de autor sobre a obra publicitária, convencionando essa atribuição ao abrigo do art. 14º, nº 1, nos contratos de publicidade que venha a celebrar com a agência.

No entanto, apesar da possibilidade de atribuição dos direitos de autor ao comitente, seja ele a agência de publicidade, ou o anunciante, há ainda que tormar em consideração o art. 14º, nº 4, o qual atribui ao criador intelectual a possibilidade de exigir uma remuneração complementar quando a criação intelectual exceda claramente o desempenho, ainda que zeloso, da função ou tarefa que lhe estava confiada, ou quando da obra vierem a fazer-se utilizações ou a retirar-se vantagens não incluídas nem previstas inicialmente. Ainda que esta disposição não tenha sido muito utilizada, ela permite aos criadores intelectuais na publicidade solicitarem remunerações suplementares, caso se verifique o fenómeno recorrente da repetição de campanhas.

### 4.4. A exploração da obra publicitária

Analisada a atribuição dos direitos de autor, cabe agora analisar as suas consequências na exploração da obra publicitária. Neste âmbito, o titular dos direitos de autor possui a faculdade de fazer ou autorizar a exploração da obra publicitária, designadamente através de qualquer das formas de utilização previstas no art. 68º, nº 2, CDADC, pertencendo-lhe em exclusivo a opção entre as formas de utilização da obra (art. 68º, nº 3, CDADC). Assim, mesmo no caso de uma campanha publicitária, a menos que sejam atribuídos os direitos de autor ao anunciante, este não adquirirá em virtude da contratação da campanha, qualquer direito sobre as obras publicitárias, tendo que obter autorização do autor, sempre que queira fazer uma nova utilização diferente da contratada inicialmente. Pelo contrário, se o direito de autor for atribuído ao anunciante, este já poderá livremente utilizar de novo a obra, designadamente em campanhas contratadas junto de outra agência de publicidade.

No caso de o direito de autor não ser atribuído ao anunciante, a invocação dos direitos morais pode colocar alguns problemas em relação à exploração da obra publicitária[498]. Basta só referir que a exigência de que o nome do autor conste da obra (cfr. art. 56º, nº 1, CDADC) pode

[498] Cfr. António Maria Pereira, na *ROA* 51 (1991), pp. 98-99.

prejudicar o objectivo publicitário da venda dos produtos, funcionando antes como uma forma de publicidade ao autor. A faculdade de defesa de integralidade da obra (art. 56º, nº 1, CDADC) pode revelar-se incompatível com as limitações de espaço publicitário, que por vezes obriga a que os anúncios surjam mutilados, em relação ao que estava originariamente previsto. Neste caso, parece que se poderá considerar abusiva a invocação de direitos morais, por contrariedade à boa fé, quando a mesma se apresenta completamente contrária aos objectivos que presidiram ao contrato de publicidade.

# BIBLIOGRAFIA


AAVV, *The progress of science and useful arts: why copyright today threatens intellectual freedom: a public policy report*, 2ª ed., 2003, disponível em http://www.fepproject.org/policyreports/copyright2d.pdf

ADOLFO, LUIZ GONZAGA SILVA, *Obras privadas, benefícios coletivos. A dimensão pública do Direito Autoral na Sociedade de Informação*, Porto Alegre, Sergio Antonio Fabris, 2008

AKESTER, PATRÍCIA, *Direito de Autor em Portugal, nos PALOP, na União Europeia e nos Tratados Internacionais*, Coimbra, Almedina, 2013

ALBUQUERQUE, PAULO PINTO DE/ BRANCO, JOSÉ (org.), *Comentário das Leis Penais Extravagantes*, II, Lisboa, Universidade Católica Editora, 2011

ALMEIDA, CARLOS FERREIRA DE, "Conceito de publicidade", no *BMJ* 349 (Outubro 1985), pp. 115-134
- *Contratos*, II - *Conteúdo. Contratos de Troca*, Coimbra, Almedina, 2007

ALMEIDA, GERALDO DA CRUZ, "O direito pessoal de autor no Código de Direito de Autor e Direitos Conexos", em RUY DE ALBUQUERQUE/MARTIM DE ALBUQUERQUE (org.) *Estudos em Homenagem ao Professor Doutor Manuel Gomes da Silva*, Lisboa, Faculdade de Direito da Universidade de Lisboa, 2001, pp. 1055-1128

ÁLVAREZ DE BENITO, PEDRO, *Las obligaciones del autor en el contrato de edición*, Barcelona, Bosch, 1998

ARE, MARIO, *L'ogetto del Diritto di Autore*, Milano, Giuffrè, 1963

AREWA, OLUFUNMILAYO B., "From J.C. Bach to Hip Hop: Musical Borrowing, Copyright and Cultural Context" em *North Carolina Law Review* 84.2 (2006), pp. 547-645 (557-558, e nota (36)), disponível em http://works.bepress.com/o_arewa/5.

ASCENSÃO, JOSÉ DE OLIVEIRA, *A tipicidade dos direitos reais*, Lisboa, s.e., 1968
- "Uma inovação da lei brasileira: o direito de arena" em *DJ* I (1980), nº 1, pp. 91-102
- "O direito ao espectáculo", no *BMJ* nº 366 (1987), pp. 41-55, e nos *Estudos em Memória do Professor Doutor Paulo Cunha*, Lisboa, s.e., 1989, pp. 133-149

– "Direito à informação e direito ao espectáculo" em AAVV, *Estudos em Homenagem ao Prof. Doutor Afonso Rodrigues Queiró*, II, Coimbra, número especial do BFD, 1993, pp. 285-308 e na *ROA* 48 (1988), 1, pp. 15-35

– *Direito Autoral*, Lisboa, AAFDL, 1989

– "A «compensação» em contrapartida de utilizações reprográficas indiscriminadas de obras protegidas", na *RFDUL* 31 (1990), pp. 211-238

– *Direito Civil. Direito de Autor e Direitos Conexos*, Coimbra, Coimbra Editora, 1992

– "E agora? Pesquisa do futuro próximo" em Associação Portuguesa de Direito Intelectual (org.), *Sociedade da Informação. Estudos Jurídicos*, Coimbra, Almedina, 1999, pp. 9-30

– "A Sociedade da Informação", em Associação Portuguesa de Direito Intelectual (org.), *Direito da Sociedade da Informação*, I, Coimbra, Coimbra Editora, 1999, pp. 163-184

– "O direito de autor no ciberespaço", em AAVV, *Portugal-Brasil Ano 2000*, Coimbra, Universidade de Coimbra/Coimbra Editora, 2000, pp. 83-103

– "Direito Penal de Autor", em Ruy de Albuquerque/Martim de Albuquerque (org.) *Estudos em Homenagem ao Professor Doutor Manuel Gomes da Silva*, Lisboa, Faculdade de Direito da Universidade de Lisboa, 2001, pp. 457-505

– "Representatividade e legitimidade das entidades de gestão colectiva de direitos autorais", na *ROA* 73 (2013), I, pp. 149-183

– *O Direito. Introdução e Teoria Geral*, 13ª ed., Coimbra, Almedina, 2005

– "A função social do Direito Autoral e as limitações legais", em Luís Gonzaga Silva Adolfo/Marcos Wachowicz (org.), *Direito da Propriedade Intelectual. Estudos em Homenagem ao Pe. Bruno Jorge Hammes*, Curitiba, Juruá, 2006, pp. 85-111

– "Dispositivos tecnológicos de protecção, direitos de acesso e de uso dos bens", em Associação Portuguesa de Direito Intelectual (org.), *Direito da Sociedade de Informação*, VIII, Coimbra, Coimbra Editora, 2009, pp. 101-122

Asprogerakas-Grivas, Constantinos Th., *Die Mängel und die Mängelhaftung bei den Urheberrechtsverträgen*, Diss. München, 1960

Bellani, Valeria, "Apparechi televisivi in camere di albergo e diritto di autore", em *IDA* 81 (2010), nº 1, pp. 90-92

– "Diritto di seguito per vendita di opera d'arte all'estero", em *IDA* 81 (2010), nº 3, pp. 317-321

Bercovitz Alberto, "Copyright and related rights", em Carlos M. Correa/Abdulqawi A. Yusuf, *Intellectual Property and International Trade: The TRIPS Agreement*, 2ª ed., The Netherlands, Kluwer Law International, 2008, pp. 127-147

Bluntschli, Johann Caspar, *Deutsches Privatrecht*, 3ª, ed., por Felix

Dahn, München, J. G. Cotta'schen, 1864

Bonaparte, Louis-Napoléon, *Lettre du 4éme Décembre 1843 à Jobard*, em Jean-Baptiste-Ambroise-Marcellin Jobard, *Nouvelle économie sociale ou Monautopole industriel, artistique, commercial e littéráire*, Paris/Bruxelles, Mathias/aut., 1844 pp. 116--117

Canotilho, José Joaquim Gomes, "Liberdade e exclusivo na Constituição", em Associação Portuguesa de Direito Intelectual (org.), *Direito Industrial*, IV, Coimbra, Almedina, 2005, pp. 57-71

Carnaxide, Visconde de, *Tratado da propriedade literária e artística (Direito interno, comparado e internacional)*, Porto, Renascença Portuguesa, 1918

"Carta de Privilégio para a Impressão de Livros" concedida por D. João III a Baltazr Dias em 1537, em Associação Portuguesa de Direito Intelectual (org.), *Direito da Sociedade de Informação*, VIII, Coimbra, Coimbra Editora, 2009, pp. 481-482

Clark, Charles, "The answer to the Machine is the Machine", em P. B. Hugenholtz (org.), *The future of Copyright in a Digital Environment*, The Hague/London/Boston, Kluwer Law International, pp. 139--148

Coing, Helmut, *Europäisches Privatrecht*, II- *19. Jahrhundert*, München, Beck, 1989

Cordeiro, António Menezes, "Da reprodução de fonogramas sem autorização do produtor perante o Direito português vigente", em *O Direito* 142 (2010), V, pp. 829-864

Cordeiro, Pedro, *Direito de Autor e Radiodifusão. Um estudo sobre o direito de radiodifusão desde os primórdios até à tecnologia digital*, Coimbra, Almedina, 2004

Correia, António Ferrer/Mesquita, Henrique, "Anotação Ac. STJ 3/11/1983. A obra intelectual como objecto do contrato de empreitada. Direito de o dono da obra desistir do contrato e efeitos da desistência", na *ROA* 45 (1985), pp. 129-158

Czychowski, Christian/Hammerschmidt, Birger, "The European Union, Copyright and the Challenges to the Information Society", em Associação Portuguesa de Direito Intelectual (org.), *Direito da Sociedade de Informação*, VIII, Coimbra, Coimbra Editora, 2009, pp. 211-227

Dahn, Felix, *Deustches Privatrecht (Mit Lehen-, Handels-, Wechsel- und See-Recht*, I, Leipzig, Breitkopf und Hartel, 1878

Desbois, Henri, *Le Droit d'Auteur en France*, Paris, Dalloz, 1967

di Gaspare, Antonio, "I diritti residuali dei produttori televisivi tra diritto di autore e regolamentazione della communicazione", em *IDA* 81 (2010), nº 1, pp. 20-35

di Mico, Pierluigi, "Il rapporto tra diritto di autore e diritto alla riservatezza: recenti svillupi nella giurisprudenza comunitaria", em *IDA* 81 (2010), nº 1, pp. 1-30

– "Il rapporto tra diritto di autore e *social network:* un nuovo capitulo, ma non l'ultimo", em *IDA* 81 (2010), nº 3, pp. 262-276

Dölemeyer, Barbara, "Der «internationale Standard» des Urheberschutzes (Internationale Urheberrechtsverträge im 19. Jahrhundert)", em *UFITA* 123 (1993), pp. 53-67

Dreyer, Gunda/Kotthoff, Jost/Meckel, Astrid, *Heidelberger Kommenatr zum Urheberrecht*, Heidelberg, Müller, 2004

Eco, Umberto, *O nome da rosa*, Lisboa, Difel, 1989

Eggert, Astrid, "Der Rechtsschutz der Urheber in der römischen Antike", em *UFITA* 138 (1999), pp. 183-217.

Entshaller, Jürgen/Weider, Stefan (org.), *Handbuch Urheberrecht und Internet*, Frankfurt am Main, Recht und Wirtschaft, 2010

Fabiani, Mario, "La musica radiodiffusa nelle camere di albergo", em *IDA* 81 (2010), nº 3, pp. 290-292

Fichte, Johan Gottlieb, "Beweis der Unrechtmäßigkeit des Büchernachdrucks. Ein Räsonement und eine Parabel", em *UFITA* 106 (1987), pp. 155-172

Fikentscher, Wolfgang, *Schuldrecht*, 9ª ed., Berlin/New York, de Gruyter, 1997

Fitzgerald, Brian, "Open Content Licencing for Open Educational Resources", disponível em http://www.oecd.org/dataoecd/43/16/36428281.pdf

Frohne, Renate, "Sorgen mit Urheberschutz in Antike und Humanismus", em *UFITA* 106 (1987), pp. 41-49

– "Wider die papierene Weisheit, oder: das Gespür für so eteas wie «geistiges Eigentum». Urheberrecht um Griechenland der Antike?", em *UFITA* 129 (1995), pp. 53-68

Gareis, Carl, "Das juristische Wesen der Autorrechte sowie des Firmen und Markenschutzes", em *Buschs Archiv* 35 (1877), pp. 185-210

Garrett, João Baptista da Silva Leitão de Almeida, "Discurso de apresentação do Projecto de lei sobre a propriedade literária e artística, apresentado na Câmara dos Deputados, em sessão de 18 de Maio de 1839", em ID, *Obras de Almeida Garrett*, I, Porto, Lello e Irmão, 2ª ed., s.d., pp. 1210-1217

– "Carta a Alexandre Herculano de 28 de Setembro de 1851", em ID, *Obras de Almeida Garrett*, I, Porto, Lello e Irmão, 2ª ed., s.d., pp. 1218-1219

Geiger, Chistophe/Hilty, Reto/Griffiths, Jonathan/Suthersanen, Uma, "Declaration A Balanced Interpretation Of The "Three-Step Test" In Copyright Law", em *Jipitec*, Vol. 1, Iss. 2 (2010), disponível em http://www.jipitec.eu/issues/jipitec-1-2-2010/2621

– "Declaração sobre o "teste dos três passos" do Direito de Autor" (trad.), em Associação Portuguesa de Direito Intelectual (org.), *Direito da Sociedade da Infor-*

*mação*, VIII, Coimbra, Coimbra Editora, 2011, pp. 471-480

Gerber "Über die Natur der Rechte des Schriftstellers und Verlegers" em *JhJb* 3 (1858), pp. 359-398

Ghestin, Jacques/Huet, Jerôme, *Traité de Droit Civil. Les principaux contrats spéciaux*, Paris, L.G.D.J., 1996

Gierke, Otto, *Deutsches Privatrecht*, I- *Allgemeiner Teil und Personenrecht*, Leipzig, Duncker & Humblot, 1895

Gieseke, Ludwig, *Die geschichtliche Entwicklung des deutschen Urhebersrechtes*, Göttigen, Schwartz, 1957

Gonçalves, Luiz da Cunha, *Tratado de Direito Civil em Comentário ao Código Civil Português*, IV, Coimbra, Coimbra Editora, 1931

Hegel, Georg Wilhelm Friedrich, *Grundlinien der Philosophie des Rechts* (1821), em ID, *Werke*, VII, Frankfurt a. M., 1979, pp. 11-398

Herculano, Alexandre, "Da propriedade literária e da recente convenção com França – Ao Visconde de Almeida Garrett" (1851), recolhido em ID, *Opúsculos*, II – *Questões públicas. Sociedade, economia, direito*, Lisboa, Bertrand, 1986, pp. 524-554

– "Apêndice a Da propriedade literária e da recente convenção com França – Ao Visconde de Almeida Garrett" (1872), recolhido em ID, *Opúsculos*, II – *Questões públicas. Sociedade, economia, direito*, Lisboa, Bertrand, 1986, pp. 554-573

Hubmann, Heinrich, "Immanuel Kants Urheberrechtstheorie", em *UFITA* 106 (1987), pp. 145-154.

Jhering, Rudolf Von, *Der Kampf um das Recht*, disponível em http://www.koeblergerhard.de/Fontes/Jhering-DerKampfumsRecht.htm

Kant, Immanuel, "Von der Unrechtmäßigkeit des Büchernachdrucks", em *Berlinische Monatschrift* 5 (1785), pp. 403-417, reimpresso em *UFITA* 106 (1987), pp. 137-144

Klingenberg, Eberhard, "Von persönlichen Recht zum Persönlichkeitsrecht. Zur Entwicklung der Urheberrechtstehorie im 19. Jahrhundert" em *SZGerm* 96 (1979), pp. 183-208

Klippel, Diethelm, "Historische Wurzeln und Funktionen von Immaterialgüter- und Persönlichskeitsrechten im 19. Jahrhundert", em *ZNR* 1982, p. 132-155

Knobler, Jonah M., "Performance anxiety. The Internet and Copyright's Vanishing Performance/Distribution Distinction" em *Cardozo Arts & Entertainment Law Journal* 25 (2007), pp. 531-595, disponível em http://works.bepress.com/jonah_kobler/1/

Koelman, Kamiel J., "The protection of technological measures vs. the copyright limitations", disponível em http://www.ivir.nl/publicaties/koelman/alaiNY.html

– "A Hard Nut to Crack: The Protection of Technological Measures", na *European Intelectual Property Law Review* 2000, pp. 272-288 (272), disponível em http://www.ivir.nl/publications/koelman/hardnut.html

KOELMAN, KAMIEL J./HELBERGER, NATALI, "Protection of technological measures" em P. B. HUGENHOLTZ (org.), *Copyright and Electronic Commerce. Legal aspects of Electronic Copyright Management*, The Hague/London/Boston, Kluwer Law International, 2000, pp. 165-227

KOHLER, JOSEPH, "Das Autorrecht, eine zivilistische Abhandlung zugleich ein Beitrag zur Lehre vom Eigenthum, vom Miteigenthum, vom Rechtsgeschäft und vom Individualrecht" em *JhJb* 18 (1880), pp. 129-478, separata, Jena, Gustav Fischer, 1880

– "Der Immaterialgüterrecht und seine Gegner", em *Buschs Archiv* 47 (1887), pp. 169-190, reimpresso em *UFITA* 123 (1993), pp. 81-97

– "Die Idee des geistigen Eigentums", em *AcP* 32 (1894), pp. 141-242, reimpresso em *UFITA* 123 (1993), pp. 99-167

– *Urheberrecht an Schriftwerken und Verlagsrecht*, Stuttgart, 1907

LARENZ, KARL, *Lehrbuch des Schuldrechts*, II – *Besonderer Teil*, 1, München, Beck, 1986

LEITÃO, LUÍS MENEZES, *O enriquecimento sem causa no Direito Civil*. Lisboa, CEF, 1996, reed., Coimbra, Almedina, 2005

– "A incorrecta transposição da Directiva 92/110/CEE do Conselho, de 19.11.1992, relativamente ao direito de comodato público: Acórdão do Tribunal de Justiça (Terceira Secção) de 6.7.2006, Proc. C-53/05" em *CDP* nº 16 (Outubro-Dezembro 2006), pp. 3-14

– "A transposição da Directiva 2004/48/CE sobre a aplicação efectiva dos direitos de propriedade intelectual efectuada pela Lei 16/2008, de 1 de Abril", em ASSOCIAÇÃO PORTUGUESA DE DIREITO INTELECTUAL (org.), *Direito da Sociedade de Informação*, Coimbra, Coimbra Editora, 2009, pp. 281-293

LEMOS, RONALDO, "Creative Commons, mídia e as transformações recentes do Direito da Propriedade Intelectual", em *Direito GV1*, v.1, nº 1 (Maio 2005), pp. 181-187, reproduzido em ASSOCIAÇÃO PORTUGUESA DE DIREITO INTELECTUAL (org.), *Direito da Sociedade de Informação*, VIII, Coimbra, Coimbra Editora, 2009, pp. 295-302

LESSIG, LAWRENCE, *Code and other laws of the cyberspace*, New York, Basic Books, 1999,

– "The Law of The Horse: What Cyberlaw Might Teach", em *Harvard Law Review* 113 (1999), 2, pp. 501-549

LE TARNEC, ALAIN, *Manuel de la Proprieté literaire et artistique*, 2ª ed., Paris, Dalloz, 1966

LEWINSKI, SILKE VON, "Die Umsetzung der Richtlinie zum Vermiet- und Verleihrecht", em *ZUM* 1995, pp. 442-450

LIMA, FERNANDO ANDRADE PIRES DE/VARELA, JOÃO DE MATOS ANTUNES, *Código Civil Anotado*, III, 2ª ed., Coimbra, Coimbra Editora, 1987

LOEWENHEIM, ULRICH (org.), *Handbuch des Urheberrechts*. München, Beck, 2010

LONGHINI, STEFANO, "Dura lex, sed lex: la legge è iguale per tutti... anche su Internet", em *IDA* 81 (2010), nº 2, pp. 123-139

LOURENÇO, PAULA MEIRA, *A função punitiva da responsabilidade civil*, Coimbra, Coimbra Editora, 2006

MARTIAL, MARCUS VALERIUS, *Epigrammata*, Lipsiae, Car. Tauchnitii, 1829

MARTINEZ, PEDRO ROMANO, *Direito das Obrigações (Parte Especial). Contratos. Compra e venda. Locação. Empreitada*, 2ª ed., Coimbra, Almedina, 2001

MELLO, ALBERTO DE SÁ E, *O Direito Pessoal de Autor no Ordenamento Jurídico Português*, Lisboa, Sociedade Portuguesa de Autores, 1989

– "Tutela jurídica das bases de dados (A transposição da Directriz 96/9/CE)", em ASSOCIAÇÃO PORTUGUESA DE DIREITO INTELECTUAL (org.), *Direito da Sociedade de* Informação, I, Coimbra, Coimbra Editora, 1999, pp. 111-161

– "Os *Multimedia* – regime jurídico" em ASSOCIAÇÃO PORTUGUESA DE DIREITO INTELECTUAL (org.), *Direito da Sociedade de Informação*, II, Coimbra, Coimbra Editora, 2001, pp. 79-111

– *Contrato de Direito de Autor*, Coimbra, Almedina, 2008

– *Manual de Direito de Autor*, 4ª ed., Coimbra, Almedina, 2020

MIRANDA, JORGE, "A Constituição e o direito de autor", em *DJ* 8 (1994), 1, pp. 47-56

MIRANDA, JORGE/PEDROSA MACHADO, MIGUEL, "Constitucionalidade da protecção penal dos direitos de autor e da propriedade industrial", na *RPPC* 4 (1994), nº 4, pp. 465-496

MONTEIRO, ANTÓNIO PINTO, "A responsabilidade civil na negociação informática", em ASSOCIAÇÃO PORTUGUESA DE DIREITO DE AUTOR (org.), *Direito da Sociedade de Informação*, I, Coimbra, Almedina, 1999, pp. 229-239

NORDEMANN, FRIEDRICH KARL FROMM/WILHELM, *Urheberrecht Komentar*, 9ª ed., Kohlhammer, 1998

PATTERSON, LYMAN RAY, *Copyright in historical perspective*, Vanderbilt, University Press, 1968

PEREIRA, ALEXANDRE LIBÓRIO DIAS, "Internet, Direito de autor e acesso reservado", em AAVV, *As telecomunicações e o direito na sociedade da informação*, Coimbra, Instituto Jurídico da Comunicação, 1999, pp. 263-273

– "Patentes de software. Sobre a patenteabilidade dos programas de computador", em APDI – ASSOCIAÇÃO PORTUGUESA DE DIREITO INTELECTUAL (org.), *Estudos de Direito Industrial*, I, Coimbra, Almedina, 2001, pp. 385-429

– "Direitos de autor, da imprensa à internet", disponível em http://www.ciberscopio.net/artigos/tema3/cdif_01.pdf

– "Gestão individual e colectiva do direito de autor e dos direitos conexos na sociedade de informação", em ASSOCIAÇÃO PORTUGUESA DE DIREITO INTELECTUAL (org.), *Direito da Sociedade de Informação*, IV, Coimbra, Coimbra Editora, 2003, pp. 433-453

– "Música e electrónica: «Sound sampling»", obras de computador e direitos de autor na internet, em ASSOCIAÇÃO PORTUGUESA DE DIREITO INTELECTUAL (org.), *Direito da Sociedade de Informação*, V, Coimbra, Coimbra Editora, 2004, pp. 311-334
– "A reprodução para uso privado no ambiente analógico e no ambiente digital", em ASSOCIAÇÃO PORTUGUESA DE DIREITO INTELECTUAL (org.), *Direito da Sociedade de Informação*, VII, Coimbra, Coimbra Editora, 2008, pp. 329-361
– *Direitos de Autor e Liberdade de Informação*, Coimbra, Almedina, 2008
– "Bases de dados e direito *sui generis*", em APDI – ASSOCIAÇÃO PORTUGUESA DE DIREITO INTELECTUAL (org.), *Estudos de Direito Industrial*, VII, Coimbra, Almedina, 2010, pp. 375-395
– "Bases de dados: conceito, fronteiras, regime", na *Propriedad Intelectual*, año 13 (2014), nº 17, pp. 176-192, recolhido em ID, *Direito da Propriedade Intelectual e Novas Tecnologias. Estudos*, I, Lisboa, Gestlegal, 2019, pp. 317-334.
– "*Google books*, bibliotecas digitais e direito de autor", na *RDI* 2014, nº 1, pp. 163-185, recolhido em ID, *Direito da Propriedade Intelectual e Novas Tecnologias. Estudos*, I, Lisboa, Gestlegal, 2019, pp. 335-365
– "Descompilação e direitos do utente de programas de computador", na *RDI* 2015, nº 2, pp. 95-122
– "A digitalização de obras e sua colocação à disposição do público em terminais de bibliotecas universitárias: o acórdão Eugen Ulmer do Tribunal de Justiça da União Europeia", na *RDI* 2015, nº 2, pp. 153-173
– "O novo regime das obras órfãs", na *RDI* 2016, nº 1, pp. 21-49
– "A compensação equitativa pela cópia privada no Direito de Autor português e da União Europeia", na *RDI* 2016, nº 2, pp. 7-57, recolhido em recolhido em ID, "Compensação equitativa pela reprodução para uso privado no Direito de Autor português e da União Europeia (*Copyright Levies*)", em *Direito da Propriedade Intelectual e Novas Tecnologias. Estudos*, I, Lisboa, Gestlegal, 2019, pp. 181-248
– "Licenças de *software* livre: aspetos contratuais e autorais" em LUÍSA NETO/FERNANDA RIBEIRO, *Direito e Informação na Sociedade em Rede. Atas do IV Colóquio Luso-Brasileiro Direito e Informação. 17 e 18 de Março de 2016*, Porto, Faculdade de Direito e Faculdade de Letras da Universidade do Porto, 2016, pp. 111-125, recolhido em ID, *Direito da Propriedade Intelectual e Novas Tecnologias. Estudos*, I, Lisboa, Gestlegal, 2019, pp. 249-271
– "A modernização do Direito de Autor na União Europeia", na *RDI* 2017, nº 2, pp. 7-22, recolhido em ID, *Direito da Propriedade Intelectual e Novas Tecnologias. Estudos*, I, Lisboa, Gestlegal, 2019, pp. 39-57
– "Tutela efetiva da propriedade intelectual (enforcement)", na *RLJ* 146 (2017), pp. 241-266, recolhido em ID, *Direito da Propriedade Intelec-*

*tual e Novas Tecnologias. Estudos*, I, Lisboa, Gestlegal, 2019, pp. 107-143

– "As obras órfãs no direito autoral europeu e português", na *Revista da ABPI* 147 (2017), pp. 3-16, recolhido em ID, *Direito da Propriedade Intelectual e Novas Tecnologias. Estudos*, I, Lisboa, Gestlegal, 2019, pp. 145-180

– "O papel do Direito da União Europeia na efetivação dos meios internacionais de proteção da propriedade literária e artísitica", na *RDI* 2018, nº 2, pp. 31-44

– "Os direitos de autor em bibliotecas e arquivos públicos : desenvolvimentos recentes na União Europeia", na *RDI* 2019, nº 1, pp. 25-35, recolhido em ID, *Direito da Propriedade Intelectual e Novas Tecnologias. Estudos*, I, Lisboa, Gestlegal, 2019, pp. 575-585.

– "A protecção jurídica do software executado por robots (e obras geradas por I.A.)", em ID, *Direito da Propriedade Intelectual e Novas Tecnologias. Estudos*, I, Lisboa, Gestlegal, 2019, pp. 25-37

Pereira, António Maria, "O direito de autor na publicidade", na *ROA* 51 (1991), pp. 87-99

– "Direito de Autor", na *Polis. Enciclopédia Verbo da Sociedade e do Estado*, II, 2ª ed., Lisboa/São Paulo, Verbo, 1998, cc. 339-343

Pereira, Jorge Brito, "Do conceito de *obra* na empreitada", na *ROA* 54 (1994), pp. 569-622

Picard, Edmond, *Le droit pur. Cours d'Encyclopédie du Droit. Les permanences juridiques abstraites*, Bruxelles/Paris, Veuve Ferdinand Lacier/Felx Alcan, 1899

Pina, Pedro, "Direitos de autor, autodeterminação informativa e panoptismo digital", em Associação Portuguesa de Direito Intelectual (org.), *Direito da Sociedade de Informação*, Coimbra, Coimbra Editora, 2009, pp. 303-337

Pojaghi, Alberto, "Le controversie relative alla vendita e all'acquisto delle opere d'arte: tutela giudiziaria e sua derogabilità", em *IDA* 81 (2010), nº 2, pp. 171-183

Pouillet, Eugéne, *Traité Théorique et pratique de la proprieté literaire et artistique et du droit de représentation*, 3ª ed., Paris, Marchall et Billard, 1908

Püschel, Heinz, *Urheberrecht: eine Einführung in das Urheberrecht mit dem TRIPS-Abkommen über handelsbezogene Aspekte der Rechte des geistigen Eigentums*, Freiburg/Berlin, 1997

Rebello, Luiz Francisco, *Introdução ao Direito de Autor*, I, Lisboa, Sociedade Portuguesa de Autores/Publicações Dom Quixote, 1994

– *Código do Direito de Autor e dos Direitos Conexos*, 3ª ed., Lisboa, Âncora, 2002

Rehbinder, Manfred, "Johann Caspar Bluntschlis Beitrag zur Theorie des Urheberrechts", em *UFITA* 123 (1993), pp. 29-51

– *Urheberrecht*, 13ª ed., München, Beck, 2004

– *Urheberrecht*, 14ª ed., München, Beck, 2006

Rogel Vide, Carlos, "Modificación de las obras cinematográficas en la televisión y derechos de los creadores", em Associação Portuguesa do Direito Intelectual (org.), *Direito da Sociedade de Informação*, VIII, Coimbra, Coimbra Editora, 2009, pp. 391-406

Rose, Mark, *Authors and owners. The invention of copyright*, Harvard, University Press, 1993

Samuelson, Pamela, "Tecnhological protection for copyrighted works", disponível em http://people.ischool.berkeley.edu/~pam/courses/cyberlaw97/docs/techpro.pdf

Santos, António de Almeida, *Ensaio sobre o Direito de Autor*, Coimbra, Separata do BFD 9, 1954

Santos, Manuella, *Direito Autoral na Era Digital. Impactos, controvérsias e possíveis soluções*, São Paulo, Saraiva, 2009

Schönherr, Fritz, "Zur Begriffsbildung im Immaterialgüterrecht" em Paul Brügger (org.), *Homo creator. Festschrift für Alois Troller*, Basel/Stuttgart, Helbing/Lichtenhahn, 1976, pp. 57-87

Schricker, Gerhard/Loewenheim, Ulrich, *Urheberrecht Kommentar*, 2ª ed., München, Beck, 1999

Seneca, *De beneficiis*, em L. Annaei Sennecae, *Opera*, ed. comentada por Carl Rudolph Ficker, II, Lipsiae, Weidmanniana, 1843, pp. 3-272

Silva, Hugo Lança, "Os *Internet Service Providers* e o Direito: São criminosos, são cúmplices, são parceiros da justiça, polícias ou juízes?", acessível em http://www.verbojuridico.net

Silva, João Calvão da, "Anotação Ac. STJ 3/11/1983. Direitos de autor, cláusula penal e sanção pecuniária compulsória", na *ROA* 47 (1987), pp. 129-156

Silva, Nuno Sousa e, "Direitos conexos (ao Direito de Autor)", na *ROA* 76 (2016), pp. 355-445

Tetley, William, "Arrest, Attachment and Related Martimite Law Procedures" em *Tul. L. Rev.* 73 (1999), pp. 1895-1985, disponível em http://www.mcgill.ca/maritimelaw/maritime-admiralty/arrest/

Tozzi, Ferdinando, "Note a margine del privilegio *ex* art. 2751-*bis* n. 2 cod. civ. e il diritto dell'autore di opera letteraria", em *IDA* 81 (2010), nº 1, pp. 79-87

Ulmer, Eugen, *Urheber und Verlagsrecht*, 2ª ed., Berlin/Göttinger/Heidelberg, Springer, 1960

Varela, João Antunes, "Parecer sobre a prestação de obra intelectual", na *ROA* 45 (1985), pp. 159-197

– "Anotação Ac. 3/11/1983", na *RLJ* 121 (1988-1989), pp. 183-192 e 216-224

Veloso, José António, "*Churning:* alguns apontamentos com uma proposta legislativa", em AAVV, *Direito dos Valores Mobiliários*, Lisboa, FDL/Lex, 1997, pp. 349-453

Vicente, Dário Moura, "Cópia privada e sociedade da informação", em AAVV, *Estudos Jurídico e Económicos em Homenagem ao Prof. Doutor António de Sousa Franco*, I, Faculdade de

Direito da Universidade de Lisboa/ Coimbra Editora, 2006, pp. 709-722

– "Direito de autor e medidas tecnológicas de protecção", em Associação Portuguesa de Direito Intelectual (org.), *Direito da Sociedade de Informação*, VII, Coimbra, Coimbra Editora, 2008, pp. 499--523

Vieira, José Alberto Coelho, *A Estrutura do Direito de Autor no Ordenamento Jurídico Português*, Lisboa, AAFDL, 1992

– "Notas gerais sobre a protecção de programas de computador em Portugal" em Associação Portuguesa de Direito Intelectual (org.), *Direito da Sociedade de Infornação*, I, Coimbra, Coimbra Editora, 1999, pp. 73-88

– *A protecção dos programas de computador pelo Direito de Autor*, Lisboa, Lex, 2005,

– "*Download* de obra protegida pelo Direito de Autor e uso privado", em Associação Portuguesa de Direito Intelectual (org.), *Direito da Sociedade de Informação*, vol. VIII, Coimbra, Coimbra Editora, 2009

Visky, Károly, "Geistiges Eigentum der Verfasser im antiken Rom", em *Acta Antiqua Academia Scientiarum Hungaricae* IX, Budapest, 1961, pp. 99-120, reimprersso em UFITA 106 (1987), pp. 17-40,

Vitorino, António de Macedo, *A eficácia dos contratos de direito de autor*, Coimbra, Almedina, 1995

Wächter, Oscar, *Das Autorrechte nach dem gemeinen deutschen Recht*, Stuttgart, Enke, 1875

Wadle, Elmar, "Vor- oder Frühgeschichte des Urheberrechts? (Zur Diskussion über die Privilegien gegen den Nachdruck), em *UFITA* 106 (1987), pp. 95-107

Wandtke, Arthur-Axel, (org.), *Urheberrecht*, Berlin, De Gruyter, 2009

Yu, Peter K., "Trips and its discontents", em *Marquette Intellectual Property Law Review* vol. 10:2 (2006), pp. 370-410

## ÍNDICE